A EXPERIÊNCIA DOS ESTADOS NO ENFRENTAMENTO DA PANDEMIA DA COVID-19

RODRIGO FRANCISCO DE PAULA

Coordenador

A EXPERIÊNCIA DOS ESTADOS NO ENFRENTAMENTO DA PANDEMIA DA COVID-19

Belo Horizonte

FÓRUM
CONHECIMENTO JURÍDICO

2021

© 2021 Editora Fórum Ltda.

É proibida a reprodução total ou parcial desta obra, por qualquer meio eletrônico, inclusive por processos xerográficos, sem autorização expressa do Editor.

Conselho Editorial

Adilson Abreu Dallari
Alécia Paolucci Nogueira Bicalho
Alexandre Coutinho Pagliarini
André Ramos Tavares
Carlos Ayres Britto
Carlos Mário da Silva Velloso
Cármen Lúcia Antunes Rocha
Cesar Augusto Guimarães Pereira
Clovis Beznos
Cristiana Fortini
Dinorá Adelaide Musetti Grotti
Diogo de Figueiredo Moreira Neto (*in memoriam*)
Egon Bockmann Moreira
Emerson Gabardo
Fabrício Motta
Fernando Rossi
Flávio Henrique Unes Pereira
Floriano de Azevedo Marques Neto

Gustavo Justino de Oliveira
Inês Virgínia Prado Soares
Jorge Ulisses Jacoby Fernandes
Juarez Freitas
Luciano Ferraz
Lúcio Delfino
Marcia Carla Pereira Ribeiro
Márcio Cammarosano
Marcos Ehrhardt Jr.
Maria Sylvia Zanella Di Pietro
Ney José de Freitas
Oswaldo Othon de Pontes Saraiva Filho
Paulo Modesto
Romeu Felipe Bacellar Filho
Sérgio Guerra
Walber de Moura Agra

CONHECIMENTO JURÍDICO

Luís Cláudio Rodrigues Ferreira
Presidente e Editor

Coordenação editorial: Leonardo Eustáquio Siqueira Araújo
Aline Sobreira de Oliveira

Av. Afonso Pena, 2770 – 15º andar – Savassi – CEP 30130-012
Belo Horizonte – Minas Gerais – Tel.: (31) 2121.4900 / 2121.4949
www.editoraforum.com.br – editoraforum@editoraforum.com.br

Técnica. Empenho. Zelo. Esses foram alguns dos cuidados aplicados na edição desta obra. No entanto, podem ocorrer erros de impressão, digitação ou mesmo restar alguma dúvida conceitual. Caso se constate algo assim, solicitamos a gentileza de nos comunicar através do *e-mail* editorial@editoraforum.com.br para que possamos esclarecer, no que couber. A sua contribuição é muito importante para mantermos a excelência editorial. A Editora Fórum agradece a sua contribuição.

Dados Internacionais de Catalogação na Publicação (CIP) de acordo com a AACR2

EX96	A experiência dos Estados no enfrentamento da pandemia da COVID-19/ Rodrigo Francisco de Paula (Coord.).– Belo Horizonte : Fórum, 2021.
	333p. ISBN: 978-65-5518-147-0
	1. Direito Administrativo. 2. Direito Constitucional. I. Título.
	CDD: 341.3
	CDU: 342.9

Elaborado por Daniela Lopes Duarte - CRB-6/3500

Informação bibliográfica deste livro, conforme a NBR 6023:2018 da Associação Brasileira de Normas Técnicas (ABNT):

PAULA, Rodrigo Francisco de (Coord.). *A experiência dos Estados no enfrentamento da pandemia da COVID-19*. Belo Horizonte: Fórum, 2021. 333p. ISBN 978-65-5518-147-0.

SUMÁRIO

APRESENTAÇÃO
Rodrigo Maia Rocha 11

MAJORAÇÃO DO ADICIONAL DE INSALUBRIDADE PARA OS SERVIDORES CIVIS DO ESTADO DO PARÁ QUE ATUAM DIRETAMENTE NO COMBATE À PANDEMIA DA COVID-19, À LUZ DAS RESTRIÇÕES IMPOSTAS PELA LEI COMPLEMENTAR FEDERAL Nº 173/2020
Amanda Carneiro Raymundo Bentes 13
1 Introdução 13
2 Contexto da pandemia da COVID-19 14
3 Adicional de insalubridade aos servidores públicos civis do Estado do Pará 15
4 Restrições impostas pela Lei Complementar Federal nº 173/2020 à majoração de vantagens aos servidores públicos 20
5 Conclusões 44
Referências 44

PANDEMIA E FEDERALISMO: OS ASPECTOS JURÍDICOS NA EXPERIÊNCIA DE ENFRENTAMENTO DA COVID-19 NO ESTADO DE MINAS GERAIS E A ATUAÇÃO DA ADVOCACIA PÚBLICA PARA MINIMIZAÇÃO DE SEUS EFEITOS DANOSOS
Ana Paula Muggler Rodarte, Liana Portilho Mattos, Nancy Vidal Meneghini 47
1 Considerações iniciais 47
2 Breves considerações sobre o federalismo 50
3 O aspecto econômico-financeiro do pacto federativo ante a fragilização do erário público estadual mineiro em face da pandemia da COVID-19 51
4 O aspecto político-administrativo ante os conflitos de competência com os Municípios em virtude do programa estadual Minas Consciente 59
5 Considerações finais 66
Referências 68

COMPARTILHAMENTO DE DADOS PESSOAIS E A PANDEMIA DA COVID-19: INICIATIVAS DO ESTADO BRASILEIRO
Elísio Augusto Velloso Bastos, Cristina Pires Teixeira de Miranda Rodrigues, Vitória Barros Esteves 71

1	Introdução	71
2	A Medida Provisória nº 954/2020 e sua análise pelo Supremo Tribunal Federal	74
3	Definição e relevância dos dados pessoais	77
3.1	Definição de dados pessoais	77
3.2	A nova sociedade baseada em dados	79
4	Intimidade e autodeterminação informativa como limite constitucional ao compartilhamento de dados pessoais	84
5	Aplicativos contra a COVID-19: iniciativas estaduais relevantes, que utilizam tecnologia e dados pessoais, para combater a epidemia	90
6	O acesso aos dados pessoais e o risco à democracia	94
7	Considerações finais	96
	Referências	98

FEDERALISMO E CONSTITUIÇÃO: A EXPERIÊNCIA PERNAMBUCANA EM TEMPOS DE COVID-19
Ernani Varjal Medicis Pinto, Marcelo Casseb Continentino 101

1	Introdução	101
2	É possível um conceito universal de federalismo?	102
3	Federalismo em tempos de pandemia	108
4	A experiência de Pernambuco no enfrentamento à COVID-19	111
5	Jurisprudência em tempos de pandemia	114
6	Conclusão	117
	Referências	118

A ATUAÇÃO JUDICIAL DOS PROCURADORES DE ESTADO NA EFETIVAÇÃO DAS POLÍTICAS PÚBLICAS DE SAÚDE DURANTE A PANDEMIA: UMA ANÁLISE DA POSSIBILIDADE EXCEPCIONAL DA CONTRATAÇÃO DE MÉDICOS FORMADOS NO EXTERIOR SEM A EXIGÊNCIA DA REVALIDAÇÃO DO DIPLOMA
João Paulo Setti Aguiar, Luciano Fleming Leitão 121

1	Introdução	121
2	Dever constitucional do Estado em garantir o direito à saúde, inclusive durante a pandemia	122
3	A atribuição constitucional dos advogados públicos no exercício da representação judicial do Estado	124

4	Ação civil pública como instrumento de defesa do interesse público e a possibilidade de utilização da tutela antecipada em caráter antecedente	125
5	Os fundamentos de fato e de direito que justificam a excepcionalidade na contratação de médicos que ainda não se submeteram ao Revalida, para o enfrentamento da pandemia	126
5.1	O déficit de médicos no Estado do Acre	126
5.2	A busca pela solução e a atuação judicial	129
5.3	A existência de vedação legal à atuação de médicos sem registro no CRM. Exceções a essa vedação	130
5.4	A decisão do Supremo Tribunal Federal pela constitucionalidade do Programa Mais Médicos	132
5.5	O direito à saúde é obrigação humanitária previsto na Declaração Universal dos Direitos Humanos	134
5.6	A omissão da União. A última edição do Revalida ocorreu em 2017, há mais de 3 anos	135
5.7	Da violação ao princípio da igualdade	135
6	A ponderação entre a vedação à atuação de médicos sem registro no CRM e o direito à saúde durante a pandemia	136
7	Conclusão	138
	Referências	139

ORGANIZAÇÕES SOCIAIS DE SAÚDE NO ESTADO DE GOIÁS
Juliana Diniz, Ismael Alexandrino 141

1	Introdução	141
2	A reforma do Estado dos anos 90	142
3	Organizações Sociais de Saúde	144
3.1	Surgimento das OSS	144
3.2	Definição e características	144
3.3	Princípios administrativos que devem reger as OSS	147
3.4	Forma de contratação das OSs	149
4	OSs no Estado de Goiás	153
4.1	Como são pensados, elaborados e fiscalizados os Contratos de Gestão	153
4.2	Os avanços na saúde a partir da implantação do modelo de gestão por Organizações Sociais	156
4.3	A pandemia, a assistência hospitalar e as OSs	158
5	Conclusão	161
	Referências	162

A TUTELA DE URGÊNCIA COMO FORMA DE COMBATE À PANDEMIA PELA ADVOCACIA PÚBLICA
Juvêncio Vasconcelos Viana, Rommel Barroso da Frota 165

1	Introdução	165

2	A advocacia pública em linhas gerais	166
3	Aspectos jurídicos da pandemia	170
4	Algumas considerações sobre a tutela provisória	172
5	Aplicação em concreto	175
6	Conclusões	179
	Referências	179

PANDEMIA E DISRUPÇÃO: O EPICENTRO DE UM APRENDIZADO
Maria Lia P. Porto Corona, Camila Kûhl Pintarelli 181

1	Introdução	181
2	A pandemia em Juízo	185
2.1	Contencioso tributário fiscal	187
2.2	Contencioso geral	191
3	A estruturação jurídica do enfrentamento à pandemia	196
3.1	Microssistema normativo para contratações relacionadas à Covid-19	198
3.2	A aquisição emergencial de aparelhos de ventilação pulmonar	200
3.3	Assessoramento jurídico multifocal	202
4	Uma releitura institucional	204
	Referências	208

SITUAÇÃO DE EMERGÊNCIA DE SAÚDE. COVID-19. CONTRATAÇÃO TEMPORÁRIA DE MÉDICOS INTERCAMBISTAS REMANESCENTES DE PROGRAMAS FEDERAIS. EXPERIÊNCIA NO SISTEMA ÚNICO DE SAÚDE (SUS). CABIMENTO EXCEPCIONAL PARA ATENDER AO INTERESSE PÚBLICO PRIMÁRIO. INVIOLABILIDADE DO DIREITO À VIDA E À SAÚDE. DEVER DO ESTADO
Ricardo Nasser Sefer, Carla Nazaré Jorge Melém Souza 209

1	Introdução	209
2	Situação de emergência de saúde: COVID-19	211
2.1	Calamidade pública, situação de emergência de saúde nacional e de impacto mundial: normas aplicáveis	213
2.2	Situação de emergência de saúde: COVID-19 e o cenário crítico no Estado do Pará	214
3	Programa "Mais Médicos" e o projeto "Mais Médicos para o Brasil": Lei Federal nº 12.871/2013 – Médicos Intercambistas Cubanos	217
3.1	Programa "Médicos pelo Brasil" e a Lei Federal nº 13.958/2019: requisitos e situação do remanescente de médicos intercambistas cubanos	222
3.2	Covid-19 e a atuação de médicos intercambistas cubanos: relativização da exigência de revalidação de diplomas e aferição de habilitação técnica por outros meios disponíveis – LINDB	227

3.2.1 Processo de revalidação de diploma estrangeiro e o exercício da
       autonomia universitária 230
4   Exigências gerais para contratação temporária e de excepcional
       interesse público de médicos intercambistas remanescentes de
       programas federais 232
5   Conclusão 234
       Referências 236

ESTRATÉGIA ADOTADA PELO ESTADO DO ESPÍRITO SANTO
PARA ENFRENTAMENTO DA PANDEMIA DA COVID-19:
MAPEAMENTO DE RISCO, MEDIDAS QUALIFICADAS DE
RESTRIÇÃO DA LIBERDADE E ESTRUTURAÇÃO DO SISTEMA
DE SAÚDE PÚBLICA
Rodrigo Francisco de Paula 239

1   Introdução 239
2   Repartição constitucional de competências em matéria de saúde
       pública e o marco regulatório e sanitário estabelecido para o
       enfrentamento da pandemia da COVID-19 243
3   Estratégia adotada pelo Estado do Espirito Santo entre a
       emergência em saúde pública e a calamidade pública decorrente
       de desastre natural: mapeamento de risco, medidas qualificadas
       de restrição da liberdade e a estruturação do sistema de saúde
       pública 258
4   Conclusão 270
       Referências 272

FEDERALISMO EM TEMPOS DE PANDEMIA: A REAFIRMAÇÃO
DA AUTONOMIA DOS ESTADOS-MEMBROS ENQUANTO
CONDIÇÃO DE EFICÁCIA DAS MEDIDAS DE PROTEÇÃO À
SAÚDE
Rodrigo Maia Rocha 275

1   Introdução 275
2   A federação como forma de organização do Estado 277
2.1   Elementos caracterizadores do Estado Federal 277
2.2   A federação na Constituição de 1988 280
3   O direito à saúde na Constituição de 1988 283
3.1   Os direitos fundamentais sociais e seus contornos definidores 283
3.2   O direito fundamental social à saúde no contexto da Constituição
       de 1988: o Sistema Único de Saúde 285
4   A autonomia dos Estados-membros e a efetividade das medidas
       de proteção à saúde em face da COVID-19 289
4.1   Pandemia e exacerbação das divergências interfederativas 289
4.2   A competência para a implementação de políticas de combate à
       COVID-19 e a abordagem do tema no âmbito do Supremo
       Tribunal Federal 293

4.2.1 O STF enquanto árbitro das disputas na Federação 293
4.2.2 Ação Direta de Inconstitucionalidade nº 6341 295
4.2.3 Arguição de Descumprimento de Preceito Fundamental nº 672 296
4.2.4 Ação Cível Originária nº 3385 298
5 Conclusões 301
Referências 303

O PAPEL DA NOVA ADVOCACIA PÚBLICA PREVENTIVA NO COMBATE À PANDEMIA DA COVID-19: A EXPERIÊNCIA DO ESTADO DE MINAS GERAIS

Sérgio Pessoa de Paula Castro, Marina Araújo Teixeira 307
1 Introdução 307
2 A reestruturação da advocacia-geral do Estado de Minas Gerais: valorização do agir preventivo e da desjudicialização 312
3 A atuação da advocacia-geral do Estado de Minas Gerais no combate à COVID-19 320
3.1 Atuação contenciosa 320
3.2 Atuação consultiva 323
4 Considerações finais 326
Referências 327

SOBRE OS AUTORES 331

APRESENTAÇÃO

O ano de 2020 foi extremamente desafiador para além de toda e qualquer expectativa em função da pandemia do novo coronavírus e de seus gravíssimos reflexos para a saúde e a economia mundiais, revelando-se especialmente árdua a tarefa imposta aos gestores públicos de zelar pelo bem-estar da coletividade dentro desse cenário de calamidade. Tais gestores se defrontaram nesse período com toda sorte de obstáculos e dificuldades durante o enfrentamento da doença ao longo desse ano que chega ao fim e que marca ainda de maneira conturbada o término da década.

Nesse sentido, importante destacar que o imenso desafio institucional de enfrentamento da pandemia contou em grande medida e nos mais diversos e decisivos momentos com o auxílio firme e permanente da advocacia de Estado exercida pelas Procuradorias dos Estados e do Distrito Federal, seja no âmbito da atividade consultiva, seja no da defesa em juízo dos interesses dos milhões de brasileiros que dependeram essencialmente da atuação dos Estados-membros por meio da implementação das mais variadas medidas de proteção da vida e da saúde, reafirmando a missão constitucional do Estado de conferir efetividade aos direitos fundamentais.

A presente obra, fruto de uma colaboração entre o Colégio Nacional dos Procuradores dos Estados e do Distrito Federal (CONPEG) e a Editora Fórum, tem como objetivo primordial reunir em seu bojo as diversas experiências desenvolvidas pelas Procuradorias no enfrentamento da pandemia através de um conjunto de trabalhos acadêmicos produzidos por seus próprios representantes, buscando assim consolidar, por meio das múltiplas e ricas reflexões jurídicas desenvolvidas ao longo de toda a obra, um valioso legado doutrinário e institucional a partir dessa singular experiência histórica vivenciada por seus atores e que certamente enriquecerá a todos que dela desfrutarão a partir de sua publicação.

Desse modo, esperamos que a presente leitura seja uma experiência agradável, inspiradora e acima de tudo proveitosa, proporcionando assim um relevante aprendizado em relação à atuação prática das Procuradorias dos Estados e do Distrito Federal em face dos imensos desafios com os quais seus membros se deparam cotidianamente, o que certamente contribuirá para uma compreensão abrangente do relevante papel da advocacia pública na consolidação do Estado Democrático de Direito.

São Luís, 29 de dezembro de 2020.

Rodrigo Maia Rocha

Procurador-geral do estado do Maranhão.
Presidente do CONPEG.

MAJORAÇÃO DO ADICIONAL DE INSALUBRIDADE PARA OS SERVIDORES CIVIS DO ESTADO DO PARÁ QUE ATUAM DIRETAMENTE NO COMBATE À PANDEMIA DA COVID-19, À LUZ DAS RESTRIÇÕES IMPOSTAS PELA LEI COMPLEMENTAR FEDERAL Nº 173/2020

AMANDA CARNEIRO RAYMUNDO BENTES

1 Introdução

No início de abril do corrente ano, foi submetida à análise da Procuradoria-Geral do Estado do Pará (PGE/PA) questão atinente à possibilidade (ou não) de elevação – ao grau máximo de 40% (quarenta por cento) – do adicional de insalubridade pago aos profissionais da saúde, segurança pública e assistência social, bem como a qualquer profissional que esteja trabalhando no combate à pandemia da COVID-19 e que, no desempenho de sua função, esteja exposto ao vírus.

A análise foi feita pela PGE/PA, com base na legislação estadual aplicável aos servidores públicos civis. Logo depois, foi publicada a Lei Complementar Federal (LC) nº 173, de 27 de maio de 2020, que impôs uma série de restrições aos Entes da Federação afetados pela calamidade pública decorrente da pandemia.

O presente artigo tem por objetivo analisar a legislação que assegura o adicional de insalubridade aos servidores públicos do Estado do Pará e os impactos ocasionados pela LC nº 173/2020, em relação a eventual majoração da vantagem.

2 Contexto da pandemia da COVID-19

Considerando que o assunto do presente artigo tem relação direta com o combate à pandemia da COVID-19, cumpre fazer uma breve contextualização do momento.

A Portaria nº 188, de 03 de fevereiro de 2020, do Ministério da Saúde, declarou emergência em saúde pública de importância nacional (ESPIN) em decorrência da Infecção Humana pelo novo coronavírus (2019-nCoV).

As primeiras medidas legais para o enfrentamento da emergência de saúde pública de importância internacional decorrente do coronavírus responsável pelo surto de 2019 foram estabelecidas pela Lei Federal nº 13.979, de 06 de fevereiro de 2020.

Pelo Decreto Legislativo nº 06, de 20 de março de 2020, o Congresso Nacional reconheceu, para os fins do art. 65 da Lei Complementar Federal nº 101, de 04 de maio de 2000 (Lei de Responsabilidade Fiscal – LRF), a ocorrência do estado de calamidade pública, com efeitos até 31 de dezembro de 2020.

E, também, em razão da pandemia da COVID-19 (doença causada pelo coronavírus SARS-CoV-2), a Assembleia Legislativa do Estado do Pará reconheceu a ocorrência do estado de calamidade pública, por intermédio do Decreto Legislativo nº 02, de 20 de março de 2020.

Muitas leis e decretos foram editados (e republicados), no âmbito do Estado do Pará, com o intuito de atender a situação delicada e dinâmica que envolve o combate aos efeitos da COVID-19.

Cita-se, a título de exemplo, a Lei Estadual nº 9.032, de 20 de março de 2020, que criou o Fundo Esperança, destinado a dar apoio emergencial aos pequenos e microempreendedores, no âmbito do Estado do Pará.

Já o Decreto Estadual nº 687, de 15 de abril de 2020, declarou estado de calamidade pública em todo o território do Estado do Pará, em virtude da pandemia da COVID-19.

Pela Lei Estadual nº 9.039, de 22 de abril de 2020, o Poder Executivo Estadual foi autorizado a abrir Crédito Especial no valor de até R$800.000.000,00 (oitocentos milhões de reais), com a ação (projeto/atividade) em nome de "COVIDPARÁ" em favor de vários órgãos executores.

É neste cenário que se insere a questão submetida à análise da PGE/PA, que motivou o presente artigo.

3 Adicional de insalubridade aos servidores públicos civis do Estado do Pará

O adicional de insalubridade aos servidores públicos civis é um direito assegurado pelo art. 31, XVI, da Constituição do Estado do Pará, que assim dispõe:

> Art. 31. O Estado e os Municípios asseguram aos servidores públicos civis, além de outros que visem à melhoria de sua condição social, os seguintes direitos: (...)
> XVI – adicional de remuneração para as atividades penosas, insalubres ou perigosas, na forma da lei.

E a Lei Estadual nº 5.810, de 24 de janeiro de 1994 – que instituiu o Regime Jurídico Único dos Servidores Públicos Civis da Administração Direta, das Autarquias e das Fundações Públicas do Estado do Pará (RJU/PA) – prevê o seguinte acerca do adicional de insalubridade:

> Art. 128. Ao servidor serão concedidos adicionais:
> I – pelo exercício do trabalho em condições penosas, insalubres ou perigosas; (...)

> Art. 129. O adicional pelo exercício de atividades penosas, insalubres ou perigosas será devido na forma prevista em lei federal.
> Parágrafo único. Os adicionais de insalubridade, periculosidade, ou pelo exercício em condições penosas são inacumuláveis e o seu pagamento cessará com a eliminação das causas geradoras, não se incorporando ao vencimento, sob nenhum fundamento.

Nota-se que a lei estadual não estabeleceu os percentuais do adicional de insalubridade, limitando-se a assegurar o pagamento na forma prevista em Lei Federal.

Os percentuais do adicional de insalubridade dos servidores públicos federais encontram-se previstos na Lei Federal nº 8.270, de 17 de dezembro de 1991, que assim dispõe:

> Art. 12. Os servidores civis da União, das autarquias e das fundações públicas federais perceberão adicionais de insalubridade e de periculo-

sidade, nos termos das normas legais e regulamentares pertinentes aos trabalhadores em geral e calculados com base nos seguintes percentuais:

> I – cinco, dez e vinte por cento, no caso de insalubridade nos graus mínimo, médio e máximo, respectivamente; (...)
>
> §3º Os percentuais fixados neste artigo incidem sobre o vencimento do cargo efetivo.

Considerando os termos da citada lei federal, o Decreto Estadual nº 2.485, de 22 de abril de 1994, regulamentou a concessão do adicional de insalubridade da seguinte forma:

> Art. 1º Os servidores públicos civis do Estado, de suas autarquias e fundações públicas, perceberão adicionais de insalubridade e periculosidade, nos termos das normas legais e regulamentares pertinentes aos trabalhadores em geral e calculados com base nos seguintes percentuais:
>
> I – o adicional de insalubridade será calculado à base de 5% (cinco por cento), 10% (dez por cento) e 20% (vinte por cento) sobre o vencimento-base do cargo e/ou função pública, correspondentes aos graus mínimos, médio e máximo, respectivamente, de acordo com o laudo pericial da comissão permanente de que trata o parágrafo único do art. 2º deste Decreto; (...)
>
> Art. 2º Os adicionais previstos no artigo anterior só poderão ser pagos após prévia inspeção que comprove a realização de atividades sob condições insalubres ou Perigosas.
>
> Parágrafo único. A inspeção de que trata o "caput" deste artigo será realizada pela Secretaria Executiva de Estado de Administração – SEAD, por intermédio de profissionais das áreas de Saúde Ocupacional e de Segurança do Trabalho, cujo laudo emitido será o documento hábil para a concessão ou não do adicional previsto no art. 129 da Lei nº 5.810, de 24 de janeiro de 1994. (...)
>
> Art. 4º Cessará o pagamento dos adicionais disciplinados neste Decreto com o desaparecimento das condições ou riscos que derão [sic] causa à sua concessão, vedada a incorporação do adicional ao vencimento do servidor.

Pois bem. Como atualmente previsto, o Estado do Pará só pode pagar aos seus servidores o adicional de insalubridade de, no máximo,

20% (vinte por cento) do vencimento base do cargo ou função. E isto após prévia inspeção pela atual Secretaria de Estado de Planejamento e Administração (SEPLAD), que comprove a realização da atividade sob condições insalubres no grau máximo.

Assim, não há como se elevar o adicional de insalubridade para 40% (quarenta por cento) aos servidores públicos civis do Estado do Pará que atuam diretamente no combate à COVID-19, enquanto durar a pandemia, salvo se houver alteração na legislação.

Em tese, a alteração pode ocorrer na lei federal, que terá aplicação no âmbito do Estado do Pará, por força do art. 129, *caput*, do RJU/PA. Ou mediante a edição de lei estadual específica para tratar da questão.

Contudo, a lei (seja federal ou estadual) teria que ser de iniciativa do Chefe do Poder Executivo, por força de expressa previsão na Constituição Federal:

> Art. 61. A iniciativa das leis complementares e ordinárias cabe a qualquer membro ou Comissão da Câmara dos Deputados, do Senado Federal ou do Congresso Nacional, ao Presidente da República, ao Supremo Tribunal Federal, aos Tribunais Superiores, ao Procurador-Geral da República e aos cidadãos, na forma e nos casos previstos nesta Constituição.
>
> §1º São de iniciativa privativa do Presidente da República as leis que:
>
> [...]
> II – Disponham sobre:
>
> a) criação de cargos, funções ou empregos públicos na administração direta e autárquica ou aumento de sua remuneração; (...)
> c) servidores públicos da União e Territórios, seu regime jurídico, provimento de cargos, estabilidade e aposentadoria;

No mesmo sentido, dispõe a Constituição do Estado do Pará:

> Art. 105. São de iniciativa privativa do Governador as leis que: (...)
>
> II – disponham sobre:
>
> a) criação de cargos, funções ou empregos públicos na administração direta e autárquica ou aumento de sua remuneração, ressalvada a competência dos demais Poderes, órgãos e instituições referidos nesta Constituição;

b) servidores públicos do Estado, seu regime jurídico, provimento de cargos, estabilidade e aposentadoria de civis, reforma e transferência de militares para a inatividade;

Embora, a rigor, o adicional de insalubridade não integre a remuneração do servidor público (já que possui natureza transitória e não permanente), por se tratar de direito/vantagem de ordem pecuniária, faz parte da disciplina de seu regime jurídico, pelo que é vedada a iniciativa parlamentar.

Confira-se a respeito, ementa de decisão do Pleno do Supremo Tribunal Federal (STF), no julgamento da Ação Direta de Inconstitucionalidade (ADI) nº 2442:

> AÇÃO DIRETA DE INCONSTITUCIONALIDADE – LEI Nº 11.452/2000, EDITADA PELO ESTADO DO RIO GRANDE DO SUL – DIPLOMA LEGISLATIVO DE INICIATIVA PARLAMENTAR VEICULADOR DE MATÉRIAS SUBMETIDAS, EM TEMA DE PROCESSO DE FORMAÇÃO DAS LEIS, AO EXCLUSIVO PODER DE INSTAURAÇÃO DO CHEFE DO EXECUTIVO – COMPOSIÇÃO DO CONSELHO ESTADUAL DE EDUCAÇÃO – MATÉRIA INERENTE À ORGANIZAÇÃO E À ESTRUTURAÇÃO DE ÓRGÃO ADMINISTRATIVO VINCULADO AO PODER EXECUTIVO ESTADUAL – USURPAÇÃO DO PODER DE INICIATIVA RESERVADO AO GOVERNADOR DO ESTADO – OFENSA AO PRINCÍPIO CONSTITUCIONAL DA SEPARAÇÃO DE PODERES – INCONSTITUCIONALIDADE FORMAL – REAFIRMAÇÃO DA JURISPRUDÊNCIA CONSOLIDADA DO SUPREMO TRIBUNAL FEDERAL – PRECEDENTES – PARECER DA PROCURADORIA-GERAL DA REPÚBLICA PELA INCONSTITUCIONALIDADE DO DIPLOMA LEGISLATIVO QUESTIONADO – AÇÃO DIRETA JULGADA PROCEDENTE. PROCESSO LEGISLATIVO E INICIATIVA RESERVADA DAS LEIS. (...) A locução constitucional "regime jurídico dos servidores públicos" corresponde ao conjunto de normas que disciplinam os diversos aspectos das relações, estatutárias ou contratuais, mantidas pelo Estado com os seus agentes. Nessa matéria, o processo de formação das leis está sujeito, quanto à sua válida instauração, por efeito de expressa reserva constitucional, à exclusiva iniciativa do Chefe do Poder Executivo. Precedentes. (...) (Grifo nosso).[1]

De todo modo, cumpre registrar que tramitam na Câmara dos Deputados vários Projetos de Lei (PLs), de iniciativa parlamentar, que

---

[1] ADI nº 2442, Relator: Celso de Mello. Tribunal Pleno, julgado em 17.10.2018. Acórdão eletrônico DJe-045 DIVULG 06.03.2019 PUBLIC 07.03.2019.

visam a obrigar a União, os Estados e os Municípios a pagarem adicional de insalubridade no grau máximo de 40% (quarenta por cento), no período de pandemia da COVID-19.[2] Há ainda um PL que pretende fixar em 100% (cem por cento) o adicional de insalubridade dos profissionais da saúde que atuam no enfrentamento ao COVID-19, na rede pública.[3]

Contudo, os citados PLs padecem de evidente inconstitucionalidade. Primeiro, porque, em relação à obrigação a ser imposta à União, a iniciativa deveria ser do Chefe do Executivo. Segundo, porque a norma federal não pode impor obrigações em relação aos servidores dos demais Entes da Federação, sob pena de afronta ao princípio federativo e à autonomia dos Estados e Municípios para fixarem as verbas devidas aos seus servidores.

Por sua vez, considerando a impossibilidade de iniciativa parlamentar, alguns Senadores formularam sugestões ao Exmo. Sr. Presidente da República em relação ao adicional de insalubridade de servidores que atuam no combate ao COVID-19.[4]

Caso a norma federal venha a ser alterada para aumentar o percentual do adicional de insalubridade em relação aos servidores que atuam no combate à pandemia, na prática, o Estado do Pará acabará tendo que observar a nova regra, em razão da redação atual do *caput* do art. 129 do RJU/PA, o que, a bem da verdade, não é o cenário ideal.

Isto porque há, na prática, a necessidade de se dimensionar os impactos orçamentários e financeiros, para que se possa promover aumento de remuneração ou de qualquer direito/vantagem de ordem pecuniária aos servidores públicos.

Desta feita, o recomendável seria que o Estado do Pará legislasse sobre o adicional de insalubridade de forma autônoma, desvinculada dos percentuais previstos na lei federal, não apenas em relação à época da pandemia, mas como um todo.

Considerando o presente momento, deve-se avaliar a questão considerando as restrições impostas por lei federal, conforme será abordado no tópico a seguir.

---

[2] PLs nº 744/2020, 1351/2020, 2360/2020, 4131/2020 e 4208/2020.
[3] PL nº 2.692/2020.
[4] Indicações nº 24/2020, 30/2020 e 31/2020.

4 Restrições impostas pela Lei Complementar Federal nº 173/2020 à majoração de vantagens aos servidores públicos

A LC nº 173/2020 estabeleceu o Programa Federativo de Enfrentamento ao Coronavírus SARS-CoV-2 (COVID-19), alterou a LRF e deu outras providências.

A norma, publicada no Diário Oficial da União (DOU) no dia 28 de maio de 2020, estabeleceu um plano de auxílio específico, com duração determinada e estritamente motivado pelos efeitos da pandemia. E trouxe uma série de medidas no âmbito do Direito Administrativo e do Direito Financeiro, voltadas essencialmente ao equilíbrio das contas públicas.

Cumpre informar que foram ajuizadas no Supremo Tribunal Federal (STF) várias Ações Diretas de Inconstitucionalidade (ADIs) questionando especificamente o art. 8º da LC nº 173/2020, conforme indicado na tabela a seguir:

ADI nº	Requerente	Entrada	Distribuição	Dispositivos questionados	Resultado Liminar	Resultado Final
6447	PT	05.06	05.06	Arts. 7º e 8º	Aguardando decisão	Aguardando julgamento
6450	PDT	08.06	09.06	Arts. 7º e 8º, dentre outros por arrastamento	Aguardando decisão	Aguardando julgamento
6456	AMASP	10.06	10.06	Arts. 7º e 8º e incisos I, II, III, IV, V, VI, VII e IX e §§1º, 2º, 3º e 5º	Extinta sem julgamento do mérito, em razão da ilegitimidade (Trânsito em julgado em 26.08.2020)	
6465	FENAFISCO	18.06	18.06	Art. 8º, V	Extinta sem julgamento do mérito, em razão da ilegitimidade (DJE nº 176, divulgado em 13.07.2020)	Julgamento do agravo regimental agendado para a sessão do dia 09.10.2020
6485	ANASPRA	15.07	15.07	Arts. 7º, primeira parte, e 8º	Extinta sem julgamento do mérito, em razão da ilegitimidade (DJE nº 202, divulgado em 13.08.2020)	Aguardando julgamento de embargos de declaração
6525	PODEMOS	05.08	05.08	Arts. 7º e 8º	Aguardando decisão	Aguardando julgamento
6526	ANAPE	05.08	05.08	Arts. 7º e 8º	Aguardando decisão	Aguardando julgamento
6542	ADPJ	25.08	25.08	Arts. 7º e 8º	Extinta sem julgamento do mérito, em razão da ilegitimidade (DJE nº 235, divulgado em 23.09.2020)	Aguardando julgamento de agravo regimental

Fonte: STF (05 out. 2020).

As referidas ADINs estão sob a relatoria do Ministro Alexandre de Moraes, a quem foram distribuídas por prevenção. E, além dessas, há outras ADINs suscitando a inconstitucionalidade de outros dispositivos da LC nº 173/2020.

De todo modo, a norma não foi declarada inconstitucional e não teve sequer sua aplicação suspensa. Em sendo assim, deve-se adotar a presunção de sua constitucionalidade e enfrentar a regra como posta, para fins de nortear a sua aplicação pela Administração Pública Estadual.

Pois bem. O art. 8º da LC nº 173/2020 assim prevê:

> Art. 8º Na hipótese de que trata o art. 65 da Lei Complementar nº 101, de 4 de maio de 2000, a União, os Estados, o Distrito Federal e os Municípios afetados pela calamidade pública decorrente da pandemia da COVID-19 ficam proibidos, até 31 de dezembro de 2021, de:
>
> I – *conceder*, a qualquer título, *vantagem*, aumento, reajuste ou adequação de remuneração a membros de Poder ou de órgão, servidores e empregados públicos e militares, *exceto quando derivado de* sentença judicial transitada em julgado ou *de determinação legal anterior à calamidade pública*;
>
> II – criar cargo, emprego ou função que implique aumento de despesa;
>
> III – alterar estrutura de carreira que implique aumento de despesa;
>
> IV – admitir ou contratar pessoal, a qualquer título, ressalvadas as reposições de cargos de chefia, de direção e de assessoramento que não acarretem aumento de despesa, as reposições decorrentes de vacâncias de cargos efetivos ou vitalícios, as contratações temporárias de que trata o inciso IX do caput do art. 37 da Constituição Federal, as contratações de temporários para prestação de serviço militar e as contratações de alunos de órgãos de formação de militares;
>
> V – realizar concurso público, exceto para as reposições de vacâncias previstas no inciso IV;
>
> VI – criar ou *majorar* auxílios, *vantagens*, bônus, abonos, verbas de representação *ou benefícios de qualquer natureza, inclusive os de cunho indenizatório, em favor* de membros de Poder, do Ministério Público ou da Defensoria Pública e *de servidores* e empregados públicos e militares, ou ainda de seus dependentes, *exceto quando derivado* de sentença judicial transitada em julgado ou *de determinação legal anterior à calamidade*;

VII – criar despesa obrigatória de caráter continuado, ressalvado o disposto nos §§1º e 2º;

VIII – adotar medida que implique reajuste de despesa obrigatória acima da variação da inflação medida pelo Índice Nacional de Preços ao Consumidor Amplo (IPCA), observada a preservação do poder aquisitivo referida no inciso IV do caput do art. 7º da Constituição Federal;

IX – contar esse tempo como de período aquisitivo necessário exclusivamente para a concessão de anuênios, triênios, quinquênios, licenças-prêmio e demais mecanismos equivalentes que aumentem a despesa com pessoal em decorrência da aquisição de determinado tempo de serviço, sem qualquer prejuízo para o tempo de efetivo exercício, aposentadoria, e quaisquer outros fins.

§1º O disposto nos incisos II, IV, VII e VIII do caput deste artigo não se aplica a medidas de combate à calamidade pública referida no caput cuja vigência e efeitos não ultrapassem a sua duração.

§2º O disposto no inciso VII do caput não se aplica em caso de prévia compensação mediante aumento de receita ou redução de despesa, observado que:

I – em se tratando de despesa obrigatória de caráter continuado, assim compreendida aquela que fixe para o ente a obrigação legal de sua execução por período superior a 2 (dois) exercícios, as medidas de compensação deverão ser permanentes; e

II – não implementada a prévia compensação, a lei ou o ato será ineficaz enquanto não regularizado o vício, sem prejuízo de eventual ação direta de inconstitucionalidade.

§3º A lei de diretrizes orçamentárias e a lei orçamentária anual poderão conter dispositivos e autorizações que versem sobre as vedações previstas neste artigo, desde que seus efeitos somente sejam implementados após o fim do prazo fixado, sendo vedada qualquer cláusula de retroatividade.

§4º O disposto neste artigo não se aplica ao direito de opção assegurado na Lei nº 13.681, de 18 de junho de 2018, bem como aos respectivos atos de transposição e de enquadramento.

§5º *O disposto no inciso VI do caput deste artigo não se aplica aos profissionais de saúde e de assistência social, desde que relacionado a medidas de combate à calamidade pública referida no caput cuja vigência e efeitos não ultrapassem a sua duração.*

§6º (VETADO) (Grifo nosso).

  Interessa à presente análise, especificamente, a possibilidade de o Estado majorar vantagem a servidor público, diante das restrições impostas pela LC nº 173/2020.

Cumpre registrar que o adicional de insalubridade é considerando vantagem, nos termos do RJU/PA:

Seção II
Das Vantagens

Art. 127. Além do vencimento, o servidor poderá perceber as seguintes *vantagens*:
I – *adicionais*;
II – gratificações;
III – diárias;
IV – ajuda de custo;
V – salário-família;
VI – indenizações;
VII – outras vantagens e concessões previstas em lei.
Parágrafo único. Excetuados os casos expressamente previstos neste artigo, o servidor não poderá perceber, a qualquer título ou forma de pagamento, nenhuma outra vantagem financeira.

Seção III
Dos Adicionais

Art. 128. Ao servidor serão concedidos *adicionais*:
I – pelo exercício do trabalho em condições penosas, *insalubres* ou perigosas;
II – pelo exercício de cargo em comissão ou função gratificada;
III – por tempo de serviço.

Art. 129. O *adicional pelo exercício de atividades* penosas, *insalubres* ou perigosas será *devido na forma prevista em lei federal*.
Parágrafo único. Os adicionais de insalubridade, periculosidade, ou pelo exercício em condições penosas são inacumuláveis e o seu pagamento cessará com a eliminação das causas geradoras, não se incorporando ao vencimento, sob nenhum fundamento. (Grifo nosso).

E, como o adicional de insalubridade já é assegurado aos servidores públicos estaduais, a questão do eventual aumento do percentual atrai a incidência do art. 8º, VI, da LC nº 173/2020 (cujas exceções são semelhantes às previstas no inciso I do mesmo artigo).

Dito isto, cumpre demonstrar como vem sendo interpretadas as restrições impostas pelo art. 8º da LC nº 173/2020.

Em 29 de maio de 2020 (dia seguinte à publicação da lei), a Consultoria de Orçamento e Fiscalização Financeira da Câmara dos Deputados expediu a Nota Informativa nº 21/2020, na qual consta o seguinte:

> A Lei Complementar nº 173, de 27 de maio de 2020, instituiu o Programa Federativo de Enfrentamento à COVID-19, com medidas que beneficiarão Estados, DF e Municípios. Paralelamente foram promovidas alterações na lei de responsabilidade fiscal, prevendo-se proibições e vedações voltadas ao controle das despesas obrigatórias, especialmente pessoal e encargos sociais, cuja vigência se estenderá até 31.12.2021. A presente Nota apresenta um resumo do Programa e da distribuição dos recursos entre os entes federados e trata dos vetos opostos pelo Presidente da República. (...)
>
> 2) Contenção das despesas de pessoal, vedação de criação de despesa obrigatória e de aumento dessas despesas acima da inflação: a nova lei complementar proibiu, até 31.12.2021, uma série de aumentos relacionados às despesas obrigatórias.
>
> O atraso na publicação desta lei possibilitou a concessão de diversos aumentos salariais em 11 Estados. Na União, houve a edição da Medida Provisória nº 971, de 26 de maio de 2020, que concedeu aumento para policiais e bombeiros do DF, e do Decreto nº 10.378, de 28 de maio de 2020, que autorizou a nomeação de candidatos aprovados em concurso para a Polícia Rodoviária Federal. (...)
>
> Diante disso deve-se ressaltar que a Lei Complementar nº 173/2020 aplica-se imediatamente a todas as proposições pendentes de ato de aprovação ou sanção. As proibições de que trata o art. 8º da Lei Complementar vedam ato ou conduta da autoridade pública responsável que dá causa ao aumento da despesa. Sendo que, por analogia ao que dispõe o art. 7º da mesma Lei, ao dispor sobre a nulidade de atos que provocam aumento da despesa com pessoal, as proibições do art. 8º devem ser aplicadas igualmente aos atos relacionados à "aprovação, edição ou à sanção, por Chefe do Poder Executivo, por Presidente e demais membros da Mesa ou órgão decisório equivalente do Poder Legislativo, por Presidente de Tribunal do Poder Judiciário e pelo Chefe do Ministério Público, da União e dos Estados". Nesse sentido, o art. 8º veda não só a edição ou a aprovação, mas também a sanção de projetos que contrariem as proibições. Tais aumentos, se concedidos, somente podem ter eficácia a partir de 01.01.2022, vedada a retroatividade.
>
> Acerca do art. 8º deve-se ressaltar ainda que as disposições ou autorizações (LDO/LOA) que venham a prever aumentos futuros, para implementação após o fim do prazo de proibição (desde a decretação

do estado de calamidade pública – 20.03.2020 – até 31.12.2021), não poderão conter cláusula de retroatividade.

Tendo por base a Nota Informativa nº 21/2020, no dia 05 de junho de 2020, a Procuradoria Federal junto à Universidade Federal de Goiás, órgão da Procuradoria-Geral Federal (que é vinculada à Advocacia-Geral da União), expediu a Nota nº 19/2020/CONS/PFUFG/PGF/AGU, com o seguinte teor:

> 9. Neste sentido, da leitura da Nota Informativa nº 21/2020 acima, fica evidenciada que a norma prevista no art. 8 da LC nº 173/2020 está destinada a edição de novos atos normativos e legislativos que pretendam criar novas vantagens pecuniárias aos servidores públicos. As vantagens pecuniárias descritas na consulta (progressões, incentivos a qualificação, RT e RSC, etc.) que decorrem de lei anterior ao decreto de calamidade pública enquadram-se na exceção prevista no inciso I, art. 8 da LC nº 173/2020.
>
> 10. Dessa forma, pode-se afirmar que o art. 8º trata, em quase sua integralidade, de proibições dirigidas à União, aos Estados, ao Distrito Federal e aos Municípios, na condição de entes federativos, e como limitador da permissividade introduzida no art. 65 da Lei Complementar nº 101, de 4 de maio de 2000, quanto à não observância da Regra de Ouro, ou seja, do limite de gastos públicos.
>
> 11. Nesse sentido, a norma traz vedação dirigida ao legislador ordinário e as chefes de poderes, e não ao administrador público.
>
> 12. A partir dessas premissas é possível concluir que não há qualquer vedação para a concessão de promoções, progressões, retribuição por titulação ou qualquer outro benefício já previsto na legislação ordinária vigente no momento da publicação da LC nº 173.
>
> 13. Com base nesse entendimento, é possível afirmar que as vedações constantes dos incisos I, II, III, VI, VII e VIII estão dirigidas exclusivamente aos Entes Federativos, e não aos administradores, na aplicação do ordenamento jurídico vigente.
>
> 14. Quanto aos incisos IV, V e IX, no entanto, entende-se que estão dirigidos ao Administrador, na sua gestão de pessoal.

No dia 01 de junho de 2020, a Coordenação de Gestão de Cargos e Carreiras do Departamento de Carreiras e Desempenho de Pessoal – que faz parte da estrutura da Secretaria Especial de Desburocratização,

Gestão e Governo Digital vinculada ao Ministério da Economia – já havia expedido a Nota Técnica SEI nº 20581/2020/ME, de acordo com a qual:

> 4. Conforme disposto no caput do art. 8º, da Lei Complementar nº 173, de 2020, verifica-se que, no caso, para o Poder Executivo federal, está vedada a adoção de uma série de medidas no período compreendido entre 28 de maio de 2020, data da vigência dessa Lei Complementar, até 31 de dezembro de 2021, ou seja, este período não poderá ser computado para fins de aquisição de direitos e vantagens dos quais decorram aumento de despesas. Portanto, os direitos e vantagens que tenham como requisito a contagem de tempo serão suspensos a partir da edição dessa LC e terão a contagem retomada a partir de 1º de janeiro de 2022.
>
> 5. Em relação às proibições estabelecidas no inciso I (conceder, a qualquer título, vantagem, aumento, reajuste ou adequação de remuneração), são excepcionalizadas duas situações:
> a. quando derivado de sentença judicial transitada em julgado; ou
> b. quando derivado de determinação legal anterior à calamidade pública.
>
> 6. As duas exceções acima são também previstas no Inciso VI (criar ou majorar auxílios, vantagens, bônus, abonos, verbas de representação ou benefícios de qualquer natureza, inclusive os de cunho indenizatório).
>
> 7. Nesse sentido, entende-se, em relação ao item "a", que a determinação para concessão de direitos e vantagens referidas nos incisos I e VI do art. 8º por meio de mandados de segurança concedidos nesse período ficarão suspensos até 31 de dezembro de 2021, sendo implementados a partir de 1º de janeiro de 2022.
>
> 8. Em relação ao item "b" acima, entende-se que qualquer concessão derivada de determinação legal anterior à calamidade pública, desde que não seja alcançada pelos demais incisos do art. 8º, podem ser implantadas, ainda que impliquem aumento de despesa com pessoal. Encontra-se no rol dessas concessões, por exemplo, a concessão de retribuição por titulação, o incentivo à qualificação e a gratificação por qualificação, visto que os critérios para a sua concessão estão relacionados à comprovação de certificação ou titulação ou, ainda, ao cumprimento de requisitos técnico-funcionais, acadêmicos e organizacionais. Entende-se, ainda, que essas concessões não se enquadram no inciso VII do art. 8º (criar despesa obrigatória de caráter continuado), pois trata-se apenas da implantação de despesa prevista em Lei anterior à calamidade, e não de sua criação, e, também, não se enquadram no inciso VIII (adotar medida que implique reajuste de despesa obrigatória acima da variação da inflação), ainda que o valor individual a ser percebido supere a inflação do período, considerando que a despesa global não alcançará esse limite.

Na Nota Técnica SEI nº 20581/2020/ME, foi sugerido o encaminhamento à Procuradoria Geral da Fazenda Nacional (PGFN) do Ministério da Economia, para manifestação. No dia 01 de julho de 2020, foi aprovado o Parecer SEI nº 9357/2020/ME da PGFN, no qual consta o seguinte:

> I. *Da proibição de conceder, a qualquer título, vantagem, aumento, reajuste ou adequação de remuneração a membros de Poder ou de órgão, servidores e empregados públicos e militares, exceto quando derivado de sentença judicial transitada em julgado ou de determinação legal anterior ao reconhecimento da calamidade pública pela União por meio do Decreto Legislativo nº 6, de 2020 (art. 8º, I, da LC nº 173, de 2020).*
>
> 9. Primeiramente, cumpre repisar que o art. 8º da LC nº 173, de 2020, acima reproduzido, insere-se no contexto de controle de despesas obrigatórias e, através da proibição do aumento de despesas com pessoal, tem o nítido propósito de conter a crise econômica e financeira decorrente da pandemia da COVID-19.
>
> 10. Depreende-se do art. 8º, I, da LC nº 173, de 2020, que a proibição contida neste inciso coíbe a edição de ato pela União, Estados, Distrito Federal e Municípios afetados pela calamidade pública, até 31 de dezembro de 2021, que conceda *"a qualquer título, vantagem, aumento, reajuste ou adequação de remuneração a membros de Poder ou de órgão, servidores, empregados públicos e militares"*. Sendo assim, a conduta vedada pela norma é a edição, de novo ato, por parte do agente público competente, com vontade dirigida ao resultado aumento de despesa. (...)
>
> 12. Consoante se verifica, o escopo da proibição de aumento de despesas com pessoal é o de coibir condutas inconsequentes em matéria de gastos com pessoal por agentes públicos, ainda mais no atual contexto de recessão econômica decorrente da pandemia da COVID-19.
>
> 13. Nesse sentido, nos parece que a vedação contida no art. 8º, I, da LC nº 173, de 2020, tem seu espectro de incidência limitado às ações voluntárias dos agentes públicos, isto é, às condutas positivas livremente adotadas e direcionadas ao aumento de despesa. *Por esse motivo, o cumprimento de decisão judicial transitada em julgado e/ou de determinação legal anterior ao reconhecimento da calamidade pública pela União por meio do Decreto Legislativo nº 6, de 2020, não esbarra na proibição contida na norma, ainda que deste cumprimento decorra, eventualmente, aumento de despesa com pessoal.*
>
> 14. Isso porque, o cumprimento de sentença judicial transitada em julgado e/ou de determinação legal anterior ao reconhecimento da calamidade pública pela União por meio do Decreto Legislativo nº 6, de 2020,

não se refere à atuação voluntária ou discricionária do agente público (isto é, edição de ato dirigida ao resultado aumento de despesa com pessoal), *mas de atuação vinculada visando, respectivamente, ao obrigatório cumprimento de determinação judicial e/ou legal (princípio da legalidade)*. (...)

20. Outrossim, o raciocínio ora deduzido é aplicável às vantagens, aumentos ou reajustes concedidos por lei anterior ao reconhecimento da calamidade pública pela União por meio do Decreto Legislativo nº 6, de 2020, os quais deverão ser implementados no prazo e nas condições determinadas pela legislação de regência, ainda que disto resulte em aumento de despesa com pessoal. Com efeito, conforme consignado no Parecer Conjunto SEI nº 36/2020/ME, a extinta CONJUR-MP, ao analisar a interpretação a ser dada ao art. 21, p.u., da LRF, por meio do PARECER nº 01280/2018/GCG/CGJOE/CONJUR-MP/CGU/AGU, trouxe à baila os esclarecimentos então fornecidos pela SOF (Nota Técnica nº 20827/2018-MP) no sentido de que, nessas hipóteses, não possui a Administração Pública discricionariedade sobre essas despesas. Tal entendimento parece ser aplicável ao art. 8º, inc. I, da LC nº 173, de 2020, vejamos (...)

45. Diante do exposto, conclui-se que:

a) depreende-se do art. 8º, I, da LC nº 173, de 2020, que a proibição contida neste inciso coíbe a edição de ato que conceda *"a qualquer título, vantagem, aumento, reajuste ou adequação de remuneração a membros de Poder ou de órgão, servidores, empregados públicos e militares"*. Sendo assim, a conduta vedada pela norma é a edição de novo ato, por parte do agente público competente, com vontade dirigida ao resultado aumento de despesa;

b) nesse sentido, nos parece que a vedação contida no art. 8º, I, da LC nº 173, de 2020, tem seu espectro de incidência limitado às ações voluntárias dos agentes públicos, isto é, às condutas positivas livremente adotadas e direcionadas ao aumento de despesa. Por esse motivo, o cumprimento de decisão judicial transitada em julgado e/ou de determinação legal anterior ao reconhecimento da calamidade pública pela União por meio do Decreto Legislativo nº 6, de 2020 não esbarra na proibição contida na norma, ainda que deste cumprimento decorra, eventualmente, aumento de despesa com pessoal;

c) em outras palavras, o cumprimento de sentença judicial transitada em julgado e/ou de determinação legal anterior ao reconhecimento da calamidade pública pela União por meio do Decreto Legislativo nº 6, de 2020, não se refere à atuação voluntária ou discricionária do agente público (isto é, edição de ato dirigida ao resultado aumento de despesa com pessoal), mas de atuação vinculada visando, respectivamente, ao obrigatório cumprimento de determinação judicial e/ou legal (princípio da legalidade); (...)

f) outrossim, o raciocínio ora deduzido é aplicável às vantagens, aumentos ou reajustes concedidos por lei anterior ao reconhecimento da calamidade pública pela União por meio do Decreto Legislativo nº 6, de 2020, os quais deverão ser implementados no prazo e nas condições determinadas pela legislação de regência, ainda que disto resulte aumento de despesa com pessoal, haja vista que nessas hipóteses a Administração Pública não possui discricionariedade sobre essas despesas;

Após o Parecer da PGFN, no dia 15 de julho de 2020, foi expedida a Nota Técnica SEI nº 27126/2020/ME, novamente pela Coordenação de Gestão de Cargos e Carreiras do Departamento de Carreiras e Desempenho de Pessoal (Ministério da Economia), de acordo com a qual:

6. Assim, considerando a análise jurídica acerca do entendimento contido na Nota Técnica SEI nº 20581/2020-ME, de 1º de junho de 2020 (8310399) concernente à aplicabilidade das disposições da Lei Complementar nº 173, de 2020, *nas matérias de sua competência*, este Departamento de Carreiras e Desenvolvimento de Pessoas – DESEN conclui que:
a) As decisões judiciais transitadas em julgado e/ou as determinações legais proferidas antes do reconhecimento da calamidade pública pela União, de que trata o Decreto Legislativo nº 6, de 2020, não se referem à ação voluntária e discricionária do agente público e são de observância obrigatória por parte da Administração Pública. *Assim os direitos e vantagens devem ser implementados imediatamente conforme a determinação judicial e a orientação contida no respectivo parecer de força executória*, ainda que deste cumprimento decorra aumento de despesa obrigatória, sob pena de se caracterizar o seu descumprimento.

Pela leitura dos excertos anteriormente transcritos, verifica-se que para a Câmara dos Deputados, para a Advocacia Pública Federal e para o Ministério da Economia, o art. 8º, VI, da LC nº 173/2020 deve ser interpretado da seguinte forma: se a lei que majora vantagem ao servidor for anterior ao reconhecimento da calamidade pública por meio do Decreto Legislativo nº 06/2020, a verba deve ser paga, ainda que as condições para o recebimento tenham se implementado já na vigência da LC nº 173/2020.

A ideia é a de que, desde o reconhecimento da calamidade pelo Congresso Nacional, não podem ser implementados atos voluntários que acarretem aumento de despesas com pessoal, a exemplo da edição de novas leis concedendo ou majorando vantagens aos servidores públicos. Todavia, isto não impede que sejam assegurados direitos que tenham sido conferidos aos servidores por leis anteriores ao reconhecimento da calamidade.

A Procuradoria Geral do Estado do Paraná, também, adotou o entendimento de que o reconhecimento da calamidade pública na esfera federal deve ser marco temporal para guiar a aplicação do art. 8º, VI, da LC nº 173/2020. Confira-se trechos do Parecer nº 013/2020-PGE, aprovado em 24.06.2020:

> Nesse sentido, as expressas exceções ao princípio da irretroatividade no art. 8º da Lei Complementar Federal nº 173/2020 constam apenas dos incisos I e VI, que afirmam que determinação legal anterior à decretação da calamidade pública poderá justificar a não aplicação das vedações contidas nos referidos incisos. Para além das referidas exceções, há que se considerar que a lei complementar sob análise gera efeitos prospectivos, isto é, para o futuro, a contar da data de sua publicação.
>
> Em suma, tem-se que:
>
> a) *para as hipóteses previstas nos incisos I e VI: poderá haver aplicação retroativa das vedações impostas, irradiando efeitos para o momento da decretação da calamidade pública;*
>
> b) *para os demais incisos do art. 8º: são atingidos apenas os atos posteriores à publicação da Lei Complementar Federal nº 173/2020.*
>
> O marco inicial de aplicação retroativa, e que pela lei seria aquilo que for posterior à "calamidade pública", é a data do ato normativo federal que reconheceu tal situação emergencial, ou seja, o Decreto Legislativo nº 06/2020, diante da aplicação do art. 65, §1º, da Lei Complementar Federal nº 101/2000, alterado pela Lei Complementar Federal nº 173/202014, e considerada a notória emergência nacional em saúde pública.
>
> Frise-se que não há razoabilidade na aplicação do marco legal instituído por ato local, seja porque se trata de pandemia, ou seja, a doença atinge todo o país (e, na realidade, tem escala global), seja porque as medidas instituídas pela Lei Complementar Federal possuem caráter nacional, direcionadas a todos os entes da federação, e logicamente não poderiam estar condicionadas à edição de atos locais de reconhecimento de calamidade pública por todos os entes.
>
> *Assim, é possível aplicar os efeitos dos incisos I e VI do art. 8º de maneira retroativa, respeitado o ato jurídico perfeito, o direito adquirido e a coisa julgada, suspendendo-se os atos não enquadrados nessas hipóteses e que tenham sido*

editados após a publicação do Decreto Legislativo nº 06/2020, ou seja, após 20 de março de 2020. (…)

a) *conceder vantagem, aumento, reajuste ou adequação de remuneração a membros de Poder ou de órgão, servidores, empregados públicos e militares, exceto quando derivado de sentença judicial transitada em julgado ou de determinação legal anterior à calamidade pública (art. 8º, inciso I);*

Observa-se uma vedação ampla para a criação de vantagens e a majoração remuneratória de agentes públicos. Ou seja, a extensão das proibições é ampla sob o prisma objetivo (espécies remuneratórias e formas de majoração) e subjetivo (agentes públicos, assim compreendidos servidores ocupantes de cargo efetivo, cargo em comissão, empregados públicos, militares e temporários). (…)

A exceção legal, prevista expressamente, ocorre quando houver sentença judicial transitada em julgado ou determinação legal anterior à calamidade pública.

Conforme tratado anteriormente sobre a eficácia temporal da Lei Complementar Federal nº 173/2020, a retroatividade ao período compreendido entre a decretação da calamidade pública e a publicação da referida lei complementar atinge apenas os atos que não afetem direitos adquiridos, atos jurídicos perfeitos e a coisa julgada, considerando-se o lapso decorrido entre 20.03.2020 e 28.05.2020.

Repise-se que a mera previsão na Lei de Diretrizes Orçamentárias e na Lei Orçamentaria anual não caracteriza "determinação legal anterior" para os fins da exceção contida no art. 8º, inciso I, da Lei Complementar Federal nº 173/2020. A bem da verdade, como visto, a exceção legal engloba apenas as obrigações (e consequentes despesas) decorrentes de normas constitucionais ou legais específicas e mandatórias, que não confiram ao gestor qualquer margem de discricionariedade na fase executiva da despesa. (…)

f) *criar ou majorar auxílios, vantagens, bônus, abonos, verbas de representação ou benefícios de qualquer natureza, inclusive os de cunho indenizatório, em favor de membros de Poder, do Ministério Público ou da Defensoria Pública e de servidores e empregados públicos e militares, ou ainda de seus dependentes, exceto quando derivado de sentença judicial transitada em julgado ou de determinação legal anterior à calamidade (art. 8º, inciso VI);*

Trata-se de proibição ainda mais ampla que aquela prevista no item "a". O intuito da norma é proibir a criação ou a majoração de vantagens pecuniárias em favor de agentes públicos e de seus dependentes, sendo irrelevante a natureza remuneratória ou indenizatória. (...)

Novamente, a lei ressalva o permissivo nas hipóteses de decisão judicial transitada em julgado e determinação legal anterior à declaração de calamidade pública, consoante já explanado.

Por outro lado, existe o entendimento de que basta que a lei que assegura vantagem ao servidor seja anterior à vigência da LC nº 173/2020 para que o direito seja garantido, não importando a data da decretação da calamidade (na esfera federal ou estadual).

A respeito, confira-se o Parecer Referencial SEI-GDF nº 08/2020 – PGDF/PGCONS/CHEFIA, de 30 de junho de 2020, que orienta a Administração Pública do Distrito Federal e muito bem enfrentou a questão:

II.6 – qual o marco temporal, definido na LC nº 173/2020, a partir do qual está vedada concessão de vantagem, aumento, reajuste ou adequação de remuneração?

Prescreve o inciso I do artigo 8º da Lei Complementar nº 173/2020 que, na hipótese de que trata o art. 65 da Lei Complementar nº 101/2000, a União, os Estados, o Distrito Federal e os Municípios afetados pela calamidade pública decorrente da pandemia da COVID-19 ficam proibidos, até 31 de dezembro de 2021, de:

I – conceder, a qualquer título, vantagem, aumento, reajuste ou adequação de remuneração a membros de Poder ou de órgão, servidores e empregados públicos e militares, exceto quando derivado de sentença judicial transitada em julgado ou de determinação legal anterior à calamidade pública;

Proibição similar é veiculada no inciso VI:

VI – criar ou majorar auxílios, vantagens, bônus, abonos, verbas de representação ou benefícios de qualquer natureza, inclusive os de cunho indenizatório, em favor de membros de Poder, do Ministério Público ou da Defensoria Pública e de servidores e empregados públicos e militares, ou ainda de seus dependentes, exceto quando derivado de sentença judicial transitada em julgado ou de determinação legal anterior à calamidade;

Pois bem. Os preceitos vedam a concessão, a qualquer título, de vantagem, aumento, reajuste ou adequação de remuneração a membros de

Poder ou de órgão, servidores e empregados públicos e militares, bem como a criação ou majoração de auxílios, vantagens, bônus, abonos, verbas de representação ou benefícios de qualquer natureza, inclusive os indenizatórios, em favor de membros de Poder, do Ministério Público, da Defensoria Pública e de servidores e empregados públicos e militares (e seus dependentes), *salvo quando derivado de* sentença judicial transitada em julgado *ou de determinação legal anterior à calamidade.*

Anote-se, de pronto, que as proibições têm início com a vigência da Lei em 28 de maio 2020, termo inicial da vigência da Lei, consoante consignado alhures (art. 11) e vigorarão até 31 de dezembro de 2021, conforme delimitado no caput do artigo 8º.

Dúvida exsurge quanto à melhor exegese da parte final da exceção disposta em ambos os incisos, vale dizer, "determinação legal" editada até que momento configura exceção à proibição de *concessão, criação ou majoração* de vantagem, aumento, reajuste, adequação de remuneração, auxílios, vantagens, bônus, abonos, verbas de representação ou benefícios de qualquer natureza, inclusive os de cunho indenizatório?

Prima facie, em interpretação possivelmente açodada e estribada, exclusivamente, no método literal ou gramatical, poder-se-ia cogitar que apenas as leis editadas até o reconhecimento da calamidade pela Câmara Legislativa do DF (o art. 8º da LC nº 173/2020 refere-se ao art. 65 da LC nº 101/2000, que, por sua vez, aduz à calamidade pública reconhecida pelo Poder legislativo dos estados e do DF) autorizariam a concessão, a criação ou a majoração de tais vantagens. Logo, tendo em vista que o Decreto Legislativo nº 2.284, de 02 de abril de 2020, da Câmara Legislativa do Distrito Federal, que reconheceu, para os fins do art. 65 da Lei Complementar nº 101/2000, a ocorrência do estado de calamidade pública, foi publicado no Diário Oficial do Distrito Federal (DODF) nº 66, de 07.04.2020, apenas as determinações legais editadas anteriormente a esta última data poderiam conceder, criar ou majorar vantagens ou benefícios arrolados nas proibições dos incisos I e VI.

É cediço, todavia, que o método literal não esgota ou exaure a atividade hermenêutica. Ao revés, a compreensão inicial fornecida pela leitura do texto afigura-se como o ponto de partida do labor do intérprete e, ao mesmo tempo, como limite semântico ao emprego dos demais métodos interpretativos que o complementam na tarefa de se extrair o correto sentido e alcance da norma. (...)

Nessa toada, sob perspectiva sistemática, assoma relevante limitação imposta ao legislador pelo inciso XXXVI do art. 5º da CF/88, segundo o qual "*a lei não prejudicará o direito adquirido, o ato jurídico perfeito e a coisa julgada*". Deveras, o constituinte originário, em homenagem à segurança jurídica e à estabilidade das relações jurídicas, interditou retroatividade de lei que invista contra o direito adquirido.

No caso vertente, se se entender que a Lei Complementar nº 173/2020, publicada em 28.05.2020, excepciona apenas os eventuais direitos concebidos por determinação legal anterior ao dia 07.04.2020 (data de publicação do Decreto Legislativo nº 2.284/2020), estar-se-á vulnerando a garantia constitucional com o efeito de desguarnecer eventuais direitos adquiridos por determinação legal editada entre 07.04.2020 e 28.05.2020, incidindo, portanto, em retroatividade vedada pela CF/88.

Cumpre, então, afastar mencionado sentido literalmente possível do texto legal e perquirir outro igualmente assimilável pelo texto legal e compatível com a CF/88, admitindo-se que o legislador não primou pela precisão, visto que não seria razoável supor que tenha pretendido efeito que colide com norma constitucional.

Nesse passo, recorrendo-se ao método histórico de interpretação, traz-se a lume o Parecer nº 27/2020, da lavra do Relator Senador Davi Alcolumbre, Presidente do Senado Federal, confeccionado por ocasião do trâmite do processo legislativo que culminou com a Lei Complementar nº 173/2020, e que corrobora a ideia de que *a ressalva da parte final dos incisos I e VI tem por escopo preservar eventuais direitos adquiridos por força de legislação anterior ao início da vigência da Lei Complementar nº 173/2020 – 28.05.2020*, in verbis:

Por fim, tenho perfeita compreensão de que períodos de calamidade como o atual requerem aumentos de gastos públicos, tanto destinados a ações na área da saúde, como em áreas relativas à assistência social e preservação da atividade econômica. Por outro lado, é necessário pensar no Brasil pós-pandemia. O aumento dos gastos hoje implicará maior conta a ser paga no futuro. A situação é ainda mais delicada porque já estamos com elevado grau de endividamento. Dessa forma, para minimizar o impacto futuro sobre as finanças públicas, proponho limitar o crescimento de gastos com pessoal, *bem como a criação de despesas obrigatórias até 31 de dezembro de 2021.*

Nesse sentido, propusemos vedar reajustes salariais ou de qualquer outro benefício aos funcionários públicos, *bem como a contratação de pessoal, exceto para repor vagas abertas, até o final do próximo ano. Proibimos também medidas que levem ao aumento da despesa obrigatória acima da taxa de inflação. Tomamos o cuidado, contudo, de permitir aumento de gastos para ações diretamente ligadas ao combate dos efeitos da pandemia da COVID-19.*

E, por razões de constitucionalidade, mantivemos o respeito à legislação já aprovada antes desta Lei Complementar, *inclusive à Lei nº 13.681, de 18 de junho de 2018, bem como aos respectivos atos de transposição e de enquadramento. A transposição dos servidores dos ex-territórios já foi determinada em lei e não poderia ser impedida quando somente restam procedimentos e atos burocráticos para concluí-la.* (Destaques nossos).

Por conseguinte, à luz da CF/88 e da teleologia legal, entende-se que a expressão "exceto quando derivado (...) de determinação legal anterior à calamidade pública' deve ser compreendida como 'exceto quando derivado (...) de determinação legal anterior aos efeitos atribuídos ao reconhecimento do estado de calamidade pública por esta Lei", de modo que se preservam as determinações legais editadas até 27.05.2020.

Tem-se, portanto, que as proibições de conceder, a qualquer título, vantagem, aumento, reajuste ou adequação de remuneração, bem como de *criar ou majorar* auxílios, vantagens, bônus, abonos, verbas de representação ou benefícios de qualquer natureza, inclusive os de cunho indenizatório, aos membros de Poder, ou de órgão, servidores e empregados públicos e militares (e respectivos dependentes) iniciam-se em 28.05.2020 – data de início de vigência da Lei Complementar nº 173/2020 – e se estendem até 31.12.2021, ressalvados os benefícios garantidos por sentença judicial transitada em julgado e concedidos por determinação legal anterior a 28.05.2020.

Por outro lado, impende gizar que, para a caracterização da exceção que autoriza o deferimento das vantagens elencadas nos incisos I e VI do art. 8º da Lei Complementar nº 173/2020, entende-se suficiente que a "determinação legal" seja anterior à vigência da Lei Complementar em tela, sendo irrelevante, ao menos para esse efeito, a data de ocorrência do fato gerador do benefício pecuniário e desde que, uma vez verificada a incidência da previsão normativa, o direito adquirido desponte, não havendo margem de discricionariedade da Administração para decidir, em juízo de conveniência e oportunidade, acerca do deferimento ou não do benefício pecuniário.

E assim o é porque o legislador elegeu a "precedência da 'determinação legal' em relação à Lei Complementar nº 173/2020" – e não a ocorrência fenomênica dos eventos constantes do suporte fático da 'determinação legal' instituidora do direito – por critério definidor das exceções à vedação legal.

Em vista disso, gratificações, adicionais, indenizações e outras vantagens pecuniárias previstas em lei anterior à Lei Complementar nº 173/2020 – e contanto que não se amoldem à proibição, abordada adiante, do inciso IX do mesmo artigo 8º – podem ser concedidas quando respectivos fatos geradores sucederem já sob o domínio da vigência dessa Lei Complementar, e desde que, uma vez verificada a incidência da previsão normativa, o direito adquirido desponte, não havendo margem de discricionariedade da Administração para decidir, em juízo de conveniência e oportunidade, acerca do deferimento ou não do benefício pecuniário. Nessas hipóteses, estão proibidos os aumentos dos valores dos benefícios por legislação superveniente.

Cabe ressaltar, por fim, que a proibição do inciso VI do art. 8º – *criar ou majorar auxílios, vantagens, bônus, abonos, verbas de representação ou benefícios de qualquer natureza, inclusive os de cunho indenizatório* – não abarca benefícios porventura direcionados aos profissionais de saúde e de assistência social especialmente relacionados a medidas de combate à calamidade pública decorrente da pandemia da COVID-19 e desde que suas vigências e efeitos não ultrapassem a duração do estado de calamidade pública, *ex vi do* §5º do art. 8º da Lei Complementar nº 173/2020.

O Parecer Referencial SEI-GDF nº 08/2020 – PGDF/PGCONS/CHEFIA, de 30 de junho de 2020 deixa bastante claro os motivos pelos quais se deve considerar a data da publicação da LC nº 173/2020 (28 de maio de 2020) para fixar o início da proibição de novas leis que concedam vantagens a servidores públicos. Destacando-se não apenas o art. 5º, XXXVI, da CF/88, como também o Parecer apresentado pelo Relator, durante a tramitação do PL.

Para além disso, o Parecer do DF deixou claro que basta que a lei que assegura a vantagem seja anterior a 28 de maio de 2020, ainda que o fato gerador ocorra já na vigência da LC nº 173/2020 e antes do termo final da restrição. Nesta situação, a vantagem deverá ser implementada e paga, mesmo que o fato gerador tenha ocorrido a partir de 28 de maio de 2020.

O mesmo entendimento já havia sido adotado no Parecer nº 18.283/20 da Procuradoria-Geral do Estado do Rio Grande do Sul, aprovado em 17 de junho de 2020. É o que demonstra os seguintes trechos da peça opinativa:

> Com efeito, os atos administrativos perfectibilizados no período compreendido entre o reconhecimento do estado de calamidade e a entrada em vigor da Lei Complementar nº 173, em 28 de maio de 2020, – tais como a concessão de vantagens, a criação de cargos, empregos ou funções, a alteração da estrutura da carreira com aumento de despesa, a admissão ou contratação de pessoal, a realização de concursos públicos, a criação ou a majoração de auxílios, a criação de despesa de caráter continuado,

a adoção de medida que implique reajuste de despesa acima do Índice Nacional de Preços ao Consumidor (IPCA) ou, ainda, o cômputo de período aquisitivo para a concessão de vantagens temporais e licenças-prêmio – não são abarcados pelas vedações instituídas pelo novel diploma, revestindo-se de plena legalidade.

No mesmo norte, em que pese o estado de calamidade pública, salvo eventual prorrogação, perdure até 31 de dezembro do corrente ano no Estado do Rio Grande do Sul, o multicitado artigo 8º é claro ao estender a eficácia das providências interditadas até 31 de dezembro de 2021, tendo presente a probabilidade de que os deletérios efeitos causados pela pandemia no cenário econômico se protraiam além do período necessário ao controle epidemiológico.

Diante disso, constata-se que, malgrado o artigo 8º da Lei Complementar Federal nº 173/2020 aluda à hipótese de ocorrência de calamidade pública, prevista no artigo 65 da Lei de Responsabilidade Fiscal, inexiste estrita identidade entre os períodos de reconhecimento da ocorrência de tal calamidade – no caso do Estado do Rio Grande do Sul, de 19 de março a 31 de dezembro de 2020 – e de eficácia temporal das proibições impostas aos entes federados, que principiou em 28 de maio de 2020 e se estenderá até 31 de dezembro de 2021. (…)

5. *Gratificações.*

O inciso I do artigo 8º da Lei Complementar nº 173/2020 impede os entes públicos, durante o período defeso, "conceder, a qualquer título, *vantagem*, aumento, reajuste ou adequação de remuneração a membros de Poder ou de órgão, servidores e empregados públicos e militares, exceto quando derivado de sentença judicial transitada em julgado ou de determinação legal anterior à calamidade pública. (Grifou-se).

Nos termos do artigo 85 da Lei Complementar Estadual nº 10.098/1994, são qualificados como vantagens: (I) indenizações, (II) avanços, (III) gratificações e adicionais e (IV) honorários e jetons. Idêntica constatação se extrai das disposições da Lei Estadual nº 6.196/1971 e da Lei Complementar Estadual nº 10.990/1997, regentes dos servidores militares.

Nessa medida, no interregno compreendido entre 28 de maio de 2020 e 31 de dezembro de 2021, as mencionadas verbas apenas poderão ser concedidas nos moldes das estritas exceções esculpidas na norma, isto é, quando possuírem assento em decisão judicial transitada em julgado ou em imposição legal editada previamente à calamidade.

No particular, observa-se que se exige a precedência da determinação normativa, e não do fato gerador da vantagem, de modo que, uma vez instituída e prevista a concessão desta, o servidor fará jus à sua percepção ainda que a situação fática apta a ensejá-la tenha ocorrido após 28 de maio de 2020. Assim, ilustrativamente, inexiste empecilho ao deferimento de ajudas de custo, diárias e indenização de transporte devidas, nos termos da legislação até então vigente, em razão de alteração de exercício ou deslocamentos realizados após a entrada em vigor da Lei Complementar nº 173/2020.

Relativamente às gratificações, a licitude de sua concessão neste período subordina-se à verificação das condições previstas na legislação para tanto, haja vista que, se fundadas em critérios objetivos, faz-se presente a "determinação legal anterior à calamidade pública", o que não ocorre com aquelas situadas no juízo discricionário do gestor.

A título de exemplo, inserem-se na primeira hipótese – gratificações de caráter objetivo – as gratificações pagas a determinadas categorias, legalmente discriminadas, em razão do local de exercício ou da obtenção de diplomas de pós-graduação, tais como a Gratificação de Incentivo às Atividades Sociais, Administrativas e Econômicas (GISAE), a Gratificação de Incentivo à Capacitação (GICAP) e a Gratificação de Estímulo à Capacitação (GECAP), instituídas, respectivamente, pelas Leis Estaduais nº 14.512/2014, 14.224/2013 e 14.260/2013. Senão vejamos o teor dos dispositivos legais em que se alicerçam a criação e a concessão de tais gratificações: (...)

Como se vê, uma vez atendidos os pressupostos legais – no exemplo, exercício nas Secretarias arroladas pelos servidores ocupantes dos cargos elencados na Lei Estadual nº 14.512/2014 ou protocolo do pedido instruído com diploma ou certificado de conclusão, na forma das Leis Estaduais nº 14.224/2013 e 14.260/2013 –, inexiste espaço de deliberação outorgado à Administração Pública, que se obriga à concessão das gratificações, forte no princípio da legalidade (artigo 37, *caput*, da Constituição da República). Neste caso, tratando-se de gratificação de caráter objetivo derivada de ato administrativo vinculado, resta configurada a "determinação legal anterior à calamidade pública" excepcionada pela Lei Complementar nº 173/2020.

Idêntico raciocínio se aplica às gratificações ou aos adicionais associados ao exercício de atividades insalubres, perigosas ou penosas, que deverão ser concedidos quando verificado o suporte fático estabelecido na legislação de regência.

Lado outro, as gratificações jungidas a atos discricionários, por não decorrerem de imposição legal, mas sim de faculdade do gestor, não são passíveis de concessão no período de eficácia temporal da Lei Complementar nº 173/2020. Subsome-se a esta hipótese a gratificação de permanência, prevista no artigo 114 da Lei Complementar Estadual nº 10.098/94: (...)

7. Conclusões.

Ante todo o exposto, alinham-se as seguintes conclusões:

a) inexiste estrita identidade entre os períodos de reconhecimento de ocorrência de calamidade pública para os fins do artigo 65 da Lei de Responsabilidade Fiscal (Lei Complementar nº 101/2000) e de eficácia temporal das proibições impostas aos entes públicos pelo artigo 8º da Lei Complementar nº 173/2020, que principiou em 28 de maio de 2020 e se estenderá até 31 de dezembro de 2021; (...)

h) não está vedada a concessão ou atribuição de vantagens (indenizações, gratificações e adicionais) de caráter estritamente objetivo, tais como as gratificações ou os adicionais de insalubridade, periculosidade ou penosidade;

No mesmo sentido, o Parecer Jurídico nº 16.247/2020, elaborado em 22 de julho de 2020, por Procurador do Estado de Minas Gerais que é, também, Assessor Jurídico Chefe da Secretaria de Estado de Planejamento e Gestão daquele Estado. Senão vejamos:

10. Realizadas as supracitadas considerações, passemos à análise e resposta aos questionamentos formulados pela consulente:

1. *DATAS DE REFERÊNCIA PARA APLICAÇÃO DO ART. 8º DA LCP Nº 173/2020* (...)

11. Tomamos a liberdade de iniciar a resposta à presente consulta pelo questionamento apresentado no item 1.3, uma vez que consideramos primordial definir o período de eficácia normativa das vedações impostas pelo art. 8º da LC nº 173/2020. Conquanto a norma tenha sido publicada em 28.05.2020 e conste em seu art. 11 que *"Esta Lei Complementar entra em vigor na data de sua publicação"*, o *caput* do seu art. 8º estabelece que o termo inicial de sua eficácia está atrelado à *"ocorrência de calamidade pública"* em referência ao art. 65 da LC nº 101/2000, que exige o reconhecimento do estado de calamidade pública pela Assembleia Legislava do respectivo Estado.

12. Quando a norma se torna vigente, ela ganha vigor ou força para obrigar. A vigência é a qualidade da norma que indica a possibilidade de ela, em tese, produzir efeitos, já a eficácia é o atributo da norma que indica a possibilidade concreta de seus efeitos ocorrerem.

13. Como de regra, as normas jurídicas são prospectivas, ou seja, visam a disciplinar fatos que vieram a ocorrer após a sua vigência. Se uma norma produz efeitos para o passado, atingindo situações que ocorreram antes de ela se tornar vigente, tais efeitos são considerados retroativos.

14. Apesar de corriqueira a invocação do princípio da irretroatividade, o fato é que a retroatividade das leis é plenamente admissível, desde que não viole os óbices constitucionais (art. 5º, XXXVI) atrelados à segurança jurídica: o direito adquirido, a coisa julgada e ato jurídico perfeito. Eles também estão pormenorizados no art. 6º da Lei de Introdução às Normas do Direito Brasileiro quando afirma que:

Art. 6º A Lei em vigor terá efeito imediato e geral, respeitados o ato jurídico perfeito, o direito adquirido e a coisa julgada.
§1º Reputa-se ato jurídico perfeito o já consumado segundo a lei vigente ao tempo em que se efetuou.
§2º Consideram-se adquiridos assim os direitos que o seu titular, ou alguém por ele, possa exercer, como aqueles cujo começo do exercício tenha termo pré-fixo, ou condição preestabelecida inalteráveis, a arbítrio de outrem.
§3º Chama-se coisa julgada ou caso julgado a decisão judicial de que já não caiba recurso.

15. A Assembleia Legislava de Minas Gerais por meio da Resolução nº 5529/20 reconheceu até 31 de dezembro de 2020, o estado de calamidade pública em decorrência da pandemia da COVID-19, causada pelo coronavírus, nos termos do Decreto nº 47.891, de 20 de março de 2020, o que poderia conduzir o intérprete a definir este, como o marco temporal inicial para aplicação do art. 8º da LC nº 173/2020.

16. Não obstante, considerando que a retroatividade normativa é exceção, impõe-se a interpretação restritiva quanto ao termo inicial dos efeitos das vedações insertas no art. 8º da LC nº 173/2020. Isso porque, ao contrário da redação do art. 2º, em que o legislador expressamente determina a aplicação retroava da lei, no que concerne ao art. 8º da LC nº 173/2020, o mesmo foi silente.

17. Nesse sendo, a Consultoria Jurídica da AGE nos recentes Pareceres nº 16.232/20 e 16.244/20, relacionados a repercussão novel legislação

em relação ao regime jurídico dos militares estaduais, firmou o entendimento no sentido de que a eficácia temporal da LC nº 173/2020, teve seu termo inicial em 28.05.20, quando ocorreu a sua publicação, razão pela qual por coerência e integridade, mantém-se o entendimento na consulta em tela. (…)

23. Em face do exposto, o aumento de despesas relacionadas aos incisos II, IV, VI, VII e VIII, do art. 8º, quando necessários para o enfrentamento à calamidade pública, devem ter seus efeitos limitados à duração da pandemia. (...)

36. Note-se que se exige a precedência da determinação normativa, e não do fato gerador da vantagem, de modo que, uma vez instituída e prevista a concessão desta, o servidor fará jus à sua percepção ainda que a hipótese de incidência fática apta a ensejá-la tenha ocorrido após a vigência da LC nº 173/2020. Conclui-se, portanto, que para essa situação, tal vedação não se aplica, ainda que os requisitos para sua aquisição se implementem após 28.05.2020.

Da leitura dos excertos anteriormente transcritos, infere-se que para a Advocacia Pública do Distrito Federal e dos Estados do Rio Grande do Sul e de Minas Gerais, para efeito do art. 8º, VI, basta que a lei que majore a vantagem seja anterior à publicação da LC nº 173/2020 para que o servidor tenha direito assegurado. Não importando a data do reconhecimento da calamidade, nem mesmo a data do preenchimento dos requisitos para que o interessado faça jus à parcela.

Embora haja divergências de interpretação, é bastante plausível o entendimento de que o marco temporal a ser adotado para a análise da legislação que majora vantagem ao servidor (como o adicional de insalubridade) é a entrada em vigor da LC nº 173/2020 que, de acordo com o art. 11, ocorreu na data de sua publicação (28 de maio de 2020).

A regra geral de vedação à majoração de vantagem aos servidores públicos, do período de 28 de maio a 31 de dezembro de 2020, comporta exceções por expressa previsão do §5º do art. 8º da LC nº 173/2020.

Nota-se que a vedação estabelecida no inciso VI do *caput* do art. 8º da LC nº 173/2020 não se aplica aos profissionais de saúde e de assistência social, se a majoração da vantagem estiver relacionada a medidas de combate à calamidade pública decorrente da pandemia da COVID-19, cuja vigência e efeitos não ultrapassem a sua duração.

Acerca da possibilidade assegurada pelo §5º do art. 8º da LC nº 173/2020, a Procuradoria Geral do Estado do Paraná manifestou-se no Parecer nº 013/2020-PGE:

m) *o disposto no inciso VI do caput deste artigo não se aplica aos profissionais de saúde e de assistência social, desde que relacionado a medidas de combate à calamidade pública referida no caput cuja vigência e efeitos não ultrapassem a sua duração (artigo 8º, §5º).*

Por força do disposto no artigo 8º, §5º, da Lei Complementar Federal nº 173/2020, a vedação constante no inciso VI do mesmo artigo não se aplica aos profissionais de saúde e assistência social, desde que a verba pecuniária criada em seu favor tenha relação direta com as medidas de combate à calamidade pública, restando ainda a sua concessão adstrita ao período em que a calamidade durar.

Dessa maneira, permite-se a majoração ou a criação de verbas pecuniárias para agente públicos profissionais de saúde e assistência social a fim de se estimular ou recompensar sua atuação no combate à pandemia, o que, todavia, deverá se restringir ao período de atuação no enfrentamento da calamidade pública. Trata-se, portanto, de verbas de caráter excepcional e temporário.

No entanto, não houve referência a quadros ou carreiras específicos, até mesmo porque a lei tem caráter nacional e se aplica a todos os entes federativos, com diferentes desenhos institucionais.

Por outro lado, o escopo da exceção é permitir o incentivo funcional, através de vantagens, aos profissionais que atuam nas áreas da saúde e de assistência social e que estejam, nesse período de pandemia, trabalhando diretamente com demandas surgidas, ou até mesmo incrementadas, em razão da COVID-19.

Desta feita, pelo teor da norma, tem-se que o parâmetro a ser considerado é a atuação do servidor em medidas diretamente relacionadas com o combate à pandemia, sendo irrelevante o seu enquadramento funcional ou sua lotação.

Do exposto denota-se que, em tese, é possível que seja editada lei para majorar para 40% (quarenta por cento) o adicional de insalubridade dos servidores públicos estaduais que se enquadrem como profissionais de saúde e de assistência social, se a majoração da vantagem estiver relacionada a medidas de combate à calamidade pública decorrente da pandemia da COVID-19, cuja vigência e efeitos não ultrapassem a sua duração.

Para os servidores que não se enquadrem como profissionais de saúde e de assistência social, até 31 de dezembro de 2020, não há como ser editada lei para majorar o adicional de insalubridade, diante das restrições impostas pela LC nº 173/2020.

5 Conclusões

Atualmente, o Estado do Pará poderá pagar aos servidores civis adicional de insalubridade de, no máximo, 20% (vinte por cento) do vencimento base do cargo ou função, isto se prévia inspeção (pela Secretaria competente) comprovar a realização da atividade sob condições insalubres no grau máximo.

Como, até o dia 27 de maio de 2020, não foi editada lei para majorar a vantagem para 40% (quarenta por cento) aos servidores estaduais que estejam trabalhando diretamente no combate à pandemia da COVID-19, eventual majoração deverá respeitar as restrições impostas pelo art. 8º da LC nº 173/2020 (que vigorarão até o dia 31 de dezembro de 2020).

Desta feita, em tese, é possível a edição de lei para majorar para 40% (quarenta por cento) o adicional de insalubridade apenas para os servidores que se enquadrem como profissionais de saúde e de assistência social, desde que a majoração da vantagem esteja relacionada a medidas de combate à calamidade pública decorrente da pandemia da COVID-19, cuja vigência e efeitos não ultrapassem a sua duração.

Referências

BRASIL. Advocacia-Geral da União. Procuradoria-Geral Federal. Procuradoria Federal junto à Universidade Federal de Goiás. Consultivo. *Nota nº 00019/2020/CONS/PFUFG/PGF/AGU*. Goiânia. 05 jun. 2020. Disponível em: https://files.cercomp.ufg.br/weby/up/64/o/NOTA_DAP_PROPESSOAS_UFG.pdf?1591637101. Acesso em 05 out. 2020.

BRASIL. Câmara dos Deputados. Consultoria de Orçamento e Fiscalização Financeira. *Nota Informativa nº 21/2020*. Brasília. 29 mai. 2020. Disponível em: https://www2.camara.leg.br/orcamento-da-uniao/estudos/2020/NotaInformativa21LeiComplementarn173_2020_principaismedidasevetos.pdf. Acesso em 05 out. 2020.

BRASIL. Ministério da Economia. Procuradoria-Geral da Fazenda Nacional. Procuradoria-Geral Adjunta de Consultoria de Pessoal, Normas e Patrimônio. Gabinete da Procuradoria-Geral Adjunta de Consultoria de Pessoal, Normas e Patrimônio. Coordenação-Geral de Pessoal. *Parecer SEI nº 9357/2020/ME da PGFN*. 01 jul. 2020. Disponível em: http://publica.org.br/wp-content/uploads/2020/08/Parecer-PFN-LC-173.pdf. Acesso em 05 out. 2020.

BRASIL. Ministério da Economia. Secretaria Especial de Desburocratização, Gestão e Governo Digital. Departamento de Carreiras e Desenvolvimento de Pessoas. Coordenação de Gestão de Cargos e Carreira. *Nota Técnica SEI nº 20581/2020/ME*. 01 jun. 2020. Disponível em: https://www.andes.org.br/diretorios/files/PDF/pdfre3/nota%20tecnicaLC173.pdf. Acesso em 05 out 2020.

BRASIL. Ministério da Economia. Secretaria Especial de Desburocratização, Gestão e Governo Digital. Departamento de Carreiras e Desenvolvimento de Pessoas. Coordenação de Gestão de Cargos e Carreira. *Nota Técnica SEI nº 27126/2020/ME*. Referência: Processo nº 19975.112238/2020-40. SEI nº 9119152. 15 jul. 2020.

DISTRITO FEDERAL. Procuradoria-Geral do Distrito Federal. Procuradoria Geral do Consultivo. *Parecer Referencial SEI-GDF nº 08/2020 – PGDF/PGCONS/CHEFIA*. Brasília. 30 jun. 2020. Disponível em: http://www.sinj.df.gov.br/sinj/Norma/26da7cae234349b781a1a846c8aca417/%20pgdf_parecer_referencial_000008_2020.html. Acesso em 05 out 2020.

MINAS GERAIS. Secretaria de Estado de Planejamento e Gestão. *Parecer Jurídico nº 16.247/2020*. Belo Horizonte. 22 jul. 2020. Disponível em: https://sinfazfiscomg.org.br/wp-content/uploads/2020/07/SEI_GOVMG-17328637-Parecer-Juri%CC%81dico-16247-LC-173-Carreiras-Civis.pdf. Acesso em 05 out. 2020.

PARANÁ. Procuradoria Geral do Estado. Procuradoria Consultiva de Recursos Humanos. *Parecer nº 013/2020-PGE*. Curitiba. 23 jun. 2020. Disponível em: http://www.pge.pr.gov.br/sites/default/arquivos_restritos/files/documento/2020-06/parecer013de2020.pdf. Acesso em 05 out. 2020.

RIO GRANDE DO SUL. Procuradoria-Geral do Estado. Assessoria Jurídica e Legislativa. *Parecer nº 18.283/20*. Referência: Processo Administrativo Eletrônico nº 20/1000-0005720-2. Porto Alegre. 17 jun. 2020.

Informação bibliográfica deste texto, conforme a NBR 6023:2018 da Associação Brasileira de Normas Técnicas (ABNT):

BENTES, Amanda Carneiro Raymundo. Majoração do adicional de insalubridade para os servidores civis do Estado do Pará que atuam diretamente no combate à pandemia da COVID-19, à luz das restrições impostas pela Lei Complementar Federal nº 173/2020. In: PAULA, Rodrigo Francisco de (Coord.). *A experiência dos Estados no enfrentamento da pandemia da COVID-19*. Belo Horizonte: Fórum, 2021. p. 13-45. ISBN 978-65-5518-147-0.

PANDEMIA E FEDERALISMO: OS ASPECTOS JURÍDICOS NA EXPERIÊNCIA DE ENFRENTAMENTO DA COVID-19 NO ESTADO DE MINAS GERAIS E A ATUAÇÃO DA ADVOCACIA PÚBLICA PARA MINIMIZAÇÃO DE SEUS EFEITOS DANOSOS

ANA PAULA MUGGLER RODARTE
LIANA PORTILHO MATTOS
NANCY VIDAL MENEGHINI

1 Considerações iniciais

A disseminação do novo coronavírus ou Sars-CoV-2 em escala mundial já pode ser considerada a maior crise sanitária do século XXI. Em 30 de janeiro de 2020, a Organização Mundial da Saúde (OMS) declarou o surto da COVID-19 enquanto Emergência de Saúde Pública de Importância Internacional (ESPII), o que elevou ao máximo o nível de alerta para os países, em especial aqueles com sistemas de saúde menos desenvolvidos. Desde essa declaração, quando apenas 19 nações haviam confirmado casos de contaminação, a pandemia expandiu-se exponencialmente. Em 04 de outubro de 2020, foram confirmados globalmente 34.804.348 casos e 1.030.738 óbitos.[1]

---

[1] ORGANIZAÇÃO MUNDIAL DA SAÚDE (OMS). Coronavirus disease (COVID-19). *Situation Report – 162*, 30 jun. 2020. Disponível em: https://www.who.int/docs/default-source/coronaviruse/20200630-covid-19-sitrep-162.pdf?sfvrsn=e00a5466_2. Acesso em 30 jun. 2020.

Para enfrentamento à ESPII, foi editada a Lei Federal nº 13.979, de 6 de fevereiro de 2020, que prevê a possibilidade de que as autoridades adotem, no âmbito de suas competências: o isolamento social e a quarentena; a realização compulsória de exames médicos, testes laboratoriais, medidas profiláticas, tratamentos específicos e estudos epidemiológicos; a restrição temporária e excepcional do direito de locomoção; a requisição de bens e serviços de particulares, garantida a posterior e justa indenização; e a promoção de contratações simplificadas ou na modalidade direta, com dispensa de licitações.

As previsões da citada Lei não podem, porém, implicar na ingerência sobre interesses de abrangência regional e local, sob o risco de provocar desequilíbrio no federalismo. À União é dado "planejar e promover a defesa permanente contra as calamidades públicas", conforme dispõe a CRFB em seu art. 21, inciso XVIII. Não obstante, compõem a competência legislativa concorrente entre União, Estados e Distrito Federal, nos termos do art. 24, inciso XII, temas afetos à proteção e defesa da saúde. Compete, por sua vez, aos municípios, "legislar sobre assuntos de interesse local", "suplementar a legislação federal e a estadual no que couber" e "prestar, com a cooperação técnica e financeira da União e do Estado, serviços de atendimento à saúde da população", conforme art. 30, incisos I, II e VII, da CRFB.

Os riscos da pandemia são especialmente sentidos por estados e municípios, responsáveis pela gestão do Sistema Único de Saúde e pela execução de políticas públicas emergenciais voltadas à prevenção e ao combate à propagação do vírus. Esses entes estão mais expostos, ainda, aos efeitos negativos sobre a economia, provenientes do decréscimo arrecadatório. Embora fulcral para desacelerar a cadeia de contaminação populacional e evitar a sobrecarga do sistema de saúde, o isolamento social provoca o arrefecimento do mercado e, por conseguinte, a queda de receitas decorrentes do Imposto sobre Circulação de Mercadorias e Serviços (ICMS) e do Imposto sobre Serviços de Qualquer Natureza (ISS) e a dificuldade no cumprimento das programações orçamentárias.

Ante a dimensão da pandemia e a dificuldade de atendimento às demandas dela decorrentes, Minas Gerais procedeu ao reconhecimento do estado de calamidade pública em seu território, até 31 de dezembro de 2020. O Decreto do Governador do Estado, de nº 47.891 e datado de 20 de março de 2020, foi ratificado pela Assembleia Legislativa de Minas Gerais através da Resolução nº 5.529, de 25 de março de 2020. Como efeito da decretação, são aplicáveis as medidas do art. 65 da Lei Complementar Federal nº 101, de 4 de maio de 2000, a Lei de Responsabilidade Fiscal, que informa a suspensão dos prazos para eliminação de excedentes da despesa total com pessoal e da dívida consolidada e dispensa o alcance dos resultados fiscais e a limitação de empenho, quando a realização da receita for insuficiente para o cumprimento do estabelecido no Anexo de Metas Fiscais da Lei de Diretrizes Orçamentárias. Note-se que, na mesma data da edição do Decreto Estadual, o Congresso Nacional reconheceu, pelo Decreto Legislativo nº 6, a ocorrência do estado de calamidade pública a nível nacional em decorrência do avanço da COVID-19.

O termo *calamidade pública* está presente nos arts. 21, inciso XVIII, 136, *caput* e §1º, inciso II, 148, inciso I, e 167, §3º, da Constituição Federal. Trata-se de enunciado normativo constitucional de textura aberta, conceito jurídico indeterminado com múltiplas significações possíveis, aferidas à luz do caso concreto.[2] Entretanto, é possível encontrar uma definição conceitual no Decreto Federal nº 7.257, de 4 de agosto de 2010, o qual dispõe sobre o Sistema Nacional de Defesa Civil (SINDEC), o reconhecimento de situação de emergência e estado de calamidade pública e as transferências de recursos para o seu enfrentamento. Segundo o art. 2º, inciso IV, do referido normativo, o estado de calamidade pública é a "situação anormal, provocada por desastres, causando danos e prejuízos que impliquem o comprometimento substancial da capacidade de resposta do poder público do ente atingido".

O reconhecimento do estado de calamidade pública importa, portanto, na possível adoção de ações de caráter financeiro, além das possibilidades aventadas na Lei Federal nº 13.979, de 2020, e na LRF, bem como de outras ações realizadas pela administração estadual, a exemplo da criação de um Comitê Extraordinário[3] de caráter deliberativo, com competência para acompanhar a evolução do quadro epidemiológico do novo coronavírus e adotar providências de saúde pública para controle do contágio e tratamento de pessoas contaminadas, a adoção de regime extraordinário de teletrabalho para o funcionalismo público e a suspensão do atendimento presencial em repartições públicas, observado o princípio da continuidade do serviço público, especialmente daqueles considerados essenciais. A excepcionalidade e a gravidade da situação justificariam, por exemplo, o parcelamento da dívida pública, o atraso na execução de gastos, a instituição do regime de contenção de despesas e o auxílio por parte do Governo Federal, com a liberação de recursos.

---

2 BARROSO, Luís Roberto. *Curso de direito constitucional contemporâneo*: os conceitos fundamentais e a construção do novo modelo. 7. ed. São Paulo: Saraiva Educação, 2018. Livro digital.
3 Vide Decreto Estadual nº 47.886, de 15 de março de 2020.

Toda essa situação extraordinária causada pela pandemia da COVID-19 tem gerado um constante tensionamento jurídico entre os entes federados, por sua vez, a União, os Estados e os Municípios, sobretudo em relação a dois aspectos: (1) de ordem financeira, atrelada à insuficiência de recursos; e (2) de ordem político-administrativa, no que tange a competência para estabelecer as regras para o enfrentamento da pandemia.

Assim, a análise promovida no presente artigo será focada nos tensionamentos jurídicos gerados pela pandemia no estado de Minas Gerais, sobretudo no que tange à mobilização do estado para a contenção da pandemia e seus reflexos econômico-financeiros, ante a insuficiência de recursos, e no que tange aos conflitos de competência envolvendo o estado e seus municípios, considerando a colisão entre legislações municipais e as regras estaduais do Programa Minas Consciente para o enfrentamento da pandemia.

2 Breves considerações sobre o federalismo

Antes de tratar dos tensionamentos jurídicos causados pela insuficiência de recursos e pela demanda de mais poderes para definir as regras locais, faz-se necessário contextualizar o federalismo brasileiro e as regras de competência legislativa atribuídas na Constituição Federal de 1988 que se relacionam com a situação excepcional de pandemia.

A Constituição Federal de 1988, em seu art. 1º, dispõe ser o Brasil uma República Federativa, "formada pela união indissolúvel dos Estados e Municípios e do Distrito Federal" e constituído como em Estado Democrático de Direito. Tanto é indissolúvel que a própria Constituição, nos termos do art. 60, §4º, proíbe qualquer proposta de emenda que tende a abolir a forma federativa de Estado.

A forma de Estado Federal é organizada sob a base de um modelo de repartição de competências entre os entes da federação, as quais devem ser exercidas nos limites estabelecidos pela Constituição. Nesse sentido, o texto constitucional de 1988 ampliou as competências dos estados-membros e conferiu aos Municípios o *status* de entes federados, atribuindo-lhes, portanto, autonomia e competências próprias.

De forma sucinta, a Constituição Federal determina que compete exclusivamente à União, entre outras atividades, atuar na área da política externa e das relações internacionais; propor e executar a política de segurança e de defesa nacional; conduzir a economia e as finanças do País, inclusive emitir moeda; organizar, regular e prestar serviços na área de comunicação; explorar os serviços e instalações nucleares. As competências estaduais, por sua vez, dizem respeito aos temas residuais em relação à área de atuação do Governo Federal e que não tenham sido expressamente proibidos pela Constituição. No que tange à competência dos municípios, podem legislar sobre assunto de interesse local, além de complementar, quando possível, a legislação federal e estadual. Ademais, a Constituição estabeleceu matérias cuja competência é concorrente entre os entes da federação, as quais encontram-se elencadas nos incisos do art. 24.

No contexto da pandemia da COVID-19, de estado de calamidade pública, em que torna-se patente a necessidade de maior obtenção de recursos para lidar com despesas extraordinárias, bem como a necessidade de edição de normas específicas para enfrentamento da crise, não só financeira, mas também de saúde pública, o pacto federativo tende a ser evidentemente tensionado.

Nesse sentido, o Supremo Tribunal Federal tem adotado uma postura no sentido de, nas palavras do Ministro Ricardo Lewandowski, "revalorizar o federalismo na pandemia".[4] De acordo com o Ministro, a Corte, ao decidir que a União, os Estados e os Municípios têm competência comum para atuar na saúde, na assistência social e no abastecimento alimentar estaria revalorizando o federalismo brasileiro.

3 O aspecto econômico-financeiro do pacto federativo ante a fragilização do erário público estadual mineiro em face da pandemia da COVID-19

Observando o pacto federativo brasileiro, a Lei Complementar Federal nº 173, de 27 de maio de 2020, estabeleceu o Programa Federativo de Enfrentamento ao Coronavírus – SARS-CoV-2 ou COVID-19, prevendo um auxílio financeiro aos Estados, ao Distrito Federal e Municípios, por meio de repasses diretos, da suspensão do pagamento de dívidas contratadas e da reestruturação de operações de crédito interno e externo junto ao sistema financeiro e instituições multilaterais de crédito.

Esse auxílio, porém, é insuficiente para sanar o déficit orçamentário mineiro. Dos R$60 bilhões destinados à transferência direta, em quatro parcelas, aos entes federativos, Minas Gerais receberá o importe de R$2.994.392.130,70. Estudos elaborados pela Secretaria de Estado de Fazenda e pela Diretoria de Estatísticas e Informações (Direi) da

---

[4] BRASIL. Supremo Tribunal Federal. *Lewandowski diz que STF revalorizou o federalismo na pandemia*. Brasília, 31 jul. 2020. Disponível em: http://www.stf.jus.br/portal/cms/ver NoticiaDetalhe.asp?idConteudo=448639. Acesso em 30 abr. 2020.

Fundação João Pinheiro para o Governo de Minas Gerais demonstram que os impactos decorrentes da crise sanitária sobre a economia estadual superarão o socorro emergencial federal.

Segundo demonstrativo dos cenários de impacto da COVID-19 elaborado em 29.04.2020, o Produto Interno Bruto sofrerá perdas variáveis entre 2,9 a 4,9% (Figura 1), sendo o setor do comércio o mais impactado.[5]

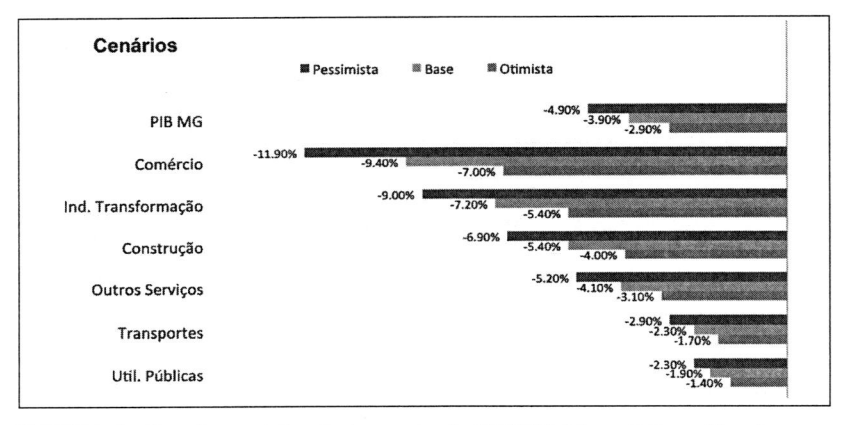

Cenários

■ Pessimista   ■ Base   ■ Otimista

Setor	Pessimista	Base	Otimista
PIB MG	-4.90%	-3.90%	-2.90%
Comércio	-11.90%	-9.40%	-7.00%
Ind. Transformação	-9.00%	-7.20%	-5.40%
Construção	-6.90%	-5.40%	-4.00%
Outros Serviços	-5.20%	-4.10%	-3.10%
Transportes	-2.90%	-2.30%	-1.70%
Util. Públicas	-2.30%	-1.90%	-1.40%

FIGURA 1. Os três cenários de impacto da COVID-19 em Minas Gerais, em estimativa de 29.04.2020.

Fonte: Diretoria de Estatística e Informações da Fundação João Pinheiro – Direi/FJP, 30 de abr. 2020.

Já os dados disponibilizados pela Secretaria de Estado de Fazenda (SEF) demonstram os impactos da pandemia nas receitas arrecadadas a título de ICMS, principal fonte de arrecadação tributária estadual. Somente no ano de 2019, a receita decorrente do imposto correspondeu a 84,9% do total arrecadado.[6] A atividade arrecadatória do período de janeiro ao segundo decênio de março representou o maior índice nominal, com queda relevante a partir de então e leve ascensão somente a partir de junho, conforme se vislumbra pela tabela a seguir:

---

[5] FUNDAÇÃO JOÃO PINHEIRO. Diretoria de Estatística e Informações da Fundação João Pinheiro – Direi/FJP. Cenários de Impactos Econômicos estimados pela Matriz Insumo-Produto-MIP 2016. *Relatório*, 30 abr. 2020. Disponível em: http://novosite.fjp.mg.gov.br/wp-content/uploads/2020/05/14.5_3-DIREI_NAIP_MIP_v03.pdf. Acesso em 01 mai. 2020.

[6] Dado apresentado pelo Secretário de Estado de Fazenda de Minas Gerais, Gustavo Barbosa, em entrevista coletiva veiculada pelo canal Rede Minas, na data de 15.05.2020. Cf. MINAS GERAIS. Coletiva de Imprensa. *Pronunciamento do Governador Romeu Zema*. Belo Horizonte, 15 mai. 2020. Disponível em: https://www.youtube.com/watch?v=cUOBcOBBFSQ&list=PLiyVG7yUlUjNM17qTDe2MHz-vx7bDRk6h&index=8&t=0s. Acesso 15 mai. 2020.

TABELA 1. EVOLUÇÃO DA ARRECADAÇÃO GERAL DO ESTADO DE MINAS GERAIS EM 2020.

		JANEIRO	FEVEREIRO	MARÇO	ABRIL	MAIO
Receita Tributária	ICMS	4.512.333.513,21	4.118.293.192,92	3.966.658.810,85	3.606.469.735,52	3.450.054.109,39
	IPVA	2.684.151.295,48	850.937.081,14	802.008.256,90	183.422.860,72	184.177.825,72
	ITCD	57.250.881,32	61.040.465,23	60.181.045,43	59.969.391,38	73.678.064,88
	TAXAS	450.670.780,49	185.945.688,72	250.395.145,63	127.851.190,01	129.226.911,77
	Receita Tributária	7.704.406.470,50	5.216.216.428,01	5.079.243.258,81	3.977.713.177,63	3.837.136.911,76
Outras Receitas	DEMAIS RECEITAS	69.179.114,72	95.679.274,55	129.357.651,24	64.477.482,02	70.274.465,50
	MULTAS	115.819.747,14	92.657.178,95	96.856.682,40	78.467.680,17	97.729.543,70
	JUROS	30.075.857,52	21.958.909,38	27.152.342,76	19.910.861,01	22.820.750,61
	DÍVIDA ATIVA	40.616.185,03	32.312.637,10	26.429.927,89	20.157.636,89	25.401.677,89
	Outras Receitas	255.690.904,41	242.607.999,98	279.796.604,29	183.013.660,09	216.226.437,70
Total		7.960.097.374,91	5.458.824.427,99	5.359.039.863,10	4.160.726.837,72	4.053.363.349,46

		JUNHO	JULHO	AGOSTO	SETEMBRO	ACUMULADO
Receita Tributária	ICMS	3.722.648.473,04	4.200.072.090,45	4.430.267.637,18	4.719.184.760,30	36.725.982.322,86
	IPVA	202.757.180,01	167.908.710,08	140.620.298,26	123.212.579,64	5.339.196.087,95
	ITCD	68.040.337,97	81.564.280,13	88.634.794,32	88.707.371,60	639.066.632,26
	TAXAS	162.982.657,37	182.864.314,22	174.081.952,96	187.967.061,92	1.851.985.703,09
	Receita Tributária	4.156.428.648,39	4.632.409.394,88	4.833.604.682,72	5.119.071.773,46	44.556.230.746,16
Outras Receitas	DEMAIS RECEITAS	87.817.393,57	93.559.183,97	96.124.719,01	102.521.140,22	808.990.424,80
	MULTAS	100.812.708,90	94.861.736,13	85.165.736,31	76.887.570,53	839.258.584,23
	JUROS	28.663.958,42	26.980.964,73	26.537.685,30	24.628.069,69	228.729.399,42
	DÍVIDA ATIVA	30.551.892,58	29.816.956,38	29.236.235,47	32.500.540,38	267.023.689,61
	Outras Receitas	247.845.953,47	245.218.841,21	237.064.376,09	236.537.320,82	2.144.002.098,06
Total		4.404.274.601,86	4.877.628.236,09	5.070.669.058,81	5.355.609.094,28	46.700.232.844,22

Fonte: RMA – Relatório Mensal de Arrecadação – Armazém de Informações. Divisão de Gestão da Informação – DGI/DIEF/SAIF/SEF-MG, 9 de out. 2020.

No índice geral de arrecadação, considerando todas as fontes tributárias, somente no mês de abril foi observado um decréscimo de aproximadamente 1,2 bilhão de reais, comparativamente ao mesmo período no ano de 2019. A curva orçamentária do Estado foi invertida, passando a apresentar resultados negativos a partir do ano de 2013. Para 2020, foi previsto um déficit de 13,5 bilhões de reais, porém, com a crise decorrente da Covid-19, estima-se que o montante do saldo negativo seja elevado a 20 bilhões de reais,[7] desconsiderado o auxílio da União, que, entretanto, seria insuficiente para o reequilíbrio de contas.

Somado a tudo isso, é preciso considerar que, mesmo antes da pandemia da COVID-19, o erário público estadual de Minas Gerais já se encontrava fragilizado. Desde o ano de 2013, a curva orçamentária de Minas Gerais passou a apresentar resultados negativos, caracterizando sua inversão.[8] Além da superação da taxa de crescimento de receitas pela ascendência das despesas, da variação dos preços de *commodities* e das perdas de arrecadação tributária decorrentes da Lei Kandir, a permanência do cenário deficitário tem como uma de suas causas basilares a recorrência de desastres no território estadual e nacional, que impactam diretamente o erário público.

A Barragem de Fundão, integrante do Complexo "Alegria", era responsável, quando de seu colapso, no ano de 2015, pelo armazenamento de cerca de 50 milhões de metros cúbicos de resíduos sólidos, compostos por areia e metais como ferro e manganês.[9] Com o seu rompimento, aproximadamente 34 milhões de metros cúbicos do total de rejeitos de minério foram imediatamente expelidos no meio ambiente. A lama residual atingiu e provocou o desbordo da Barragem de Santarém, localizada à jusante, e avançou sobre o eixo do sistema hidrográfico Gualaxo do Norte-Carmo, causando destruição nas zonas de povoamento localizadas às suas margens, com destaque para Bento Gonçalves, subdistrito do Município de Mariana. O deslocamento dos rejeitos através da bacia hidrográfica do rio Doce e artérias fluviais adjacentes atingiria o oceano Atlântico pelo Espírito Santo, gerando,

---

[7] MINAS GERAIS. Coletiva de Imprensa. *Pronunciamento do Governador Romeu Zema*. Belo Horizonte, 15 mai. 2020. Disponível em: https://www.youtube.com/watch?v=cUOBcOBBFSQ&list=PLiyVG7yUlUjNM17qTDe2MHz-vx7bDRk6h&index=8&t=0s. Acesso 15 mai. 2020.

[8] MINAS GERAIS. Coletiva de Imprensa. *Pronunciamento do Governador Romeu Zema*. Belo Horizonte, 15 mai. 2020. Disponível em: https://www.youtube.com/watch?v=cUOBcOBBFSQ&list=PLiyVG7yUlUjNM17qTDe2MHz-vx7bDRk6h&index=8&t=0s. Acesso 15 mai. 2020.

[9] LOPES, Luciano Motta Nunes. O rompimento da barragem de Mariana e seus impactos socioambientais. *Sinapse Múltipla*, Betim, v. 5, n. 1, p. 1-14, 2016. p. 03. Disponível em: http://periodicos.pucminas.br/index.php/sinapsemultipla/article/view/11377. Acesso em 28 abr. 2020.

além dos fortes impactos ambientais, perdas socioeconômicas para as populações ribeirinhas e, em geral, a dos Municípios inseridos na área territorial da bacia.

Minas Gerais também sofrera os efeitos e desdobramentos do desastre. Para a avaliação destes, foi criada, pelo Decreto Estadual nº 46.892, de 20 de novembro de 2015, Força-Tarefa composta por membros de órgãos, entidades e empresas estatais, com destaque para a participação da Advocacia-Geral do Estado (AGE), e por representantes das Prefeituras dos Municípios mais afetados – Mariana, Governador Valadares, Ipatinga, Rio Doce, Belo Oriente e Tumiritinga. Como produto do trabalho de análise e perícia técnica da Força-Tarefa, foi apresentado ao Governo do Estado, relatório baseado no estudo dos impactos em escala micro e macrorregional, consubstanciados nos seguintes conjuntos de danos: ambientais, incidentes sobre a qualidade e disponibilidade da água e do solo e a biodiversidade; materiais, sobre a economia e infraestrutura; e humanos, sobre a saúde, segurança, educação, esporte, lazer e organização social. Por fim, foram recomendadas medidas corretivas, restauradoras e compensatórias para cada um dos grupos de danos identificados.

Aspectos relevantes para a pesquisa ora empreendida associam-se às perdas para o erário público estadual. Os prejuízos de ordem econômica decorreram da interferência sobre os fluxos de produção e renda. Como demonstrado por estudo realizado pelo Projeto Rio Doce, da Fundação Getúlio Vargas,[10] diversos fatores promovem essa perturbação. Dentre eles, tem-se: a paralisação da produção minerária e das atividades correlatas diretamente acometidas; a mitigação da capacidade de manejo agropastoril, em razão da perda de ativos; a queda de fornecimento de insumos para fomento da cadeia produtiva; o investimento na reparação e reconstrução das áreas atingidas;[11] e a diminuição do poder de compra da população.

---

[10] FUNDAÇÃO GETÚLIO VARGAS. *Projeto Rio Doce – Avaliação dos impactos e valoração dos danos socioeconômicos causados para as comunidades atingidas pelo rompimento da Barragem de Fundão*. Rio de Janeiro; São Paulo: FGV, 2019. Disponível em: http://www.mpf.mp.br/grandes-casos/caso-samarco/documentos/fgv/fgv_impacto-do-rompimento-da-barragem-de-fundao-sobre-a-renda-agregada-de-minas-gerais-e-espirito-santo.pdf. Acesso em 15 mai. 2020.

[11] Somente as perdas de infraestrutura do Município de Mariana somaram o prejuízo de R$103.488.031,00, conforme dado apresentado no Relatório da Força-Tarefa instituída pelo Decreto Estadual nº 46.892, de 2015. (MINAS GERAIS. Secretaria de Estado de Desenvolvimento Regional, Política Urbana e Gestão Metropolitana. Avaliação dos efeitos e desdobramentos do rompimento da Barragem de Fundão em Mariana-MG. *Relatório da Força-Tarefa criada pelo Decreto nº 46.892/2015*. Belo Horizonte, 2016. p. 50. Disponível em: http://www.agenciaminas.mg.gov.br/ckeditor_assets/attachments/770/relatorio_final_ft_03_02_2016_15h5min.pdf. Acesso em 15 mai. 2020).

Não obstante, enquanto fatores com forte interferência na manutenção da higidez orçamentário-financeira do Estado e que, portanto, prejudicam a implementação de políticas públicas, citem-se os efeitos denominados pelos pesquisadores da FGV[12] como "efeitos macroeconômicos gerais", a exemplo da queda de arrecadação, e "efeitos negativos permanentes no crescimento econômico", consequência do aumento da percepção de risco de investimentos nas áreas afetadas, impactando principalmente o exercício financeiro de 2016. De acordo com dados divulgados à imprensa pela Fundação João Pinheiro, a retração do PIB no ano atingiu o patamar de 2,6%, com queda mais expressiva no subsetor extrativo mineral (-1,2%).[13]

Em relação à arrecadação de receitas tributárias, segundo dados da Secretaria de Estado de Fazenda de Minas Gerais,[14] em que pese o valor acumulado total do ano de 2016 (R$48.054.970.000,00) ter superado o de 2015 (R$43.589.302.000,00), observou-se uma queda das receitas provenientes da indústria extrativa, de R$1.143.383.000,00, em 2015, para R$960.319.000,00, em 2016.

Cumprindo sua função constitucional de representação judicial e extrajudicial do Estado e consultoria e assessoramento jurídicos ao Poder Executivo, a Advocacia-Geral do Estado atuou na linha de frente para a busca da reparação aos danos provenientes do rompimento da Barragem de Fundão. Assim, contribuiu com a preparação e a análise de viabilidade jurídica do Termo de Transação e Ajustamento de Conduta (TTAC), celebrado em 2016 entre os Estados de Minas Gerais e Espírito Santo, a União Federal e a empresa Samarco e suas controladoras, e do Termo de Ajustamento de Conduta (TAC) Governança, celebrado em 2018 com o intuito de ampliar a participação dos atingidos nas deliberações do Comitê Interfederativo (CIF). A AGE tem atuado também

---

[12] FUNDAÇÃO GETÚLIO VARGAS. *Projeto Rio Doce – Avaliação dos impactos e valoração dos danos socioeconômicos causados para as comunidades atingidas pelo rompimento da Barragem de Fundão*. Rio de Janeiro; São Paulo: FGV, 2019. p. 08. Disponível em: http://www.mpf.mp.br/grandes-casos/caso-samarco/documentos/fgv/fgv_impacto-do-rompimento-da-barragem-de-fundao-sobre-a-renda-agregada-de-minas-gerais-e-espirito-santo.pdf. Acesso em 15 mai. 2020.

[13] FRANCO, Pedro Rocha; ARIADNE, Queila. PIB de Minas Gerais recua 2,6% em 2016. *Portal O Tempo*, Belo Horizonte, 2017. Economia. Disponível em: https://www.otempo.com.br/economia/pib-de-minas-gerais-recua-2-6-em-2016-1.1457408. Acesso em 15 mai. 2020.

[14] MINAS GERAIS. Secretaria de Estado de Fazenda de Minas Gerais. Divisão de Gestão da Informação. Evolução Anual da Arrecadação Geral do Estado – Exercícios Anteriores. *Relatórios – Exercícios de 2015 e 2016*. Belo Horizonte, 2017. Disponível em: http://www.fazenda.mg.gov.br/governo/receita_estado/evolucao_anos_anterioresef.html. Acesso em 15 mai. 2020.

como ponto focal para a recepção das análises de cunho técnico e encaminhamento dessas informações ao Judiciário, visando à celeridade nos processos de recuperação socioambiental das localidades atingidas pelo desastre.

Com a experiência obtida na atuação de contingenciamento e reversão dos prejuízos decorrentes da tragédia de Mariana, a Advocacia Pública do Estado de Minas, de certa forma, preparou-se para atuar de forma rápida e efetiva quando do rompimento, três anos mais tarde, da Barragem B1 da Mina Córrego do Feijão, localizada no Município de Brumadinho. O órgão atua junto ao Gabinete de Crise instituído no âmbito da Administração Pública Estadual pelo Decreto NE nº 23, de 25 de janeiro de 2019, além de ter criado o seu próprio grupo de trabalho, para assessoramento e avaliação de medidas jurídicas necessárias em face do rompimento, nos termos da Resolução AGE nº 05, de 28 de janeiro de 2019. A participação dos Procuradores do Estado foi também fundamental na condução de ações judiciais e tratativas autocompositivas com a empresa Vale para garantia do auxílio às vítimas e da reparação aos danos ambientais, sociais e econômicos por meio de medidas compensatórias.

Remetendo aos efeitos econômicos da crise instaurada pelo rompimento da Barragem de Fundão, em Mariana, sua recorrência na Barragem B1 da Mina Córrego do Feijão também influiu sobre o resultado de arrecadação da indústria extrativista, impactando especialmente o volume de receita proveniente de ICMS nos meses de fevereiro e março de 2019, caindo do montante de R$4.197.998.805,03, arrecadado em janeiro, para R$3.979.760.424,00 e R$3.888.429.515,45, respectivamente.[15]

Ao longo do ano de 2019, porém, a economia mineira apresentou sinais de recuperação, tornando possível a implementação de ações como o acordo com a Associação Mineira de Municípios (AMM), para parcelamento da dívida de 7 bilhões de reais com os municípios e o acordo com a União para o parcelamento de tributos federais como o INSS e o PASEP, no importe de 917 milhões de reais, permitindo a obtenção da Certidão Negativa de Débitos (CND) junto à Receita Federal. Tais medidas tiveram a participação ativa da Advocacia-Geral do Estado, como garantidora de juridicidade e segurança jurídica.

---

[15] MINAS GERAIS. Secretaria de Estado de Fazenda de Minas Gerais. Divisão de Gestão de Informação. Evolução da Receita do ICMS. *RMA – Relatório Mensal de Arrecadação*. 2019. Belo Horizonte, 08 jan. 2020. Disponível em: http://www.fazenda.mg.gov.br/governo/receita_estado/evolucao_anual/evolucao_anos_anterioresef.html. Acesso em 15 mai. 2020.

A crescente retomada, porém, foi interrompida por nova situação calamitosa, a pandemia causada pelo agente viral novo coronavírus, que, além de uma massiva mobilização dos esforços estatais, especialmente na área de saúde, afeta em grandes proporções a situação orçamentária do Estado.

Os diversos obstáculos de ordem financeira, portanto, repercutem na realização das políticas públicas, não apenas as previstas na realização de um programa de Governo, mas especialmente nas chamadas ações emergenciais, reclamadas para fazer frente às situações calamitosas. Para que sua implementação de fato responda às demandas e aos anseios sociais, sob os aspectos da otimização, da economicidade e, principalmente, da legalidade e juridicidade, a atuação da Advocacia Pública é fundamental. Ela não apenas promove a recuperação de receita aos cofres públicos, através da atividade contenciosa, como também ocupa papel relevante como vetor de viabilização da resposta estatal, de maneira proativa e preventiva, evitando maiores dispêndios decorrentes de irregularidades.

O agir preventivo e proativo da Advocacia Pública no Estado de Minas Gerais foi fomentado por uma série de mudanças estruturais consubstanciadas na edição da Lei Complementar Estadual nº 151, de 17 de dezembro de 2019, e do Decreto Estadual nº 47.963, de 28 de maio de 2020. Destaca-se entre as novidades trazidas pela reforma, relativamente à composição da Administração Superior da AGE, o novo modelo de divisão de atribuições entre os Advogados-Gerais Adjuntos do Estado, sendo um voltado para o Consultivo e, o outro, para o Contencioso. Nesse diapasão, compete ao primeiro a coordenação e a supervisão de todas as unidades consultivas do órgão, inclusive daquelas criadas com a finalidade de promover a redução da litigiosidade e a gestão do conhecimento jurídico produzido pelos Procuradores do Estado, a saber, a Câmara de Prevenção e Resolução Administrativa de Conflitos (CPRAC) e o Núcleo de Uniformização de Teses (NUT). Resta evidente que tal medida contribuirá sobremaneira para a consolidação do protagonismo da atuação consultiva, com a prevenção elevada ao status de premissa do agir institucional.

As alterações que vêm sendo implementadas já demonstram resultados positivos ao influir na dinâmica de interface entre as atuações consultivas e contenciosas, em defesa do Estado e do interesse público. No momento em que enfrenta a pandemia do novo coronavírus, a sua contribuição no combate pode ser evidenciada em ações diretas e indiretas, em um agir transversal.

Entre o período de 18 de fevereiro e 29 de maio de 2020, as ações da AGE-MG geraram o ingresso de mais de R$2,41 bilhões vinculados ao enfrentamento ao COVID-19, além de R$8,7 bilhões de compensação relacionado à Lei Kandir.

Nas atuações consultivas, com ou sem interface no contencioso, a AGE-MG reforçou a necessidade do Estado em ter recursos para viabilizar políticas públicas emergenciais frente à pandemia, sobretudo porque já estava com o erário público estadual fragilizado com os rompimentos das barragens. Tal reforço foi determinante para alcançar resultados positivos em favor do Estado e, consequentemente, do interesse coletivo.

4 O aspecto político-administrativo ante os conflitos de competência com os Municípios em virtude do programa estadual Minas Consciente

A Constituição Federal de 1988, observando o pacto federativo, atribuiu a competência comum de velar pelo direito à saúde a todos os entes federados, conferindo ênfase ao aspecto preventivo da proteção à saúde, conforme disposto nos arts. 23, II, e 196 da CF/88:

> Art. 23. É competência comum da União, dos Estados, do Distrito Federal e dos Municípios: (...) II – cuidar da saúde e assistência pública, da proteção e garantia das pessoas portadoras de deficiência; (...).

> Art. 196. A saúde é direito de todos e dever do Estado, garantido mediante políticas sociais e econômicas que visem à redução do risco de doença e de outros agravos e ao acesso universal e igualitário às ações e serviços para sua promoção, proteção e recuperação.

Ainda nesse aspecto, o art. 198, *caput* e inciso II, da Constituição Federal ressalta que o sistema de saúde deve pautar a sua atuação de forma regionalizada e priorizando atividades preventivas. A Carta de 1988 ainda acrescenta que ao município incumbe prestar os serviços de atendimento à saúde da população com a cooperação técnica e financeira da União e do Estado (art. 30, VII).

No que tange à competência legislativa, a Constituição Federal atribuiu à União, aos Estados e ao Distrito Federal a competência concorrente acerca de temas afetos à proteção e defesa da saúde, a teor do art. 24, inciso XII. Ademais, estabeleceu a Carta Magna que compete aos Municípios, por sua vez, "legislar sobre assuntos de interesse local", "suplementar a legislação federal e a estadual no que couber" e "prestar, com a cooperação técnica e financeira da União e do Estado, serviços de atendimento à saúde da população", conforme art. 30, incisos I, II e VII, da CRFB.

A Constituição Estadual de Minas Gerais, por sua vez, prevê a competência legislativa concorrente do Estado e da União para legislar sobre a proteção de defesa da saúde (art. 10, XV, "m"). Ademais, estabelece que compete ao Estado a execução das ações de vigilância sanitária e epidemiológica (art. 190, II).

Nesse sentido, o estado de Minas Gerais também editou a Lei nº 13.317/1999, conhecida como Código de Saúde, que confere ao estado o papel de coordenar as ações e executar as atividades de regulamentação em matéria de vigilância epidemiológica e sanitária (art. 16, caput e incisos I e VII).

Inegável, portanto, a competência estadual para legislar acerca de medidas para a prevenção e o combate à pandemia da COVID-19 no território estadual. É este o entendimento esposado pelo Supremo Tribunal Federal, que, no julgamento cautelar da ADI nº 6343/DF, concedeu liminar para suspender parcialmente o disposto no art. 3º, inciso VI, alínea "b", e §§6º e 7º, inciso II, da Lei Federal nº 13.979, de 2020. Na oportunidade, o colegiado entendeu que

> (...) *a União não deve ter o monopólio de regulamentar todas as medidas que devem ser tomadas para o combate à pandemia. Ela tem o papel primordial de coordenação entre os entes federados, mas a autonomia deles deve ser respeitada. É impossível que o poder central conheça todas as particularidades regionais. Assim, a exclusividade da União quanto às regras de transporte intermunicipal durante a pandemia é danosa.*
>
> Não se excluiu a possibilidade de a União atuar na questão do transporte e das rodovias intermunicipais, desde que haja interesse geral. Por exemplo, determinar a eventual interdição de rodovias para garantir o abastecimento mais rápido de medicamentos, sob a perspectiva de um interesse nacional. Todavia, os estados também devem ter o poder de regulamentar o transporte intermunicipal para realizar barreiras sanitárias nas rodovias, por exemplo, se o interesse for regional. De igual modo, o município precisa ter sua autonomia respeitada. *Cada unidade a atuar no âmbito de sua competência.* (...)

Além disso, firmou que os Poderes, nos três níveis da Federação, devem se unir e se coordenar para tentar diminuir os efeitos nefastos da pandemia.

Em seguida, salientou não ser possível exigir que estados-membros e municípios se vinculem a autorizações e decisões de órgãos federais para tomar atitudes de combate à pandemia.

Contudo, no enfrentamento da emergência de saúde, há critérios mínimos baseados em evidências científicas para serem impostas medidas restritivas, especialmente as mais graves, como a restrição de locomoção.[16]

O Estado de Minas Gerais, por meio do Decreto nº 47.886/2020, instituiu o Comitê Gestor do Plano de Prevenção e Contingenciamento em Saúde da COVID-19, Comitê Extraordinário, de caráter deliberativo, e com competência extraordinária para acompanhar a evolução do quadro epidemiológico do novo coronavírus, além de adotar e fixar medidas de saúde pública necessárias para a prevenção e controle do contágio e o tratamento das pessoas afetadas.

No uso de sua competência, o Comitê em epígrafe criou o Programa Minas Consciente. Esse consiste em um Plano de retomada segura das atividades econômicas nos municípios do estado de Minas Gerais, criado por meio das secretarias de Desenvolvimento Econômico (Sede) e de Saúde (SES-MG). O Programa sugere "a retomada gradual do comércio, serviços e outros setores, tendo em vista a necessidade de levar a sociedade, gradualmente, à normalidade, através da adoção de um sistema de critérios e protocolos sanitários que garantam a segurança da população",[17] mediante análise de risco e classificação das atividades em ondas (vermelha – serviços essenciais; amarela – serviços não essenciais; verde – serviços não essenciais com alto risco de contágio).

A ação do Estado de Minas Gerais na criação do Programa Minas Consciente busca, de forma precípua, a atuação coordenada entre os Entes Federativos. Nesse sentido, Luísa Netto defende que

> o ideal é a atuação nacional articulada, como convém ao federalismo, ao sistema constitucional de repartição de competências e de distribuição de função entre os poderes, fazendo-se escolhas políticas afinadas com a ciência e as traduzindo institucionalmente em normas.[18]

---

[16] BRASIL. Supremo Tribunal Federal. *Informativo de Jurisprudência nº 976/STF*. Brasília, 4 a 8 de maio de 2020. p. 01-02. Disponível em: http://www.stf.jus.br//arquivo/informativo/documento/informativo976.htm. Acesso em 10 mai. 2020.
[17] Cf. Entenda o plano. *Minas Consciente*, 2020. Disponível em: https://www.mg.gov.br/minasconsciente/entenda-o-programa. Acesso em 05 out. 2020.
[18] NETTO, Luisa. O direito à ciência, a ADI nº 6.341 e a competência dos entes federados.

Contudo, em que pese haver a competência, material e legislativa, do estado de Minas Gerais acerca da matéria e, ainda, em que pese as ações do Estado de Minas Gerais e as deliberações do Comitê Extraordinário COVID-19 almejarem o bem comum da população e a cooperação entre os entes, favorecendo o pacto federativo, ainda se observa constante tensão entre o Estado de Minas Gerais e os seus municípios no que tange ao poder normativo em relação às regras para enfrentamento e retomada das atividades.

Nesse sentido, foi proposta a Ação Declaratória de Constitucionalidade, de nº 1.0000.20.459246-3/000, pela Procuradoria-Geral de Justiça do Estado de Minas Gerais, em face da Lei nº 13.317, de 24 de setembro de 1.999, e da Deliberação nº 17, de 22 de março de 2020, ambas do Estado de Minas Gerais, as quais dispõem sobre o Código de Saúde do Estado de Minas Gerais e medidas emergenciais de restrição e acessibilidade a determinados serviços e bens públicos e privados enquanto durar o estado de calamidade pública em decorrência da pandemia de coronavírus – COVID-19. A ação foi proposta devido ao fato de que diversas decisões judiciais vêm tratando o assunto de forma divergente, admitindo, em casos excepcionais, a prevalência de normas municipais que contrariam a normatização estadual, trazendo quadro de insegurança jurídica.

No bojo do acórdão que julgou a decisão, a relatora, Desembargadora Márcia Milanez, considerando o pacto federativo, entendeu que a autonomia municipal não é absoluta, visto que se "encontra contingenciada pela própria repartição constitucional de competências e atribuições". Isso porque as Constituições Federal e Estadual trouxeram disposição no sentido de que compete ao Estado – de forma concorrente com a União – legislar sobre a proteção e a defesa da saúde, e que, no exercício de tal competência, o ordenamento jurídico federal e estadual fixou o papel do Estado em coordenar as ações e medidas preventivas voltadas ao enfrentamento dos problemas sanitários e epidemiológicos.

A relatora ainda acrescenta que, nesse sentido, os municípios desempenham um papel suplementar em relação à normatização federal e estadual, visto que a Constituição não lhes conferiu competência legislativa plena. Acrescenta que a questão do "interesse local" é questionável no contexto de uma pandemia, sobretudo em considerando que o tratamento da matéria deve ser regionalizado, nos termos da Constituição.

Consultor Jurídico, 2020. Disponível em: https://www.conjur.com.br/2020-jun-09/luisa-netto-direito-ciencia-adi-6341. Acesso em 5 out. 2020.

Nesse mesmo sentido, analisando casos em que municípios mineiros contrariavam as Determinações do Comitê Extraordinário COVID-19 de Minas Gerais, o Supremo Tribunal Federal já proferiu entendimentos no sentido de que, diante de uma competência concorrente, observadas as prerrogativas constitucionais de todos os entes federados, nas palavras da relatora:

> (...) deve-se observar a primazia ou preponderância do interesse, em uma ação coordenada, impondo-se à União a edição de normas gerais (as quais se materializaram na Lei nº 13979/2020 e em seu decreto regulamentador nº 10282/2020) e aos Estados a coordenação das medidas regionalizadas (às quais se submetem os entes municipais), com a atuação suplementar dos municípios na disciplina de questões locais. Em suma:

> Deveras, o Supremo Tribunal Federal tem seguido essa compreensão, forte no entendimento de que a competência da União para legislar sobre assuntos de interesse geral não afasta a incidência das normas estaduais e municipais expedidas com base na competência legislativa concorrente, devendo prevalecer aquelas de âmbito regional, quando o interesse sob questão for predominantemente de cunho local. Trata-se da jurisprudência já sedimentada neste Tribunal, no sentido de que, em matéria de competência federativa concorrente, deve-se respeitar a denominada predominância de interesse. Nessa conformidade não parece ter agido o chefe do Poder Executivo do Município de Santana do Paraíso/MG ao editar o aludido decreto, de sorte que suspender a decisão ora objurgada é que implicaria em risco à ordem administrativa, pois autorizaria a abertura de estabelecimentos comerciais cujo funcionamento foi expressamente proibido pela norma estadual, em desconformidade ao juízo e à análise do interesse regional. É dizer: o Município detém competência legislativa para dispor sobre a matéria, mas não para contrariar frontalmente as normas gerais já estabelecidas a nível regional. (STP nº 334/MG – Relator(a): Min. Presidente – Julgamento: 03.06.2020). (Grifos nossos).

A ação declaratória de constitucionalidade, portanto, foi julgada procedente, a favor do Estado de Minas Gerais, reconhecendo a constitucionalidade das normas contidas na Lei Estadual nº 13.317/99 e na Deliberação nº 17 do Comitê Extraordinário COVID-19 do Estado de Minas Gerais e determinando a suspensão da eficácia das decisões que afastaram a aplicabilidade dessas normas aos municípios mineiros, sob a seguinte ementa:

MEDIDA CAUTELAR EM AÇÃO DECLARATÓRIA DE CONSTITUCIONALIDADE – LEI ESTADUAL Nº 13.317/1999 E DELIBERAÇÃO Nº 17/2020 DO ESTADO DE MINAS GERAIS – PANDEMIA DE COVID-19 – VALIDADE E EFICÁCIA DAS DISPOSIÇÕES RESTRITIVAS ESTADUAIS – NECESSIDADE DE OBSERVÂNCIA PELOS MUNICÍPIOS – MEDIDA CAUTELAR DEFERIDA. – Os atos normativos editados pelo Estado de Minas Gerais para o enfrentamento da pandemia de coronavírus decorrem da competência constitucionalmente atribuída para a disciplina legal da matéria da saúde, especialmente em relação a crises sanitárias e epidemiológicas, razão pela qual devem ser observadas pelos municípios, os quais não podem editar normas que contrariem a normatização estadual, diante da necessidade de um tratamento regionalizado com enfoque preventivo da doença em tela. Precedentes do Supremo Tribunal Federal. – Presentes o *fumus boni iuris* e o *periculum in mora*, observados ainda os requisitos de admissibilidade da ação, deve a cautelar pleiteada ser deferida, para suspender as decisões que imponham o afastamento da aplicação das normas estaduais propugnadas pelo Ministério Público.

Em desfavor da decisão supracitada proferida pelo Órgão Especial do Tribunal de Justiça do Estado de Minas Gerais, foram ajuizadas no Supremo Tribunal Federal, por municípios mineiros pleiteando a cassação da decisão, as Reclamações de nºs 42.576, 42.590, 42.591 e 42.637.

Em síntese, os municípios argumentam que a decisão do TJMG desrespeitou o entendimento vinculante do Supremo Tribunal Federal proferido em decisões cautelares nas Ações Diretas de Inconstitucionalidade (ADI) nº 6.343 e nº ADI nº 6.341. Acrescentam que tal desrespeito seria devido ao fato de que a decisão do TJMG teria esvaziado as competências e a autonomia municipal no enfrentamento da pandemia da COVID-19.

O Estado de Minas Gerais, por meio da atuação da AGE, manifestou-se no sentido de demonstrar que a decisão do TJMG na referida ADC observou a decisão da Suprema Corte nas ADI indicadas. Buscou demonstrar, ainda, que a decisão do TJMG apenas reconheceu e conferiu a eficácia necessária às competências federativas em termos de normatização do Sistema Único de Saúde, conforme competência concorrente afirmada pelo próprio STF e definida na Constituição e na legislação nacional e estadual.

Ademais, apontou o Estado de Minas Gerais que a observância dessas competências constitucionais é importante, uma vez que não há simples interesse local nas questões relacionadas à definição do funcionamento das atividades essenciais dos municípios, havendo claro interesse regional. Assim, defendeu-se que a decisão do TJMG é importante para que seja dado o devido tratamento regionalizado às medidas de combate à pandemia da COVID-19, dado que é estabelecido na Lei Federal nº 8.080/90 e na Lei nº 13.317/99 do Estado de Minas Gerais que é competência do estado a coordenação dos serviços de vigilância epidemiológica, restando aos municípios, no que tange à vigilância epidemiológica, conforme o art. 18, IV e XII, da lei sob análise, a execução dos serviços e a normatização meramente complementar ao Estado.

No bojo da decisão monocrática proferida nos autos da Reclamação nº 42.590, o Relator Ministro Alexandre de Morais, ao dar provimento à reclamação, entendeu que a decisão do TJMG descumpriu o que foi decidido na medida cautelar deferida na ADI nº 6.341, na qual a Corte, dentre outros pontos, explicitou que as medidas adotadas pelo Governo Federal para o enfrentamento da pandemia, causada pelo novo COVID-19, não afastam a competência concorrente nem a tomada de providências normativas e administrativas pelos Estados, pelo Distrito Federal e pelos municípios.

O Relator argumentou, em suma, que a decisão do TJMG estaria em desacordo com as normas do federalismo cooperativo que estruturam a Constituição Federal em alegado prejuízo ao princípio da predominância do interesse local. Afirmou que o federalismo existe com a finalidade de repartir e de limitar o poder entre as comunidades locais e a comunidade central, não podendo, justamente em uma crise, serem desrespeitadas essas previsões constitucionais.

Em face dessa última decisão monocrática, o Estado de Minas Gerais, por meio de seus Procuradores, interpôs Agravo Regimental requerendo a reconsideração da decisão, a fim de julgar improcedente o pedido do município.

No Agravo Regimental, argumentou-se que a decisão do TJMG não afronta nenhuma decisão do Supremo Tribunal Federal e apenas reforça a regulamentação legal do federalismo de cooperação previsto na Constituição. Isso porque o fato de o Brasil não ser uma Confederação, e sim uma Federação, faz com que a limitação e a distribuição do poder entre os entes locais e centrais se deem em termos de coordenação e prevalência de interesses locais ou regionais, de modo que não existe autonomia absoluta de um ente para impor sua vontade quando os interesses de outros entes estão em jogo, recorrendo, neste caso, à coordenação entre os entes ou à atribuição de competência coordenadora.

Destacou o Estado de Minas Gerais que, nesse aspecto, a indissolubilidade da Federação aponta a necessidade de mecanismos de coordenação e cooperação entre os entes e, nesse diapasão, a autonomia organizacional não se confunde com uma absoluta emancipação. A Constituição estabelece um sistema de divisão de competências não apenas horizontal, mas também vertical, como instrumento de manutenção de coesão interna. No âmbito da saúde, esse tipo de organização regional é uma das bases do Sistema Único de Saúde (SUS).

Ademais, fundamentou-se que, no caso de crises epidemiológicas, como a pandemia da COVID-19, não apenas o caráter regional das redes de saúde é acentuado, como o nível de interesse de outros serviços é alterado substancialmente em razão da natural mobilidade das pessoas e de suas demandas, as quais não são controláveis pelo poder público. Desta feita, os serviços que, a princípio, seriam de simples interesse local, ganham status de interesse regional.

Observa-se, portanto, que a atuação do estado de Minas Gerais, sobretudo com a criação do Programa Minas Consciente e com as demais deliberações do Comitê Extraordinário, está pautada no reforço da tomada de decisão regionalizada, na proposta de monitoramento contínuo das condições de saúde por região e na adoção de protocolos para o funcionamento das atividades econômicas, trazendo segurança para toda a população. Almeja-se a proposta de soluções diferentes para situações diferentes, conjugando todos os interesses e direitos envolvidos dos entes, como a saúde e a liberdade econômica, para que não haja excesso e tampouco proteção deficiente.

Assim, a proposta de atuação do estado é no sentido de fortalecer o pacto federativo, através da cooperação dos entes, sobretudo ao chamar a atenção para a natureza regionalizada do problema e buscar fornecer subsídios para o enfrentamento da pandemia aos municípios, o que se torna essencial nos casos dos pequenos entes que não têm condições de lidar com o problema de forma local.

5 Considerações finais

A pandemia da COVID-19 gerou, no Estado de Minas Gerais, tensionamentos jurídicos de ordens distintas: financeira, que envolve a mobilização do estado para a contenção da pandemia e seus reflexos econômico-financeiros; e política-administrativa, que se refere aos conflitos de competência envolvendo o estado e seus municípios, considerando a colisão entre legislações municipais e as regras estaduais do Programa Minas Consciente para o enfrentamento da pandemia.

Observando o pacto federativo brasileiro, a Lei Complementar Federal nº 173, de 27 de maio de 2020, estabeleceu o Programa Federativo de Enfrentamento ao Coronavírus – SARS-CoV-2 ou COVID-19, prevendo um auxílio financeiro aos Estados, ao Distrito Federal e aos Municípios, por meio de repasses diretos, da suspensão do pagamento de dívidas contratadas e da reestruturação de operações de crédito interno e externo junto ao sistema financeiro e instituições multilaterais de crédito. Contudo, observou-se que esse auxílio seria insuficiente para sanar o déficit orçamentário de Minas Gerais, principalmente considerando o histórico de desastres ocorridos no território mineiro nos últimos anos, que fragilizaram o erário público.

Nesse sentido, as contribuições da AGE-MG seguem em ações conjuntas com outros entes públicos, na formulação e execução de soluções eficientes ao Estado, rumo ao atingimento da visão de futuro, consubstanciada em ser referência na defesa do interesse público, no controle da legalidade e na valorização das políticas públicas, de modo que o órgão seja compreendido como autônomo e prioritário na retomada do protagonismo do Executivo na formulação e implementação de políticas públicas.

Esse viés de atuação preventiva e proativa, exercida especialmente pelo consultivo, inclusive em interface e de forma a subsidiar o contencioso, é fundamental para o enfrentamento das situações emergenciais. Estas, fragilizando a economia estadual, tornam mais difíceis as respostas estatais aos anseios da população, motivo pelo qual é preciso garantir aos gestores as condições à segurança jurídica exigida para o agir célere, eficaz e econômico, com mitigação de riscos e potencialização de bons resultados.

Para isso, torna-se imprescindível a renovação do próprio modo de fazer e pensar a Advocacia Pública, mudança que perpassa pela articulação de novas estruturas institucionais e pela valorização do consultivo, projeto caro à Advocacia-Geral do Estado de Minas Gerais e fundamental para o fortalecimento de uma de suas competências constitucionais que é a viabilização de políticas públicas sob a égide da legalidade e dos demais princípios que regem a Administração Pública.

No que tange ao aspecto político-administrativo, observa-se a constante tensão entre o Estado de Minas Gerais e os seus municípios, no que diz respeito ao poder normativo em relação às regras para enfrentamento e retomada das atividades. Contudo, em consonância com os entendimentos proferidos no bojo do Supremo Tribunal Federal, nas ADIs de nºs 6.341 e 6.343, e do Tribunal de Justiça de Minas Gerais, na Ação Declaratória de Constitucionalidade, de nº 1.0000.20.459246-3/000, o Estado possui a competência para atuação e competência legislativa acerca da matéria que envolve o enfrentamento da pandemia e as suas ações, consubstanciadas na criação do Programa Minas Consciente e nas demais deliberações do Comitê Extraordinário COVID-19, que visam o bem comum da população e a cooperação entre os entes, favorecendo o pacto federativo, para o melhor enfrentamento, em âmbito regional, do problema da pandemia da COVID-19.

Referências

BARROSO, Luís Roberto. *Curso de direito constitucional contemporâneo*: os conceitos fundamentais e a construção do novo modelo. 7. ed. São Paulo: Saraiva Educação, 2018. Livro digital.

BRASIL. Supremo Tribunal Federal. *Informativo de Jurisprudência nº 976/STF*. Brasília, 4 a 8 de maio de 2020. Disponível em: http://www.stf.jus.br//arquivo/informativo/documento/informativo976.htm. Acesso em 10 mai. 2020.

BRASIL. Supremo Tribunal Federal. *Lewandowski diz que STF revalorizou o federalismo na pandemia*. Brasília, 31 jul. 2020. Disponível em: http://www.stf.jus.br/portal/cms/verNoticiaDetalhe.asp?idConteudo=448639. Acesso em 30 abr. 2020.

FRANCO, Pedro Rocha; ARIADNE, Queila. PIB de Minas Gerais recua 2,6% em 2016. *Portal O Tempo*, Belo Horizonte, 2017. Economia. Disponível em: https://www.otempo.com.br/economia/pib-de-minas-gerais-recua-2-6-em-2016-1.1457408. Acesso em 15 mai. 2020.

FUNDAÇÃO GETÚLIO VARGAS. *Projeto Rio Doce – Avaliação dos impactos e valoração dos danos socioeconômicos causados para as comunidades atingidas pelo rompimento da Barragem de Fundão*. Rio de Janeiro; São Paulo: FGV, 2019. Disponível em: http://www.mpf.mp.br/grandes-casos/caso-samarco/documentos/fgv/fgv_impacto-do-rompimento-da-barragem-de-fundao-sobre-a-renda-agregada-de-minas-gerais-e-espirito-santo.pdf. Acesso em 15 mai. 2020.

FUNDAÇÃO JOÃO PINHEIRO. Diretoria de Estatística e Informações da Fundação João Pinheiro – Direi/FJP. Cenários de Impactos Econômicos estimados pela Matriz Insumo-Produto-MIP 2016. *Relatório*, 30 abr. 2020. Disponível em: http://novosite.fjp.mg.gov.br/wp-content/uploads/2020/05/14.5_3-DIREI_NAIP_MIP_v03.pdf. Acesso em 01 mai. 2020.

LOPES, Luciano Motta Nunes. O rompimento da barragem de Mariana e seus impactos socioambientais. *Sinapse Múltipla*, Betim, v. 5, n. 1, p. 1-14, 2016. Disponível em: http://periodicos.pucminas.br/index.php/sinapsemultipla/article/view/11377. Acesso em 28 abr. 2020.

MINAS GERAIS. Coletiva de Imprensa. *Pronunciamento do Governador Romeu Zema*. Belo Horizonte, 15 mai. 2020b. Disponível em: https://www.youtube.com/watch?v=cUOBcOBBFSQ&list=PLiyVG7yUlUjNM17qTDe2MHz-vx7bDRk6h&index=8&t=0s. Acesso 15 mai. 2020.

MINAS GERAIS. Secretaria de Estado de Desenvolvimento Regional, Política Urbana e Gestão Metropolitana. Avaliação dos efeitos e desdobramentos do rompimento da Barragem de Fundão em Mariana-MG. *Relatório da Força-Tarefa criada pelo Decreto nº 46.892/2015*. Belo Horizonte, 2016. Disponível em: http://www.agenciaminas.mg.gov.br/ckeditor_assets/attachments/770/relatorio_final_ft_03_02_2016_15h5min.pdf. Acesso em 15 mai. 2020.

MINAS GERAIS. Secretaria de Estado de Fazenda de Minas Gerais. Divisão de Gestão da Informação. Evolução Anual da Arrecadação Geral do Estado – Exercícios Anteriores. *Relatórios – Exercícios de 2015 e 2016*. Belo Horizonte, 2017. Disponível em: http://www.fazenda.mg.gov.br/governo/receita_estado/evolucao_anos_anterioresef.html. Acesso em 15 mai. 2020.

MINAS GERAIS. Secretaria de Estado de Fazenda de Minas Gerais. Divisão de Gestão de Informação. Evolução da Receita do ICMS. *RMA – Relatório Mensal de Arrecadação*. 2019. Belo Horizonte, 08 jan. 2020f. Disponível em: http://www.fazenda.mg.gov.br/governo/receita_estado/evolucao_anual/evolucao_anos_anterioresef.html. Acesso em 15 mai. 2020.

NETTO, Luisa. O direito à ciência, a ADI nº 6.341 e a competência dos entes federados. *Consultor Jurídico*, 2020. Disponível em: https://www.conjur.com.br/2020-jun-09/luisa-netto-direito-ciencia-adi-6341. Acesso em 5 out. 2020.

ORGANIZAÇÃO MUNDIAL DA SAÚDE (OMS). Coronavirus disease (COVID-19). *Situation Report – 162*, 30 jun. 2020. Disponível em: https://www.who.int/docs/default-source/coronaviruse/20200630-covid-19-sitrep-162.pdf?sfvrsn=e00a5466_2. Acesso em 30 jun. 2020.

MINAS CONSCIENTE. *Entenda o plano*, 2020. Disponível em: https://www.mg.gov.br/minasconsciente/entenda-o-programa. Acesso em 05 out. 2020.

Bibliografia Complementar

AGÊNCIA BRASIL. *Tragédia de Mariana completa 3 anos; veja linha do tempo*. 2018. Disponível em: https://agenciabrasil.ebc.com.br/geral/noticia/2018-11/tragedia-de-mariana-completa-3-anos-veja-linha-do-tempo. Acesso em 15 mai. 2020.

BARROSO, Luís Roberto. Da falta de efetividade à judicialização excessiva: direito à saúde, fornecimento gratuito de medicamentos e parâmetros para a atuação judicial. *Jurisp Mineira*, Belo Horizonte, a. 60, n. 188, p. 29-60, jan./mar. 2009. Disponível em: https://bd.tjmg.jus.br/jspui/bitstream/tjmg/516/1/D3v1882009.pdf. Acesso em 09 out. 2020.

BIJOS, D. Federalismo e estratégias eleitorais. *Revista do Serviço Público*, Brasília, v. 63, p. 7-24, jan./mar. 2012.

BONAVIDES, Paulo. *Teoria constitucional de democracia participativa*. 3. ed. São Paulo: Malheiros, 2008.

BONAVIDES, Paulo. *Teoria Geral do Estado*. 11. ed. São Paulo: Malheiros, 2018.

CARVALHO, Mariana Siqueira de. A saúde como direito social fundamental na Constituição Federal de 1988. *Revista de Direito Sanitário*, v. 4, n. 2, jul. 2003.

MENDES, Gilmar Ferreira; BRANCO, Paulo Gustavo Gonet. *Curso de direito constitucional*. 15. ed. São Paulo: Saraiva, 2020.

MINAS GERAIS. Advocacia-Geral do Estado e Minas Gerais. *Advocacia-Geral do Estado no Enfrentamento ao COVID-19*: principais ações da advocacia-geral do estado no enfrentamento ao COVID-19 no período e 16 de março a 29 de maio de 2020. Compilado de dados do Sistema Tribunus, elaborado pela Assessoria Estratégica, em colaboração com a Assessoria do Gabinete. Governo de Minas Gerais. Belo Horizonte, 2020.

MINAS GERAIS. Corpo de Bombeiros Militar do Estado de Minas Gerais. Operação Brumadinho é suspensa em virtude do COVID-19. *Assessoria de Comunicação Organizacional do CBMMG*. 2020. Disponível em: http://www.bombeiros.mg.gov.br/component/content/article/32-embm/78365-cbmmg-suspensaooperacaobrumadinho.html. Acesso 29 abr. 2020.

MINAS GERAIS. Deliberação do Comitê Extraordinário COVID-19 nº 14, de 20 de março de 2020. Determina a paralisação momentânea das buscas pelas vítimas da barragem da Mina do Córrego do Feijão, no Município de Brumadinho. *Diário Oficial do Executivo de Minas Gerais*, Belo Horizonte, p. 2, col. 2, 21 mar. 2020.

MINAS GERAIS. Secretaria de Estado de Fazenda de Minas Gerais. Divisão de Gestão de Informação. Evolução da Receita do ICMS. *RMA – Relatório Mensal de Arrecadação*. 2020. Belo Horizonte, 2020. Disponível em: http://www.fazenda.mg.gov.br/governo/receita_estado/evolucao_da_receita_do_icms/. Acesso em 15 mai. 2020.

MIRANDA, Jorge. *Teoria do Estado e da constituição*. 5. ed. Rio de Janeiro: Forense, 2019.

SARLET, Ingo Wolfgang. Algumas considerações em torno do conteúdo, eficácia e efetividade do direito à saúde na constituição de 1988. *Revista Eletrônica sobre a Reforma do Estado (RERE)*, Salvador, Instituto Brasileiro de Direito Público, n. 11, set./out./nov. 2007.

SARLET, Ingo Wolfgang; FIGUEIREDO, Mariana Filchtiner. Algumas considerações sobre o direito fundamental à proteção e promoção da saúde nos 20 anos da Constituição Federal de 1988. *Revista de Direito do Consumidor*, São Paulo: Revista dos Tribunais, n. 67, 2008.

TORRES, Ricardo Lobo. *Teoria dos direitos fundamentais*. 2. ed. Rio de Janeiro: Renovar, 2004.

Informação bibliográfica deste texto, conforme a NBR 6023:2018 da Associação Brasileira de Normas Técnicas (ABNT):

RODARTE, Ana Paula Muggler; MATTOS, Liana Portilho; MENEGHINI, Nancy Vidal. Pandemia e federalismo: os aspectos jurídicos na experiência de enfrentamento da COVID-19 no Estado de Minas Gerais e a atuação da advocacia pública para minimização de seus efeitos danosos. *In*: PAULA, Rodrigo Francisco de (Coord.). *A experiência dos Estados no enfrentamento da pandemia da COVID-19*. Belo Horizonte: Fórum, 2021. p. 47-70. ISBN 978-65-5518-147-0.

COMPARTILHAMENTO DE DADOS PESSOAIS E A PANDEMIA DA COVID-19: INICIATIVAS DO ESTADO BRASILEIRO

ELÍSIO AUGUSTO VELLOSO BASTOS
CRISTINA PIRES TEIXEIRA DE MIRANDA RODRIGUES
VITÓRIA BARROS ESTEVES

1 Introdução

O mundo encontra-se em meio a uma pandemia global, uma crise de saúde pública que atinge diversos países. Rapidamente, governos foram obrigados a adotar estratégias de combate à pandemia, dentre elas, o fechamento de fronteiras, de escolas, de lojas e demais locais que possibilitassem o fluxo de pessoas e/ou aglomerações, uma vez que o agente vetor de tal pandemia, o vírus SARS-CoV-2, popularmente conhecido como novo coronavírus, possui alto poder de transmissão e contágio. Em alguns países a tecnologia tem sido utilizada como aliada no combate ao vírus, especialmente softwares que utilizam a coleta e a análise de dados pessoais. Tais operações são realizadas por agentes públicos ou privados, ou ambos em parceria.

A China, por exemplo, utiliza um aplicativo que indica, através de um sistema de cores (que varia do verde ao vermelho), a probabilidade de o indivíduo ter tido contágio com o vírus.[1] Se for determinado código

---

[1] RAMOS, Rahellen Miguelista. Pandemia e tecnologia: estamos sendo vigiados? *Politize!* 1 jul. 2020. Disponível em: https://www.politize.com.br/pandemia-e-tecnologia/. Acesso em 08 out. 2020.

vermelho para determinado cidadão chinês, ele pode ser obrigado a ficar isolado de quarentena por até duas semanas.[2] Em outros países asiáticos, como Coréia do Sul e Taiwan, a administração pública utiliza pulseiras eletrônicas rastreáveis que podem acionar a polícia em caso de desrespeito às regras. Já em Israel, o Ministério da Saúde endossou que a população utilizasse um aplicativo chamado Hamagen, que segundo informações do site oficial, opera através do cruzamento entre o histórico de GPS do celular do usuário com o histórico de dados geográficos dos pacientes contaminados fornecido pelo Ministério da Saúde.[3]

O Brasil não ficou de fora dessas iniciativas. São Paulo, Recife e Mato Grosso do Sul têm utilizado dados de geolocalização, através da triangulação de antenas das operadoras de celular, para localizar possíveis aglomerações por toda a cidade.[4] A prefeitura do Rio de Janeiro também teria fechado uma parceria com a empresa de Telefonia Tim para traçar mapas de calor, e localizar pontos de altas concentrações de pessoas na rua.[5]

No âmbito nacional, o Ministério da Saúde lançou o "Coronavírus-SUS", um aplicativo gratuito, de abrangência nacional, que tinha como principal função informar sintomas, dicas de prevenção, o que fazer em caso de suspeita e infecção, entre outras funcionalidades. Contudo, a partir do começo de agosto, o aplicativo adicionou a funcionalidade de *contact-tracing*, que gera um alerta, no próprio celular do usuário, caso pessoas que testaram positivo para COVID-19 estiverem próximas. A tecnologia utilizada se chama "API Exposure Notification" e foi disponibilizada a partir de uma parceria entre o Ministério da Saúde, o Google e a Apple.[6] Segundo declarado pelos desenvolvedores, o

---

[2] MOZUR, Paul; ZHONG, Raymond; KROLIK, Aaron. In coronavirus fight, China Gives Citizens a color code, With Red Flags. *New York Times*, 01 mar. 2020. Disponível em: https://www.nytimes.com/2020/03/01/business/china-coronavirus-surveillance.html. Acesso em 08 out. 2020.

[3] Cf. Ministry Of Health. *Hamagen*, 2020. Disponível em: https://govextra.gov.il/ministry-of-health/hamagen-app/download-en/. Acesso em 08 out. 2020.

[4] Cf. Governo de SP usa dados de celulares para localizar aglomerações. *Jornal Nacional*, 08 abr. 2020. Disponível em: https://g1.globo.com/jornal-nacional/noticia/2020/04/08/governo--de-sp-usa-dados-de-celulares-para-localizar-aglomeracoes.ghtml. Acesso em 08 out. 2020.

[5] AMARAL, Bruno do. *Coronavírus*: TIM e Prefeitura do Rio assinam acordo para coletar dados de deslocamento. 2020. Disponível em: https://teletime.com.br/23/03/2020/coronavirus-tim-e-prefeitura-do-rio-assinam-acordo-para-coletar-dados-de-deslocamento/. Acesso em 08 out. 2020.

[6] Cf. Aplicativo Coronavírus-SUS vai alertar contatos próximos de pacientes com COVID-19. *Ministério da saúde*, 31 jul. 2020. Disponível em: https://www.hmg.saude.gov.br/noticias/agencia-saude/47292-aplicativo-coronavirus-sus-vai-alertar-contatos-proximos-de-pacientes-com-covid-19. Acesso em 08 out. 2020.

aplicativo funciona sem rastrear os movimentos da pessoa testada positiva e sem conhecer sua identidade ou a identidade com quem ela entrou em contato. O aplicativo não tem acesso a nenhuma informação pessoal, como CPF, nome ou número de telefone.

Diferentemente da anonimização de dados anunciada pelo referido aplicativo, o Governo Federal, em 17.04.2020, editou uma Medida Provisória, a MP nº 954/2020, que determinava o compartilhamento de dados pessoais dos usuários das empresas de telefonia com o Instituto Brasileiro de Geografia e Estatística (IBGE), com a finalidade de dar suporte à produção estatística oficial durante a situação de emergência de saúde pública causada pela COVID-19. Os dados exigidos eram relação dos nomes, números de telefone e endereços dos consumidores das empresas de telefonia, pessoas físicas ou jurídicas. A MP teve seus efeitos suspensos pelo Supremo Tribunal Federal (STF), no julgamento da medida cautelar requerida na Ação Direta de Inconstitucionalidade, ADI nº 6387.

Referido julgamento reacendeu um debate acerca dos riscos e prejuízos que o compartilhamento de dados pessoais pode trazer para os direitos fundamentais dos cidadãos brasileiros, especialmente o direito à intimidade e à autodeterminação informativa. Reafirmou também a necessidade de se proteger os dados pessoais, frente aos riscos individuais e coletivos que sua utilização pode gerar, mesmo em face de medidas inseridas no contexto excepcional de emergência em saúde pública, ocasionada pela pandemia do novo coronavírus.

Além disso, no Brasil tivemos iniciativas exclusivamente estaduais e municipais, notadamente a criação de aplicativos, para "combater o novo coronavírus". Tais aplicativos são: Coronavírus SP (disponível para todo o Estado de São Paulo); Atende em casa (criado pela Prefeitura da Cidade do Recife em parceria com o Governo do Estado de Pernambuco); Saúde Osasco (criado pela prefeitura de Osasco);[7] Telemedicina (criado pelo Governo do Estado do Paraná) e Cachoeirinha contra CoronaVírus (criado pelo Governo Municipal de Cachoeirinha, município do Estado do Rio Grande do Sul).

Assim, este trabalho tem como objetivo analisar se os aplicativos criados pelo Estado Brasileiro, nas esferas federal, estadual e municipal, para "combater o novo coronavírus", estão em concordância com as salvaguardas constitucionais delineadas pelo STF, por ocasião do

---

[7] Em recente pesquisa, em outubro de 2020, o aplicativo já não se encontra mais disponível na Google Play Store.

julgamento das ADIS propostas em face da MP nº 954/2020. Assim como, se estão de acordo com as determinações protetivas da Lei Geral de Proteção de Dados (LGPD), Lei nº 13.709/2018, que já vigora em todo o território nacional. A pesquisa tem caráter teórico-descritivo e viés qualitativo. Utiliza-se da técnica de pesquisa bibliográfica especializada no assunto.

Inicialmente, serão analisados os principais fundamentos materiais apontados pelos Ministros do STF, durante o julgamento da medida cautelar requerida na ADI nº 6387. Em seguida, o que se entende por dados pessoais e qual a relevância destes para as sociedades atuais. Após, será analisada a intimidade e a autodeterminação informativa como limites constitucionais ao compartilhamento de dados pessoais. Na sequência, será apresentada a avaliação dos aplicativos de acordo com o estudo do Internet Lab. E, por último, os potenciais riscos do compartilhamento de dados pessoais para o regime democrático serão expostos.

A relevância da pesquisa está em delinear os principais limites e riscos ao compartilhamento de dados pessoais no Brasil. Ainda que tal matéria seja considerada recente no ordenamento jurídico pátrio, o movimento é de se construir e se consolidar um ambiente seguro para o tratamento de dados no Brasil, seja este realizado pelo próprio Estado ou pelo setor privado, e até mesmo ambos atores agindo conjuntamente. Isto posto, será analisado, a seguir, os principais argumentos materiais expostos durante o julgamento da ADI nº 6387, proposta em face da MP nº 954/2020.

2 A Medida Provisória nº 954/2020 e sua análise pelo Supremo Tribunal Federal

Em 17 de abril de 2020, a MP nº 954/20 foi publicada, prevendo o compartilhamento de dados por empresas de telecomunicações prestadoras do Serviço Telefônico Fixo Comutado – STFC e do Móvel Pessoal – SMP, com o IBGE, com o fim declarado de suporte à produção estatística oficial durante a situação de emergência de saúde pública decorrente da COVID-19.

Referida MP previa que as empresas de telefonia deveriam, no prazo de sete dias, contados da data de publicação de Ato do Presidente do IBGE, disponibilizar a esse Órgão, por meio eletrônico, a relação dos nomes, números de telefone e endereços de seus consumidores, pessoas físicas ou jurídicas, para fins de realização de entrevistas em caráter não presencial, no âmbito de pesquisas domiciliares. Com o objetivo de questionar a constitucionalidade da referida norma, foram propostas cinco ADIs, de autoria do Conselho Federal da OAB (ADI nº 6387) e dos partidos PSDB (ADI nº 6388), PSB (ADI nº 6389), PSOL (ADI nº 6390) e PCB (ADI nº 6393).

Em 24 de abril de 2020, o STF, por 10x1, deferiu medida cautelar requerida na ADI nº 6387, suspendendo a eficácia da MP nº 954/2020 e determinando que o IBGE se abstivesse de requerer a disponibilização dos dados, ou caso já houvesse feito, sustasse o pedido. No âmbito material, argumentou-se, principalmente, em favor do direito fundamental à intimidade e proteção de dados pessoais, na concepção de um direito à autodeterminação informativa.

Em seu voto,[8] a relatora do feito, Ministra Rosa Weber, afirmou que um dos desafios contemporâneos do direito à privacidade (e de seus consectários da intimidade) é, precisamente, a manipulação de dados pessoais por agentes públicos ou privados. Destacou, ainda, que a MP não satisfaz as exigências constitucionais de proteção à privacidade e à intimidade, e que, ao não descrever finalidades específicas, métodos de tratamento e critérios de eventuais responsabilizações, a Medida não oferece condições necessárias para a sua validação.

Ressaltou também o risco proveniente da capacidade atual das tecnologias de transformar dados não estruturados em perfis extremamente individualizados dos cidadãos. Concluiu que, em momento algum, se subestima a gravidade do cenário de urgência da crise sanitária, nem a necessidade de formulação de políticas públicas que demandam dados específicos para o desenho dos diversos quadros de enfrentamento. O combate à pandemia, todavia, não poderia legitimar o atropelo de garantias fundamentais consagradas na Constituição Federal.

No mesmo sentido, o Ministro Alexandre de Moraes[9] destacou que a limitação do poder estatal e a observação de limites constitucionais são pilares da democracia. E que qualquer relativização de direitos fundamentais é excepcional, devendo ser feita apenas a partir de hipóteses legais ou judiciais, adequadas, proporcionais e razoáveis.

Os Ministros Celso de Melo e Luís Roberto Barroso reconheceram que os dados estatísticos são importantes para a atividade estatal moderna, inclusive para o enfrentamento da pandemia da COVID-19.

---

[8] Voto proferido na sessão virtual do pleno realizada no dia 07.05.2020. (STF).
[9] Todos os demais Ministros, com exceção da Relatora, Ministra Rosa Weber, se manifestaram na sessão virtual do pleno realizada no dia 08.05.2020. (STF).

Contudo, frente à ausência de elementos que indicassem a efetiva proteção da privacidade dos cidadãos brasileiros, ambos votaram com a Relatora pela suspensão da MP.

Os Ministros Luiz Fux e Cármen Lúcia ressaltaram os riscos do compartilhamento dos dados de que trata a MP, destacando, ainda, que a proteção de dados pessoais e o direito à autodeterminação informativa são direitos fundamentais autônomos extraídos da garantia constitucional de inviolabilidade da intimidade e da vida privada.

O Ministro Ricardo Lewandowski ratificou integralmente o voto da Relatora e destacou os riscos da vigilância sutil e da consolidação do *big data*. Veja-se:

> (...) nos dias atuais o maior perigo para a democracia não é mais representado por golpes de estados tradicionais perpetrados com fuzis, tanques ou canhões, mas agora pelo progressivo controle da vida privada dos cidadãos levado a efeito por governos de distintas matizes ideológicas, mediante a coleta massiva e indiscriminada de informações pessoais, incluindo de maneira crescente o reconhecimento facial. Esses dados são submetidos a um novo instrumental da tecnologia denominado *big data*, que consegue armazenar, interligar e manipular uma enorme quantidade de dados, para o bem ou para o mal.

O Ministro Gilmar Mendes também argumentou que o quadro fático contemporâneo, apesar de excepcional em razão da pandemia da COVID-19, deve ser analisado à luz da CR/88. E que nunca foi estranho à jurisdição constitucional a ideia de que os parâmetros dos direitos fundamentais devem permanecer abertos à evolução tecnológica. Remontou esse entendimento à decisão do Tribunal Constitucional Alemão de 1983, que declarou nulo dispositivos da chamada "Lei do Censo", que possibilitavam a coleta, o cruzamento e a transmissão de dados pessoais dos cidadãos alemães. Referido julgamento, segundo o Ministro, já indicava uma concepção dinâmica da privacidade, aberta às referências sociais e aos seus múltiplos contextos de usos.

No único voto dissidente, o Ministro Marco Aurélio afirmou que os riscos da MP não poderiam ser presumidos, e que não deveria se assumir um mau uso dos dados por parte do IBGE. Por fim, defendeu a necessidade de se aguardar o crivo do Congresso Nacional.

Nota-se, portanto, a partir dos argumentos referendados anteriormente, que o STF, ao analisar o caso da MP nº 954/2020, já indica a importância de proteção dos pessoais no Brasil, principalmente frente aos riscos para a privacidade dos cidadãos e para o próprio regime democrático. E já o faz antes mesmo da vigência da LGPD. Isso, porque a proteção de dados pessoais também tem como base, como bem indicado pelos ministros, o texto constitucional, que aponta a intimidade e a concepção de um direito à autodeterminação informativa como fundamentos desta matéria.

Além disso, o STF também destaca a importância coletiva de se proteger os dados pessoais, seja por no caso concreto estimar se tratar de dados de milhões de usuários de telefonia, seja por considerar que essa nova realidade informacional/tecnológica atinge, ou tem potencial de atingir, a coletividade como um todo.

Antes de analisarmos detalhadamente a intimidade e a autodeterminação informativa como bases e limites constitucionais para o compartilhamento de dados pessoais, é necessário entender o que são esses dados, como se classificam e qual o grau de relevância destes para as sociedades atuais, denominadas de informacionais, tecnológicas, digitais, dadocêntricas, entre outras terminologias.

3 Definição e relevância dos dados pessoais

A MP nº 954/2020 previa que as empresas de telefonia privada deveriam compartilhar os nomes, os números de telefones e endereços de todos os seus clientes. Não apenas em razão da MP, mas tem se levantado importantes questionamentos no âmbito nacional acerca da relevância dos dados pessoais, principalmente operações de tratamento que utilizam informações pessoais dos cidadãos no contexto atual de pandemia.

Assim, importa compreender, neste momento, o conceito e a relevância dos dados pessoais, especialmente diante da crescente utilização de aplicativos e plataformas digitais em período de isolamento social, resultante de uma pandemia que afeta a saúde pública de todo o país.

3.1 Definição de dados pessoais

Para melhor compreensão dos riscos do compartilhamento desses dados faz-se necessário conceituar o que são dados pessoais, diferenciando inicialmente o conceito de dados do de informações.

Bioni[10] alerta que, ainda que geralmente sejam tratados como sinônimos, dados e informações não se equivalem. Dados seriam o estado

---

[10] BIONI, Bruno Ricardo. *Proteção de dados pessoais*: a função e os limites do consentimento. 2. ed. Rio de Janeiro: Editora Forense, 2020. p. 31-32.

primitivo da informação, que, quando processados e organizados, convertem-se em algo inteligível, podendo deles ser extraído uma informação. Já a informação seria um conjunto de fatos organizados de modo a ter valor adicional ao revelar algo, além de valor propriamente dito.

Quando se fala em dado pessoal, atrela-se a este conceito a projeção de uma personalidade, daí a sua necessária proteção jurídica.

Pois bem. A Lei nº 13.709/2018 (Lei Geral de Proteção de Dados – LGPD), a qual lutou para sair de uma (quase) inesgotável *vacatio legis*, apresenta o direcionamento normativo brasileiro quanto ao conceito de dados pessoais, e os define como todas as informações relacionadas a uma pessoa natural, identificada ou identificável.[11] A LGPD traz ainda os conceitos de dados sensíveis,[12] como aqueles dados que revelam informações de origem racial ou étnica, religião, opinião política, saúde, genética e de ordem sexual, quando relacionados a uma pessoa natural; e dados anonimizados,[13] como dados incapazes de revelar a identidade de uma pessoa.

No que diz respeito aos dados sensíveis, Bioni[14] lembra que seu conteúdo oferece vulnerabilidades, tanto pela possibilidade de discriminação quanto pela fragilidade e especialidade, como, por exemplo, dados de saúde e genéticos. Inclusive aqui entrariam os dados relacionados/produzidos a partir de um quadro sintomático de doença, como exemplo da COVID-19. Diante dessa condição especial, o compartilhamento dos dados sensíveis deve ser condicionado ao consentimento específico e destacado, e deverá estar vinculado a finalidades específicas.

Além disso, muito se tem argumentado ultimamente que mesmo dados considerados apenas como "pessoais" podem vir a se tornar sensíveis. Isso porque, atualmente, algoritmos inteligentes têm a capacidade de identificar dados sensíveis a partir do acesso a dados pessoais não sensíveis. Assim, a partir de dados supostamente banais dos indivíduos é possível obter dados relevantes que podem ser transformados em perfis comportamentais, que revelam opiniões políticas, dados biológicos, etnia, raças, religião etc. Precisamente por isso é que os dados pessoais se tornaram insumo de grande importância para a sociedade, seja no aspecto econômico, político, social, seja, até mesmo,

---

[11] Definição constante no art. 5º, inciso I da LGPD.
[12] Definição constante no art. 5º, inciso II da LGPD.
[13] Definição constante no art. 5º, inciso III da LGPD.
[14] BIONI, Bruno Ricardo. *Proteção de dados pessoais*: a função e os limites do consentimento. 2. ed. Rio de Janeiro: Editora Forense, 2020. p. 83.

no aspecto biológico e epidemiológico. Não à toa, já se fala no surgimento da "sociedade de dados".

3.2 A nova sociedade baseada em dados

Atualmente, os dados pessoais tornaram-se insumo de grande importância para a sociedade tanto no seu aspecto econômico quanto no seu aspecto político e social. Não à toa, são responsáveis pelo surgimento de uma nova sociedade, conhecida como sociedade informacional, onde a informação é o ativo mais valioso.

Nesse sentido, Harari[15] afirma que no século XXI os dados vão suplantar tanto a terra quanto a maquinaria como o ativo mais importante. Nesse cenário, o autor descreve o surgimento do "dataísmo", uma espécie de religião onde a produção e a circulação livre dos dados formariam o valor preponderante a organizar toda a sociedade e seus fenômenos. Harari[16] adverte ainda que a liberdade de informação passaria a ter nova conotação, vez que sua busca agora ocorre em favor dos dados e não mais em favor do cidadão.

Esse intuito de assegurar o livre fluxo de dados dá-se, em geral, sob a justificativa de supostos benefícios que tal fluxo pode trazer ao indivíduo e à sociedade, como, por exemplo, o melhoramento de pesquisas relativas à saúde, a descoberta de novos medicamentos e, em especial, o controle de pandemias.

Os dados, cuja vasta coleta estava inicialmente ligada a fins publicitários e ao desenvolvimento de inteligência artificial[17] agora se tornam o ativo mais importante das sociedades modernas. Nelas, as tecnologias de informação e comunicação, em especial a internet, adquirem vital importância, pois permitem a conexão de pessoas, lugares e ideias.

Para Leonardi,[18] a internet pode ser definida como uma rede internacional de computadores conectados entre si, sendo um meio de comunicação que possibilita o intercâmbio de informações de toda

---

[15] HARARI, Yuval Noah. *21 Lições sobre o século XXI*. (Trad. Paulo Geiger). São Paulo. Companhia das Letras, 2018. p. 107.
[16] HARARI, Yuval Noah. *Homo Deus, uma breve história do amanhã*. (Trad. Paulo Geiger). Companhia das Letras, 2019.
[17] MOROZOV, Evgeny. *Big Tech*: a ascensão dos dados e a morte da política. São Paulo: UBU Editora, 2018. p. 169.
[18] LEONARDI, Marcel. Determinação da responsabilidade civil pelos ilícitos na rede: os deveres dos provedores de serviços de internet. *In*: SILVA, Regina Beatriz Tavares da. SANTOS, Manoel J. Pereira dos (Org.). *Responsabilidade civil na internet e nos demais meios de comunicação*. Série Gvlaw. 2. ed. São Paulo: Saraiva, 2012. p. 63.

natureza, em escala global, com nível de interatividade jamais vista anteriormente. Tal noção técnica deixa de revelar um importante ângulo do conceito, de que, em verdade, muito mais do que uma rede de computadores, trata-se de uma rede de pessoas.[19]

Nesse sentido, Castells[20] afirma, acertadamente, que vivemos numa sociedade em rede, em que tudo está conectado pela internet. Essa "sociedade em rede" é entrelaçada por dados pessoais e informações que possibilitam não só a identificação de qualquer cidadão, mas o conhecimento de suas características, hábitos e comportamentos. Eis o grande risco social, pois é possível, a partir da avançada capacidade computacional, transformar todos esses dados em rigorosos perfis comportamentais. Essa é uma característica atual da conjuntura do *big data*: a possibilidade de transformar dados e informações em padrões.

Autores como O'Neil[21] indicam que, a partir desses padrões, podem ser revelados até mesmo aspectos íntimos dos indivíduos, tais como ignorância, dor, sofrimento, baixa autoestima, e outros estados similares de vulnerabilidade que podem ser utilizados para realizar ofertas de produtos ou pessoas que, "coincidentemente", aparecem como uma possível ou certa solução para minorar tais estados. Procura-se o "*pain point*" (ponto da dor) das pessoas, não para curá-lo, mas para aproveitar-se dele.[22]

Observa que "em todo o lugar onde se achar a combinação de grande necessidade e ignorância, provavelmente existirá publicidade predatória".[23] Muitas destas pessoas fragilizadas acessam mecanismos de buscas do Google, por exemplo, revelando sua fragilidade, seus desejos, seus medos, suas convicções, crenças, excitação, sua intimidade e personalidade.

Portanto, não há mais dados insignificantes. Qualquer cruzamento entre dados de um indivíduo possibilita, na atual conjuntura tecnológica, a criação de metadados, que servem a diversos interesses,

---

[19] OLIVEIRA, Neide M. C. Cardoso de; MORGADO, Marcia. Projeto Ministério Público pela Educação Digital nas Escolas. *In*: SILVA, Ângelo Roberto Ilha da (Org.). *Crimes cibernéticos*. 2. ed. Porto Alegre: Livraria do Advogado, 2018. p. 26.
[20] CASTELLS, Manuel. *A era da informação, economia, sociedade e cultura: a sociedade em rede*. (Trad. Roneide Venâncio Majer). 20. ed. São Paulo. Paz e Terra, 2019.
[21] O'NEIL, Cathy. *Weapons of Math Destruction*: how big data increases inequality and threatens democracy. New York: Crown Publishing Group, 2016. p. 72-73.
[22] O'NEIL, Cathy. *Weapons of Math Destruction*: how big data increases inequality and threatens democracy. New York: Crown Publishing Group, 2016. p. 72-73.
[23] O'NEIL, Cathy. *Weapons of Math Destruction*: how big data increases inequality and threatens democracy. New York: Crown Publishing Group, 2016. p. 70.

que podem ser o lucro, a eleição de certo candidato, a escolha de certa ideia, produto, medicamento etc.

Além disso, por meio da conexão com a rede, tornou-se mais fácil também vigiar. A sutileza da vigilância moderna está justamente na sua capacidade de se manter oculta. As pessoas raramente têm conhecimento de que estão sendo vigiadas, quais dados estão sendo registrados e para quais fins. Gary Marx[24] denominou essa nova forma de vigilância como *"Soft Surveillance"* ou vigilância sutil.

Nesse cenário urge refletir acerca da facilidade com que entregamos nossos dados e informações, seja para acessar plataformas e serviços ou até mesmo para se adequar às expectativas sociais de participação da vida online.

Marx[25] entende que essa voluntariedade é, de certa forma, uma voluntariedade obrigatória. Pois, por exemplo, como acessar o conhecimento disponível na internet sem estar sujeito ao rastreamento e à coleta? Pariser[26] comenta, inclusive, que essa falsa voluntariedade pode gerar um fenômeno de aprisionamento dos usuários, os quais estão tão presos em determinado serviço que, mesmo que um concorrente apresente um serviço melhor, não vale a pena mudar. Assim, se determinado usuário é membro do *Facebook*, imagine o trabalho que ele teria para migrar todas as suas informações para outro site de relacionamento social.

Boa parte dos usuários desconhece que cada atividade *online* ou *offline* deixa um rastro e havendo poucas opções de não estar sujeito a mecanismos de vigilância sutil, a intimidade deixa de ser regra para ser exceção. A intimidade logo é convertida em uma *commodity*, na qual os dados são a principal moeda de troca.

Diante dessa diversidade de fins inerentes à grande circulação de dados pela internet é que o compartilhamento de dados pessoais por empresas privadas para agências ou órgãos do governo ganha grande relevância e notoriedade, tornando-se objeto de enorme preocupação.

Isto posto, mesmo o STF já tendo suspendido os efeitos da MP nº 954/2020, ou mesmo devido à perda da sua eficácia, pois não convertida em lei no prazo legal, trouxe ao debate a real possibilidade de

---

[24] MARX, Gary T. Soft surveillance: mandatory voluntarism and the collection of personal data. *Dissent*, v. 52, n. 4, p. 36-43, 2005.
[25] MARX, Gary T. Soft surveillance: mandatory voluntarism and the collection of personal data. *Dissent*, v. 52, n. 4, p. 36-43, 2005.
[26] PARISER, Eli. *O filtro invisível*: o que a Internet está escondendo de você. São Paulo: Editora Zahar, 2012.

que o IBGE tivesse acesso à relação de milhares de nomes, números de telefone e endereços de consumidores das empresas de telefonia. Os dados de que tratava a MP nº 954/2020 configuram-se como registro eletrônico e como dados pessoais, uma vez que identificam brasileiros por intermédio da produção de um banco de dados eletrônicos. Em 2020, a Anatel informou que existem 226,28 milhões de linhas móveis ativas no Brasil e 32,65 milhões de linhas de telefone fixos,[27] contabilizando uma estimativa de 258,93 milhões de possíveis cadastros telefônicos que seriam repassados para o IBGE.

O nome e telefone dos indivíduos podem ser considerados a porta de entrada a outros dados pessoais sensíveis. Isso porque, por meio do número de telefone é possível ter acesso ao *WhatsApp* deste cidadão e, por conseguinte, à sua conta de *Facebook*. No ano passado, o *Facebook* solicitou aos seus usuários que cadastrassem o número de celular. Aparentemente, a estratégia denota maior segurança e proteção ao usuário, porém, o cadastro do número de celular na referida rede social, na realidade, fragiliza e expõe ainda mais o indivíduo.[28]

Ademais, o número de celular permite o acesso aos dados de geolocalização, isto é, possibilita-se o conhecimento acerca de todos os locais onde o dono do aparelho celular esteve e os trajetos que fez. As conexões realizadas pelos aparelhos permitem a produção do que os especialistas denominam de mapa de calor, que indica a concentração de celulares em determinada área.

Os dados de geolocalização, especificamente o mapa de calor, têm sido utilizados por diversos países como estratégia de combate ao COVID-19, inclusive por alguns estados brasileiros, como citado. Contudo, a MP nº 954/2020 não indicava tal utilização. Apenas indicava que seriam necessários para a realização de entrevistas não presenciais. Mas, como questionado pelos próprios Ministros do STF, o IBGE não poderia utilizar o seu próprio banco de dados para realizar as entrevistas em caráter não presencial? E como essas entrevistas iriam resultar

---

[27] Cf. Panorama Setorial de Telecomunicações. *ANATEL*, 2020. Disponível em: https://sei.anatel.gov.br/sei/modulos/pesquisa/md_pesq_documento_consulta_externa.php?eEP-wqk1skrd8hSlk5Z3rN4EVg9uLJqrLYJw_9INcO6Tdp3XkRGOg5OHA43my78ntjRDz_FAcLIxP9pCtmxW9j3aaMlqVpznDGjwHsOSv0aCffHTiCc9hGdHFn-4pF63. Acesso em 28 de jun. 2020.
[28] RODRIGUES DA SILVA, Rafael. Facebook permite busca por número de telefone de usuários na rede social. *Canaltech*, 04 mar. 2019. Disponível em: https://canaltech.com.br/redes-sociais/facebook-permite-busca-por-numero-de-telefone-de-usuarios-na-rede-social-134075/. Acesso em 13 jul. 2020.

em um combate imediato à pandemia, como por exemplo, a diminuição da taxa de contágio e transmissão, não foi esclarecido pela Medida. Já em relação ao endereço, o risco é notável também, principalmente considerando que, no Brasil, há um forte nível de segregação sócio territorial, com lógicas próprias de apropriação e distribuição de renda. O endereço transforma-se, pois, em informação de caráter social relevante. É possível extrair informações secundárias do endereço, como a renda familiar. Essa metodologia já é utilizada em pesquisas de saúde pública.[29] Ressalta-se, ainda, o questionamento de que, se as entrevistas anunciadas iriam ser realizadas em caráter não presencial, qual seria a necessidade de compartilhamento do endereço dos cidadãos.

Assim, diante desse cenário, tornou-se extremamente preocupante o compartilhamento dos dados pessoais dos cidadãos para a realização de pesquisa por órgão do governo, sem o devido detalhamento dos métodos, das finalidades específicas e dos mecanismos de proteção e responsabilização por eventuais vazamentos.

A preocupação não deve ser entendida como desconfiança em relação aos órgãos estatais, por considerar que eles podem desviar a finalidade para a qual os dados serão compartilhados, mas sim em razão de ainda não haver um ambiente seguro para que o compartilhamento aconteça. Entende-se por ambiente seguro, um ambiente respaldado por legislações protetivas, instituições capazes de operacionalizar e fiscalizar o controle de dados e um cidadão devidamente educado para o ambiente digital (letramento digital). O que, infelizmente, ainda não é o nosso caso.

Quando a Medida estava prevista para ser aplicada, a LGPD ainda nem havia entrado em vigor. E mesmo com a entrada recente, ainda falta ao ordenamento jurídico brasileiro um conjunto de mecanismos que, de fato, possibilitem um ambiente seguro para o compartilhamento de dados pessoais. Nesse aspecto, lembre-se que até o presente momento sequer teve início as atividades da Autoridade Nacional de Proteção de Dados, órgão responsável por fiscalizar as empresas e o Poder Público quanto ao tratamento desses dados. Ora, se ainda sequer possuímos uma Autoridade Nacional para fiscalizar e adotar as medidas necessárias para a efetiva proteção de dados dos

---

[29] ALVES, Maria Teresa Gonzaga; SOARES, José Francisco. Medidas de nível socioeconômico em pesquisas sociais: uma aplicação aos dados de uma pesquisa educacional. *Opinião Pública*, Campinas, v. 15, n. 1, p. 1-30, jun. 2009. Disponível em: https://www.scielo.br/scielo.php?script=sci_arttext&pid=S0104-62762009000100001&lng=en&nrm=iso. Acesso em 28 de jun. 2020.

brasileiros, o compartilhamento dos dados pessoais, como pretendia a MP nº 954/2020, é claramente um risco.

Assim, diante de todos os riscos que envolvem o compartilhamento de dados pessoais, faz-se necessário analisar quais limites constitucionais, especificamente quais direitos podem ser violados neste tipo de medidas.

4 Intimidade e autodeterminação informativa como limite constitucional ao compartilhamento de dados pessoais

A vigente CR/88 assegura a inviolabilidade do sigilo de dados e comunicações telefônicas, salvo, em último caso, interferências autorizadas por ordem judicial, nas hipóteses e na forma que a lei estabelecer, para fins de investigação criminal ou instrução processual penal. Essa proteção, evidentemente, deriva do âmbito de proteção do direito à intimidade, o qual ocupa a esfera de proteção dos denominados direitos da personalidade. A construção doutrinária sobre esse conjunto de direitos enfrentou algumas controvérsias. A primeira delas refere-se à contraposição entre a tese da unidade e a tese da pluralidade.

Segundo Luño,[30] alguns autores defendem a tese da unidade dos direitos de personalidade (personalidade entendida como a qualidade de ser pessoa), ou seja, o estabelecimento de um direito unitário ou geral da personalidade, concebido por intermédio de um marco de referência que englobasse a livre atuação da personalidade em todas as suas direções. Tal se dá na Alemanha, por exemplo, como demonstra Vasconcelos,[31] onde o direito geral de personalidade, expressamente reconhecido pelo texto constitucional, convive com vários direitos especiais de personalidade.

Contudo, perante a CR/88, bem como à luz da Constituição portuguesa, não se verifica a necessidade, sentida na Alemanha, de construir um direito geral de personalidade,[32] visto que tais textos constitucionais tutelam, expressamente, direitos especiais da personalidade, tais como vida, integridade física e moral, intimidade, vida privada, honra e imagem e, de modo não escrito (implícitos ou decorrentes) os direitos ao nome, à identidade pessoal, ao livre desenvolvimento da

---

[30] LUÑO, Antonio Enrique Perez. *Derechos humanos, Estado de Derecho y Constituicion*. Madrid: Tecnos, 2005.
[31] VASCONCELOS, Pedro Pais de. *Direitos de personalidade*. Coimbra: Almedina, 2019. p. 61-64.
[32] VASCONCELOS, Pedro Pais de. *Direitos de personalidade*. Coimbra: Almedina, 2019. p. 64.

personalidade, etc. Para o nosso ordenamento jurídico constitucional o papel do direito geral de personalidade é cumprido pelo reconhecimento da Dignidade da Pessoa Humana.

Seja como for, aqueles que defendem a unidade do direito à personalidade se veem obrigados a reconhecer de imediato a diversidade de suas manifestações, dotadas de certo status jurídico autônomo. Ao mesmo tempo, aqueles que se inclinam pela concepção pluralista dos direitos de personalidade não podem descartar a existência de um fundamento geral para esse conjunto de direitos, qual seja, a dignidade humana, que representa tanto um fundamento, quanto um ponto de referência para esses direitos.[33] Todavia, à luz de nosso texto constitucional, como já dito, parece-nos mais apropriado tratar do âmbito normativo de cada um dos direitos especiais de personalidade, em detrimento da busca pela definição de um direito geral de personalidade. Ao presente estudo será importante a intimidade, razão pela qual tais direitos serão, doravante, analisados.

Nesse sentido, nossa CR/88, em seu artigo 5º, X, garante como invioláveis a intimidade, a vida privada, a honra e a imagem das pessoas. Parece desejar tratar, assim, intimidade e vida privada como dois direitos diferentes. A distinção, todavia, entre intimidade e vida privada, não se revela adequada aos novos tempos e nem, muito menos, útil.

O presente trabalho, portanto, adotará as expressões privacidade e intimidade como expressões cujo âmbito normativo é equivalente, ou cuja diferença sutil não justifica tratá-los como algo diverso. Quer isso dizer que mesmo quando a distinção é feita, ela não se conseguirá revelar materialmente relevante, sendo apenas uma questão de aprofundamento material. Na doutrina brasileira, perfilados a esse entendimento estão Gonet Branco, Luiz Avólio, José Afonso da Silva.[34]

Ademais, se do ponto de vista tradicional, o direito à intimidade protegeria a capacidade de autodeterminação pessoal e familiar, garantindo a não interferência de terceiros nos espaços privados e no plano de vida dos indivíduos,[35] é indene de dúvida razoável que, a

---

[33] LUÑO, Antonio Enrique Perez. *Derechos humanos, Estado de Derecho y Constituicion.* Madrid: Tecnos, 2005.
[34] GARCIA, Rafael de Deus. Os Direitos à Privacidade e à intimidade: origem, distinção e dimensões. *Revista da Faculdade de Direito do Sul de Minas*, Pouso Alegre, v. 34, n. 1: 1-26, jan./jun. 2018. Disponível em: https://www.fdsm.edu.br/mestrado/revista_artigo.php?artigo=288&volume=34.1. Acesso em 28 jun. 2020.
[35] PÉREZ, Xiomara Lorena Romero. El alcance del derecho a la intimidad em la sociedade atual. *Revista Derecho del Estado*, n. 21, dez. 2008. Disponível em: https://revistas.uexternado.edu.co/index.php/derest/article/view/499. Acesso em 28 de jun. 2020.

partir do momento em que as sociedades se tornaram mais complexas, especialmente com o avanço das tecnologias, a possibilidade de exposição da intimidade a níveis e formas antes inconcebíveis, fez surgir a necessidade de uma nova compreensão do que seria o íntimo. Compreensão esta que precisava ser atualizada para proteger também situações, objetos e espaços virtuais.

Luño[36] afirma que esse era um dilema conceitual, pois manter fidelidade ao primeiro significado do direito à intimidade causaria o risco de torná-lo ineficaz aos novos tempos. Sustentar a exclusividade de uma dimensão interna e isolada da intimidade contrasta com a existência dos indivíduos em sociedade, especialmente suas formas de comunicação coletiva, que integram e socializam o que há de mais íntimo no ser.

As questões que gravitam em torno da disciplina jurídica da intimidade têm perdido seu exclusivo caráter individual e privado, para assumir progressivamente um significado público e coletivo, principalmente com o surgimento da internet e de suas complexas redes de socialização. Realocar esses direitos para além do ordenamento privatista e estritamente individual aponta para o reconhecimento da importância de sua perspectiva coletiva.

Assim, houve, naturalmente, uma aproximação de ambos os conceitos, pelo que, atualmente, revela-se perfeitamente adequado perceber que o novel conceito de intimidade responde, de modo perfeitamente adequado, às demandas que anteriormente eram respondidas por intermédio da bifurcação entre privacidade e intimidade.

Mas isso desde que se perceba que a intimidade não poderá mais ser entendida apenas em seu aspecto negativo, clássico, ou seja como direito ao isolamento, ao confinamento a si mesmo, ao poder de retirar-se virtual e provisoriamente do mundo e pôr-se dentro de si, como assevera Morente,[37] ou mesmo a "pretensão, a liberdade, o poder e a imunidade de dispor de um âmbito de vida pessoal subtraído de qualquer tipo de intromissão perturbadora ou, simplesmente, indesejadas", no dizer de Hohfeld.[38]

---

[36] LUÑO, Antonio Enrique Perez. *Derechos humanos, Estado de Derecho y Constituicion*. Madrid: Tecnos, 2005.
[37] MORENTE, 1935 *apud* LUÑO, Antonio Enrique Perez. *Derechos humanos, Estado de Derecho y Constituicion*. Madrid: Tecnos, 2005. p. 355.
[38] HOHFELD, 1913 *apud* LUÑO, Antonio Enrique Perez. *Derechos humanos, Estado de Derecho y Constituicion*. Madrid: Tecnos, 2005. p. 356.

A tal aspecto negativo, mister que se inclua uma concepção aberta, ativa ou dinâmica, pelo que a intimidade também passa a abranger o direito de conhecer, acessar e controlar as informações que dizem respeito, que são relevantes a cada pessoa.[39] Mais que um estado de autoconfinamento, trata-se de uma qualidade que deve permear a relação com os outros, no preciso dizer de Podlech, "uma condição ou qualidade social da pessoa".[40]

Trata-se do núcleo da autodeterminação informativa (o qual já se encontra previsto como fundamento específico da disciplina de proteção de dados pessoais no Brasil, conforme art. 2º, II, da LGPD enquanto aspecto básico da intimidade,[41] reconhecido pelo Tribunal Constitucional Alemão como a Liberdade do cidadão em determinar quem, o que, e em que ocasião se pode conhecer e utilizar dados que o afete.

Sampaio[42] afirma que a pessoa, isoladamente ou enquanto ser social, seria um "centro de referência de informações", pelo que o direito à intimidade consistiria numa gama de faculdades que permitem a seletividade de informações que penetram (*"inputs"*) e que partem (*"outputs"*) do campo perceptivo da pessoa.

Segundo Solove,[43] esse instituto surgiu em 1973, quando o Departamento de Saúde, Educação e Bem-Estar dos EUA começou a preocupar-se com a crescente onda de digitalização de dados. O conceito diz respeito à capacidade do indivíduo de gerenciar seus próprios dados e sua privacidade, como pressuposto para fornecer um consentimento livre e consciente do uso de seus dados. Ou seja, os indivíduos devem ter a capacidade de influenciar de forma efetiva e definitiva sobre como serão utilizados os seus dados pessoais. Solove cita alguns requisitos que foram colocados à época para que fosse possível essa autodeterminação, como: (I) a transparência do sistema de registro dos dados; (II) o direito de contestar os registros; (III) o direito de impedir a utilização de seus dados; (IV) o direito de corrigir os dados; (V) a responsabilização dos utilizadores dos dados, em caso de uso indevido.

---

[39] LUÑO, Antonio Enrique Perez. *Derechos humanos, Estado de Derecho y Constituicion*. Madrid: Tecnos, 2005. p. 357.

[40] PODLECH, 1984 *apud* LUÑO, Antonio Enrique Perez. *Derechos humanos, Estado de Derecho y Constituicion*. Madrid: Tecnos, 2005. p. 357.

[41] LUÑO, Antonio Enrique Perez. *Derechos humanos, Estado de Derecho y Constituicion*. Madrid: Tecnos, 2005. p. 357.

[42] SAMPAIO, José Adércio Leite. *Direito à intimidade e à vida privada*: uma visão jurídica da sexualidade da família, da comunicação e informações pessoais, da vida e da morte. Belo Horizonte: Del Rey, 1998. p. 363.

[43] SOLOVE, Daniel J. Introduction: privacy self-management and the consent dilemma. *Harvard Law Review*, n. 126, 2013. p. 1880-1883.

Dentro dessa adequada amplitude conceitual, a noção de intimidade identifica-se com a própria noção de liberdade, aparecendo, ainda, como uma condição para o convívio democrático.[44]

Igualmente dentro dessa adequada amplitude conceitual, a intimidade aproxima-se da noção de *privacy* desenvolvida nos Estados Unidos,[45] que para além dessas duas dimensões (positiva e negativa) ainda engloba a garantia de respeito às opções pessoais em matéria de associação ou crenças e a liberdade de eleição sem interferências.[46]

No Brasil, a proteção constitucional da intimidade adquire outro importante aspecto. Nossa CR/88 incluiu a intimidade, a honra e a imagem na categoria de bens jurídicos que não foram merecedores nem de restrições imediatas, nem de restrições mediatas. Ou seja, foram garantidos sem que fosse prevista, ao contrário do que ocorre em inúmeros outros casos, a possibilidade de limitação imposta pelo próprio texto constitucional ou mediante lei infraconstitucional devidamente autorizada pelo texto constitucional. Assim, seria razoavelmente questionável o poder do Legislador em limitar um direito que o constituinte expressamente não autorizou que fosse limitado, pelo que tal limite apenas poderia advir do direito constitucional de colisão.

Desta forma, percebe-se que o STF incorporou essa necessidade de tutela eficiente da autodeterminação informativa. A decisão que cessou os efeitos da MP já indica o status fundamental das garantias relativas à proteção de dados pessoais e estabelece um novo horizonte paradigmático para casos e medidas futuras, adotadas por entidades governamentais ou privadas. E o fez antes mesmo da vigência da LGPD, num nítido reforço ao papel de protagonismo que vem exercendo em relação aos Poderes da República.

A proteção da intimidade e a concepção de um direito à autodeterminação informativa são operacionalizadas através dos conceitos trazidos pela própria LGPD, como consentimento, necessidade (atendimento das finalidades específicas) e transparência. Consentimento, por exemplo, está previsto no art. 5º, XII da LGPD e é definido como a "manifestação livre, informada e inequívoca pela qual o titular concorda com o tratamento de seus dados pessoais para uma finalidade

---

[44] LUÑO, Antonio Enrique Perez. *Derechos humanos, Estado de Derecho y Constituicion*. Madrid: Tecnos, 2005. p. 336.
[45] LUÑO, Antonio Enrique Perez. *Derechos humanos, Estado de Derecho y Constituicion*. Madrid: Tecnos, 2005.
[46] LUÑO, Antonio Enrique Perez. *Derechos humanos, Estado de Derecho y Constituicion*. Madrid: Tecnos, 2005. p. 335.

determinada". Logo, operacionaliza a ideia de autodeterminação informativa, de controle pela pessoa, de quais dados, quais informações, irão entrar ou sair do seu campo pessoal. É a ideia de que o titular dos dados deve consentir, através do autocontrole de seus dados. O texto da MP nº 954/2020 em nenhum momento trata de consentimento, de que os usuários de telefonia teriam a chance de consentir sobre o compartilhamento de seus dados cadastrais. Tal ausência se torna mais grave, tendo em vista que os dados solicitados são sensíveis, condição especial que exige um consentimento específico e destacado.

A LGPD traz uma hipótese em que o tratamento dos dados sensíveis poderia ser realizado sem o consentimento do titular no art. 11, inciso II, alínea C: "realização de estudos por órgão de pesquisa, garantida, sempre que possível, a anonimização dos dados sensíveis". Logo, a MP nº 954/2020, se nunca considerou inserir o consentimento naquele compartilhamento, deveria ter previsto ao menos a anonimização dos dados pessoais. Contudo, isso exigiria a mudança dos próprios dados exigidos (relação de nomes, endereços e telefone), além de uma mudança na própria operação de coleta e análise desses dados, hipótese nem levanta pelo texto da Medida.

A necessidade, por sua vez, prevista no art. 6º, III da LGPD refere-se à "limitação do tratamento ao mínimo necessário para a realização de suas finalidades, com abrangência dos dados pertinentes, proporcionais e não excessivos em relação às finalidades do tratamento de dados". É a ideia de que o tratamento deve utilizar apenas os dados estritamente necessários para a realização da finalidade proposta. No caso da MP nº 954/2020, seria o caso do seu texto ter indicado expressamente como todos os dados cadastrais solicitados iriam ser necessários para as entrevistas não presenciais. Inclusive, considerando que o IBGE já possui seu próprio banco de dados institucionais, então a MP deveria ter indicado qual a necessidade atual, nova, para a solicitação desses novos dados. A necessidade está muito ligada à finalidade, no sentido de entender se aqueles dados são necessários para aquela finalidade. E, no caso da pandemia, deveria ter sido indicado detalhadamente como os dados poderiam efetivamente contribuir, de forma imediata, para a vigilância epidemiológica, ou para reunir informações sobre o comportamento da doença. A necessidade visa a proteger a esfera da intimidade, para que haja interferências nessa esfera apenas nos limites necessários à realização da finalidade da medida.

Por último, vale ressaltar o princípio da transparência, previsto no art. 6º, VI, da LGPD, que garante aos titulares dos dados, informações claras, precisas e facilmente acessíveis sobre a realização do tratamento e os respectivos agentes de tratamento, observados os segredos comercial e industrial. Verifica-se que a falta de transparência, a falta de indicação sobre como seria realizado o tratamento, foi um dos pontos questionados pelo STF, na análise material da MP nº 954/2020. Isso, porque não havia sido indicado mecanismos de proteção dos dados, ou mecanismos de responsabilização para eventuais vazamentos/usos diversos.

Assim, os limites constitucionais do compartilhamento de dados pessoais se baseiam na proteção da intimidade na concepção de um direito à autodeterminação informativa, como bem delineado pelo julgamento do STF. Tais limites dialogam e são detalhados e operacionalizados com os conceitos e princípios previstos pela LGPD, que vêm para fortalecer e disciplinar a proteção de dados pessoais no Brasil.

Diante disso, cabe agora analisar se as iniciativas do Estado Brasileiro, na forma de aplicativos para "combater o novo coronavírus", se adequam aos pressupostos de proteção à intimidade, a partir da concepção de um direito à autodeterminação informativa, assim como aos próprios limites legais da LGPD.

5 Aplicativos contra a COVID-19: iniciativas estaduais relevantes, que utilizam tecnologia e dados pessoais, para combater a epidemia

Para esta análise, utilizaremos o estudo realizado pelo Internet Lab, um centro independente e renomado de pesquisa interdisciplinar do Brasil, que promove debates acadêmicos e produção de conhecimentos nas áreas de direito e tecnologia, sobretudo no campo da Internet. O estudo denominado "COVID19: apps do Governo e seus riscos à privacidade" (INTERNET LAB, 2020) buscou analisar se os aplicativos oferecidos à população brasileira efetivamente contribuem para a vigilância epidemiológica, se realmente são necessários e se atendem aos mecanismos protetivos de dados pessoais.

Como já mencionado anteriormente, o Brasil não ficou de fora das iniciativas que utilizam tecnologia e dados pessoais para "combater o novo coronavírus". Parte dessas iniciativas foi apresentada pelo próprio Estado, para viabilizar a prestação de serviços públicos, difundir informação ou monitorar o quadro clínico dos cidadãos durante a pandemia. Essas iniciativas da Administração Pública, instrumentalizadas em aplicativos, foram analisadas em estudo realizado pelo Internet Lab.

Seis aplicativos serão tratados aqui: Coronavírus SUS (de abrangência nacional), Coronavírus SP (disponível para todo o Estado de São Paulo); Atende em casa (criado pela Prefeitura da Cidade do Recife em parceria com o Governo do Estado de Pernambuco); Saúde Osasco (criado pela prefeitura de Osasco);[47] Telemedicina (criado pelo Governo do Estado do Paraná) e Cachoeirinha contra CoronaVírus (criado pelo Governo Municipal de Cachoeirinha, município do Estado do Rio Grande do Sul). A análise do Internet Lab foi dividida em quatro categorias, contudo, analisaremos apenas três: consentimento, necessidade e transparência. (INTERNET LAB, 2020).

A primeira categoria refere-se ao consentimento. Normalmente, a exigência de consentimento é resolvida através de informações claras e completas na política de privacidade do aplicativo, ou nos seus termos de uso. O Internet Lab identificou que o Coronavírus SUS do Governo Federal não apresenta termos de uso para o usuário. Por sua vez, o Coronavírus SP, Atende em Casa-PE e Saúde Osasco apresentam a política de privacidade aos usuários apenas após a realização de um pré-cadastro. No caso do Atende em Casa-PE, nesse pré-cadastro são coletados CPF e CEP do usuário. (INTERNET LAB, 2020).

No caso dos apps de São Paulo e Osasco, há demanda por dados como nome completo, data de nascimento e, no caso do primeiro, existência e data de início dos sintomas. Esses dados iniciais são solicitados sem qualquer esclarecimento prévio a respeito de sua utilização. Além disso, desses aplicativos, o Coronavírus SP e o Atende em Casa-PE admitem expressamente a possibilidade de realizar alterações em suas políticas sem comunicação aos usuários. Essa formulação parece pressupor o consentimento como um ato único, inicial e sem restrições aos desenvolvedores. Ela contraria, contudo, a própria razão de ser do direito à proteção de dados pessoais enquanto expressão da autodeterminação e controle dos titulares sobre seus dados. (INTERNET LAB, 2020).

Outro ponto destacado pelo estudo, quanto ao consentimento, é que alguns dos aplicativos afirmam depreender o consentimento do download e uso do app, como é o caso do Atende em Casa-PE, Telemedicina Paraná e Cachoeirinha contra o coronavírus. Isso contraria a exigência prevista pela própria LGPD, de que o consentimento seja

---

[47] Em recente pesquisa, em outubro de 2020, o aplicativo já não se encontra mais disponível na Google Play Store.

expresso, que ocorra a partir de algum tipo de declaração ou comportamento ativo do usuário. (INTERNET LAB, 2020).

A segunda categoria, necessidade, está muito relacionada ao consentimento. O consentimento deve ser coletado para uma necessidade específica. A delimitação de finalidades específicas é particularmente importante em um contexto de pandemia, no qual o apelo e a legitimidade dos objetivos anunciados para o tratamento de dados podem ofuscar o necessário escrutínio sobre os seus usos. Como ressaltado pelo Internet Lab (2020) precisar a finalidade do tratamento preserva a expectativa de uma intrusão mínima à privacidade e de proteção de dados por indicar, indiretamente, quais dados serão necessários coletar.

Segundo o estudo, nenhum dos aplicativos analisados explicaram de maneira expressa como cada dado coletado seria tratado e para qual finalidade. O Coronavírus SP, o Saúde Osasco e o Telemedicina Paraná foram mal avaliados nesta categoria por coletarem dados que não se mostram necessários ao funcionamento do aplicativo. O primeiro coleta informações sobre o dispositivo do usuário e utiliza cookies e sinalizadores (beacons). O aplicativo de Osasco solicita acesso à câmera e ao microfone, desnecessários para a autoavaliação dos sintomas dos usuários e eventual encaminhamento a unidades de saúde. Já o Telemedicina Paraná estabelece a possibilidade de o usuário fazer o login utilizando suas contas de Facebook e Google, dando acesso a algumas informações do usuário presentes nessas plataformas, como foto e endereço de e-mail. O Atende em Casa-PE foi avaliado de maneira intermediária por solicitar acesso às mídias do celular sem aparente necessidade. Os apps Coronavírus SUS e Cachoeirinha contra o Coronavírus receberam avaliação positiva por solicitarem apenas dados pessoais e permissões aparentemente necessárias às funcionalidades dos aplicativos. (INTERNET LAB, 2020).

Na categoria transparência, o estudo analisou as políticas de privacidade dos aplicativos. Nesse tipo de documento espera-se que sejam apresentadas aos usuários informações necessárias para que o seu consentimento seja informado, bem como para que seja atribuída responsabilidade sobre potenciais danos, como, por exemplo, quais dados são coletados, para qual finalidade, de que forma, por quanto tempo, com quem são compartilhados, quais seriam as sanções aplicáveis e a quem caberia aplicá-las. Apenas o Coronavírus SUS não possui política de privacidade. (INTERNET LAB, 2020).

Mesmo no caso dos aplicativos que apresentaram políticas de privacidade, verificou-se a baixa qualidade das informações apresentadas, com pouca abrangência dos principais tópicos a respeito de atividades de tratamento de dados pessoais. Se os aplicativos analisados não informam a respeito do tratamento que realizam para os objetivos do app, também não o fazem quanto a eventual tratamento posterior dos dados – isto é, para outras finalidades além daquelas com as quais o usuário consentiu. Considerando o potencial que os dados coletados tem de fornecer informações e qualificar o debate público e pesquisas a respeito da pandemia, esses novos usos deveriam ser considerados. Eles demandam, contudo, salvaguardas para a proteção dos usuários, como a anonimização dos dados. (INTERNET LAB, 2020).

Outro ponto analisado pelo Internet Lab dentro desta categoria foi o compartilhamento dos dados dos usuários com terceiros. O Coronavírus SUS é silente a esse respeito, mas o Lumen[48] detectou que há tráfego de dados para a empresa Dynatrace. O Coronavírus SP afirma compartilhar dados apenas dentro da estrutura organizacional da Administração Pública, sem o consentimento dos usuários, para o funcionamento de outros serviços públicos e o atendimento de demanda administrativa, judicial ou policial. O Atende em Casa-PE e o Telemedicina Paraná afirmam compartilhar apenas dados agregados com meios de comunicação e para fins de pesquisa. O Lumen detectou, contudo, tráfico de dados para domínio relacionado ao Google Ads, no caso do app do Paraná. O "Saúde Osasco" informou realizar o compartilhamento de dados com "parceiros, desenvolvedores e prestadores de serviços em geral", sem, contudo, identificar esses atores. O Cachoeirinha contra o Coronavírus não trata dessa questão, mas observamos que realiza tráfego de dados para dois domínios, adrianodaniel.com.br e maps.googleapis.com – mas não há recurso de mapas no aplicativo. (INTERNET LAB, 2020).

Referida análise pelo Internet Lab mostrou que os aplicativos fornecidos para a população carecem de mecanismos protetivos, principalmente no que se refere à qualidade e à extensão de informações prestadas ao usuário. Compreende-se que além de informações técnicas, é necessário que os desenvolvedores e as entidades responsáveis pela criação do aplicativo trabalhem para disponibilizar o melhor leque de informações aos usuários. Isso, porque é a partir da informação clara e precisa sobre o uso, as finalidades e os riscos que o cidadão exerce o seu

---

[48] Lumen Privacy Monitor é um aplicativo desenvolvido no âmbito do projeto Haystack da Universidade de Berkeley, para mapear as permissões envolvidas nos aplicativos instalados e classificá-las quanto ao risco que implicam para a/o usuária/o. (INTERNET LAB, 2020).

direito à autodeterminação informativa. É fundamental que as pessoas consigam ter controle sobre seus dados pessoais, sobre sua privacidade. Inclusive, a problemática quanto ao compartilhamento dos dados dos usuários com terceiros é um dos riscos mais preocupantes dessas operações. Como já argumentado neste trabalho, as tecnologias atuais possuem alta capacidade de análise e identificação de padrões. Algoritmos inteligentes ao receberem esses dados compartilhados podem transformá-los para diversos usos. Por isso, a preocupação da LGPD e do próprio STF de indicar que as entidades responsáveis por receberem esses dados devem não só se comprometer com o não compartilhamento de terceiros, mas também demonstrar, efetivamente, planos para que isso não ocorra.

Importante lembrar, ainda, que a transparência é exigência de status constitucional na atuação da Administração Pública, conforme art. 37, caput, da Constituição Federal, e que a situação de emergência e a adoção de medidas associadas emprestam ainda mais relevância ao princípio, que passa a ser a contrapartida necessária aos eventuais impactos a direitos fundamentais, especialmente com o compartilhamento de dados pessoais através da tecnologia.

Tais impactos podem colocar em risco não só a privacidade dos usuários, mas potencialmente o próprio regime democrático, conforme será brevemente analisado a seguir.

6 O acesso aos dados pessoais e o risco à democracia

Além dos riscos para a intimidade dos cidadãos, o compartilhamento de dados pessoais sem o devido respeito aos limites constitucionais e legais pode fragilizar a própria democracia. Frazão afirma que:

> O conhecimento profundo das características dos usuários, inclusive no que diz respeito às suas fragilidades, pode ser utilizado para toda sorte de discriminações e abusos, além da manipulação de suas emoções, crenças e opiniões para os fins mais diversos, inclusive os políticos.[49]

Mister relembra as eleições presidenciais dos EUA, em 2016, ocasião em que a empresa *Cambridge Analytica* usava, a favor do candidato

---

[49] FRAZÃO, Ana. Fundamentos da proteção de dados pessoais – Noções Introdutórias para a compreensão da importância da Lei Geral de Proteção de Dados. *In*: FRAZÃO, Ana; TEPEDINO, Gustavo; OLIVA, Milena Donato (Org.). *Lei Geral de Proteção de Dados Pessoais e suas repercussões no direito brasileiro*. São Paulo: Thomson Reuters Brasil, 2019. p. 37.

eleito, Donald Trump, o chamado micro-targeting político, ou seja, utilizava o máximo de dados individuais possível para moldar o perfil psicológico e político dos eleitores, com o intuito de persuadi-los de forma mais eficiente aos fins da campanha de Trump.[50] O que foi possível graças ao imenso volume de dados coletados dos usuários.

O direcionamento pode ocorrer com tamanha precisão que o eleitor indeciso recebe propaganda política acerca dos temas que lhe são mais sensíveis, prevendo e ao mesmo tempo moldando as suas escolhas políticas. Nesse sentido, o acesso aos dados pessoais dos cidadãos brasileiros sem qualquer medida de proteção ou responsabilização em caso de violação dos direitos dos usuários pode se tornar uma arma poderosa no jogo democrático.

É necessário que haja um balanceamento ético-jurídico nas práticas advindas do ciberespaço, por intermédio de uma análise centrada nos efeitos das ações dentro da esfera privada ou sensível dos indivíduos. Deve encarar-se o avanço tecnológico como uma realidade que tende a se desenvolver talvez mais rápido do que a capacidade do Direito em acompanhá-lo. No entanto, é papel fundamental do Direito e das instituições jurídicas fiscalizar essas práticas, protegendo os indivíduos de violações que interfiram no exercício de sua autonomia.

O Direito, (...), servirá como um canalizador do processamento de dados e demais materialidades tecnológicas, evitando uma tecnorregulação nociva à humanidade. Nesse novo papel, é importante que o Direito oriente a produção e o desenvolvimento de Coisas (artefatos técnicos) de forma a serem sensíveis a valores, por exemplo, regulando privacidade, segurança e ética *by design*.[51]

Afinal, o direito ao autodesenvolvimento individual só pode ser exercido por quem tem controle sobre sua vida, o que pressupõe a autodeterminação informacional, o que, por seu turno, exige um modelo de educação e de conduta voltados para esses novos problemas e fragilidades.

---

[50] POLONSKI, Vyacheslav. Artificial Intelligence Has the Power to Destroy or Save Democracy. *Council on Foreign Relations*, 2017. Disponível em: https://on.cfr.org/2RpE1kT. Acesso em 20 out. 2018.

[51] MAGRANI, Eduardo. *Entre dados e robôs*: ética e privacidade na era da hiperconectividade. Porto Alegre: Arquipélago Editorial, 2019. p. 257.

Discutindo ideias para uma melhor proteção do cidadão em face das novas tecnologias, Helbing *et al*[52] defendem, corretamente, a instituição dos seguintes princípios para nortear a relação com as novas tecnologias: (1) Descentralizar a função dos sistemas de informação; (2) Apoiar a autodeterminação e a participação da informação; (3) Melhorar a transparência, a fim de obter maior confiança; (4) Reduzir a distorção e a poluição da informação; (5) Habilitar filtros de informação controlados pelo usuário; (6) Apoiar a diversidade social e econômica; (7) Melhorar a interoperabilidade e as oportunidades de colaboração; (8) Criar assistentes digitais e ferramentas de coordenação; (9) Apoiar a inteligência coletiva; e (10) Promover o comportamento responsável no mundo digital por meio da alfabetização digital.[53]

Para que tais princípios possam atuar, mister a realização de uma escolha, que não é apenas do indivíduo, mas, precipuamente do Estado, no exercício da arte de governar, definindo-se e implementando-se prioridades, eis que a questão jamais poderá ser enfrentada corretamente sem a instituição e o desenvolvimento de recursos públicos e políticas públicas centrais que escolham e tracem o caminho a ser trilhado. Ou à luz do letramento digital, da autodeterminação informativa, da proteção dos dados pessoais, ou à luz do analfabetismo midiático, da circulação de informações, da fake news, da desinformação etc.

7 Considerações finais

Nas últimas décadas, o avanço da tecnologia transformou quase a totalidade das atividades técnicas, informacionais, científicas, e até mesmo sociais. Com o surgimento da pandemia em 2020, a tecnologia foi utilizada como aliada no "combate ao novo coronavírus", até porque a velocidade de transmissão e contágio impôs que os Estado

---

[52] HELBING, Dirk *et al*. Will democracy survive big data and artificial intelligence. *Policy & Ethics*, fev. 2017. Disponível em: https://www.scientificamerican.com/article/will-democracy-survive-big-data-and-artificial-intelligence/. Acesso em 31 jul. 2019.

[53] Tradução livre de: 1. to increasingly decentralize the function of information systems; 2. to support informational self-determination and participation; 3. to improve transparency in order to achieve greater trust; 4. to reduce the distortion and pollution of information; 5. to enable user-controlled information filters; 6. to support social and economic diversity; 7. to improve interoperability and collaborative opportunities; 8. to create digital assistants and coordination tools; 9. to support collective intelligence, and 10. to promote responsible behavior of citizens in the digital world through digital literacy and enlightenment. (HELBING, Dirk *et al*. Will democracy survive big data and artificial intelligence. *Policy & Ethics*, fev. 2017. Disponível em: https://www.scientificamerican.com/article/will-democracy-survive-big-data-and-artificial-intelligence/. Acesso em 31 jul. 2019).

fornecessem respostas rápidas a um agente viral com o qual nunca se havia lidado antes. A análise de dados, nesse contexto emergencial, auxiliou na predição e, eventualmente, na própria tomada de decisão pelos Governos. Dentre essas operações, o compartilhamento de dados pessoais também foi muito utilizado, seja ele feito sem a intervenção do cidadão, como o que determinava, por exemplo, a MP nº 954/2020, ou com o comportamento ativo do próprio cidadão, no caso do download e uso de aplicativos de saúde.

Como argumentado, essas iniciativas advindas do poder público devem observar os limites constitucionais, principalmente no respeito à intimidade e ao direito à autodeterminação informativa. Tal obrigatoriedade de observância foi apresentada pelo STF, no julgamento da medida cautelar requerida na ADI nº 6387. Além disso, o combate à pandemia não pode legitimar o atropelo de garantias fundamentais consagradas na Constituição. E mesmo que os dados sejam importantes, a atividade estatal moderna e o uso de dados pessoais devem respeitar a privacidade do cidadão e sua opção de controlar o fluxo de entrada e saída de dados tão caracterizadores de sua esfera pessoal.

Inclusive, considerando que tais dados relacionados ao contexto da pandemia podem ser considerados dados pessoais sensíveis. Diante dessa condição especial, o compartilhamento deveria ser condicionado a um consentimento específico e destacado, e deveria estar vinculado a finalidades específicas bem delimitadas.

Assim, diante desse cenário, torna-se extremamente preocupante o compartilhamento dos dados pessoais dos cidadãos sem o devido detalhamento dos métodos, das finalidades específicas e dos mecanismos de proteção e responsabilização por eventuais vazamentos. Deve-se ter em mente que os dados pessoais do cidadão são ativos de grande importância e que podem revelar muito mais do que apenas nome, endereço e telefone. E o controle desses dados, quanto à sua exposição e compartilhamento, deve, necessariamente, ser do indivíduo e não das empresas de tecnologia e/ou do Estado.

Até porque, além da lesão à intimidade, o acesso aos dados pessoais pode comprometer o equilíbrio democrático, razão pela qual, ainda que, em tese, possível e compatível com o ordenamento jurídico pátrio, o acesso a tais dados deve vir acompanhado de medidas legais e operacionais que assegurem a sua utilização tão somente ao propósito de pesquisas estatísticas ou sanitárias. O que tornaria a utilização dos dados pessoais legítima e compatível com o ordenamento jurídico brasileiro, já que a favor da coletividade.

Não à toa, a decisão da Suprema Corte suspendeu os efeitos da MP nº 954/2020, por vislumbrar a possibilidade de grave lesão aos direitos fundamentais do cidadão, em especial o direito à privacidade e à autodeterminação informativa. O que deve ser elogiado, tendo em vista que a LGPD ainda não havia entrado em vigor e o cidadão, não fosse a suspensão, poderia ter sido gravemente prejudicado.

Não só no Brasil, o tratamento de dados pessoais tem sido pensado também como medida governamental para resguardar o direito à vida e à saúde de toda a coletividade. Contudo, esse tratamento afeta diretamente a intimidade dos indivíduos, visto a partir da proteção de uma intimidade conectiva e até mesmo digital e eletrônica. Por isso, a importância de se fortalecer cada vez mais o movimento nacional no sentido de proteção e resguardo desses dados.

Referências

ALVES, Maria Teresa Gonzaga; SOARES, José Francisco. Medidas de nível socioeconômico em pesquisas sociais: uma aplicação aos dados de uma pesquisa educacional. *Opinião Pública*, Campinas, v. 15, n. 1, p. 1-30, jun. 2009. Disponível em: https://www.scielo.br/scielo.php?script=sci_arttext&pid=S0104-62762009000100001&lng=en&nrm=iso. Acesso em 28 de jun. 2020.

AMARAL, Bruno do. *Coronavírus*: TIM e Prefeitura do Rio assinam acordo para coletar dados de deslocamento. 2020. Disponível em: https://teletime.com.br/23/03/2020/coronavirus-tim-e-prefeitura-do-rio-assinam-acordo-para-coletar-dados-de-deslocamento/. Acesso em 08 out. 2020.

ANATEL. *Panorama Setorial de Telecomunicações*. 2020. Disponível em: https://sei.anatel.gov.br/sei/modulos/pesquisa/md_pesq_documento_consulta_externa.php?eEP-wqk1skrd8hSlk5Z3rN4EVg9uLJqrLYJw_9INcO6Tdp3XkRGOg5OHA43my78ntjRDz_FAcLIxP9pCtmxW9j3aaMlqVpznDGjwHsOSv0aCffHTiCc9hGdHFn-4pF63. Acesso em 28 de jun. 2020.

BIONI, Bruno Ricardo. *Proteção de dados pessoais*: a função e os limites do consentimento. 2. ed. Rio de Janeiro: Editora Forense, 2020.

CASTELLS, Manuel. *A era da informação, economia, sociedade e cultura: a sociedade em rede*. (Trad. Roneide Venâncio Majer). 20. ed. São Paulo. Paz e Terra, 2019.

FRAZÃO, Ana. Fundamentos da proteção de dados pessoais – Noções Introdutórias para a compreensão da importância da Lei Geral de Proteção de Dados. *In*: FRAZÃO, Ana; TEPEDINO, Gustavo; OLIVA, Milena Donato (Org.). *Lei Geral de Proteção de Dados Pessoais e suas repercussões no direito brasileiro*. São Paulo: Thomson Reuters Brasil, 2019.

GARCIA, Rafael de Deus. Os Direitos à Privacidade e à intimidade: origem, distinção e dimensões. *Revista da Faculdade de Direito do Sul de Minas*, Pouso Alegre, v. 34, n. 1: 1-26, jan./jun. 2018. Disponível em: https://www.fdsm.edu.br/mestrado/revista_artigo.php?artigo=288&volume=34.1. Acesso em 28 jun. 2020.

HAMAGEN. *Ministry Of Health*. 2020. Disponível em: https://govextra.gov.il/ministry-of-health/hamagen-app/download-en/. Acesso em 08 out. 2020.

HARARI, Yuval Noah. *21 Lições sobre o século XXI.* (Trad. Paulo Geiger). São Paulo. Companhia das Letras, 2018.

HARARI, Yuval Noah. *Homo Deus, uma breve história do amanhã.* (Trad. Paulo Geiger). Companhia das Letras, 2019.

HELBING, Dirk *et al.* Will democracy survive big data and artificial intelligence. *Policy & Ethics*, fev. 2017. Disponível em: https://www.scientificamerican.com/article/will-democracy-survive-big-data-and-artificial-intelligence/. Acesso em 31 jul. 2019.

JORNAL NACIONAL. *Governo de SP usa dados de celulares para localizar aglomerações.* 08 abr. 2020. Disponível em: https://g1.globo.com/jornal-nacional/noticia/2020/04/08/governo-de-sp-usa-dados-de-celulares-para-localizar-aglomeracoes.ghtml. Acesso em 08 out. 2020.

LEONARDI, Marcel. Determinação da responsabilidade civil pelos ilícitos na rede: os deveres dos provedores de serviços de internet. *In*: SILVA, Regina Beatriz Tavares da. SANTOS, Manoel J. Pereira dos (Org.). *Responsabilidade civil na internet e nos demais meios de comunicação.* Série Gvlaw. 2. ed. São Paulo: Saraiva, 2012.

LUÑO, Antonio Enrique Perez. *Derechos humanos, Estado de Derecho y Constituicion.* Madrid: Tecnos, 2005.

MAGRANI, Eduardo. *Entre dados e robôs:* ética e privacidade na era da hiperconectividade. Porto Alegre: Arquipélago Editorial, 2019.

MARX, Gary T. Soft surveillance: mandatory voluntarism and the collection of personal data. *Dissent*, v. 52, n. 4, p. 36-43, 2005.

MINISTÉRIO DA SAÚDE. *Aplicativo Coronavírus-SUS vai alertar contatos próximos de pacientes com COVID-19.* 31 jul. 2020. Disponível em: https://www.hmg.saude.gov.br/noticias/agencia-saude/47292-aplicativo-coronavirus-sus-vai-alertar-contatos-proximos-de-pacientes-com-covid-19. Acesso em 08 out. 2020.

MOROZOV, Evgeny. *Big Tech:* a ascensão dos dados e a morte da política. São Paulo: UBU Editora, 2018.

MOZUR, Paul; ZHONG, Raymond; KROLIK, Aaron. In coronavirus fight, China Gives Citizens a color code, With Red Flags. *New York Times*, 01 mar. 2020. Disponível em: https://www.nytimes.com/2020/03/01/business/china-coronavirus-surveillance.html. Acesso em 08 out. 2020.

O'NEIL, Cathy. *Weapons of Math Destruction:* how big data increases inequality and threatens democracy. New York: Crown Publishing Group, 2016.

OLIVEIRA, Neide M. C. Cardoso de; MORGADO, Marcia. Projeto Ministério Público pela Educação Digital nas Escolas. *In*: SILVA, Ângelo Roberto Ilha da (Org.). *Crimes cibernéticos.* 2. ed. Porto Alegre: Livraria do Advogado, 2018.

PARISER, Eli. *O filtro invisível:* o que a Internet está escondendo de você. São Paulo: Editora Zahar, 2012.

PÉREZ, Xiomara Lorena Romero. El alcance del derecho a la intimidad en la sociedad atual. *Revista Derecho del Estado*, n. 21, dez. 2008. Disponível em: https://revistas.uexternado.edu.co/index.php/derest/article/view/499. Acesso em 28 de jun. 2020.

POLONSKI, Vyacheslav. Artificial Intelligence Has the Power to Destroy or Save Democracy. *Council on Foreign Relations*, 2017. Disponível em: https://on.cfr.org/2RpE1kT. Acesso em 20 out. 2018.

RAMOS, Rahellen Miguelista. Pandemia e tecnologia: estamos sendo vigiados? *Politize!* 1 jul. 2020. Disponível em: https://www.politize.com.br/pandemia-e-tecnologia/. Acesso em 08 out. 2020.

RODRIGUES DA SILVA, Rafael. Facebook permite busca por número de telefone de usuários na rede social. *Canaltech*, 04 mar. 2019. Disponível em: https://canaltech.com.br/redes-sociais/facebook-permite-busca-por-numero-de-telefone-de-usuarios-na-rede-social-134075/. Acesso em 13 jul. 2020.

SAMPAIO, José Adércio Leite. *Direito à intimidade e à vida privada:* uma visão jurídica da sexualidade da família, da comunicação e informações pessoais, da vida e da morte. Belo Horizonte: Del Rey, 1998.

SOLOVE, Daniel J. Introduction: privacy self-management and the consent dilemma. *Harvard Law Review*, n. 126, 2013.

VASCONCELOS, Pedro Pais de. *Direitos de personalidade.* Coimbra: Almedina, 2019.

Informação bibliográfica deste texto, conforme a NBR 6023:2018 da Associação Brasileira de Normas Técnicas (ABNT):

BASTOS, Elísio Augusto Velloso; RODRIGUES, Cristina Pires Teixeira de Miranda; ESTEVES, Vitória Barros. Compartilhamento de dados pessoais e a pandemia da COVID-19: iniciativas do estado brasileiro. *In*: PAULA, Rodrigo Francisco de (Coord.). *A experiência dos Estados no enfrentamento da pandemia da COVID-19*. Belo Horizonte: Fórum, 2021. p. 71-100. ISBN 978-65-5518-147-0.

FEDERALISMO E CONSTITUIÇÃO: A EXPERIÊNCIA PERNAMBUCANA EM TEMPOS DE COVID-19

ERNANI VARJAL MEDICIS PINTO
MARCELO CASSEB CONTINENTINO

1 Introdução

Vivemos tempos de profunda mudança. Crise e imprevisibilidade do futuro são tônicas do presente. Já há quem veja o momento presente, o das vidas marcadas pela pandemia, como um marco divisor entre os séculos XX e XXI. Assim como o século XIX encontrou seu termo final na década de 1910 com a Grande Guerra, o século XX teria, enfim, descansado com o acontecimento epocal da pandemia do novo coronavírus que nos assola há meses.[1]

Uma epidemia que afetou os quatro cantos do mundo, abrangendo 214 países e territórios,[2] e ainda exige de todo o mundo medidas consistentes tendentes a conter seu avanço, que, somente no Brasil, vitimou quase cento e cinquenta mil pessoas (dados de outubro de 2020), das quais mais de oito mil mortes ocorreram no Estado de Pernambuco.

---

[1] SCHWARCZ, Lilia. 100 dias que mudaram o mundo. *Universa*, 2020. Disponível em: https://www.uol.com.br/universa/reportagens-especiais/coronavirus-100-dias-que-mudaram-o-mundo/. Acesso em 9 abr. 2020.

[2] Cf. COVID-19 coronavirus pandemic. *Worldometers*, 27 nov. 2020. Disponível em: https://www.worldometers.info/coronavirus/. Acesso em 7 out. 2020.

O presente texto, nesse contexto dramático, tem por objetivo investigar as medidas que foram adotadas para enfrentamento da pandemia em saúde pública decorrente do novo coronavírus, sob a perspectiva do federalismo brasileiro. Para tanto, abordará, inicialmente, alguns elementos concernentes à história e definição de federalismo, que, como veremos nos itens subsequentes, são importantes para compreensão da dinâmica federalista e constitucional em um contexto de conflito interfederativo. Na sequência, examinará as medidas de enfrentamento no âmbito do Estado de Pernambuco, algumas das quais foram adotadas em contraposição àquelas estabelecidas pelo governo federal, o que despertou, de um lado, uma série de questionamentos quanto à validade das normas estaduais (e também municipais) em face das federais e, de outro lado, ativou o aprofundamento de questões centrais sobre a concepção do federalismo brasileiro, as quais terminaram desembocando no Supremo Tribunal Federal. Ao final, concluirá que, embora não se tenha superado inteiramente a situação pandêmica, o federalismo brasileiro ganhou uma nova dimensão no que tange às ações em defesa da saúde pública e da proteção à vida.

2 É possível um conceito universal de federalismo?

O federalismo é um processo em construção. Não tem uma forma predefinida e fixa, mesmo quando, à luz de uma mesma Constituição vigente, não sofra alterações formais em suas linhas demarcatórias, o arranjo federativo como é de fato vivenciado transforma-se com o passar do tempo, assumindo tendências diversas.

No Brasil, o federalismo tem uma longa jornada na história constitucional brasileira.[3] Antes mesmo da emancipação política do Brasil, em 1822, esse era um conceito que já circulava no país há algum tempo, especialmente em regiões como a de Pernambuco, onde ocorreu a Revolução Republicana de 1817, fundando-se um estado que se organizaria sob a forma republicana de federação.

A República de 1817, com pretensões nitidamente federativas, conforme registros de um de seus partícipes, Muniz Tavares,[4] não

---

[3] COSER, Ivo. Federal/federalismo. In: FERES JÚNIOR, João (Org.). *Léxico da história dos conceitos políticos do Brasil*. Belo Horizonte: UFMG, 2009. p. 91-118.

[4] LIMA, Oliveira. Centenário da Revolução de 1817. *Revista do Brasil*, n. 15, a. 2, p. 247-259, mar. 1917; CONTINENTINO, Marcelo Casseb. Tempos de constituição: perspectivas e paradoxos da Lei Orgânica da Revolução Republicana de 1817. *Revista do IHGB*, a. 178, v. 475, p. 15-42, set./dez. 2017.

vingou. Veio a Monarquia, constitucionalizando a rígida centralização política e administrativa, ainda que sob árdua contestação do que as ideias de Frei Caneca, que iluminaram a Confederação do Equador, em 1824, são prova incontrastável.

Contudo, o Ato Adicional de 1834 à Constituição do Império de 1824 viria para mostrar que, mesmo num contexto de máxima centralização política, as forças federalistas, embebidas em pretensões liberais, definiram uma nova forma de organização política; criaram-se as Assembleias Provinciais, que no futuro republicano, pós-1889, seriam sucedidas pelas Assembleias Legislativas dos Estados, propiciando uma verdadeira experiência "semi-federal", ainda que sobre estruturas monárquicas.[5]

A afirmação efetiva do federalismo no sistema constitucional brasileiro, porém, teria que esperar alguns anos. As forças políticas conservadoras do Império contiveram o ímpeto descentralizador dos liberais e editaram leis podando a autonomia provincial, a exemplo da Lei de Interpretação ao Ato Adicional (Lei nº 105, de 12 de maio de 1840) que veio para restringir as prerrogativas legislativa e administrativa das províncias, as quais, na visão dos conservadores, teriam abusado de suas atribuições constitucionais e competências legislativas pondo em xeque a unidade política do Império.[6]

Somente com a Proclamação da República é que o federalismo no Brasil encontraria terreno fértil para sua institucionalização. Desde o final da década de 1860, os liberais e, depois, os republicanos, centraram seu poderio de fogo contra o centralismo político monárquico, que aos poucos foi adquirindo nova semântica na linguagem política, tornando-se sinônimo de despotismo e de ilegitimidade. O Poder Moderador, que nos termos do art. 98 da Constituição do Império foi definido como chave de toda a organização política do Império e responsável por velar pela harmonia e equilíbrio dos poderes políticos, tornou-se o principal alvo das críticas contra a centralização política.

A solução para os males do Império passava por reformas estruturais nas instituições políticas imperiais ou, mais radicalmente, na suplantação da monarquia pela república. Em ambos os casos, as ideias

---

[5] BENEVIDES, José Maria Corrêa de Sá e. *Analyse da Constituição Política do Imperio do Brazil*. São Paulo: Typographia King, 1890. p. 136.
[6] O debate entre Tavares Bastos e Visconde do Uruguay é bastante sintomático sobre o problema da (des)centralização política no Império. Sobre, vide: CARVALHO, José Murilo de. Federalismo e centralização no Império brasileiro: história e argumento. *In*: *Pontos e bordados*: escritos de história e política. Belo Horizonte: UFMG, 2008. p. 155-188.

federalistas estavam presentes, afinando-se melhor à nova conformação socioeconômica das províncias imperiais, que reivindicavam por maior protagonismo político.

O Decreto nº 1, de 15 de novembro de 1889, que decretou a república federativa como forma de governo da nação brasileira, reveste-se de caráter altamente simbólico quanto à ruptura política promovida, porque foi ao extremo de reconhecer em favor dos Estados a capacidade de auto-organização como fruto do "exercício de sua legítima soberania". Evidente, pois, o impulso ultra-federativo que seria combatido por vários republicanos durante os trabalhos constituintes de 1890-1891, em particular por Rui Barbosa.[7]

O processo de afirmação do federalismo não se desenvolveu senão por meio de avanços e retrocessos. Cada uma das sucessivas Constituições que aqui vigoraram inauguraram um novo capítulo em nosso *romance federalista*.[8] E a Constituição de 1988 tem lugar de destaque.

É preciso ressaltar que o federalismo nunca teve um sentido fixo na tradição constitucional brasileira, ainda que analisado à luz de uma mesma Constituição vigente. Não há um modelo estático e absolutamente imodificável da forma como os entes federativos se relacionam entre si.

---

[7] É marcante seu discurso na sessão de 16 de novembro de 1890 da Constituinte: "Nós, ao revés, que passamos da centralização imperial a um regímen de federação ultra-americana, isto é, que passamos da negação quase absoluta da autonomia ao gozo da autonomia quase absoluta, nós vociferamos ainda contra a avareza das concessões do projeto, que, oferecendo-nos uma descentralização mais ampla que a dos Estados Unidos, incorre, todavia, no vício de não no-la dar tão ilimitada quanto à imaginação sem margens dos nossos teoristas. Quereríamos uma federação sem plágio, uma federação absolutamente original, nunca experimentada, virgem, como um sonho de poeta, impecável como uma solução matemática, fechada ao ar livre da realidade, que deve saná-la, impregnando-a no ambiente da União, uma federação, em suma, encerrada implacavelmente no princípio da soberania dos estados presos à forma federativa pelas migalhas deixadas cair das sobras da sua renda na indigência do Tesouro Nacional. Vede este abismo entre a solidez prática daqueles saxônios, educados no governo de si mesmos, que fundavam, a poder de bom-senso e liberdade temperada, a maior das federações conhecidas na História, e o descomedimento da nossa avidez. Ontem, de federação, não tínhamos nada. Hoje, não há federação que nos baste. Essa escola não pensa, ao menos, no papel vivificador da União, relativamente aos estados, não sabe ver nela a condição fundamental da existência destes". (BARBOSA, Rui. *Pensamento e ação de Rui Barbosa*. Brasília: Senado Federal, 1999. p. 86).

[8] Não é nosso objetivo analisar detalhadamente todas as diversas etapas históricas do processo de formação do federalismo brasileiro. Para uma visão geral dos principais aspectos, ver: ZIMMERMANN, Augusto. *Teoria geral do federalismo democrático*. 2. ed. Rio de Janeiro: Lumen Juris, 2005. p. 289-332.

Como destaca Tania Groppi,[9] essa forma de *abordagem estática* em relação ao federalismo, a deter-se preponderantemente sobre a estrutura orgânica do Estado, bem como a forma de relação entre as partes do Estado e o governo central, embora importante por recuperar as definições políticas sobre o tipo de estado criado, revela-se insuficiente para a sua plena compreensão.

Necessita-se, ainda, de uma *abordagem dinâmica* que privilegie o estudo da evolução histórica das relações entre os governos locais e central, que estão em contínua reconstrução. Sob tal perspectiva, o federalismo constitui-se como força produtora de constante tensão no seio da Constituição a manifestar tendências diversas em cada contexto histórico. Destarte, seria mais apropriado falar-se em um *processo de federalização* ("federalizing process").

Por conseguinte, o advento da promulgação da Constituição Federal de 1988 não finalizou o processo de construção do federalismo brasileiro. Emendas à Constituição, decisões judiciais, leis, doutrina, economia, política e, agora, mais do que nunca, a questão da saúde pública, têm pressionado as estruturas fundantes da República Federativa do Brasil em novas direções, algumas das quais jamais imaginadas anteriormente.

Ao contrário do que possa aparentar à primeira vista, as considerações ora apresentadas não significam que seja inviável compreender o federalismo em seus aspectos fundamentais. Conforme já observou Paulo Bonavides,[10] há elementos que são essenciais à forma do estado federal, a exemplo da "tutela constitucional" que garanta a autonomia e a competência própria (legislativa e administrativa) dos Estados. A literatura constitucional tem avançado bastante, cabendo-nos, dados os limites próprios do presente artigo, apontar algumas de suas definições e alguns de seus elementos característicos.

Quanto às suas características, o primeiro e o mais fundamental dos elementos constitutivos do estado federal reside em seu fundamento jurídico: a Constituição. É a Constituição nacional que lhe molda a existência jurídico-positiva e define sua estrutura orgânica e funcional. É ela o fundamento de validade normativa das ordens jurídicas total e parciais. Por essa razão, fala-se em plasticidade formal do federalismo, porquanto se concebem diversas formas de se institucionalizar, jurídica

---

[9] GROPPI, Tania. *Federalismo e costituzione*: la revisione costituzionale negli stati federali. Milano: Giuffrè, 2001. p. 66 e ss.
[10] BONAVIDES, Paulo. *Teoria do estado*. 5. ed. São Paulo: Malheiros, 2004. p. 174-176.

e concretamente, o federalismo, sempre a depender das circunstâncias e interesses políticos prevalecentes.

Como decorrência, outro elemento distintivo do federalismo manifesta-se através da dicotomia entre *soberania* e *autonomia*. Soberano é o Estado federal que tem personalidade jurídica de direito público internacional, figurando como sujeito de diretos na comunidade internacional e, no âmbito interno, como fonte última de manifestação (legítima) do poder político, que não se submete a qualquer outro externa ou internamente. Já a autonomia se traduz no campo próprio de competências que, pela Constituição Federal, foi atribuído às entidades federativas integrantes da federação pelo poder soberano definido na respectiva Constituição. Portanto, a autonomia federativa tem por pressuposto a existência de órgãos governamentais próprios e independentes do governo central e de competências exclusivas.[11]

Daí decorre mais uma característica: a inexistência de direito à secessão, porquanto o pacto federativo é indissolúvel. Os estados-membro não têm direito de saírem da união federativa, porque não são soberanos, mas autônomos, nos termos da Constituição.

Importante destacar, segundo José de Oliveira Baracho,[12] que outro elemento importantíssimo de caracterização do federalismo reside no fato de revelar-se como "forma de limitação da autoridade", o que o aproxima do regime democrático. O federalismo em si, ressalva o saudoso constitucionalista, não implica necessariamente que determinado governo se constitua uma genuína democracia. Contudo, é inegável reconhecer que o federalismo representa técnica de divisão de competências constitucionais políticas e administrativas, o que limita a extensão de poder público.

Num governo descentralizado politicamente, no qual o poder público é dividido em diversos círculos de competência, criam-se as possibilidades de processos decisórios mais próximos à população e às suas necessidades, portanto, a maior propensão do regime federal à realização do ideal democrático e, de igual modo, à garantia das liberdades públicas.[13]

---

[11] SILVA, José Afonso da. *Curso de direito constitucional positivo*. 37. ed. São Paulo: Malheiros, 2014. p. 102.

[12] BARACHO, José Alfredo de Oliveira. *Teoria geral do federalismo*. Belo Horizonte: FUMARC/UCMG, 1982. p. 53-55.

[13] ZIMMERMANN, Augusto. *Teoria geral do federalismo democrático*. 2. ed. Rio de Janeiro: Lumen Juris, 2005. p. 151 e ss.

Elemento inerente à estrutura do estado federal, apontado por José Afonso da Silva,[14] consiste na fórmula de repartição de competências entre os Estados e a União. Nessa complexa estrutura estatal, em um mesmo território e sobre uma mesma população, incidem ordens normativas diversas (federal, estadual e municipal). Dada a presença de níveis normativos múltiplos, no estado federal será uma constante a existência de conflitos entre normas locais e gerais, de modo que se faz igualmente imprescindível a existência de uma suprema corte para decidir os conflitos entre os entes integrantes da união federativa.

Não foi outra a razão que motivou a previsão do Supremo Tribunal Federal pela Constituição Federal de 1891. Os constituintes republicanos tinham clareza sobre a necessidade de ter-se uma corte suprema, eis que o exemplo norte-americano em que se inspiraram não deixava qualquer dúvida quanto à questão: a Suprema Corte dos Estados Unidos foi responsável pela manutenção da união federativa especialmente em épocas de maior tensionamento político e social.[15]

Na consolidação e manutenção do estado federal, sobretudo na realidade brasileira em que três são os entes componentes da federação, o Supremo Tribunal Federal exercerá a função de árbitro federativo, moldando e dirigindo a cada nova decisão os rumos do estado federal brasileiro.

Observadas essas características principais, podemos avançar em algumas definições sobre o federalismo que, de igual modo, iluminarão as questões referentes à forma como a União, os Estados e os Municípios estão lidando com a pandemia do novo coronavírus.

Seguindo a intuição do constitucionalista alemão Konrad Hesse, o federalismo expressa "a livre unificação de totalidades políticas diferenciadas, fundamentalmente com os mesmos direitos, em regras regionais que, deste modo, devem ser unidas para a colaboração comum". O distintivo do conceito, lembra Hesse, é que cada estado federal tem sua "individualidade concreto-histórica", o que deixa clara a maleabilidade própria do federalismo e de como ele se institucionaliza positivamente em cada estado.

Raul Machado Horta, concordando com os termos dessa premissa, reconhece a complexidade do conceito e afirma que "Estado Federal

---

[14] SILVA, José Afonso da. *Curso de direito constitucional positivo*. 37. ed. São Paulo: Malheiros, 2014. p. 101-104.
[15] CONTINENTINO, Marcelo Casseb. *História do controle da constitucionalidade das leis no Brasil*: percursos do pensamento constitucional no Século XIX (1824-1891). São Paulo: Almedina, 2015. p. 399-414.

é a criação jurídico-política e pressupõe na sua origem a existência da Constituição Federal, para instituí-lo",[16] já que cada nova Constituição assume uma nova concepção de estado federal. Essa razão, no caso especificamente brasileiro, parece legitimar o exercício histórico cuja tônica resida na análise dos diversos textos constitucionais, sem, evidentemente, prejuízo dos respectivos contextos em que um dos pontos positivos dessa definição evidencia a argúcia de não se pretender uma concepção estática ou universal do federalismo. Existem, como referido anteriormente, múltiplas formas de institucionalização do federalismo que se reconhece implicitamente.

O federalismo, portanto, muda no espaço e no tempo. O Brasil, ele mesmo, experienciou diversos federalismos, mesmo sob o manto de uma mesma Constituição, eis que a dinâmica do federalismo pode manifestar diferentes tendências, a depender do contexto político de cada momento. E, como observou José Afonso da Silva,[17] a Constituição Federal de 1988 procurou estabelecer um sistema de equilíbrio nas relações entre poder central e poderes estaduais e municipais.

3 Federalismo em tempos de pandemia

Desde a Constituição Federal de 1988, acredita-se que foi consagrado um novo pacto federal que teria coroado a forma mais aperfeiçoada do federalismo no Brasil, o "federalismo cooperativo ou de equilíbrio", cujo pressuposto parte da igualdade entre os entes federativos que têm suas respectivas competências repartidas pela própria Constituição seguindo o critério da predominância do interesse.[18]

Acontece que o federalismo pós-1988, no qual os estados-membro e municípios estariam prontos para enfim exercerem plenamente sua parcela de autonomia em suas respectivas territorialidades, também encontra seus obstáculos.

De início, aponta-se a dificuldade financeiro-tributária, haja vista que a principal fonte de receita do poder público – a arrecadação tributária – é substancialmente retida pelo governo federal ou nele concentrada, de modo que os estados-membros e municípios se tor-

---

[16] HORTA, Raul Machado. *Direito constitucional*. 5. ed. Belo Horizonte: Del Rey, 2010. p. 273-274.

[17] SILVA, José Afonso da. *Curso de direito constitucional positivo*. 37. ed. São Paulo: Malheiros, 2014. p. 104.

[18] SILVA, José Afonso da. *Curso de direito constitucional positivo*. 37. ed. São Paulo: Malheiros, 2014. p. 481-487.

nam material e financeiramente dependentes dos condicionamentos políticos e econômicos da união, o que acarreta severas limitações à plena autonomia dessas entidades federativas.[19]

Com efeito, aos estados e municípios tanto é necessária a competência tributária própria quanto, também, a repartição do produto de arrecadação tributária federal e o sistema de transferências financeiras intergovernamentais. A autonomia financeira, portanto, constitui dimensão essencial da autonomia política e administrativa das entidades federativas; ausente aquela, desconfigurada esta.

Sob o viés da ordem jurídico-constitucional, a centralização excessiva não raro decorre de decisões do Supremo Tribunal Federal, a quem toca definir o limite das autonomias dos entes federativos. E, nesse mister, a Corte Constitucional, garantidora do pacto federativo, encontrou um grande aliado em favor da centralização política e jurídica que dificulta a consolidação da autonomia dos estados e municípios, precisamente o "princípio da simetria".[20]

Conforme analisado por Leonam Liziero,[21] o princípio da simetria tem sido utilizado como estratégia meramente retórica pelos ministros do Supremo Tribunal Federal para justificar um movimento de centralização do poder político na esfera federal, ou seja, como argumento de centralização política da federação.

Ao longo dos anos, o Supremo Tribunal Federal tem invalidado diversas leis estaduais que fugiriam do parâmetro federal supostamente vinculantes aos estados e municípios. Assim, por exemplo, o Supremo decidiu que estados não podem dispor sobre anistia de servidores públicos ou crime de responsabilidade (Ação Direta de Inconstitucionalidade – ADI nº 1440; ADI nº 4792); não podem configurar autonomamente seus respectivos órgãos (Tribunal de Contas do Estado, Procuradoria-Geral de Justiça e Polícia Civil) além do processo legislativo e outros procedimentos constitucionais de maneira distinta daquela relativa ao Tribunal de Contas da União, Procuradoria-Geral da República e processo legislativo federal (ADI nº 3077; ADI nº 3038; ADI nº 821; ADI nº 3564). A diversidade e a pluralidade próprias que

---

[19] CONTI, José Maurício. Considerações sobre o federalismo fiscal brasileiro em uma perspectiva comparada. *In*: CONTI, José Maurício *et al.* (Orgs.). *Federalismo Fiscal*: questões contemporâneas. São José: Conceito, 2010. p. 15-34.
[20] ARAÚJO, Marcelo Labanca Corrêa de. *Jurisdição constitucional e federação*. Rio de Janeiro: Elsevier, 2009.
[21] LIZIERO, Leonam Baesso da Silva. A simetria que não é princípio: análise e crítica do princípio da simetria de acordo com o sentido de federalismo no Brasil. *Revista de Direito da Cidade*, v. 11, n. 2, p. 392-411, 2019.

figuram na essência do federalismo vêm sendo sensivelmente podadas por essas e outras decisões do Supremo Tribunal Federal que, à luz da simetria, tem perfilhado uma interpretação tendente a um federalismo centrípeto e centralizante, no qual muito pouca margem de inovação e diversificação resta aos entes federativos estaduais e municipais.

Não seria exagero afirmar, portanto, que o federalismo brasileiro de cooperação e equilíbrio, nas últimas três décadas, vem apresentando uma dinâmica centralizadora ("federalismo centrípeto"), oportunizando a hipertrofia do governo federal em detrimento dos governos estaduais e municipais.

Com a pandemia do coronavírus, parece-nos que nova tendência de releitura do federalismo brasileiro tomou seu curso, autorizando que tal conceito fundamental submeta-se a processo de evolução semântica (renovação, reaquisição, ressignificação etc.). As atuais condições sociais e políticas, sabemos pelos historiadores,[22] interagem com própria forma de interpretação desse princípio fundamental jurídico-político, que se insere na base do estado brasileiro.

Nesse contexto, dado o preocupante estado de tensão entre os governos federal, de um lado, e estaduais e municipais, de outro, que desde a deflagração da pandemia no Brasil aflora no cenário nacional,[23] é inegável que o conceito de federalismo parece fluir para uma nova acepção semântica, que se distancia da prefalada noção de federalismo de cooperação ou equilíbrio, bem como da ideia hegemônica segundo a qual o critério definidor e soberano para repartição de competências entre os entes federativos recai (exclusivamente) sobre o da *predominância do interesse*, conforme analisado anteriormente.

Segundo analisaremos a seguir, o Estado de Pernambuco adotou uma série de medidas de enfrentamento à pandemia decorrente do novo coronavírus, muitas das quais se contrapuseram àquelas federais, o que, à primeira vista, poderia sugerir – na linha da interpretação predominante do Supremo Tribunal Federal – que as iniciativas de Pernambuco, como de resto a dos demais estados e municípios, afrontariam o âmbito

---

[22] KOSELLECK, Reinhart. Storia sociale e storia concettuale. *In: Il Vocabolario della Modernità.* (Trad. Carlo Sandrelli). Bologna: Il Mulino, 2009. p. 3-25.

[23] Muitas são as evidências de que o governo federal vem adotando condutas erráticas, inadequadas e contraditórias no enfrentamento ao coronavírus, conforme vários jornais internacionais têm reportado, dentre outros o *The Washington Post* (Cf. Leaders risk lives by minimizing the coronavirus. Bolsonaro is the worst. *The Washington Post*, 13 abr. 2020. Disponível em: https://www.washingtonpost.com/opinions/global-opinions/jair-bolsonaro-risks-lives-by-minimizing-the-coronavirus-pandemic/2020/04/13/6356a9be-7da6-11ea-9040-68981f488eed_story.html. Acesso em 16 abr. 2020).

normativo do princípio da simetria. Contudo, essa não foi a orientação do Supremo Tribunal Federal.

4 A experiência de Pernambuco no enfrentamento à COVID-19

A Constituição Federal de 1988 assegurou a competência concorrente dos entes federativos no que tange ao dever fundamental de garantir a proteção à vida e a promoção da saúde pública de todos os cidadãos. Conforme já tivemos a oportunidade de analisar anteriormente,[24] não se trata de discutir sobre eventual prevalência ou hierarquia entre o ente federativo para dispor sobre a saúde e a vida das pessoas, mas de uma competência comum que situa união, estados e municípios numa sistemática de cooperação face à persecução de um objetivo constitucional comum. É a saúde pública e a incolumidade da vida das pessoas que estão em jogo e que legitimam a ação dos estados e municípios, além da união.

Com efeito, nos artigos 23 e 24 da Constituição de 1988, está prescrito que o dever do Poder Público com a saúde pública e com a vida das pessoas estende-se, solidariamente, a todos os entes federativos, já que todos eles, sem exceção, podem legislar sobre "proteção e defesa da saúde" (art. 24, XII) e devem "cuidar da saúde e assistência pública, da proteção e garantia das pessoas portadoras de deficiência" (art. 23, II).

De modo mais específico ainda, no art. 198 da Constituição Federal, estabelece-se que as ações e os serviços públicos de saúde integram uma rede regionalizada que, dentre outras diretrizes, deve pautar-se pela "descentralização, com direção única em cada esfera de governo", perfazendo o sistema único dotado de racionalidade e eficiência.

Dessa forma, independentemente do conteúdo das providências adotadas pelo governo federal, estados e municípios gozam de relevante margem de discricionariedade normativa para formularem suas próprias políticas de saúde, em especial no vigente contexto pandêmico em face do grau de atingimento que cada uma das regiões vem sofrendo.

É de se ressaltar que, mesmo quando eventualmente contrárias às definições do governo federal na área da saúde pública, as orientações e medidas específicas estaduais e municipais podem prevalecer a

---

[24] CONTINENTINO, Marcelo Casseb; PINTO, Ernani Varjal Médicis. Estamos diante de um novo federalismo brasileiro? *Consultor Jurídico*, 18 abr. 2020. Disponível em: https://www.conjur.com.br/2020-abr-18/observatorio-constitucional-estamos-diante-federalismo-brasileiro. Acesso em 15 set. 2020.

despeito daquelas federais, por serem compreendidas como mais efetivas ao combate da pandemia em dada localidade. O federalismo, nesse momento, não significa, aprioristicamente, a supremacia das normas gerais em face das regionais ou locais, mas reporta-se, teleologicamente, à necessidade de melhor efetivação das normas e objetivos constitucionais.

Enquanto o governo federal considerou como essencial as atividades religiosas de qualquer natureza, autorizando-se a celebração de cultos e missas, conforme Decreto Federal nº 10.292, de 25 de março de 2020, o Governo de Pernambuco editou o Decreto nº 48.837, de 23 de março de 2020, que suspendeu a realização de eventos de qualquer natureza, com a presença de público externo, bem como proibiu a concentração de pessoas em número superior a dez, o que acarretou, por consequência, a proibição de celebração dos cultos e/ou missas no Estado de Pernambuco.

Enquanto o governo federal pretendia e, de fato, iniciou a campanha publicitária "O Brasil não pode parar", suspensa liminarmente pelo Supremo Tribunal Federal (APDF nº 669), o Governo do Estado decretou a proibição de as pessoas frequentarem praias e parques, a fim de conter a disseminação do vírus, que foi sucessivamente prorrogada (Decreto nº 48.832, de 19 de março de 2020, e sucessivas alterações) até que, por força do Decreto nº 49.131, de 19 de junho de 2020, iniciou-se o processo gradual de reabertura.

Medidas ainda mais restritivas se seguiram no Estado de Pernambuco em face dos diagnósticos realizados no âmbito do monitoramento diário do *Gabinete de Enfrentamento ao Novo Coronavírus*. Foi decretada a quarentena em municípios da Região Metropolitana do Recife (Decreto nº Decreto nº 49.017, de 11 de maio de 2020), onde a curva de casos se acentuou severamente, e posteriormente em municípios do interior pernambucano (Decreto nº 49.133, de 23 de junho de 2020), bem como no Distrito Estadual de Fernando de Noronha (Decreto nº 48.955, de 16 de abril de 2020), território estadual onde ainda hoje se exerce rigorosa supervisão, inclusive com o controle de voos e embarcações que lá cheguem (Decreto nº 49.487, de 25 de setembro de 2020).

Por iniciativa do Executivo, a Assembleia Legislativa de Pernambuco aprovou a Lei nº 16.881, de 15 de maio de 2020, que autorizou a apreensão de veículos em vias públicas, sempre que caracterizada infração aos atos normativos estaduais que estabeleçam restrições à circulação de veículos no Estado.

Também, em medida que poderia desafiar o questionamento sobre o legítimo exercício da competência estadual por supostamente tratar de matéria cível, portanto privativa da União, foi editado o Decreto nº 48.969, de 24 de abril de 2020, que estabeleceu a obrigatoriedade do uso de máscara pelas pessoas em circulação no Estado, bem como, na mesma data, pelo Decreto nº 48.970, instituiu-se o Comitê Técnico de Pesquisa, Desenvolvimento e Inovação para o enfrentamento da emergência de saúde decorrente do novo coronavírus, que, integrando diversos órgãos e entidades públicas de diferentes níveis da federação, inclusive o Comitê Científico do Consórcio Nordeste, bem como entidades do terceiro setor e privadas. Esse Comitê Técnico tem por objetivo propor soluções e inovações tecnológicas locais relativas a produtos, serviços ou processos a serem desenvolvidos e utilizados no enfrentamento ao coronavírus, para atendimento das necessidades da Secretaria Estadual de Saúde.

Nessa mesma linha de contenção, por força do Decreto nº 48.809, de 14 de março de 2020, estabeleceram-se restrições às pessoas em geral, que chegavam ao Estado de Pernambuco de outros Estados ou de outros países mediante isolamento social domiciliar, a servidores públicos, a presos e detentos, que inclusive tiveram limitado o respectivo direito de visita. Foram, ainda, alterados e prorrogados diversos prazos processuais e administrativos, além da flexibilização de obrigações tributárias acessórias nos termos do Decreto nº 49.192, de 10 de julho de 2020, dentre outras medidas proibitórias, a exemplo do fechamento das feiras livres e de negócios.

Evidentemente, enumeramos, nas linhas anteriores, algumas de um universo de ações estaduais, ainda em expansão, no âmbito administrativo, legislativo e judicial, que foram adotadas no Estado de Pernambuco assim como nos demais estados, municípios e na União, com o objetivo comum de, à luz da Constituição Federal, combater a disseminação do coronavírus no seio da população brasileira. Em algumas situações, a pluralidade normativa redesenhou coerentemente o federalismo brasileiro, propiciando uma integração harmônica dos entes.

Poderíamos, nesse sentido, citar a Emenda Constitucional nº 107 (EC nº 107/2020), de 2 de julho de 2020, que adiou, em razão da pandemia da COVID-19, as eleições municipais de outubro de 2020. A EC nº 107/2020 trouxe a seguinte inovação ao arranjo federativo brasileiro, dada a excepcionalidade decorrente da pandemia, prevista em seu art. 1º, §3º, VI: "os atos de propaganda eleitoral não poderão ser limitados pela legislação municipal ou pela Justiça Eleitoral, salvo se a decisão estiver fundamentada em prévio parecer técnico emitido por autoridade sanitária estadual ou nacional".

Embora não atribua qualquer competência legislativa extraordinária aos estados em matéria eleitoral, considerando que a Constituição Federal de 1988, no inciso I do art. 22, estabeleceu competir privativamente à União legislar sobre direito eleitoral, a EC nº 107/2020 deve ser interpretada como critério normativo de solução de conflito federativo que o legislador constituinte anteviu quando pretendeu conciliar dois valores constitucionais fundamentais: o da saúde pública e o da democracia, mediante a prorrogação do pleito eleitoral e a possibilidade de limitação do exercício das liberdades políticas por razões sanitárias, conforme justificativa da Proposta de Emenda Constitucional nº 18 (PEC nº 18/2020).

O referido dispositivo constitucional, nesse contexto, consiste em uma "norma de colisão"[25] estabelecida pelo legislador constituinte que, diante do conflito concreto de direitos fundamentais entre democracia e saúde pública, ponderou pela prevalência de normas de saúde pública (normas restritivas) sobre aquelas de liberdade política (regras autorizadoras de propaganda eleitoral), hoje disciplinadas pela Resolução nº 23.627, de 13 de agosto de 2020, e pela Resolução nº 23.624, de 13 de agosto de 2020, ambas do Tribunal Superior Eleitoral. Destarte, dada a competência estadual condizente com as questões sanitárias e de saúde pública, que não se confunde com a da União em matéria eleitoral por leis e resoluções dos tribunais eleitorais, os governos estaduais estão autorizados a emitirem pareceres técnicos com base nos quais as autoridades eleitorais competentes poderão adotar medidas restritivas no âmbito eleitoral, o que revela uma excepcional cooperação federativa.

Em outras situações, porém, ocorreu conflito normativo que terminou por ser dirimido pelos tribunais, em particular pelo Supremo Tribunal Federal que, em sensível mudança de tendência interpretativa do princípio federativo, sinalizou pela prevalência das normas protetivas do direito à vida e da saúde pública como normas fundamentais de maior peso, independentemente de sua origem federal, estadual ou municipal.

5 Jurisprudência em tempos de pandemia

Conforme já tivemos a oportunidade de discutir à luz da denominada "jurisprudência de crise",[26] desenvolvida pela doutrina constitucional

---

[25] ALEXY, Robert. *Teoría de los derechos fundamentales*. (Trad. Ernesto Garzón Valdés). Madrid: Centro de Estudios Políticos y Constitucionales, 1993. p. 90 e ss.
[26] RIBEIRO, Gonçalo de Almeida; COUTINHO, Luís Pereira. *O Tribunal Constitucional e a crise*: ensaios críticos. Coimbra: Almedina, 2014.

e jurisprudência do Tribunal Constitucional de Portugal,[27] numa época em que a crise econômica e fiscal se acentuou, o governo lusitano adotou severas medidas de constrição econômica e social, as quais foram convalidadas pelo Tribunal Constitucional com base na proporcionalidade e na razoabilidade. Entretanto, o prolongamento e até mesmo a ampliação de tais medidas restritivas passaram a ser vistas como excessivas aos direitos fundamentais.

O exemplo do caso português, guardadas as devidas proporções, por analogia, pode ser aplicado à jurisprudência brasileira em tempos de COVID-19. É que, em momentos de crise severa, a hermenêutica constitucional tende a valorar com especial consideração a força dos fatos, no que tange ao poder de contenção da ampla eficácia dos direitos fundamentais e demais normas constitucionais, que devem ser interpretadas contextualmente de acordo com as circunstâncias que estão a todo momento pressionando os enunciados normativos estampados nos textos em busca de ressignificá-los para a construção de uma norma adequada à justa solução do caso concreto.

Essa é a premissa que se nos afigura válida para compreender a sensível modificação operada pelo Supremo Tribunal Federal no que tange à interpretação do federalismo brasileiro, por meio da qual conferiu maior autonomia aos estados e municípios para disporem sobre normas de saúde pública e de proteção à vida, ainda que em contradição com a legislação federal.

No dia 24 de março de 2020, o Supremo Tribunal Federal, por liminar monocrática, na ADI nº 6341, cujo objeto versava sobre dispositivos restritivos da MP nº 926/2020, editada pelo Presidente da República, depois convertida na Lei Federal nº 14.035, de 11 de agosto de 2020, reafirmou a competência concorrente dos estados e municípios, sem prejuízo ou a despeito da União. A decisão monocrática foi referendada no dia 15 de abril de 2020, quando mais uma vez o Supremo Tribunal declarou que o exercício de competência federal sobre normas de proteção à saúde não exclui a dos estados e municípios de estipularem diversamente, observado o disposto no art. 198, I, da Constituição Federal, já que, em tal matéria, a competência é concorrente. Entendimento esse, diga-se, que foi reiterado em casos semelhantes (ADPF nº 672).

---

[27] CONTINENTINO, Marcelo Casseb. Proibição do retrocesso social está na pauta do Supremo Tribunal Federal. *Consultor Jurídico*, 11 abr. 2015. Disponível em: https://www.conjur.com.br/2015-abr-11/observatorio-constitucional-proibicao-retrocesso-social-pauta-stf. Acesso em 24 set. 2020.

O STF decidiu que, não obstante a inexistência de medidas restritivas federais, governos estaduais poderão deliberar em sentido contrário. Isso significa que, a partir das competências constitucionais concorrentes, dada a própria realidade de cada estado, seus governantes podem opor medidas de restrição ainda que em linha de oposição ao governo federal, de modo a bloquear aqueles atos ou normas federais contrários ao interesse público ou à proteção da saúde.

Essa interpretação, como temos ressaltado ao longo do presente artigo, é contrária à dinâmica que até então vinha prevalecendo no Supremo Tribunal Federal, a de um "federalismo centrípeto" e de uma centralização em torno das competências constitucionais da União. Agora, parece consolidar-se a tendência de o STF aceitar um "federalismo centrífugo", concedendo maior autonomia para estados e municípios no campo das ações de saúde e proteção à vida.

Veja-se, todavia, que essa tendência centrífuga de interpretação do federalismo brasileiro não implica uma via de mão única. O STF não a adotou de forma incondicionada, isto é concedendo aos estados e municípios uma *carta em branco* para livremente e sem qualquer critério jurídico e sem qualquer base científica disporem sobre abertura e fechamento de atividades econômicas e/ou sociais.

Ao contrário, sempre a partir da premissa de efetivação constitucional do direito à saúde e à vida, em nossa visão, o STF exigiu, como podemos ver no caso das academias liberadas em diversos municípios com ou sem decisão judicial (SS nº 5402; STP nº 441 MC), que a referida reabertura desses estabelecimentos não poderia ter sido autorizada à míngua de elementos e dados científicos ou técnicos de órgãos e autoridades de saúde pública, devendo prevalecer as normas mais protetivas que, no caso, eram aquelas proibitivas do funcionamento.

Parece-nos, pois, inequívoco conceber que o redesenho do pacto federativo no contexto pandêmico está relacionado à consistência do discurso científico, que por sua vez interfere diretamente na própria delimitação do âmbito de eficácia dos direitos fundamentais.[28]

Se o momento pandêmico que ainda atravessamos enseja uma ruptura constitucional que prevalecerá no futuro, não sabemos ao certo. A crise atual a ensejou. O fato é que, no direito constitucional, há muito, constitucionalistas e federalistas vêm defendendo maior

---

[28] ROBL FILHO, Ilton Norberto. Restrição e garantia dos direitos fundamentais em tempos de COVID-19. *Consultor Jurídico*, 30 mai. 2020. Disponível em: https://www.conjur.com.br/2020-mai-30/observatorio-constitucional-restricao-garantia-direitos-fundamentais-tempos-covid-19. Acesso em 15 set. 2020.

empoderamento dos estados-membros, consoante nos lembram Robert F. Williams e Alan Tarr & Mary Porter.[29] É fundamental, de um lado, que estados exerçam o respectivo "espaço de autonomia constitucional" estabelecido na Constituição Federal e, de outro lado, que o STF, instância fiadora do pacto federativo, revisite a tônica de sua interpretação centrípeta e centralizadora do federalismo brasileiro, formalizada no princípio da simetria, para assegurar o pleno exercício do constitucionalismo estadual e municipal e das respectivas competências constitucionais.

6 Conclusão

Falar-se de federalismo no contexto político-social de enfrentamento à pandemia do novo coronavírus significa acolher por legítimas as posturas, as medidas administrativas e os atos normativos voltados à promoção da saúde pública e da proteção ao direito à vida, que estejam ancorados em evidências científicas e critérios racionais.

O princípio da predominância do interesse, ao menos no presente momento, parece-nos mais responder suficientemente como critério razoável e suficiente para, na realidade federal brasileira, atender às necessidades e às providências relacionadas ao combate da pandemia em todas as regiões brasileiras.

Esse desafio que enfrentamos hoje, em resumo, põe o federalismo brasileiro em uma encruzilhada temporal única: ou se reconhece a efetiva autonomia constitucional estadual e municipal prevista na Constituição Federal voltada à defesa e proteção de direitos fundamentais, operando-se a releitura do pacto federal e mudando-se sua dinâmica para um federalismo centrífugo; ou, mantendo-se a tendência centralizadora do federalismo centrípeto, dando-se preponderância às decisões do governo federal, corre-se o risco de se frustrar a própria Constituição Federal no que ela tem de mais precioso: a defesa da vida e da dignidade da pessoa humana.

Tendo em vista suas decisões mais recentes, o Supremo Tribunal Federal tem legitimado essa nova dinâmica do federalismo brasileiro, em que estados e municípios tornam-se mais empoderados no exercício de competências constitucionais concorrentes relativas à saúde pública

---

[29] WILLIAMS, Robert F. Teaching and Researching Comparative Subnational Constitutional Law. *Penn State Law Review*, v. 115, p. 1109-1131, 2011; e TARR, G. Alan; PORTER, Mary Cornelia. Introduction: State Constitutionalism and State Constitutional Law. *Publius*, v. 17, n. 1, p. 1-12, 1987.

e à proteção da vida, ainda que explicitamente não tenha sinalizado para uma ruptura fundamental na sua linha de intepretação do federalismo brasileiro.

Referências

ALEXY, Robert. *Teoría de los derechos fundamentales*. (Trad. Ernesto Garzón Valdés). Madrid: Centro de Estudios Políticos y Constitucionales, 1993.

ARAÚJO, Marcelo Labanca Corrêa de. *Jurisdição constitucional e federação*. Rio de Janeiro: Elsevier, 2009.

BARACHO, José Alfredo de Oliveira. *Teoria geral do federalismo*. Belo Horizonte: FUMARC/UCMG, 1982.

BARBOSA, Rui. *Pensamento e ação de Rui Barbosa*. Brasília: Senado Federal, 1999.

BENEVIDES, José Maria Corrêa de Sá e. *Analyse da Constituição Política do Imperio do Brazil*. São Paulo: Typographia King, 1890.

BONAVIDES, Paulo. *Teoria do estado*. 5. ed. São Paulo: Malheiros, 2004.

CARVALHO, José Murilo de. Federalismo e centralização no Império brasileiro: história e argumento. *In*: *Pontos e bordados*: escritos de história e política. Belo Horizonte: UFMG, 2008.

CONTI, José Maurício. Considerações sobre o federalismo fiscal brasileiro em uma perspectiva comparada. *In*: CONTI, José Maurício *et al.* (Orgs.). *Federalismo Fiscal*: questões contemporâneas. São José: Conceito, 2010.

CONTINENTINO, Marcelo Casseb. *História do controle da constitucionalidade das leis no Brasil*: percursos do pensamento constitucional no Século XIX (1824-1891). São Paulo: Almedina, 2015.

CONTINENTINO, Marcelo Casseb. Tempos de constituição: perspectivas e paradoxos da Lei Orgânica da Revolução Republicana de 1817. *Revista do IHGB*, a. 178, v. 475, p. 15-42, set./dez. 2017.

CONTINENTINO, Marcelo Casseb. Proibição do retrocesso social está na pauta do Supremo Tribunal Federal. *Consultor Jurídico*, 11 abr. 2015. Disponível em: https://www.conjur.com.br/2015-abr-11/observatorio-constitucional-proibicao-retrocesso-social-pauta-stf. Acesso em 24 set. 2020.

CONTINENTINO, Marcelo Casseb; PINTO, Ernani Varjal Médicis. Estamos diante de um novo federalismo brasileiro? *Consultor Jurídico*, 18 abr. 2020. Disponível em: https://www.conjur.com.br/2020-abr-18/observatorio-constitucional-estamos-diante-federalismo-brasileiro. Acesso em 15 set. 2020.

COSER, Ivo. Federal/federalismo. *In*: FERES JÚNIOR, João (Org.). *Léxico da história dos conceitos políticos do Brasil*. Belo Horizonte: UFMG, 2009.

FÉ, Raquel Mousinho de Moura. A repartição de rendas entre os entes da federação e sua repercussão na caracterização do federalismo brasileiro: uma investigação acerca do desenvolvimento do federalismo fiscal-financeiro no Brasil. *Revista Brasileira de Políticas Públicas*, v. 5, n. 1, p. 95-114, 2015.

GROPPI, Tania. *Federalismo e costituzione*: la revisione costituzionale negli stati federali. Milano: Giuffrè, 2001.

HORTA, Raul Machado. *Direito constitucional*. 5. ed. Belo Horizonte: Del Rey, 2010.

KOSELLECK, Reinhart. Storia sociale e storia concettuale. *In: Il Vocabolario della Modernità*. (Trad. Carlo Sandrelli). Bologna: Il Mulino, 2009.

LIMA, Oliveira. Centenário da Revolução de 1817. *Revista do Brasil*, n. 15, a. 2, p. 247-259, mar. 1917.

LIZIERO, Leonam Baesso da Silva. A simetria que não é princípio: análise e crítica do princípio da simetria de acordo com o sentido de federalismo no Brasil. *Revista de Direito da Cidade*, v. 11, n. 2, p. 392-411, 2019.

RIBEIRO, Gonçalo de Almeida; COUTINHO, Luís Pereira. *O Tribunal Constitucional e a crise*: ensaios críticos. Coimbra: Almedina, 2014.

ROBL FILHO, Ilton Norberto. Restrição e garantia dos direitos fundamentais em tempos de COVID-19. *Consultor Jurídico*, 30 mai. 2020. Disponível em: https://www.conjur.com.br/2020-mai-30/observatorio-constitucional-restricao-garantia-direitos-fundamentais-tempos-covid-19. Acesso em 15 set. 2020.

SILVA, José Afonso da. *Curso de direito constitucional positivo*. 37. ed. São Paulo: Malheiros, 2014.

TARR, G. Alan; PORTER, Mary Cornelia. Introduction: State Constitutionalism and State Constitutional Law. *Publius*, v. 17, n. 1, p. 1-12, 1987.

TAVARES, Francisco Muniz. *História da Revolução de Pernambuco em 1817*. 3. ed. Recife: Imprensa Industrial, 1917.

THE WASHINGTON POST. *Leaders risk lives by minimizing the coronavirus. Bolsonaro is the worst*. 13 abr. 2020. Disponível em: https://www.washingtonpost.com/opinions/global-opinions/jair-bolsonaro-risks-lives-by-minimizing-the-coronavirus-pandemic/2020/04/13/6356a9be-7da6-11ea-9040-68981f488eed_story.html. Acesso em 16 abr. 2020.

SCHWARCZ, Lilia. 100 dias que mudaram o mundo. *Universa*, 2020. Disponível em: https://www.uol.com.br/universa/reportagens-especiais/coronavirus-100-dias-que-mudaram-o-mundo/. Acesso em 9 abr. 2020.

WILLIAMS, Robert F. Teaching and Researching Comparative Subnational Constitutional Law. *Penn State Law Review*, v. 115, p. 1109-1131, 2011.

WORLDOMETERS. *COVID-19 coronavirus pandemic*. 27 nov. 2020. Disponível em: https://www.worldometers.info/coronavirus/. Acesso em 7 out. 2020.

ZIMMERMANN, Augusto. *Teoria geral do federalismo democrático*. 2. ed. Rio de Janeiro: Lumen Juris, 2005.

Informação bibliográfica deste texto, conforme a NBR 6023:2018 da Associação Brasileira de Normas Técnicas (ABNT):

PINTO, Ernani Varjal Medicis; CONTINENTINO, Marcelo Casseb. Federalismo e constituição: a experiência pernambucana em tempos de COVID-19. *In*: PAULA, Rodrigo Francisco de (Coord.). *A experiência dos Estados no enfrentamento da pandemia da COVID-19*. Belo Horizonte: Fórum, 2021. p. 101-119. ISBN 978-65-5518-147-0.

# A ATUAÇÃO JUDICIAL DOS PROCURADORES DE ESTADO NA EFETIVAÇÃO DAS POLÍTICAS PÚBLICAS DE SAÚDE DURANTE A PANDEMIA: UMA ANÁLISE DA POSSIBILIDADE EXCEPCIONAL DA CONTRATAÇÃO DE MÉDICOS FORMADOS NO EXTERIOR SEM A EXIGÊNCIA DA REVALIDAÇÃO DO DIPLOMA

JOÃO PAULO SETTI AGUIAR
LUCIANO FLEMING LEITÃO

1 Introdução

A Procuradoria-Geral do Estado do Acre tem como missão viabilizar as políticas públicas e, neste momento, em que o enfrentamento da pandemia causada pelo vírus COVID-19 tem desafiado de modo extremo os gestores públicos, os Procuradores do Estado do Acre têm se dedicado a atuar nas medidas de proteção à saúde da população e no combate às consequências econômicas e sociais da pandemia.

Essa atuação se verifica na orientação jurídica dos gestores nos processos de contratação emergencial de servidores e aquisição de bens e serviços, bem como no assessoramento jurídico de cada um dos Secretários de Estado, seja na elaboração de minutas dos normativos necessários ao combate à pandemia, seja nas demais medidas necessárias a garantir as políticas públicas, destacando-se, inclusive, a atuação judicial para a busca das melhores soluções para a população acreana.

Nesse cenário, importa ressaltar a atuação judicial da Procuradoria-Geral do Estado do Acre na tentativa de solucionar os problemas advindos do afastamento de profissionais de saúde em decorrência da contaminação pelo vírus da COVID-19 e do déficit no número de médicos registrados no Conselho Regional de Medicina no Estado do Acre (CRM-AC).

Desse modo, a Procuradoria-Geral do Estado do Acre ajuizou, no âmbito da Justiça Federal, sob o nº 1002596-92.2020.4.01.3000, um pedido de tutela antecipada em caráter antecedente para obrigar o CRM-AC a expedir licença provisória de trabalho para profissionais que tenham diploma de medicina emitidos por instituições de ensino estrangeiras, mas que se encontravam impossibilitados de atuar profissionalmente em decorrência da não realização do Exame Nacional Revalida, com o fim de que pudessem prestar serviços no âmbito das Unidades de Pronto Atendimento (UPAs) geridas pelo Estado do Acre, durante o período de calamidade pública declarado pelas autoridades nacionais e estaduais.

Nesse cenário, este artigo tem o objetivo de fazer uma análise sobre as questões relacionadas com a atuação judicial dos Procuradores do Estado no enfrentamento à pandemia, de modo a garantir as políticas públicas de saúde, destacando-se o dever constitucional do Estado em promover a saúde pública, inclusive no combate à COVID-19, a atribuição do advogado público em auxiliar na efetivação das políticas públicas, os mecanismos processuais que auxiliam na efetivação dessa atribuição, tais como a possibilidade da utilização da tutela antecipada requerida em caráter antecedente (art. 303 e ss. do CPC) nas Ações Civis Públicas, bem como a possibilidade de fazer a ponderação de direitos fundamentais para afastar a imposição legal de revalidação dos diplomas expedidos no exterior, de modo a fazer prevalecer o direito constitucional à saúde em razão da situação de pandemia.

2 Dever constitucional do Estado em garantir o direito à saúde, inclusive durante a pandemia

De início, importa rememorar que a Constituição Federal de 1988, desde o seu primeiro artigo, já demonstra uma grande preocupação em proteger o bem jurídico da vida, o que se evidencia pela escolha do princípio da dignidade da pessoa humana como um dos fundamentos da República Federativa do Brasil.

Não bastasse isso, com o nítido interesse em proteger o referido fundamento da República, o artigo 196 do texto constitucional previu expressamente que "a saúde é direito de todos e dever do Estado, garantido mediante políticas sociais e econômicas que visem à redução do risco de doença e de outros agravos e ao acesso universal e igualitário às ações e serviços para sua promoção, proteção e recuperação".

E, mais, o constituinte ainda esclareceu que esse dever é de titularidade de cada um dos entes da Federação, tendo consagrado no artigo 23, incisos II e IX, a existência de uma competência administrativa comum entre União, Estados, Distrito Federal e Municípios, em relação à saúde e assistência pública, entendimento este que foi recentemente reafirmado pelo Supremo Tribunal Federal na Arguição de Descumprimento de Preceito Fundamental – ADPF nº 672, que tratou justamente da atuação dos Entes Públicos no combate à Pandemia da COVID-19.

No referido julgamento, finalizado em 10 de outubro de 2020, o Tribunal Pleno do Supremo Tribunal Federal decidiu por unanimidade no sentido de reconhecer e assegurar o exercício da competência concorrente dos Estados, do Distrito Federal e dos Municípios, cada qual no exercício de suas atribuições e no âmbito de seus respectivos territórios, para a adoção ou manutenção de medidas restritivas legalmente permitidas durante a pandemia, tais como, a imposição de distanciamento/isolamento social, quarentena, suspensão de atividades de ensino, restrições de comércio, atividades culturais e circulação de pessoas, entre outras, sem prejuízo da competência geral da União para estabelecer medidas restritivas em todo o território nacional.

Em seu voto, o ministro relator Alexandre de Moraes afirmou que a gravidade da emergência causada pela pandemia do novo coronavírus exige das autoridades brasileiras, em todos os níveis de governo, a efetivação concreta da proteção à saúde pública, com a adoção de todas as medidas possíveis e tecnicamente sustentáveis para o apoio e a manutenção das atividades do Sistema Único de Saúde (SUS). Segundo ele, nesses momentos de crise, o fortalecimento da união e a ampliação de cooperação entre os Três Poderes, no âmbito de todos os entes federativos, são instrumentos essenciais e imprescindíveis a serem utilizados pelas diversas lideranças em defesa do interesse público.

E é nesse sentido, buscando efetivar os mandamentos constitucionais, que os Estados da Federação têm atuado diuturnamente no enfrentamento da pandemia causada pelo vírus COVID-19.

Nesse cenário, destaca-se a atuação dos advogados públicos, que não medem esforços para auxiliar o Estado a efetivar os mandamentos constitucionais e a garantir as políticas públicas de saúde.

3 A atribuição constitucional dos advogados públicos no exercício da representação judicial do Estado

Rememore-se o teor do art. 132, da Constituição Federal de 1988:

> Art. 132. Os Procuradores dos Estados e do Distrito Federal, organizados em carreira, na qual o ingresso dependerá de concurso público de provas e títulos, com a participação da Ordem dos Advogados do Brasil em todas as suas fases, exercerão a representação judicial e a consultoria jurídica das respectivas unidades federadas.

É sempre importante destacar que o texto constitucional concedeu aos Procuradores dos Estados o status constitucional de função essencial à justiça, bem como a exclusividade na realização da representação judicial e a consultoria jurídica das respectivas unidades federadas, o que denota um grande dever e uma enorme responsabilidade em sempre atuar em conformidade com a legalidade e com o interesse público, buscando garantir que o Ente Público possa realizar os deveres constitucionais de efetivar as políticas públicas.

Assim, no combate aos efeitos da pandemia, o Ente Público necessita e depende ainda mais da atuação dos Procuradores de Estado, que atuam juridicamente para resguardar a implementação de serviços, licitações, obras, convênios, contratos, consultas, projetos de lei, decretos e demais atos necessários à promoção da saúde da população.

Além das atribuições atinentes à consultoria jurídica, importa ressaltar a representação judicial conferida pela Constituição Federal, por meio da qual os Advogados Públicos, de acordo com clássica expressão de Pontes de Miranda, presentam a Fazenda Pública em juízo, o que denota que o Estado se faz presente em juízo por seus procuradores.

Além disso, em conformidade com o artigo 182 do Código de Processo Civil, constata-se que incumbe à Advocacia Pública, na forma da lei, defender e promover os interesses públicos da União, dos Estados, do Distrito Federal e dos Municípios, por meio da representação judicial, em todos os âmbitos federativos, das pessoas jurídicas de direito público que integram a Administração direta e indireta.

Assim, compete aos Procuradores de Estado exercer a representação judicial para defender e promover os interesses públicos de seus respectivos Estados, o que denota a possibilidade e o dever da atuação dos advogados públicos no âmbito judicial para fazer prevalecer o interesse público, tendo em vista que a ele é atribuível o caráter de indisponibilidade, sobretudo neste período de combate à pandemia. De acordo com Maria Sylvia Zanella Di Pietro, "a Administração Pública não é titular do interesse público, mas apenas a sua guardiã; ela tem que zelar pela sua proteção. Daí a indisponibilidade do interesse público".[1]

Desse modo, os Advogados Públicos atuam de modo a zelar pela proteção do interesse público, buscando todos os instrumentos jurídicos previstos na legislação para garantir a eficácia das políticas públicas e defender os mandamentos constitucionais, destacando-se, dentre os vários instrumentos, a utilização da Ação Civil Pública.

4 Ação civil pública como instrumento de defesa do interesse público e a possibilidade de utilização da tutela antecipada em caráter antecedente

A Ação Civil Pública é um instrumento jurídico previsto no art. 129, inciso III, da Constituição Federal, e regulamentado pela Lei nº 7.347/85, cuja finalidade é a proteção de direitos difusos e coletivos, sendo imprescindível, portanto, para a atuação judicial, de modo a resguardar o direito à saúde da população.

Em que pese constar na Constituição Federal que é função institucional do Ministério Público a promoção da ação civil pública, importa esclarecer que essa função não é exclusiva do órgão ministerial, sendo amplamente utilizada pelo próprio Ente Público, por meio dos Procuradores de Estado, para a proteção de direitos difusos e coletivos, em conformidade com o artigo 5º da Lei nº 7.437/85.

Além da ação civil pública clássica, destaca-se, também, a existência de um instituto recente, trazido pelo Novo Código de Processo Civil, que é a possibilidade de requerimento de tutela antecipada em caráter antecedente, ou seja, é a previsão de um pedido de tutela provisória de urgência antes mesmo da propositura da petição inicial, o que pode ser utilizado em casos graves e urgentes, nos quais o direito não pode aguardar a elaboração e a instrumentalização de uma petição inicial completa e complexa.

---

[1] DI PIETRO, Maria Sylvia Zanella. *Discricionariedade administrativa na Constituição de 1988*. São Paulo: Atlas, 1991. p. 163.

Assim, de acordo com o art. 303 do Novo Código de Processo Civil, "nos casos em que a urgência for contemporânea à propositura da ação, a petição inicial pode limitar-se ao requerimento da tutela antecipada e à indicação do pedido de tutela final, com a exposição da lide, do direito que se busca realizar e do perigo de dano ou do risco ao resultado útil do processo". Na hipótese de concessão da tutela antecipada na forma antecedente, caberá ao Estado aditar a petição inicial, com a complementação da sua argumentação, a juntada de novos documentos e a confirmação do pedido de tutela final.

Trata-se de uma novidade imprescindível para garantir a celeridade necessária à defesa de direitos difusos tão importantes, tais como o da saúde pública, sobretudo quando se trata da necessidade de tutelar a população que, a cada dia, no enfrentamento dos efeitos da pandemia, depende mais do sistema público de saúde.

No caso concreto ora em análise, houve a opção pela utilização do requerimento da tutela antecipada em caráter antecedente no âmbito do próprio sistema da Ação Civil Pública, ressaltando que houve acolhimento do pedido pelo juízo de primeiro grau, o que denota a compatibilidade da utilização desse novo instituto também no âmbito do processo coletivo, mesmo que não exista previsão expressa na Lei da Ação Civil Pública, devendo-se aplicar, subsidiariamente, as normas do Novo Código de Processo Civil.

Assim, considerando que houve a escolha do instrumento judicial mais adequado ao caso concreto, passa-se à análise dos fundamentos utilizados pelo Estado do Acre, a justificar o pleito e a garantir o direito à saúde da população.

5 Os fundamentos de fato e de direito que justificam a excepcionalidade na contratação de médicos que ainda não se submeteram ao Revalida, para o enfrentamento da pandemia

5.1 O déficit de médicos no Estado do Acre

De início, verifica-se a necessidade de demonstrar a realidade do Estado do Acre no tocante ao número de médicos existentes em atuação durante o início da pandemia.

Em condições normais, o Estado do Acre já possui uma das menores na relação médico/população do país. Conforme estudo realizado pelo Conselho Federal de Medicina, em 2018, o Estado apresentava uma das menores razões entre os demais estados, com 1,16 médicos por mil habitantes. Frise-se: havia praticamente um médico por grupo de mil moradores, número já bem inferior ao considerado adequado pela Organização Mundial de Saúde para contextos de normalidade. Indubitável que a situação se agrava em um cenário de pandemia marcada pela alta taxa de transmissão e de sobrecarga do sistema de saúde.

Além das discrepâncias do quantitativo de médicos entre o Estado do Acre e os demais Entes Federados, importa ressaltar a dificuldade em garantir, em razão do déficit de médicos, o atendimento de saúde à população que vive no interior do Estado do Acre e que depende sobremaneira das unidades de saúde geridas pelo Ente Estadual, que estão localizadas nos diversos municípios onde notoriamente há uma escassez de médicos com CRM.

Como assevera Mário Scheffer, coordenador da pesquisa Demografia Médica 2018, "faltam médicos nos pequenos municípios, nas periferias das grandes cidades e em vários serviços do Sistema Único de Saúde (SUS) – na atenção primária, em prontos-socorros e em ambulatórios de especialidades".[2]

Quando se compara o número de profissionais atuando na capital Rio Branco, a situação fica ainda mais dramática, visto que o mesmo estudo aponta que 746, o equivalente a 77,2% dos médicos ativos no estado, concentram-se na capital, cuja população é de pouco mais de 383 mil habitantes.

Isso significa que o restante da população, que vive nos demais 21 municípios do Acre, tem ainda menos acesso a serviços médicos por ausência de profissionais, contando com menos de um quarto dos médicos existentes no Estado do Acre, cuja razão já é de 1,16 médicos por mil habitantes.

No início da pandemia, quando a ação foi ajuizada, havia na capital do Estado do Acre 4.629 casos confirmados, sendo que no interior

---

[2] FERREIRA, Ivanir. Número de médicos sobe, mas má distribuição regional permanece. *Jornal da USP*, 2020. Disponível em: https://jornal.usp.br/ciencias/maior-numero-de-medicos-no-pais-nao-veio-acompanhado-de-melhor-distribuicao/. Acesso em 30 abr. 2020. No mesmo sentido cf.: Demografia médica: número de médicos aumenta no país, mas persistem desigualdades de distribuição. *CFM*, 20 mar. 2018. Disponível em: http://www.sbd.org.br/noticias/demografia-medica-numero-de-medicos-aumenta-no-pais-mas-persistem-desigualdades-de-distribuicao-e-problemas-na-assistencia/. Acesso em 30 abr. 2020; BALMANT, Ocimara. Número de médicos é o maior da história do país, mas se concentra no Sudeste. Folha de São Paulo, 26 abr. 2018. Disponível em: https://www1.folha.uol.com.br/seminariosfolha/2018/04/numero-de-medicos-e-o-maior-da-historia-do-pais-mas-se-concentra-no-sudeste.shtml. Acesso em 28 abr. 2020.

já existiam 3.498 casos confirmados, ou seja, os municípios do interior do Estado já concentravam 43,04% dos casos confirmados.

Nesse cenário, os 3.498 casos confirmados no interior e os quase 400 mil habitantes que vivem fora da capital podem contar com pouquíssima quantidade de médicos. Em outras palavras, o interior do Estado possui uma razão de médicos por mil habitantes de aproximadamente 0,55, o que é extremamente baixo e preocupante, sobretudo quando se verifica o momento de pandemia que estamos vivenciando, no qual há afastamento de médicos e aumento de demanda de serviços de saúde.

Não bastasse isso, destaca-se a fragilidade da rede municipal de saúde, que acaba tendo que ser realizada pelos Hospitais e Unidades de Saúde da rede Estadual, que são obrigados a realizar o atendimento tanto de alta e média complexidade, quanto, também, de baixa complexidade.

Demais disso, salienta-se, ainda, as peculiaridades geográficas, o que denota que, em razão da extensa faixa de fronteira existente entre o Estado do Acre, a Bolívia e o Peru, as unidades de saúde estaduais localizadas em Brasileia e Assis Brasil acabam tendo que realizar atendimento para pacientes provenientes destes dois países, destacando-se, ainda, o caso de 400 estrangeiros que ficaram retidos na fronteira com o Peru, quando do fechamento das fronteiras no final do mês de março.

Da mesma forma, em razão da proximidade dos municípios de Humaitá e Boca do Acre, pertencentes ao Estado do Amazonas, bem como dos distritos de Extrema, Nova Califórnia e Vista Alegre, localizados no Estado de Rondônia, as unidades estaduais localizadas em Cruzeiro do Sul e Acrelândia acabam recebendo toda a demanda de saúde desses pequenos municípios e distritos, que estão bem distantes das capitais dos seus respectivos Estados.

Vale ressaltar, ainda, a existência de 16 (dezesseis) etnias indígenas em 209 aldeias, 70% destas concentradas nos municípios de Santa Rosa do Purus, Manoel Urbano, Feijó, Jordão e Tarauacá, cujos atendimentos em saúde também são realizados na Rede Estadual de Saúde.

Diante de tudo isso, verifica-se o grande desafio em aumentar o contingente médico para responder a contento às necessidades de atendimento dessa população que vive no interior do Estado, no atual quadro de pandemia causada pelo novo coronavírus, cuja doença decorrente (COVID-19) tem por característica marcante a necessidade de hospitalização e, em muitos casos, de cuidados intensivos de percentual considerável dos infectados.

A fim de combater a pandemia que estava em linha ascendente no Estado do Acre, o Ente Público vinha promovendo diversas medidas destinadas a expandir a prestação do serviço público de saúde. Dentre elas, a contratação de empresas destinadas ao fornecimento de equipamentos (respiradores, EPI's, etc.) e prestação de serviço por meio de profissionais de saúde.

Contudo, o Estado do Acre estava enfrentando uma séria dificuldade de contratação de profissionais médicos para atuar nas unidades de saúde.

5.2 A busca pela solução e a atuação judicial

Vale esclarecer que, em 24 de abril de 2020, quando a pandemia estava iniciando no Estado do Acre, a Secretaria Estadual de Saúde já havia identificado o afastamento de 511 profissionais de saúde em razão da pandemia da COVID-19, neles incluídos servidores inseridos em grupo de risco e servidores contaminados, fatos estes que vinham agravando a situação do já reduzido quantitativo de médicos habilitados pelo Conselho Regional de Medicina atuando no Estado do Acre e que já estava comprometendo o sistema de saúde e o atendimento da população.

Considerando o aumento desse déficit de profissionais médicos e a grande necessidade de suprir a demanda que se multiplicava em razão do crescimento progressivo do número de casos confirmados de COVID-19, o Estado do Acre buscou efetivar uma solução emergencial consistente no aproveitamento da oferta de mão de obra disponível de graduados em medicina com formação certificada por instituições de ensino superior no exterior.

Com essa finalidade, o Governador do Estado do Acre encaminhou expediente ao Conselho Regional de Medicina do Acre, por meio do qual solicitou a adoção de providências a fim de possibilitar a imediata liberação de licença provisória de trabalho, enquanto perdurar o estado de calamidade pública reconhecido nos âmbitos federal e estadual, para profissionais que tenham diplomas de medicina emitidos por instituições de ensino estrangeiras, mas que se encontram impossibilitados de atuarem como médicos em decorrência da não realização do Exame Nacional de Revalidação de Diplomas Médicos Expedidos por Instituições de Educação Superior Estrangeiras – Revalida.

Contudo, a referida autarquia manifestou-se pela impossibilidade de atender à solicitação do Ente Público e não permitiu a contratação dos referidos profissionais, o que justificou a necessidade de o Estado do Acre atuar judicialmente para resguardar o interesse da população acreana.

5.3 A existência de vedação legal à atuação de médicos sem registro no CRM. Exceções a essa vedação

Em primeiro lugar, faz-se necessário apresentar as razões apresentadas pelo CRM-AC para não conceder a licença provisória, quais sejam: a existência de Lei que exige a revalidação do diploma estrangeiro, bem como o argumento de que a revalidação do diploma seria essencial para a segurança da população, entendendo ser arriscado permitir a atuação de médicos sem o Revalida.

É fato que a Lei nº 12.842, de 10 de julho de 2013, por meio de seu artigo 6º, estabelece que "a denominação 'médico' é privativa do graduado em curso superior de Medicina reconhecido e deverá constar obrigatoriamente dos diplomas emitidos por instituições de educação superior credenciadas na forma do art. 46 da Lei nº 9.394, de 20 de dezembro de 1996 (Lei de Diretrizes e Bases da Educação Nacional), vedada a denominação 'bacharel em Medicina'".

Além disso, o Art. 17 da Lei nº 3.268/1957 dispõe que "os médicos só poderão exercer legalmente a medicina, em qualquer de seus ramos ou especialidades, após o prévio registro de seus títulos, diplomas, certificados ou cartas no Ministério da Educação e Cultura e de sua inscrição no Conselho Regional de Medicina, sob cuja jurisdição se achar o local de sua atividade".

Contudo, verifica-se que essa exigência não é absoluta, já existindo exemplos recentes de programas do governo federal, por meio dos quais é permitida a atuação de médicos estrangeiros sem CRM, como é o caso do Programa Mais Médicos, criado em 2013, e, mais recentemente, o Programa Médicos pelo Brasil, criado em 2019.

Assim, se em momentos de normalidade, antes da pandemia, já foi permitida pelo próprio governo federal a atuação de médicos sem diplomas revalidados, verifica-se que, hoje, em um momento de pandemia e de escassez de médicos, com muito mais razão se justifica a mitigação temporária dessa obrigatoriedade, de modo a dar concretude ao direito à saúde, previsto constitucionalmente, bem como ao correlato dever do Estado em garantir a saúde pública.

Como é de conhecimento geral, o Programa Mais Médicos foi instituído por lei em 2013, com a finalidade de formar profissionais na área médica voltada ao SUS e assim reduzir a carência de atendimento ambulatorial, hospitalar, especializado e de atenção básica em regiões prioritárias, utilizando-se, entre outros meios, da troca de conhecimentos com médicos formados em instituições estrangeiras.

No âmbito do Mais Médicos, a exigência legal para seleção e ocupação das vagas ofertadas no Programa obedecia uma ordem legal de prioridade – médicos formados no Brasil ou com diplomas revalidados no País; depois, médicos brasileiros formados por instituições estrangeiras, com habilitação para o exercício da medicina no exterior; e, por fim, médicos estrangeiros com habilitação para exercício da medicina no exterior (caso dos profissionais cubanos).

Naquele cenário, os médicos intercambistas foram então autorizados pelo Estado brasileiro a exercer a medicina no âmbito do Programa Mais Médicos, devendo-se destacar o entendimento exarado no parecer da AGU,[3] no qual consta, além de inúmeras menções a outros normativos e pareceres, que "infere-se que os médicos intercambistas do 'Projeto Mais Médicos para o Brasil', no âmbito de atuação do Projeto, estão aptos a expedir atestados, requisitar exames, prescrever medicamentos e realizar laudos, tendo em vista que: a) são habilitados legalmente para exercer a Medicina em atividades de integração ensino-serviço no âmbito da atenção básica em saúde; b) os referidos atos estão inseridos no exercício da Medicina no âmbito da atenção básica em saúde, a qual se caracteriza por um conjunto de ações de prevenção de agravos, de diagnóstico, de tratamento e de reabilitação, incumbindo ao médico, por exemplo, realizar consultas clínicas e encaminhar os usuários a outros pontos de atenção; e c) conforme a Resolução CFM nº 1.931/2009, é direito do médico exercer a Medicina sem ser discriminado por questões de religião, etnia, sexo, nacionalidade, cor, orientação sexual, idade, condição social, opinião política ou de qualquer outra natureza".

Assim, verifica-se que o governo federal se utilizou do exercício da medicina legalmente exercido por médicos formados no exterior, sem inscrição no CRM, de modo que a população dos diversos municípios brasileiros foi agraciada com o desempenho desses médicos, que agora estão impedidos de exercer a medicina e auxiliar no combate à pandemia da COVID-19.

---

[3] BRASIL. Advocacia Geral da União. Processo nº 00400.001525/2014-63. Parecer nº LA-07. *Diário Oficial da União*, Brasília, 11 dez. 2014. Disponível em: http://www.planalto.gov.br/CCIVIL_03/AGU/PRC-LA-07-2014.htm. Acesso em 25 abr. 2020.

Desse modo, não permitir a contratação temporária desses médicos, seria, agora, em situação de pandemia, atentar contra a saúde e a vida da população do Estado do Acre, deixando-os agonizar sem o atendimento emergencial indispensável, sendo necessário destacar que não se pode dispensar a experiência amealhada pelos intercambistas na sua atuação junto ao SUS, de extrema utilidade no cenário atual de enfrentamento à COVID-19.

Limitar as medidas ao alcance do Estado pelas exigências impostas pelo CRM-AC para reincorporação desse grupo médico ao SUS, neste momento, seria violar o direito à vida, à saúde e à dignidade humana, garantidos nos arts. 5º e 6º da Constituição Federal.

A possibilidade da contratação desses médicos, sem o Revalida, certamente encontra sustentação também nos princípios da razoabilidade e da proporcionalidade, dado o estado de calamidade declarado e que demanda do Poder Público medidas excepcionais de proteção e ação.

Ora, se o governo federal já permitiu, no âmbito do Programa Mais Médicos, a atuação desses médicos formados no exterior, mesmo sem o REVALIDA e o Registro no CRM, nada mais justo que mais uma vez esse médico que já atuou e contribuiu para o SUS, por meio do Programa Mais Médicos, possa contribuir novamente durante o período de combate à pandemia da COVID-19.

5.4 A decisão do Supremo Tribunal Federal pela constitucionalidade do Programa Mais Médicos

Insta salientar, ainda, que o próprio Supremo Tribunal Federal declarou a constitucionalidade do Programa Mais Médicos, ou seja, reconheceu a constitucionalidade da atuação de médicos sem o Revalida no âmbito do referido programa, conforme ADI nº 5.035/DF e 5.037/DF, destacando-se o seguinte trecho do voto:

> A norma atacada pode não ter sido a melhor opção do ponto de vista técnico, mas foi opção de política pública válida para tentar minimizar a dificuldade de se fazer chegar a possibilidade de atendimento médico aos locais mais distantes. Com esteio nos arts. 3º, III (2); 170 e 198 da CF/1988, verificou-se forma para que se pudesse levar o serviço médico a todos os rincões. Eventuais ilicitudes ou falhas na execução dessas políticas públicas devem ser investigadas e corrigidas. O Plenário apurou que o art. 16 da Lei nº 12.871/2013, antigo art. 10 da medida provisória, não estaria permitindo o exercício ilegal da medicina ao dispensar a revalidação do diploma estrangeiro do médico intercambista.

Desse modo, da mesma forma que já foi feito pelo Supremo Tribunal Federal, verifica-se que o presente momento de combate à pandemia clama mais uma vez por uma decisão judicial, que declare que a efetivação do direito à saúde demanda a adoção de medidas excepcionais e temporárias, como estava justificado no caso do Programa Mais Médicos, e que agora está mais justificado ainda em razão dos efeitos da pandemia, que reduziu ainda mais o já existente número de médicos atuando nas localidades do Estado do Acre.

Naquele julgamento, ficou claro que o direito à saúde justifica a adoção de medidas excepcionais e temporárias, como foi o caso do Programa Mais Médicos, já que não havia interesse por médicos já inscritos nos CRMs de preencher milhares de vagas nas mais diversas localidades do país, sendo essa forma de contratação a única política pública instituída para resolver o déficit crônico de médicos em municípios pequenos e bairros pobres de muitas cidades.

Outro elemento levantado para aferir a constitucionalidade do programa foi o fato de que médicos com diplomas de instituições de ensino brasileiras ou com o diploma já revalidado tinham preferência em relação àqueles que não o tinham.

Ou seja, isso demonstra com clareza a excepcionalidade da necessidade de contratação dos médicos sem diploma revalidado, que só passaram a integrar o Programa quando já não havia médicos com diploma validado interessados em fazê-lo, o que é exatamente a situação que o Estado do Acre tem vivenciado, sendo que praticamente não há médicos com CRM interessados em atuar nos municípios do interior, o que se verifica em editais de chamamento desertos.

Ainda, ressaltou o Supremo Tribunal Federal que a contratação via Mais Médicos, mesmo excepcional, não eliminava a necessidade de o profissional ter um diploma e estar habilitado ao exercício da medicina no exterior, o que deixa evidente que é um equívoco a afirmação de que os profissionais não têm a qualificação necessária, que seria o outro argumento utilizado pelo CRM-AC. Por óbvio, os médicos formados no exterior devem estar habilitados ao exercício da medicina no exterior, o que denota que são, sim, qualificados.

Assim, se diante de uma crônica deficiência de médicos em muitas localidades brasileiras foi considerada constitucional a contratação excepcional e temporária de médicos habilitados no exterior sem o diploma revalidado no Brasil, na atual situação de pandemia vivida, ainda mais extraordinária, é imprescindível afastar a exigência de submissão ao Revalida como condição para exercício da medicina no âmbito do Estado do Acre, ao menos enquanto durarem os efeitos da pandemia no sistema de saúde e da ausência de interesse dos médicos com CRM em atuar nessas localidades, justificando-se, justamente para atender o primado do direito fundamental à saúde dessa população que está praticamente desprovida de profissionais de medicina, a eventual e pontual flexibilização da regra.

Contudo, atualmente, aqueles que ontem contribuíram com a promoção da saúde no país por meio do Mais Médicos foram descartados, sem poder exercer a medicina e atuar nessas localidades, e dispostos a contribuir novamente com o povo que vive nas regiões mais pobres do país, como é o caso do interior do Acre.

Assim, é imprescindível que as autoridades federais não inviabilizem o exercício da medicina pelos médicos, brasileiros ou estrangeiros, formados no exterior, e afastem quaisquer exigências de revalidação do diploma estrangeiro para permitir a excepcional e temporária atuação desses profissionais no enfrentamento da COVID-19, especificamente nessas localidades, nas quais já foi dada oportunidade para os médicos com registro no CRM e restaram desertos os editais de chamamento.

5.5 O direito à saúde é obrigação humanitária previsto na Declaração Universal dos Direitos Humanos

Importa ressaltar também, além do amplo fundamento constitucional (art. 5º, 6º e 196 da CF), que o direito à saúde possui fundamento no art. 25 da Declaração Universal dos Direitos Humanos, que possui status supralegal no nosso ordenamento jurídico.

Além do dever constitucional, há a obrigação humanitária de o Estado do Acre, por meio de todos os instrumentos legais que tiver à disposição, atuar de modo a minorar os efeitos nefastos e a alta taxa de letalidade da pandemia que assolou o mundo inteiro.

Tal atuação, inclusive, é condizente com os objetivos fundamentais insculpidos no art. 3º, incisos I e III da Carta Política, os quais estabelecem como premissas fundamentais da nossa República a construção de uma sociedade livre, justa e solidária.

Como é cediço, diante da grave crise sanitária e de saúde pública, é essencial que sejam tomadas medidas aptas a aumentar o quantitativo de profissionais de saúde disponíveis no Estado do Acre para atuar na frente de combate ao coronavírus, sobretudo em razão de que as vagas atualmente não foram providas por ausência de médicos com registro no CRM, sendo crucial o aproveitamento da mão de obra qualificada que, atualmente, encontra-se ociosa em razão da morosidade injustificável na realização do Exame Nacional de Revalidação de Diplomas – Revalida.

5.6 A omissão da União. A última edição do Revalida ocorreu em 2017, há mais de 3 anos

⁕   Aliado a isso, está o fato de que a última edição do exame Revalida ocorreu em 2017 e, até hoje, mais de 3 (três) anos depois, não há sequer anúncio das datas para um novo exame, o que denota que não é razoável que a população do Estado do Acre continue a esperar *ad eternum* o lançamento de uma nova data para a realização do exame Revalida e permaneça sem a atuação desses médicos formados no exterior, principalmente neste período de combate à pandemia da COVID-19.

Frise-se que, diante do atual cenário, no qual a formação de aglomerações é desaconselhada pelos organismos internacionais de saúde, é quase impraticável que essas provas sejam realizadas e concluídas ainda esse ano, de modo que é razoável que se adote medida que permita que esses profissionais possam, de forma provisória, enquanto perdurar o cenário de calamidade pública, exercer o ofício para o qual foram capacitados.

Nesse momento de grave pandemia mundial, no qual diversos países têm buscado o auxílio de médicos estrangeiros, é dever do Estado brasileiro contratar todos os médicos e demais profissionais de saúde que estiverem à disposição, a fim de se evitar, o quanto antes, o colapso do sistema pela falta de recursos humanos, sobretudo nas regiões mais afastadas onde já existe em tempos de normalidade um grande déficit de médicos, como é o caso do interior do Estado do Acre, cuja razão de médicos por mil habitantes é de apenas 0,55, sem contar os inúmeros afastamentos de médicos ocasionados pela COVID-19.

Para ilustrar, a Secretaria de Saúde do Estado do Acre promoveu edital disponibilizando 53 vagas para atender a população dos diversos municípios do interior do Estado, porém, apenas 2 (dois) médicos com CRM se habilitaram, o que contrasta com a existência de milhares de médicos que não tiveram a oportunidade de realizar o Revalida e que estão ociosos, sem poder exercer a medicina em razão de uma omissão do Governo Federal, trazendo enorme prejuízo a uma população já carente que vive nessas localidades afastadas da capital do estado acreano.

5.7 Da violação ao princípio da igualdade

Não bastasse todo o exposto, importa ressaltar, ainda, uma grave violação ao princípio constitucional da igualdade, que também fundamenta a tutela judicial do Ente Público, tendo em vista que, enquanto a população do Estado do Acre se vê impedida de utilizar a atuação dos médicos formados no exterior, verifica-se, por outro lado, que, em plena pandemia, o Ministério da Saúde, por meio do Edital nº 9, de 26 de março de 2020, ofertou vagas direcionadas a médicos estrangeiros, que por óbvio não possuem registro no CRM, para serem contratados pelo Programa Mais Médicos e atuarem nos mais diversos municípios do Brasil, em clara preterição aos milhares de médicos brasileiros formados em instituições estrangeiras e que, em razão da omissão da União em promover a realização do exame Revalida, estão impedidos de atuar e salvar vidas, principalmente neste período de enfrentamento à Pandemia do COVID-19.

Ora, não se mostra razoável admitir que médicos estrangeiros, sem diplomas validados no Brasil (a teor do referido Edital nº 9), sejam permitidos a exercer a medicina no Brasil, enquanto que médicos brasileiros, com formação no exterior, apenas pela falta de registro no CRM, sejam excluídos da possibilidade de atuação da medicina.

Tal tratamento fere, além da razoabilidade, o princípio da igualdade, estabelecido no art. 5º, caput, da Constituição Federal, tratando situações iguais de forma desigual, pois permite que profissionais estrangeiros formados no exterior, sem inscrição no CRM, exerçam a medicina nos mais variados municípios do Brasil; inibindo, por outro lado, a contratação de profissionais brasileiros que igualmente foram formados fora do Brasil e não possuem inscrição junto ao Conselho Profissional afeto à medicina.

Veja-se, portanto, que se trata de uma discriminação apenas e tão somente em razão da nacionalidade do médico, o que evidentemente é um verdadeiro abuso de poder em face dos médicos brasileiros formados no exterior.

6 A ponderação entre a vedação à atuação de médicos sem registro no CRM e o direito à saúde durante a pandemia

Além de todos os fundamentos de fato e direito supracitados, verifica-se, ainda, que a mitigação temporária da vedação à atuação dos médicos sem registro no CRM também se justifica ao se realizar a ponderação, de modo a que prevaleça o direito à saúde.

A ponderação de regras de controle foi recentemente adotada pelo Min. Celso de Mello na ACO nº 3385 TP/MA (DJ 20.04.2020), na qual o Estado do Maranhão buscou afastar a requisição da União de ventiladores respiratórios que o Estado havia adquirido: "Não basta, portanto, que o Estado meramente proclame o reconhecimento formal de um direito. Torna-se essencial que, para além da simples declaração constitucional desse direito, seja ele integralmente respeitado e plenamente garantido, especialmente naqueles casos em que o direito – como o direito à vida e à saúde – se qualifica como prerrogativa jurídica de que decorre o poder do cidadão de exigir, do Estado, a implementação de prestações positivas impostas pelo próprio ordenamento constitucional".

Portanto, para que seja possível atender ao direito à saúde, o Estado, de fato, deve adotar todas as medidas necessárias para que seja disponibilizado o tratamento médico adequado à população, o que nesse contexto de pandemia significa contratar tantos médicos quantos forem necessários, ainda que seus diplomas não tenham sido revalidados.

Aplicando-se os subprincípios do princípio da proporcionalidade, constata-se que a mitigação da exigência de registro no CRM é necessária em razão da pandemia que vem produzindo efeitos sanitários, políticos e econômicos danosos, o que se agrava ainda mais em Estados mais pobres como o Acre, sobretudo para dar efetividade ao direito à saúde da população que vive nos municípios localizados no interior do Estado do Acre, localidades nas quais os médicos com registro no CRM já demonstraram ausência de interesse em atuar; é adequada, pois utilizada tão somente durante o período da pandemia, seguindo as balizas da Lei nº 12.871/2013, e restritas às localidades em que comprovadamente não houve interesse de médicos com registro no CRM para suprir as vagas disponíveis em edital; e proporcional em sentido estrito, pois o meio utilizado (contratação temporária de médicos sem registro no CRM) é adequado ao fim colimado (atenção básica de saúde durante o combate à pandemia da COVID-19).

Se não realizada medida para incremento do corpo clínico médico contra o novo coronavírus, estará o poder público realizando uma proteção insuficiente do direito fundamental à vida e à saúde não somente dos pacientes, mas também dos próprios profissionais da saúde.

A configuração constitucional do federalismo brasileiro, a partir do que se vê das recentes decisões do Supremo Tribunal Federal que trataram da proteção à saúde pelos entes federativos, em especial da ADI nº 6.341 e da ADPF nº 672, demonstra a clara necessidade de se garantir a Estados e Municípios a autonomia para que possam se utilizar dos instrumentos indispensáveis à consecução de suas competências, e, dentre elas, certamente a mais importante nesse momento de pandemia é o direito à saúde.

Verifica-se, portanto, após a realização da ponderação, que está comprovada a necessidade de que o Conselho Regional de Medicina, em face do cenário preocupante exposto, viabilize a expedição de licenças provisórias de trabalho para profissionais que tenham diplomas de medicina emitidos por instituições de ensino estrangeiras, mas que se encontram impossibilitados de atuar como médicos em decorrência da não realização do Exame Nacional Revalida.

Demais disso, destaca-se que, no caso concreto ajuizado pelo Estado do Acre, a tutela antecipada em caráter antecedente foi deferida pelo juízo federal da 2ª Vara Federal da Seção Judiciária do Estado do Acre, estando atualmente suspensa por decisão do Tribunal Regional Federal da 1ª Região, ainda pendente de julgamento definitivo.

Por fim, é importante ressaltar que, com a propositura da ação, é nítida a existência de efeitos práticos positivos no cenário vivenciado, sobretudo em relação ao notório aumento de interesse, por parte de médicos registrados no CRM, nos editais de chamamento público para atuação no âmbito do Estado do Acre, o que denota que a atuação judicial dos advogados públicos mais uma vez contribuiu para a garantia do interesse público e para a melhoria das políticas públicas tão necessárias nesse momento de pandemia.

7 Conclusão

Embora não se tenha pretendido esgotar o tema, o presente artigo procurou apresentar um panorama sobre a atuação dos Procuradores de Estado no desenvolvimento da missão de viabilizar as políticas públicas, sobretudo nesse momento de enfrentamento da pandemia causada pelo novo coronavírus.

Verificou-se que essa atuação se manifesta na orientação jurídica dos gestores, no denominado consultivo, sendo relevante destacar, ainda, a atuação no âmbito judicial, para busca das melhores soluções, de modo a dar concretude às políticas públicas e garantir o interesse público.

Para ilustrar essa atuação, houve a análise do caso concreto referente à necessidade do Estado do Acre em solucionar os problemas advindos do afastamento de profissionais de saúde em decorrência da pandemia, bem como do déficit de médicos, que já existia em momentos de normalidade e que acabou se agravando.

Nesse cenário, foram apresentados os fundamentos constitucionais e legais, bem como a jurisprudência do Supremo Tribunal Federal no sentido de reafirmar e assegurar o exercício da competência concorrente dos Estados, do Distrito Federal e dos Municípios, no tocante à implementação de políticas públicas de saúde.

Além disso, verificou-se a atribuição constitucional dos advogados públicos em exercer a representação judicial do Ente Público, de modo a auxiliar na concretização das políticas públicas, atividade essencial à justiça, especialmente neste período de pandemia, tendo ainda brevemente apresentado os instrumentos utilizados para a consecução dessa representação judicial no caso concreto, qual seja: a utilização do requerimento de tutela antecipada em caráter antecedente em associação com a Ação Civil Pública.

Demais disso, buscou-se apresentar os fundamentos de fato e de direito que legitimaram o pleito do Estado do Acre no caso concreto, discorrendo inicialmente sobre as condições de fato que demonstram o déficit no número de médicos atuando na região e sobre as normas constitucionais e legais que justificam a possibilidade excepcional da contratação de médicos sem registro no CRM para o enfrentamento da pandemia da COVID-19.

Em seguida, foram apresentadas situações nas quais o próprio governo federal e o Supremo Tribunal Federal realizaram a mitigação da exigência do exame revalida e permitiram a atuação de médicos sem registro no CRM, bem como foi realizado um juízo de ponderação entre os direitos e deveres constitucionais, sobretudo o da saúde, e a vedação legal ao exercício da medicina sem registro no CRM.

Pelo exposto, espera-se ter demonstrado que, pelo juízo da proporcionalidade, a mitigação da exigência de registro no CRM: a) é necessária, em razão da pandemia e do reduzido número de médicos em atuação no Estado do Acre; b) é adequada, pois utilizada apenas durante o período da pandemia e restrita a localidades em que não houve interesse de atuação de médicos com registro no CRM; e c) é proporcional em sentido estrito, pois o meio utilizado, isto é, a contratação de médicos sem registro no CRM, é adequado ao fim colimado, qual seja, o de garantir o acesso à saúde da população do Estado do Acre durante o período de enfrentamento da pandemia da COVID-19.

Referências

BALMANT, Ocimara. Número de médicos é o maior da história do país, mas se concentra no Sudeste. Folha de São Paulo, 26 abr. 2018. Disponível em: https://www1.folha.uol.com.br/seminariosfolha/2018/04/numero-de-medicos-e-o-maior-da-historia-do-pais-mas-se-concentra-no-sudeste.shtml. Acesso em 28 abr. 2020.

BRASIL. Advocacia Geral da União. Processo nº 00400.001525/2014-63. Parecer nº LA-07. *Diário Oficial da União*, Brasília, 11 dez. 2014. Disponível em: http://www.planalto.gov.br/CCIVIL_03/AGU/PRC-LA-07-2014.htm. Acesso em 25 abr. 2020.

CFM. *Demografia médica*: número de médicos aumenta no país, mas persistem desigualdades de distribuição. 20 mar. 2018. Disponível em: http://www.sbd.org.br/noticias/demografia-medica-numero-de-medicos-aumenta-no-pais-mas-persistem-desigualdades-de-distribuicao-e-problemas-na-assistencia/. Acesso em 30 abr. 2020.

DI PIETRO, Maria Sylvia Zanella. *Discricionariedade administrativa na Constituição de 1988*. São Paulo: Atlas, 1991.

FERREIRA, Ivanir. Número de médicos sobe, mas má distribuição regional permanece. *Jornal da USP*, 2020. Disponível em: https://jornal.usp.br/ciencias/maior-numero-de-medicos-no-pais-nao-veio-acompanhado-de-melhor-distribuicao/. Acesso em 30 abr. 2020.

Informação bibliográfica deste texto, conforme a NBR 6023:2018 da Associação Brasileira de Normas Técnicas (ABNT):

AGUIAR, João Paulo Setti; LEITÃO, Luciano Fleming. A atuação judicial dos procuradores de estado na efetivação das políticas públicas de saúde durante a pandemia: uma análise da possibilidade excepcional da contratação de médicos formados no exterior sem a exigência da revalidação do diploma. *In*: PAULA, Rodrigo Francisco de (Coord.). *A experiência dos Estados no enfrentamento da pandemia da COVID-19*. Belo Horizonte: Fórum, 2021. p. 121-140. ISBN 978-65-5518-147-0.

ORGANIZAÇÕES SOCIAIS DE SAÚDE NO ESTADO DE GOIÁS

JULIANA DINIZ

ISMAEL ALEXANDRINO

1 Introdução

Com recursos humanos e financeiros escassos, o poder público tem enfrentado enorme dificuldade na implementação das políticas públicas, despertando a indignação e a descrença social. Diante desse cenário, as Organizações Sociais (OSs) são apresentadas como alternativa que visa ganho de eficiência, qualidade e escala na aplicação de seus recursos.

O presente trabalho tem como escopo analisar o processo de expansão das Organizações Sociais de Saúde (OSS), no Estado de Goiás, inclusive com abordagem acerca do atual momento de pandemia, com foco na identificação e análise dos fatores que permitiram os ganhos de eficiência absorvidos pelo sistema público de saúde frente às unidades da Administração Direta.

A despeito das críticas que regem esse modelo de gestão, pretende-se explorar as características que o identificam, tais como autonomia administrativa e financeira, de forma a correlacioná-las aos resultados obtidos, sejam eles positivos ou negativos. E nesse ponto é importante ressaltar algumas iniciativas que ameaçam essas características, pois podem colocar em risco todo o modelo de gestão.

Um dos métodos de pesquisa adotado foi o modelo comparativo com o objetivo de compreender os investimentos públicos em cada um dos modelos, para fins de permitir o leitor identificar os elementos e instrumentos responsáveis pela diferença de desempenho, eficiência e qualidade do serviço ofertado à população goiana.

Por óbvio, aqui, não se pretende defender nenhuma OS em particular, mas pelas informações e estudos fornecidos pela Secretaria de Estado da Saúde, o presente trabalho enaltece esse modelo de gestão na área da saúde que se comprovou importante, inclusive em tempos de pandemia. Dados sustentam o bom desempenho desse modelo em relação à administração direta.

Não obstante esses resultados, não há o intuito de defender a completa conversão da Administração Pública Direta para a publicização por meio do modelo OSS, muito menos limitá-la a esses dois modelos de gestão.

Assim, pretende-se lançar a reflexão de que é preciso desmistificar que um modelo deve substituir integralmente os demais. É preciso ampliar os horizontes e partir para a análise fática dos dados concretos de cada atuação específica para fins de que seja feita a opção que garanta a maior eficiência do serviço, vantajosidade econômica e os melhores resultados esperados pela sociedade.

A experiência vivenciada por Goiás reflete que muito temos a avançar em modelos inovadores de gestão sempre focados nos resultados de ganho de eficiência e qualidade, garantindo ao cidadão o acesso universal e igualitário às ações e serviços de saúde.

2 A reforma do Estado dos anos 90

Antes de aprofundar no escopo deste trabalho, far-se-á importante compreender o cenário político, social e econômico vivenciado pelo Brasil nos anos 90, desaguando em uma densa reforma estatal e que teria estimulado a busca por novas formas de gestão da máquina administrativa.

Esse período foi marcado pelos efeitos da globalização, a partir do qual ocorreram mudanças importantes nas relações sociais. Não era possível impedir que os questionamentos vivenciados por outras nações adentrassem nossas fronteiras. É certo que não tínhamos maturidade para muitas delas, razão de muitas mudanças no Brasil ocorrerem apenas no plano das ideias. E mais, em muitos casos, antes da efetiva implementação, diante das críticas e dificuldades, inerentes a qualquer reforma, os órgãos judiciais e de controle são acionados e acabam delimitando as mudanças, desprezando o risco de torná-las inócuas. Dentre os impactos da globalização, na seara política passou-se a questionar a capacidade do Estado de implementar as políticas estatais e de garantir o acesso igualitário e universal aos direitos sociais.

Pode-se dizer que nessa época o Brasil enfrentava inúmeros desafios diante da alta inflação, incrementada pela recessão e acentuada pelas incertezas das decisões políticas para reconduzir o país no caminho da retomada do crescimento econômico.

Uma máquina pesada, burocrática e ineficiente não se adequava aos princípios do capitalismo. Era fundamental equalizar a economia e nessa situação de crise surgiram novas concepções e ideias acerca de como gerir um Estado e qual seu real papel ante a essa nova realidade.

Assim, com um relativo atraso em relação à economia mundial, as ideias neoliberais chegaram ao Brasil a partir do governo Collor, intensificadas com a eleição de Fernando Henrique Cardoso e o Plano Real – constituído na administração Itamar Franco.

A ideologia neoliberal contemporânea é, fundamentalmente, um liberalismo econômico, que exalta o mercado, a concorrência e a liberdade de iniciativa privada, rejeitando calorosamente a intervenção estatal na economia.

Na visão do governo Cardoso passou a ser fundamental ao Estado, além de estimular a competitividade, a sua reestruturação em uma administração pública pautada na qualidade e na eficiência dos serviços.

Para muitos, essa reestruturação representou uma nova ofensiva contra os direitos sociais estabelecidos pela Carta de 1988. O objetivo, então, de reduzir o "custo Brasil" e de solucionar a crise econômica para inserir o país no panorama mundial foi enxergado por muitos como utopia, por outros como distorção dos reais intentos.

A despeito das críticas, a Reforma do Estado no governo Cardoso reorientou o papel do Estado e sua relação com o mercado e a sociedade, reformulando o arcabouço legislativo para dar sustentação à terceirização.

Assim, diante desse cenário e da necessidade de se buscar novos métodos gerenciais com redução efetiva dos custos com as políticas de proteção social, surgiram as Organizações Sociais de Saúde. Elas se multiplicaram rapidamente, surpreendendo um Estado despreparado para o exercício do controle e da fiscalização dos custos dos serviços e dos ganhos de resultados. Esse é o ponto nevrálgico de inúmeras críticas que se levantam ao modelo, além da ameaça ao caráter universalista das políticas sociais nos campos da saúde.

Nesse ponto, é válido trazer para reflexão o fato de que o Estado, há pouco tempo atrás, não tinha a cultura de medir seus próprios resultados. Essa situação tem se modificado e alguns entes federativos tem avançado nesse sentido.

Com absoluto respeito às críticas que se levantam a esse modelo de gestão, mais adiante, no caso específico do Estado de Goiás, os dados colhidos pela Secretaria de Saúde demonstram crescimento do número de atendimentos, aliado aos critérios de qualidade e eficiência. Tudo isso atrelado ao intenso e efetivo controle dos resultados pela Secretaria de Saúde.

3 Organizações Sociais de Saúde

3.1 Surgimento das OSS

Como resultado das intensas lutas do movimento sanitário, a saúde foi inserida na Constituição Federal de 1988 como um direito social e um dever do Estado de garanti-la ao cidadão de forma gratuita e universal (art. 197). Mas, também foi inserido o art. 199, permitindo a atuação complementar do setor privado.

Diante dessa brecha constitucional, conforme retromencionado, as Organizações Sociais de Saúde, legitimadas pela Lei nº 9.637, de 15 de maio de 1998, começaram a surgir no Brasil, na segunda metade da década de 90, como uma alternativa de modelo de gestão em saúde pública. São enquadradas no denominado "terceiro setor", vinculadas ao modelo das parcerias público-privadas.

Desde o início, diante das enormes dificuldades enfrentadas pelo Estado em garantir ao cidadão o amplo e isonômico acesso à saúde, o objetivo consiste em incentivar a produção não lucrativa pela sociedade de bens ou serviços públicos não exclusivos do Estado.

Frente à constante ineficiência do aparelho estatal, o "terceiro setor" se expandiu rapidamente e, diante das recorrentes discussões acerca da sua viabilidade, houve o manejo de Ação Direta de Inconstitucionalidade (Adin nº 1.923). Nessa oportunidade, o Supremo Tribunal Federal declarou a constitucionalidade da Lei nº 9.637/98, sendo dispensada a licitação para a celebração dos contratos de gestão entre as partes.

3.2 Definição e características

As Organizações Sociais se qualificam como entidades privadas, sem fins lucrativos, de interesse social e utilidade pública, para a realização de serviços públicos. Foram estabelecidas pela Lei nº 9.637, de 15 de maio de 1998, consagrando uma parceria com o Estado por meio do contrato de gestão. Este disponibiliza os recursos orçamentários e financeiros e os bens públicos necessários à realização da atividade pública, razão de lhe competir a fiscalização das metas previamente estabelecidas.

Interessante observar que as OS "não configuram uma nova espécie de pessoa jurídica. Trata-se, na verdade, de uma qualificação (certificação ou titulação) conferida pelo Poder Público a entidades preexistentes que preencham determinados requisitos legais".[1]

Observe-se que essa qualificação é provisória, competindo à organização manter o atendimento dos requisitos legais para fins de permanecer com o título. Afinal, "a qualificação é um instrumento de fomento social, já que envolve uma oferta de benefícios por parte do Estado às entidades sem fins lucrativos que atuarem em determinado segmento de interesse coletivo".[2]

Outra característica que define essa entidade é a influência que sofre do regime jurídico de Direito Público, mesmo se tratando de pessoa jurídica de direito privado. Esse regime especial, ou como alguns preferem chamar de regime híbrido, se deve ao fato de que essa gestão envolve dinheiro e patrimônio públicos. Assim, naturalmente, o modelo se rende aos princípios da Administração, bem como aos órgãos de controle para análise da vantajosidade econômica, ganho de eficiência e resultados.

O próprio diploma legal supracitado, em seu art. 7º estabelece que na elaboração do contrato de gestão devem ser observados os princípios da legalidade, da impessoalidade, da moralidade, da publicidade e da economicidade.

Em consonância com esse entendimento, a previsão legal de incorporação integral do patrimônio, dos legados ou das doações que lhe forem destinados à Organização Social, bem como dos excedentes financeiros decorrentes de suas atividades, em caso de extinção ou desqualificação, ao patrimônio de outra organização social qualificada no âmbito do Estado, da mesma área de atuação, ou ao patrimônio do Estado, na proporção dos recursos e bens por estes alocados (art. 2º, inciso I, alínea "i", da Lei nº 9.637/98).

---

[1] LINS, Bernardo Wildi. *Organizações sociais e contratos de gestão*. 2. ed. Rio de Janeiro: Lumen Juris, 2018. p. 139.
[2] LINS, Bernardo Wildi. *Organizações sociais e contratos de gestão*. 2. ed. Rio de Janeiro: Lumen Juris, 2018. p. 139.

Apesar dessa relevante influência, não se pode perder de foco que essas entidades possuem autonomia administrativa e financeira, o que lhes possibilita flexibilidade na execução orçamentária e financeira, a contratação de pessoal nas condições de mercado e a adoção de normas próprias para compras e contratos.

Não se pode olvidar que esses pontos são essenciais para a eficiência e o ganho de produtividade almejado na prestação do serviço público. Assim, o enorme desafio dos atores envolvidos nessa relação é justamente conciliar a transparência e o controle, inerentes à verba pública, com a agilidade da gestão privada focada em resultados positivos.

Além disso, uma característica que gera acaloradas discussões é em relação ao intento não lucrativo da entidade. Não se pretende aqui aprofundar nessa questão, mas no momento da prestação de contas inerentes ao contrato de gestão a possibilidade de lucro é afastada, devendo ser realizado um minucioso encontro de contas.

Em relação ao contrato de gestão, esse consiste no instrumento que formaliza a parceria. Ao mesmo tempo em que configura o meio pelo qual o Estado transfere à entidade gestora os recursos humanos, materiais e financeiros necessários e adequados para o objetivo tratado, acaba funcionando como um importante mecanismo de controle, ao estipular as metas a serem atingidas e os respectivos prazos de execução, bem como ao estabelecer expressamente os critérios objetivos de avaliação de desempenho a serem utilizados, mediante indicadores de qualidade e produtividade.

A doutrina brasileira diverge quanto à natureza jurídica do contrato de gestão. Alguns defendem sua natureza de convênio, outros a de contrato administrativo. Ciente dessa discussão, observa-se que na prática o documento detém natureza convenial, com interesses convergentes. Afinal, é fundamental que operacionalmente haja absoluto alinhamento, parceria, diálogo transparente entre o Poder Público e as OSs, características ínsitas ao convênio.

Um último aspecto que também gera polêmica entre os expositores do tema é o procedimento de seleção da Organização Social. A corrente que mais tem vingado é a de ser desnecessário a realização de licitação pública, mas indispensável a realização de um procedimento público objetivo para a seleção da OS que firmará a parceria com o Poder Público.

Nos dizeres de Lins, "adere-se ao posicionamento de Pagani de Souza, por reconhecer que a licitação pública não é o meio adequado para a celebração de parcerias com o terceiro setor (...) Assim, muitos dos procedimentos e exigências previstos na Lei de Licitações não se coadunam com o regime de parcerias".[3]

Por outro lado, como pontuado em linhas pretéritas, essas parcerias estão inseridas no ramo do Direito Administrativo, estando em certo grau vinculadas ao regime jurídico administrativo. Assim, para conformação com esse regime jurídico, o procedimento de escolha da OSS deverá se pautar nas exigências de impessoalidade e moralidade, além da ampla publicidade.

3.3 Princípios administrativos que devem reger as OSS

Conforme supracitado, as OSs recebem interferência direta do regime jurídico de Direito Público, em razão das mesmas gerirem recursos públicos para os fins a que se destinam. Além disso, diante da parceria que estabelecem com o Poder Público, considerando que este só pode fazer o permitido em lei, naturalmente o parceiro privado fica limitado nessa perspectiva em alguns pontos.

Portanto, é real a "aderência dos contratos de gestão com os princípios da Administração Pública, notadamente com a gestão transparente e filiada à efetividade, à eficiência, à eficácia e à economicidade".[4]

Pela Carta Magna, em seu art. 37, *caput*, "a administração pública direta e indireta de qualquer dos Poderes da União, dos Estados, do Distrito Federal e dos Municípios obedecerá aos princípios de legalidade, da impessoalidade, da moralidade, da publicidade e da eficiência".

A Lei nº 9.784/99, que regula o processo administrativo no âmbito da Administração, prevê a obediência também aos princípios da motivação, da razoabilidade, da proporcionalidade, da ampla defesa, do contraditório, da segurança jurídica e do interesse público.

Não se pode olvidar que um dos pilares da reforma administrativa de 90 foi a busca por uma maior eficiência na prestação dos serviços públicos. Tanto é que pela Emenda Constitucional nº 19/98, o princípio da eficiência foi positivado constitucionalmente e passou a figurar entre os princípios norteadores da atividade administrativa brasileira.

---

[3] LINS, Bernardo Wildi. *Organizações sociais e contratos de gestão*. 2. ed. Rio de Janeiro: Lumen Juris, 2018. p. 185.

[4] PINTO, Élida Graziane; AMARAL, Daniel João do. Controle de custos e resultados nos contratos de gestão da saúde: alguns apontamentos sobre suas prestações de contas. *In*: SODRÉ, Francis; BUSSINGUER, Elda Coelho de Azevedo; BAHIA, Ligia. *Organizações sociais: agenda política e os custos para o setor público de saúde*. 1 ed. São Paulo: Hucitec, 2018. p. 152.

Assim, conforme mencionado anteriormente, o surgimento das Organizações Sociais está atrelado ao ganho de eficiência e de qualidade nas atividades administrativas por elas desempenhadas. Mas não são apenas esses princípios que regem os atos dessas entidades, mas todos os retromencionados incidem em certa proporção.

O princípio da legalidade limita o direito administrativo ao previsto nos regramentos normativos, enquanto que no direito privado permite-se o que não está proibido. No entanto, se faz necessário lançar uma reflexão sobre este princípio, dentro do contexto de uma legítima parceria público-privada, qual seja: Estado-Organização Social. Nesse cenário, ao ser aplicado a uma entidade privada, deve se aproximar do conceito de legalidade que rege o direito privado: o que não é ilegal, ainda que não positivado, é permitido. Dessa forma, como mecanismo de governança, os princípios da moralidade, da eficiência, da impessoalidade e da publicidade seriam seus verdadeiros *controlers*.

Pela impessoalidade, todos devem ser tratados de forma equânime e isonômica diante da lei. Registre-se a sabedoria inserta nesse dispositivo no sentido de que os iguais devem ser tratados de forma igual e os desiguais de forma desigual, na medida em que se desigualam.

A moralidade exige que a atividade administrativa seja desenvolvida de modo probo.

Pelo princípio da publicidade é que decorre a transparência que o poder público necessita demonstrar à sociedade. Salvo em caso de sigilo, devem os atos administrativos ser levados ao conhecimento de todos.

Já o princípio da eficiência consiste na geração dos melhores resultados com a otimização dos recursos públicos. Como bem pontuado por Lins, a eficiência administrativa não equivale à eficiência econômica. Isso não quer dizer que um agir eficiente não necessariamente equivale a um agir que despenda menos recurso.[5]

Pela simples análise desses cinco princípios constitucionais que norteiam os atos administrativos percebe-se a finalidade de dar credibilidade ao ato praticado pelo gestor público. Assim, considerando a transferência de recursos públicos que ocorre nessa parceria público-privada, apesar das Organizações Sociais serem dotadas de autonomia administrativa e financeira, as mesmas devem conformar, na medida do possível, suas ações a esses princípios.

---

[5] LINS, Bernardo Wildi. *Organizações sociais e contratos de gestão*. 2. ed. Rio de Janeiro: Lumen Juris, 2018. p. 113.

Ressalte-se que cada ramo do Direito possui seus próprios princípios que o norteia, e, diante dessa pluralidade, não raras vezes eles se chocam, devendo o gestor ponderar os direitos em debate para a preponderância de um sobre o outro.

A ponderação de interesses tem que ser efetivada à luz das circunstâncias concretas do caso. Deve-se, primeiramente, interpretar os princípios em jogo, para verificar se há realmente colisão entre eles. Verificada a colisão, devem ser impostas restrições recíprocas aos bens jurídicos protegidos por cada princípio, de modo que cada um só sofra as limitações indispensáveis à preservação do outro.

Isto posto, observe-se que dentre os princípios implícitos na Constituição Federal de 1988, dois principais exercem enorme influência no cerne desse estudo, quais sejam: o princípio da supremacia do interesse público e o da indisponibilidade do interesse público.

Dessa forma, considerando que nessas parcerias a finalidade é de prestação de um serviço público de saúde de qualidade, com o menor gasto do dinheiro público, diante do conflito entre o interesse público e o privado, aquele deve prevalecer. O interesse público é indisponível e a gestão deve sempre ser realizada em prol do coletivo.

3.4 Forma de contratação das OSs

Inicialmente, é válido registrar que um dos grandes desafios do administrador público na gestão da saúde pública está na contratação de recursos humanos. A necessidade de mão de obra é intensa, pois a saúde é realizada por pessoas. E nesse sentido, as OSs surgem como uma alternativa para a agilidade na disponibilidade dessa força de trabalho com vistas a dar vazão à alta demanda social.

Antes de adentrar nesse ponto propriamente dito, destaca-se uma proliferação de ações civis públicas ajuizadas em desfavor das Organizações Sociais que gerem unidades de saúde da administração pública estadual em Goiás, bem como em outros entes federativos, demandas estas em que se discute a legalidade de contratação de profissionais autônomos, via pessoa jurídica ("pejotização"), para prestação de serviços no âmbito dos nosocômios estaduais.

Pela análise dessas ações, observa-se que o Ministério Público do Trabalho intenta que as OSs se limitem a efetuar contratações de pessoal pelo regime celetista e se abstenham de contratar pessoas jurídicas para realização de suas atividades-fim.

E, a par de toda essa discussão, em análise aos dispositivos legais que regem a matéria, extrai-se que na atualidade não restam dúvidas sobre a legalidade da pejotização para fins de contratação de pessoal pelas OSs, obviamente desde que afastados elementos fraudulentos.

O termo "pejotização" surgiu, inicialmente, com feição pejorativa, quando utilizado para designar a ocorrência de fraude na relação de emprego, consistente na "substituição" do empregado em pessoa jurídica constituída com o objetivo único de burlar obrigações trabalhistas, tributárias e previdenciárias. Neste caso, o tomador contrata a pessoa jurídica para que seu sócio preste o serviço, desconsiderando-se, premeditadamente, a existência dos requisitos aptos a qualificar o vínculo como tipicamente empregatício, nos termos dos arts. 2º e 3º da CLT.

No Direito do Trabalho vigora, contudo, o *princípio da primazia da realidade*, devendo a relação de emprego ser reconhecida a partir das características empiricamente extraídas da prestação laboral, não importando a roupagem formal atribuída à contratação. Com efeito, o art. 9º da CLT estabelece que serão nulos os atos praticados com o objetivo de fraudar os preceitos contidos na legislação trabalhista, de modo que, estando presentes os requisitos positivados nos arts. 2º e 3º da CLT, impõe-se o reconhecimento da relação de emprego, independentemente da forma em que entabulada a contratação do serviço.

Nesta conjuntura, a jurisprudência do Tribunal Superior do Trabalho (TST), materializada na Súmula nº 331, há muito se consolidara no sentido de reconhecer a formação de vínculo empregatício quanto ao labor prestado na realização de *atividade-fim* do empreendimento, admitindo-se a terceirização apenas da *atividade-meio* (serviços de vigilância, conservação e limpeza). É dizer, a jurisprudência trabalhista era uníssona em reconhecer que a terceirização da *atividade-fim* pelo contratante importava na formação de vínculo empregatício com o prestador.

Ocorre que o advento da Lei nº 13.429/2017 (em vigor a partir de 31.03.2017), introduzindo alterações na Lei nº 6.019/74 (dispõe sobre o trabalho temporário), possibilitou a terceirização da *atividade-fim* sem a configuração de "vínculo empregatício entre os trabalhadores, ou sócios das empresas prestadoras de serviços, qualquer que seja o seu ramo, e a empresa contratante" (art. 4º-A, §2).

No mesmo diapasão, a Lei nº 13.467/2017 incluiu o art. 442-B na Consolidação das Leis do Trabalho (CLT), normatizando que "a contratação do autônomo, cumpridas por este todas as formalidades legais, com ou sem exclusividade, de forma contínua ou não, afasta a qualidade de empregado prevista no art. 3º desta Consolidação".

Apropriado ressaltar, outrossim, que o art. 129 da Lei nº 11.196/2005 já admitia a constituição de pessoa jurídica com a finalidade de prestar serviços de natureza intelectual (científico, artístico ou cultural), em caráter personalíssimo ou não, sem a configuração de liame empregatício.

De destacar-se, ainda, que o Supremo Tribunal Federal (STF), ao apreciar o Recurso Extraordinário nº 958252, com reconhecimento de repercussão geral, bem como por ocasião do julgamento da Arguição de Preceito Fundamental nº 324, firmara posição no sentido de ser lícita a terceirização não apenas da *atividade-meio*, mas também da *atividade-fim*.

O Tribunal Superior do Trabalho (TST), sensível a esse novo contexto normativo e jurisprudencial, revisitou o tema no julgamento do Recurso de Revista nº 10287-83.2013.5.01.0011, oportunidade em que posicionara-se, designadamente, pela regularidade da contratação de médicos na condição de profissionais autônomos ou titulares de pessoa jurídica, de modo a assentir que o vínculo civil havido com a unidade de saúde contratante não encerra, por si só, esquema de burla ao reconhecimento da formação de típica relação empregatícia e seus consectários legais. Portanto, nessa oportunidade esclareceu-se que a "partir da vigência da referida lei, a empresa pode, se o fizer regularmente, contratar pessoas jurídicas para a realização de seus fins ou serviços, uma vez que por ela autorizada a ampla terceirização".

Como se observa, o Tribunal Superior do Trabalho afastou a *teoria da subordinação objetiva/estrutural* (em que a subordinação caracterizadora do vínculo empregatício decorre da mera inserção da prestação laboral nos fins normais da atividade do tomador) e albergou a *teoria clássica ou subjetiva*, prevista no art. 3º da CLT (em que a subordinação se caracteriza pelo trabalho sob a direção e a vigilância do empregador e de seus prepostos sobre a pessoa do empregado). Nesta linha de entendimento, e ante o disciplinamento positivado nas Leis nºs 13.429/2017 e 13.467/2017, impôs-se reconhecer a licitude da contratação de trabalhadores autônomos ou prestadores titulares de pessoas jurídicas (PJ's), qualquer que seja o seu ramo, para fins de prestação de serviços a terceiros, sem a configuração de típico enlace de natureza empregatícia, desde que observados os comandos vertidos nos arts. 4º-A, 4º-B e 5º-A e 5º-B da Lei nº 6.019/74 (incluídos pela Lei nº 13.429/2017).

Sobreleva registrar a existência de meios aptos e viáveis à aferição de eventual intento dissimulador do vínculo empregatício havido entre as partes, mormente nas situações em que se faz presente a subordinação (subjetiva), caracterizadora de típica relação de emprego, o que renderá ensejo à nulidade da contratação. Cito, à guisa de exemplo, posturas do contratante que denotam subordinação: i) utilização de poder disciplinar (típico de relações hierárquicas); ii) rígido controle de horário/jornada; iii) ausência de autonomia do profissional contratado, cuja atividade é dirigida pelo contratante; e, iv) coação para que empregados constituam empresas visando a automática contratação da pessoa jurídica, porém restando preservadas as características do anterior vínculo laboral etc.

A Procuradoria-Geral do Estado de Goiás, já sob a égide das Leis nºs 13.429/2017 e 13.467/2017, já consolidara entendimento pela licitude da terceirização da *atividade-fim* (inclusive as consideradas assistenciais) por parte das Organizações Sociais que mantenham contrato de gestão com a Secretaria de Estado da Saúde, respaldando a contratação de prestadores autônomos, via pessoa jurídica, desde que acatada a legislação de regência.

Assim sendo, as decisões judiciais na Justiça do Trabalho que têm deferido liminares para exigir dessas organizações a rescisão dos contratos com pessoas jurídicas, para os profissionais da área da saúde serem contratados pela CLT, independentemente da configuração de fraude, se fundamentam na preservação dessa classe de profissionais. Sem se descurar da relevância de tais ofícios, sugere-se uma reflexão se não estaria havendo uma inversão de valores ao se minorar os princípios da supremacia e da indisponibilidade do interesse público, da economicidade, da eficiência e da continuidade do serviço público, que devem sempre preponderar sobre o particular.

Partindo da premissa que essas organizações atuam em prol do interesse público, melhor investindo os recursos públicos e com ganho de eficiência e qualidade na prestação do serviço, parece um contrassenso buscar a proteção de categorias profissionais, isso sem mencionar que elas parecem, em sua grande maioria, não concordar com a contratação pelas regras trabalhistas na prática.

E mais, a partir do momento em que se desnatura os princípios da autonomia e da eficiência que o regem, exigindo da OS a contratação exclusiva pelas regras celetistas, em total descompasso com as previsões legais, o contrato de gestão encarece e essa conta será impreterivelmente suportada pela sociedade, pois o dinheiro é público.

Portanto, frente ao até então exposto, registra-se que as OSs devem ter liberdade na forma de contratação, obviamente dentro dos preceitos legais, podendo optar pela que melhor se adeque às suas realidades, para fins de garantir a prestação de um serviço público de saúde de qualidade, eficiente e com a maior economia possível.

4 OSs no Estado de Goiás

No Estado de Goiás, o modelo de gestão por OS em unidades hospitalares se iniciou em 2002. O Centro Estadual de Reabilitação e Readaptação Dr. Henrique Santillo (CRER) é gerido por Organização Social desde a sua fundação, em 25 de setembro de 2002. O CRER é o primeiro hospital especializado em reabilitação no país e o primeiro hospital público do centro-oeste a ser certificado em nível e excelência (ONA 3) pela Organização Nacional de Acreditação.

Conforme mencionado anteriormente, a lei que qualificou as primeiras Organizações Sociais no Brasil é a Lei Federal nº 9.637, de 15 de maio de 1988. No caso do Estado de Goiás foi a Lei Estadual nº 15.503, de 28 de dezembro de 2005. Sob a égide dessa Lei Estadual, em 28 de junho de 2011, os primeiros contratos de gestão na saúde começaram a ser celebrados para a gestão de unidades hospitalares que até então eram geridas pela Administração Direta. No ano de 2012 praticamente todas as unidades de saúde da Secretaria de Estado de Saúde de Goiás firmaram contratos de gestão com OSS.

Em 2019, após uma importante reforma administrativa, todos os contratos foram revistos e foi criada uma Gerência específica para avaliação da performance das unidades geridas pelas Organizações Sociais, bem como uma Gerência para avalição da performance das unidades próprias ou conveniadas.

4.1 Como são pensados, elaborados e fiscalizados os Contratos de Gestão

Para uma melhor compreensão do tema, far-se-á importante esclarecer as premissas consideradas na elaboração do contrato de gestão, lembrando que esse é um importante mecanismo de controle das OSs.

Um dos fatores mais relevantes e que são objeto de constante verificação pelos órgãos de controle é em relação ao custo da unidade hospitalar. Não raras vezes auditorias desses órgãos debatem acerca dos parâmetros utilizados para a precificação do serviço.

A mensuração dos custos das unidades com a finalidade de chegar ao valor do custeio da unidade para compor o contrato de gestão passou a ter uma memória de cálculo muito bem definida, baseada nos centros de custo e no custeio por absorção.

O custeio por absorção, também chamado custeio integral ou custo integral, recebe esse nome exatamente por absorver os custos fixos no custo final de cada produto ou serviço vendido ou prestado.

Ou seja, o custo por absorção tem como premissa debitar ao custo dos produtos ou serviços vendidos ou prestados todos os custos da área de fabricação (nos hospitais, chamamos de áreas de apoio, ou áreas-meio), sejam esses custos definidos como custos diretos ou indiretos, fixos ou variáveis, de estrutura ou operacionais (assistenciais ou de "áreas-fim").

O custeio por absorção é a metodologia escolhida para precificar uma unidade de saúde, sobretudo porque uma característica das unidades de saúde é ter um custo fixo muito alto, mesmo que elas não estejam ocupadas, e principalmente se têm baixa ocupação hospitalar. Portanto, não se mensura custo de leitos de uma unidade de saúde utilizando-se "regras de três" que adotam uma proporcionalidade linear, aparentemente óbvia.

O custo global da unidade se apoia, necessariamente, numa definição prévia do escopo do serviço daquela unidade hospitalar, ou seja, da sua vocação. Por exemplo: unidade de trauma, ou cardiológica, ou de cirurgias eletivas de alta complexidade, ou materno-infantil, etc.

A capacidade operacional da unidade, uma vez definida a sua vocação, norteará o estabelecimento de metas quantitativas e qualitativas a serem alcançadas. As metas quantitativas visam a não deixar a unidade ociosa, mas sim, aproveitar ao máximo o seu potencial, sem sobrecarregar estrutura e equipes de trabalho. Já as metas qualitativas visam a garantir a qualidade do serviço prestado à população, respeitando normas técnicas previamente estabelecidas pela Agência Nacional de Vigilância Sanitária, recomendações de Conselhos de Classe e Sociedades de Especialistas, bem como organizações acreditadoras com o intuito de garantir as melhores práticas assistências e de gestão.

Uma vez definida a vocação da unidade, seu escopo, sua capacidade operacional, as metas quantitativas e qualitativas que comporão o contrato de gestão, o chamamento público para a escolha da Organização Social de Saúde que fará a gestão da unidade, o contrato é celebrado e inicia-se uma outra etapa.

Durante a execução do contrato de gestão, várias instâncias de fiscalização e controle realizam o seu trabalho.

O Sistema de Prestações de Contas Econômico-Financeiro (SIPEF) é um dos sistemas usados. As inserções de notas fiscais e demonstrativos de compras são lançados neste sistema pelas OSs em até D+1, ou seja, até o dia seguinte à execução da atividade.

Internamente, dentro da Secretaria de Estado da Saúde, na Superintendência de Performance, especificamente na Gerência de Avaliação de Organizações Sociais, existem cinco coordenações que monitoram, avaliam e fiscalizam as atividades intra-hospitalares e de gestão. São elas: Coordenação de Acompanhamento Contábil, Coordenação de Economia em Saúde, Coordenação de Monitoramento e Fiscalização, Coordenação de Qualidade e Coordenação de Prestação de Contas, que consolida as informações das coordenações anteriores e emitem pareceres que subsidiam o gestor da pasta, inclusive, se for necessário, abertura de Tomada de Conta Especial.

Para uma maior compreensão do nível de controle do Estado de Goiás, far-se-á importante elencar as competências da Gerência de Avaliação de Organizações Sociais, quais sejam:

I coordenar as atividades relacionadas ao monitoramento, avaliação e fiscalização dos contratos de gestão firmados entre o Estado e as Organizações Sociais de Saúde;

II monitorar e produzir informações gerenciais de produção e desempenho dos contratos de gestão para subsidiar o processo decisório da Superintendência;

III formular relatórios e emitir parecer conclusivo das metas de produção e desempenho, dos custos hospitalares e da prestação de contas;

IV realizar a análise de custos e produção das unidades de saúde sob gestão da SES-GO;

V coordenar a elaboração, a sistematização e a apresentação das planilhas de repasse mensal dos contratos de gestão e sugerir as notificações por indícios de não conformidades, bem como pelos descontos financeiros quando aplicáveis;

VI realizar, periodicamente, visitas técnicas e/ou auditorias nas unidades de saúde;

VII analisar e emitir parecer técnico fundamentado para compor a prestação de contas anual, a ser julgada pelo titular da pasta, nos moldes da legislação pertinente;

VIII subsidiar a Superintendência no fornecimento de informações oficiais ou na tomada de decisões concernente aos contratos de gestão, com o objetivo de revisar pactuações, definir novas propostas e metodologias com as Organizações Sociais;

IX sugerir à Superintendência a aplicação de penalidades quando houver a inobservância por parte da Organização Social de cláusula ou obrigação constante dos contratos de gestão e seus aditivos ou o não atendimento das recomendações decorrentes de fiscalização realizada;

X sistematizar processos de melhoria de acompanhamento das metas e indicadores de desempenho das unidades gerenciadas por Organizações Sociais; e
XI realizar outras atividades correlatas.

Além dessas estruturas e avaliações internas, a relação da Secretaria de Estado da Saúde com as Organizações Sociais de Saúde são monitoradas pela Controladoria-Geral do Estado, pelo Ministério Público do Estado (tanto na esfera assistencial quanto na esfera de patrimônio público), pelo Ministério Público do Trabalho, pelo Tribunal de Contas do Estado, pela Assembleia Legislativa de Goiás, bem como pelo Ministério Público Federal, pela Controladoria Geral da União e pelo Tribunal de Contas da União, sempre que tem verba federal envolvida no financiamento (o que ocorre rotineiramente).

4.2 Os avanços na saúde a partir da implantação do modelo de gestão por Organizações Sociais

A despeito de muito se falar contra o modelo de gestão por Organizações Sociais, muitas delas envolvidas em corrupção em outros Estados Brasileiros, o que se observa em Goiás é um avanço na prestação de serviços de saúde, melhoria da estrutura física das unidades hospitalares e disponibilidade de suprimentos e de mão de obra.

A autonomia conferida às OSs se apoia em dois grandes instrumentos: o Regulamento de Compras e Contratação e o Regulamento de Recrutamento e Seleção de Pessoal. Ambos conferem tanto transparência nos ritos quanto agilidade na execução.

Conforme retromencionado, um dos pontos que tem sido polemizados por defensores de modelos mais engessados e onerosos é a contratação de trabalhadores. Tal aspecto tem sido pauta de muitas ações contra as OSs por parte do Ministério Público do Trabalho, que insiste em ignorar a constitucionalidade da pejotização já reconhecida e reforçada pelo Supremo Tribunal Federal.

Uma unidade hospitalar que opta por contratar todos os trabalhadores pela CLT pode custar muito mais caro que aquela que opta por contratar empresas prestadoras de serviço, sejam eles médicos, de enfermagem ou fisioterapia. Além da tributação trabalhista, a contratação no regime CLT, operacionalmente, ainda demanda um contingente extra de pessoas para suprir os afastamentos legais. É o que se chama de Índice de Segurança Técnica (IST), que, a depender da natureza da atividade, pode facilmente ultrapassar 10%.

Vejamos uma comparação objetiva de uma unidade hospitalar de 210 leitos sediada em Goiânia-GO, que foi montada para o enfrentamento da pandemia Covid19:

TABELA 1 – GASTOS COM UNIDADE HOSPITALAR GERIDA POR OS

Cargo	Período	Cobertura/Horas	Hora CLT	Estimativa CLT	Valor contrato	Diferença
Médicos	Diurno	7.281	191,24	1.392.440,91		
Médicos	Noturno	6.081	211,64	1.286.997,13		
Enfermeiros	Diurno	14.760	44,51	657.031,28		
Enfermeiros	Noturno	14.760	51,64	762.156,28		
Técnicos de Enfermagem	Diurno	27.880	22,20	618.972,72		
Técnicos de Enfermagem	Noturno	27.360	25,16	688.418,44		
Fisioterapia	Diurno	5.040	47,04	237.098,30		
Fisioterapia	Noturno	3.420	54,57	186.630,23	Empresas contratadas.	78%
Fonoaudiologia	Diurno	1.980	47,26	93.574,20		
Cirurgião dentista	Diurno	1.260	121,25	152.775,98		
Psicologia	Diurno	2.880	47,26	136.107,92		
Psicologia	Noturno	360	54,82	19.735,65		
Assistente Social	Diurno	3.600	47,26	170.134,90		
Assistente Social	Noturno	720	54,82	39.471,30		
Farmacêutico	Diurno	560	41,20	23.073,73		
Farmacêutico	Noturno	360	46,70	16.810,86		
Técnico em farmácia	Diurno	2.880	18,70	53.867,81		
Técnico em farmácia	Noturno	2.880	21,20	61.050,18		
IST - Cobertura p/ composição CLT	-	18.609	47,26	879.469,83		
Total				7.475.817,65	4.198.103,40	3.277.714,25

Estimativa CLT: Considerando salário base inicial, acrescido adicionais de insalubridade/assiduidade/área fechada, com os devidos encargos e provisões (índice de custos KPIH/PLANISA).

Valor contrato: Considerando os contratos em vigência conforme cobertura em horas

Fonte: Secretaria de Estado da Saúde de Goiás.

Esta unidade hospitalar, gerida por OSs, optou por contratar PJ's de serviços médicos e multiprofissionais a um custo global de R$4.198.103,40 (Quatro milhões, cento e noventa e oito mil, centro e três reais e quarenta centavos). Caso esta OSS optasse por contratar mão de obra celetista para cobrir a mesma carga-horária com a mesma oferta de serviço, somente com custo de pessoal, custaria R$3.277.714,25 (três milhões, duzentos e setenta e sete mil, setecentos e catorze reais e vinte e cinco centavos) *a mais*. Por óbvio, isso seria uma verdadeira afronta ao Princípio da Economicidade. Com este mesmo valor que seria acrescido poderia ser custeada uma unidade inteira no interior do Estado, com mais de 50 leitos e 10 leitos de UTI. É um bom exemplo de respeito também ao Princípio da Eficiência.

Aventa-se a necessidade de isonomia, evoca-se a suposta garantia de continuidade do serviço, tudo isso para defender contratações estatutárias ou celetistas em detrimento da contratação de serviço por empresas de profissionais especializados. Na prática, o que se observa é que a operação hospitalar tem especificidades que guardam muito mais relação e se adaptam muito melhor a modelos de contratação mais flexíveis, tanto no que se refere a horários e composição de equipes, quanto aos vínculos empregatícios.

Assim, respeitadas as previsões legais, a OS deve ter a liberdade de escolher a melhor forma de contratação para fins de cumprir com eficiência as metas estabelecidas no contrato de gestão.

4.3 A pandemia, a assistência hospitalar e as OSs

Quando a pandemia causada pelo vírus SARS-CoV2 iniciou na China, o mundo ficou apreensivo e aflito. Nenhum país estava preparado para enfrentar aquilo que, até então, tratava-se de uma epidemia na China. 'Epidemia' porque apesar de ser de um vírus "conhecido" (coronavírus; no caso, o novo coronavírus), fugia do previsto (endemia), mas ainda era localizado naquele país. Quando adquiriu dimensões globais, se enquadrou no conceito de pandemia (fora do previsto e com abrangência mundial).

A China construiu algumas unidades hospitalares em 10 (dez) dias. Mais do que tentar provar alguma eficiência na condução da gestão da saúde, a China deu verdadeira demonstração de poder. Pouco informou ao mundo sobre o vírus, mas muito se exportou de insumos no combate à pandemia. De simples máscaras de proteção facial a ventiladores mecânicos microprocessados com alta tecnologia.

A Europa estremeceu. Inúmeras pessoas morreram nos corredores de hospitais ou na porta deles. Boa parcela da população idosa na Itália foi dizimada em casa, sem sequer ser atendida por algum profissional ou serviço de saúde.

E o vírus desconhecido, o "novo coronavírus", estaria prestes a desembarcar no Brasil. Em uma demonstração de solidariedade e talvez de poder, o governo brasileiro articulou a "Operação Regresso", que trouxe dezenas de brasileiros que estavam na cidade de Wuhan, para a Base Aérea de Anápolis. Um verdadeiro exercício de logística que alguns dias depois seria necessário e útil.

A Secretaria de Estado de Saúde de Goiás (SES-GO) participou ativamente no planejamento e execução desta operação. A retaguarda de diagnóstico por imagem foi fornecida 'in loco' pela SES-GO. Todos os exames de triagem feitos por *swab* nasal, de toda tripulação da Força Aérea Brasileira, de todos os passageiros, de toda a equipe envolvida da Base Aérea de Anápolis e dos Ministérios foram coletados pela equipe da SES-GO e processados no Laboratório Central de Goiás.

Felizmente, todos da Operação Regresso estavam sem o vírus. A importação do vírus viria dias depois.

No dia 12 de março de 2020, o primeiro caso foi confirmado no Estado de Goiás, importado da Europa. Sabia-se que após o primeiro caso, em um curto intervalo de tempo a curva do número de casos tomaria forma de crescimento exponencial. Certamente a rede de unidades de saúde existente no Estado não seria suficiente para suportar toda a demanda, sobretudo de casos graves, que necessitariam de internação em leitos de Unidade de Terapia Intensiva.

Antes do vírus chegar no Brasil, o Estado de Goiás já havia criado o Comitê de Operações Estratégicas de Saúde Pública (COE), com diversas representatividades, e elaborado o Plano de Contingência com o que já tinha disponível na rede de saúde. No entanto, sabendo da alta transmissibilidade do SARS-COV2, era certo que necessitaria expandir a rede com estruturas dedicadas.

Optou-se por estruturas de alvenaria, que já constavam no planejamento global da saúde para serem abertas ou estadualizadas em 2021 e 2022. Ou seja, unidades perenes, que ficassem como legado pós--pandemia, entregando mais leitos de UTI à rede hospitalar do Estado, dando lastro ao dinheiro público. Focados nesta possibilidade concreta de expansão, todos os processos foram acelerados.

No dia 23 de março de 2020, 11 dias após o primeiro caso registrado no estado, foi inaugurado o primeiro hospital em Goiás dedicado ao enfrentamento da pandemia da COVID-19. O Hospital de Campanha de Goiânia, com 210 leitos, sendo 70 críticos (UTI) e 140 não críticos (enfermaria), mas com possibilidade de serem convertidos em críticos. Uma unidade montada em 11 dias com todo parque tecnológico necessário para diagnóstico (com duas tomografias) e suporte clínico (com ventiladores mecânicos, monitores multiparamétricos, camas elétricas, bombas de infusão contínua, sistema e equipes).

Não é exagero dizer que se fosse através da Administração Direta, 06 meses após o primeiro caso, possivelmente ainda não se teria concluído as adequações físicas da estrutura após extenso processo licitatório, todos os pregões para compras de insumos, nem contratação de pessoas por concurso público.

Além desta unidade estadual dedicada sediada em Goiânia, outras unidades foram montadas ou estadualizadas e criadas Unidades de Terapia Intensiva (UTI), e, algumas, já existentes, mas sem UTIs, tiveram tais leitos de UTI montados. Tais ações de gestão contemplaram todas as regiões de saúde do Estado. As cidades contempladas foram: Formosa, Luziânia, São Luís de Montes Belos, Jaraguá, Porangatu, Jataí, Itumbiara, Trindade. Além dessas cidades, Águas Lindas de Goiás também recebeu uma unidade. Esta, no entanto, foi uma unidade transitória, de tenda, construída pelo Ministério da Infraestrutura, transferida ao Ministério da Saúde, que, por sua vez, fez um Termo de Cooperação com a Secretaria de Estado da Saúde de Goiás (SES-GO) para geri-lo por 120 dias (prolongou-se por 150 dias).

Neste enfrentamento da pandemia, com unidades geridas por OSs, o Estado manteve o acompanhamento muito amiúde do cumprimento do que fora estabelecido nos contratos de gestão. Tanto que, uma das OSs que geria duas unidades, a de Águas Lindas de Goiás e a de São Luís de Montes Belos, não apresentou bom rendimento, descumprindo o estabelecido nos contratos de gestão, tendo o vínculo rompido pela SES-GO, com pedido sumário de desqualificação no Estado como organização social, não podendo pleitear nova qualificação em Goiás como OSs pelos próximos 10 anos. A gestão das duas unidades mencionadas não teve qualquer descontinuidade, e outras duas organizações sociais assumiram as respectivas operações, após terem sido selecionadas emergencialmente com critérios objetivos, e respeitando os ritos de escolha contidos na lei estadual que regulamenta a ação das OSs no Estado.

Fica evidente que o ritmo e as peculiaridades das demandas da saúde são mais facilmente atendidos por ferramentas de gestão mais flexíveis. No caso do enfrentamento da pandemia, a gestão das unidades hospitalares feitas por OSs viabilizou, no Estado de Goiás, o projeto de enfrentamento tanto na forma, quanto no tempo hábil de execução.

Essa agilidade permitiu a expansão da capacidade da rede pública de saúde em velocidade superior ao número de casos da COVID-19, de forma que nenhum cidadão goiano deixou de receber atendimento médico adequado (veja o gráfico a seguir):

Fonte: Secretaria de Estado da Saúde de Goiás.

Enfim, é indiscutível que modelos alternativos à Administração Direta são necessários à gestão da saúde. O que se faz necessário, no entanto, é que o Estado estabeleça a política pública de saúde (seu papel de fato), e que mantenha a governança, a fiscalização e o controle das unidades.

5 Conclusão

Frente às considerações retromencionadas, percebe-se que diante da impossibilidade do Estado, pelo menos no curto e médio prazo, de ter condições técnicas e operacionais de satisfazer as necessidades públicas no campo da saúde, os contratos de gestão com Organizações Sociais surgiram como alternativa importante para fins de fomentar a iniciativa complementar à atividade estatal. E, mais, em tempos de pandemia, essa forma de gestão foi indispensável para a estruturação da rede pública de saúde goiana, de modo a permitir o acesso universal ao tratamento adequado. Esse resultado aponta para a autonomia administrativa e financeira no processo de aquisição de bens e serviços, bem como na contratação de recursos humanos.

Naturalmente, como é ínsito a novas ideias, muitas críticas são diariamente levantadas em relação a esse modelo de gestão na área da saúde, devendo ser analisadas para fins de incrementá-lo. O debate deve ser encarado como uma oportunidade de melhorarmos o sistema e de construirmos soluções para as fragilidades existentes.

Por outro lado, devem ser evitadas e rechaçadas críticas e distorções desconstrutivas do modelo, na medida em que elas colocam todo o sistema em perigo e, não raras vezes, desviam do foco principal que é o aprimoramento do sistema público de saúde.

Não se descuida para o fato de que podem ocorrer contratações indevidas, pejotizações irregulares, desvios lesivos ao erário e outras mazelas, mas para impedir isso deve o Poder Público se imiscuir na fiscalização e exercer o controle de forma efetiva. E, não simplesmente abrir mão de um modelo de gestão que se mostrou adequado e necessário aos fins almejados. A sociedade que utiliza a rede pública de saúde que o diga.

Portanto, o Estado de Goiás tem agido efetivamente nas metas de resultados a serem alcançadas com a prestação do serviço público final, mas sem se descuidar acerca da necessidade de que as inovações propostas por experiências como estas devem ser apropriadas e implementadas.

Por fim, o Estado de Goiás tem primado pela transparência que deve imperar nessa relação de parceria público-privada, como forma de serem evitadas antigas práticas que possam desvirtuar o caráter público e democrático do sistema de saúde brasileiro.

Referências

BARBOSA, Nelson Bezerra. As Organizações Sociais de Saúde como Forma de Gestão Público/ Privado. *Cien Saúde Colet*, [periódico na internet], jul. 2008. Disponível em: http://www.cienciaesaudecoletiva.com.br/artigos/as-organizacoes-sociais-de-saude-como-forma-de-gestao-publico privado/2454?id=2454&id=2454. Acesso em 20 set. 2020.

BRESSER PEREIRA, Luís C. A Reforma do Estado nos anos 90: Lógica e mecanismos de controle. *Lua Nova*, n. 45, p. 45-95, 1998.

BRESSER PEREIRA, Luís C. *A reforma do Estado para a cidadania*. São Paulo: Ed. 34, 1999.

CARINHATO, Pedro Henrique. Neoliberalismo, reforma do Estado e políticas sociais nas últimas décadas do século XX no Brasil. *Aurora*, a. II, n. 3, dez. 2008. Disponível em: www.marilia.unesp.br/aurora file:///Users/Juliana/Downloads/1192-Texto%20do%20 artigo-4410-1-10-20110822.pdf. Acesso em 02 out. 2020.

FERRANTELLI, Talita. *Organizações Sociais de Saúde*. Disponível em: http:// https:// mundopublico.fandom.com/ptbr/wiki/Organiza%C3%A7%C3%B5es_Sociais_de_ Sa%C3%BAde. Acesso em 02 out. 2020.

KUDLAWICZ, C. *Gestão de custos hospitalar*: um estudo de caso. São Paulo: Congresso USP, 2010.

LINS, Bernardo Wildi. *Organizações sociais e contratos de gestão*. 2. ed. Rio de Janeiro: Lumen Juris, 2018.

MARTINS, E. *Contabilidade de custos*. São Paulo: Atlas, 2003.

MARTINS, V. F. *Desenvolvimento de modelo de resultados em serviços hospitalares com base na comparação entre receitas e custos das atividades associadas aos serviços*. Florianópolis, 2002. 117 f. Dissertação (Mestrado em Engenharia de Produção) – Curso de Pós-Graduação em Engenharia de Produção, Universidade Federal de Santa Catarina, Florianópolis, 2002. Disponível em: https://repositorio.ufsc.br/xmlui/bitstream/ handle/123456789/83363/193148.pdf?seq. Acesso em 30 set. 2015.

MATOS, A. J. *Gestão de custos hospitalares*: técnicas, análise e tomada de decisão. São Paulo: Editora STS, 2002.

PINTO, Élida Graziane; AMARAL, Daniel João do. Controle de custos e resultados nos contratos de gestão da saúde: alguns apontamentos sobre suas prestações de contas. *In*: SODRÉ, Francis; BUSSINGUER, Elda Coelho de Azevedo; BAHIA, Ligia. *Organizações sociais: agenda política e os custos para o setor público de saúde*. 1 ed. São Paulo: Hucitec, 2018.

SODRÉ, Francis; BUSSINGUER, Elda Coelho de Azevedo; BAHIA, Ligia. *Organizações sociais*: agenda política e os custos para o setor público de saúde. 1. ed. São Paulo: Hucitec, 2018.

SOUSA, Cinthia Mara Moraes Gabrielli de; GIL, Eduarda P.; SANTANA, Ligia C. de. Custeio por absorção como instrumento de informação gerencial no ramo hospitalar. *CAD*, v. 9, n. 1, p. 73-84, jan./dez. 2015.

VERONESE, Alexandre. *Reforma do Estado e organizações sociais*: a experiência de sua implantação no Ministério da Ciência e Tecnologia. Belo Horizonte: Fórum, 2011.

Informação bibliográfica deste texto, conforme a NBR 6023:2018 da Associação Brasileira de Normas Técnicas (ABNT):

DINIZ, Juliana; ALEXANDRINO, Ismael. Organizações sociais de saúde no Estado de Goiás. *In*: PAULA, Rodrigo Francisco de (Coord.). *A experiência dos Estados no enfrentamento da pandemia da COVID-19*. Belo Horizonte: Fórum, 2021. p. 141-163. ISBN 978-65-5518-147-0.

A TUTELA DE URGÊNCIA COMO FORMA DE COMBATE À PANDEMIA PELA ADVOCACIA PÚBLICA

JUVÊNCIO VASCONCELOS VIANA
ROMMEL BARROSO DA FROTA

1 Introdução

O historiador inglês Eric Hobsbawn lançou, em 2002, sua autobiografia, intitulada *Tempos Interessantes*.[1] Dado o nascimento do autor em 1917, a obra abrange um período conturbado da História Mundial, inclusive as duas Guerras Mundiais e a chamada Grande Depressão. Daí a referência, em seu título, a "tempos interessantes", que seria uma alusão a uma possível antiga maldição chinesa: "que você viva em tempos interessantes", os quais seriam momentos de tribulação, de conflito, de dificuldades.

Tomada em tal contexto, a expressão é perfeitamente aplicável à atualidade: a humanidade vive em "tempos interessantes", especialmente em um mundo assolado pela pandemia do coronavírus (COVID-19). Os efeitos dessa situação peculiar se fazem sentir em todo o planeta, inclusive, claro, no Brasil, exigindo ações dos entes públicos

---

[1] HOBSBAWN, Eric. *Tempos interessantes*. (Trad. S. Soares). São Paulo: Companhia das Letras, 2002.

em situações nas quais, muitas vezes, a própria comunidade científica não foi capaz ainda sequer de formular adequadamente as perguntas, quiçá fornecer suas respostas.

E se a intervenção estatal é requerida pelos fatos, é inexorável que de forma concomitante se exija a atuação da advocacia pública, especialmente em contexto impregnado de alterações bruscas, seja por meio de sua atividade consultiva, seja através da adoção de medidas judiciais hábeis a viabilizar a implementação de soluções não apenas juridicamente adequadas (no sentido de que admissíveis pela legislação), mas também céleres, capazes de fazer face às exigências de uma pandemia que ceifa vidas diariamente, alcançando, em toda a Terra, a marca dos milhões de vítimas em alguns poucos meses.

A conjugação da adequação jurídica (portanto, dos meios previstos no ordenamento que se revelem capazes de sanar as dificuldades) com a busca por celeridade conduzem necessariamente o tema à discussão das várias figuras agrupadas sob a denominação genérica de "tutela provisória". Tem sido ela, no âmbito jurisdicional, a grande aliada da advocacia pública nessa luta.

Em função do exposto, o presente estudo, embora de forma resumida e, certamente, embrionária, objetiva analisar o papel essencial que a tutela provisória, nas mãos da advocacia pública, tem desempenhado na presente conjuntura. Nesse afã, serão inicialmente traçadas as linhas gerais pertinentes ao regramento da advocacia pública no Brasil para, então, discutir a situação fática e jurídica gerada pela pandemia, seguindo-se um exame resumido da figura da tutela provisória e, finalmente, cuidar-se-á da utilização da última como meio de solucionar situações em concreto geradas pelo coronavírus.

2 A advocacia pública em linhas gerais

A Constituição Federal de 1988, muito embora adote a já célebre tripartição dos poderes (Executivo, Legislativo e Judiciário), ao tratar, em seu Título IV, da "Organização dos Poderes", apresenta não três capítulos, como seria de se esperar (um para cada Poder), mas quatro, sendo o último deles dedicado às "Funções Essenciais à Justiça", o que já evidencia a importância que a Carta confere a estas.

O capítulo pertinente às "Funções Essenciais à Justiça" é, ele próprio, dividido em quatro Seções, que versam, respectivamente, sobre o Ministério Público, a Advocacia Pública, a Advocacia (em sentido mais geral, pelo que compreensiva, também, da advocacia privada) e a Defensoria Pública. Interessa ao presente estudo enfatizar a questão da advocacia pública.

Basicamente, são dois dispositivos constitucionais disciplinando diretamente a advocacia pública:

> Art. 131. A Advocacia-Geral da União é a instituição que, diretamente ou através de órgão vinculado, representa a União, judicial e extrajudicialmente, cabendo-lhe, nos termos da lei complementar que dispuser sobre sua organização e funcionamento, as atividades de consultoria e assessoramento jurídico do Poder Executivo.
>
> §1º - A Advocacia-Geral da União tem por chefe o Advogado-Geral da União, de livre nomeação pelo Presidente da República dentre cidadãos maiores de trinta e cinco anos, de notável saber jurídico e reputação ilibada.
>
> §2º - O ingresso nas classes iniciais das carreiras da instituição de que trata este artigo far-se-á mediante concurso público de provas e títulos.
>
> §3º - Na execução da dívida ativa de natureza tributária, a representação da União cabe à Procuradoria-Geral da Fazenda Nacional, observado o disposto em lei.
>
> Art. 132. Os Procuradores dos Estados e do Distrito Federal, organizados em carreira, na qual o ingresso dependerá de concurso público de provas e títulos, com a participação da Ordem dos Advogados do Brasil em todas as suas fases, exercerão a representação judicial e a consultoria jurídica das respectivas unidades federadas.
>
> Parágrafo único. Aos procuradores referidos neste artigo é assegurada estabilidade após três anos de efetivo exercício, mediante avaliação de desempenho perante os órgãos próprios, após relatório circunstanciado das corregedorias.

De imediato, o que se percebe é uma omissão: numa estrutura federativa que reconhece aos municípios a condição de entes federados autônomos, segundo a própria Constituição,[2] não há previsão de

---

[2] "Art. 18. A organização político-administrativa da República Federativa do Brasil compreende a União, os Estados, o Distrito Federal e os Municípios, todos autônomos, nos termos desta Constituição".

uma advocacia pública municipal. A Carta se refere apenas à União (Advocacia-Geral da União e Procuradoria-Geral da Fazenda Nacional – art. 131) e aos Estados e Distrito Federal (Procuradores dos Estados e do Distrito Federal – art. 132).

A situação é, no mínimo, estranhável, pois, embora tenha se consolidado o entendimento, no âmbito do Supremo Tribunal Federal, de que a autonomia do Município, aliada à falta de menção expressa de uma advocacia pública municipal no Texto Constitucional, permitiria que o primeiro não estivesse obrigado a criar uma Procuradoria Municipal,[3] a mesma Corte, tratando do teto constitucional já decidiu que, quando existem,

> (...) os procuradores municipais integram a categoria da Advocacia Pública inserida pela Constituição da República dentre as cognominadas funções essenciais à Justiça, na medida em que também atuam para a preservação dos direitos fundamentais e do Estado de Direito. (...).[4]

É curiosa a ideia de que não seria obrigatória aos entes federados municipais a criação de um órgão que engloba, segundo o próprio Tribunal Constitucional, uma função essencial à Justiça. Isso inobstante, não sendo esse o momento adequado para a discussão do tema, por mais perplexidade que ele gere, cumpre aqui apenas registrar como se encontra a situação segundo a Constituição e a jurisprudência do Supremo Tribunal Federal: a advocacia pública é função essencial à Justiça, sendo formada pela Advocacia-Geral da União, a Procuradoria-Geral da Fazenda Nacional, as Procuradorias dos Estados e do Distrito Federal e, quando existirem (visto que sua criação não seria obrigatória) as Procuradorias Municipais.

Embora os anteriormente citados sejam os mais comuns integrantes da advocacia pública, o rol não se esgota com sua menção. Basta recordar, por exemplo, que o Ato das Disposições Constitucionais Transitórias (ADCT) permitiu a persistência de consultorias jurídicas

---

[3] Há precedentes em tal sentido das duas Turmas do Supremo Tribunal Federal. Entre outros, cf.: RE nº 1156016 AgR, Relator(a): Luiz Fux, Primeira Turma, julgado em 06.05.2019, processo eletrônico DJe-102 DIVULG 15.05.2019 PUBLIC 16.05.2019; RE nº 1205434 AgR, Relator(a): Edson Fachin, Segunda Turma, julgado em 20.12.2019, processo eletrônico DJe-023 DIVULG 05.02.2020 PUBLIC 06.02.2020.

[4] RE nº 663696, Relator(a): Luiz Fux, Tribunal Pleno, julgado em 28.02.2019, processo eletrônico repercussão geral – mérito DJe-183 DIVULG 21.08.2019 PUBLIC 22.08.2019.

separadas das Procuradorias-Gerais ou Advocacias-Gerais, desde que anteriores à Constituição de 1988.[5]

Agregue-se, ainda, o conjunto de exceções que vem sendo paulatinamente construído pela jurisprudência do Supremo Tribunal Federal, compreendendo várias situações (cujo exame particularizado é irrelevante para os fins desta análise), que podem ser resumidas em trecho de ementa de recente julgado da Corte:

> (...) 2. O exercício da atividade de representação judicial e de consultoria jurídica no âmbito dos Estados e do Distrito Federal é de competência exclusiva dos Procuradores do Estado (art. 132, CF/88), sendo vedada a criação de Procuradoria Autárquica para a consultoria e o assessoramento jurídico das autarquias e fundações estaduais. 3. O modelo constitucional da atividade de representação judicial e consultoria jurídica dos Estados exige a unicidade orgânica da advocacia pública estadual, incompatível com a criação de órgãos jurídicos paralelos para o desempenho das mesmas atribuições no âmbito da Administração Pública Direta ou Indireta, com exceção dos seguintes casos: (i) procuradorias jurídicas nas Assembleias Legislativas e Tribunais de Contas para a defesa de sua autonomia e assessoramento jurídico de suas atividades internas (ADI nº 94, Rel. Min. Gilmar Mendes); (ii) contratação de advogados particulares em casos especiais (Pet nº 409-AgR, Rel. Min. Celso de Mello); e (iii) consultorias paralelas à advocacia estadual que já exercem esse papel à época da promulgação da Constituição de 1988 (art. 69 do ADCT). 4. Na linha dos precedentes desta Corte, considero que as universidades estaduais também podem criar e organizar procuradorias jurídicas, em razão de sua autonomia didático-científica, administrativa, financeira e patrimonial (art. 207, caput, CF/88). Tais órgãos jurídicos exercem um papel fundamental na defesa dos interesses das universidades, inclusive em face dos próprios Estados-membros que as constituíram. Portanto, em razão da autonomia universitária e seguindo a lógica da jurisprudência do Supremo Tribunal Federal na matéria, a existência dessas procuradorias não viola o art. 132 da Constituição.[6]

O ponto principal aqui é que a essas Procuradorias Jurídicas em sentido lato, notadamente aquelas elencadas nos arts. 131 e 132 da Constituição, compete, dentro de seus respectivos âmbitos de atuação, tanto as atividades de consultoria quanto a representação judicial das

---

[5] "Art. 69. Será permitido aos Estados manter consultorias jurídicas separadas de suas Procuradorias-Gerais ou Advocacias-Gerais, desde que, na data da promulgação da Constituição, tenham órgãos distintos para as respectivas funções".

[6] ADI nº 5215, Relator(a): Roberto Barroso, Tribunal Pleno, julgado em 28.03.2019, processo eletrônico DJe-167 DIVULG 31.07.2019 PUBLIC 01.08.2019.

pessoas jurídicas a que pertencem. E, ressalvadas as exceções constitucionais anteriormente elencadas, trata-se de uma "inderrogável imputação de específica e exclusiva atividade funcional aos membros integrantes da Advocacia Pública".[7]

Cuida-se, então, como assinala com toda exatidão Maria Sylvia Zanella di Pietro,[8] quando a tais Procuradorias (mais uma vez, em sentido lato) é feita alusão como "função essencial à Justiça", de circunstância em que o último vocábulo há de ser entendido em dúplice acepção. De um lado, a Justiça como instituição, o Poder Judiciário, dado que se postula em juízo através dos integrantes das ditas Procuradorias. De outro, a Justiça como valor, um ideal a ser alcançado, nos termos do próprio preâmbulo da Constituição Federal,[9] que se revela também na face consultiva da advocacia pública.

3 Aspectos jurídicos da pandemia

A enfermidade que veio a ser denominada de COVID-19 se iniciou, ao que se tem conhecimento, na província de Wuhan, na República Popular da China, e se espalhou rapidamente, destacando-se não apenas pela rapidez de sua proliferação, mas pela ênfase em problemas de cunho respiratório.

Ainda em janeiro de 2020, a Organização Mundial de Saúde (OMS) já declarava a existência de uma "emergência de saúde pública de interesse internacional". No Brasil, essa ocorrência teve como consequência a edição da Portaria nº 188, de 3 de fevereiro de 2020, por meio da qual o Ministro da Saúde declarou a existência de uma "Emergência em Saúde Pública de Importância Nacional conforme

---

[7] ADI nº 881 MC, Relator(a): Celso De Mello, Tribunal Pleno, julgado em 02.08.1993, DJ 25.04.1997 PP-15197 EMENT VOL-01866-02 PP-00238. A decisão se refere às Procuradorias Estaduais, mas inequivocamente o entendimento ali externado é extensível a todos os órgãos elencados nos arts. 131 e 132 da Constituição Federal, dentro de suas respectivas áreas de atuação, vez que não haveria motivo para uma diferenciação de tratamento.

[8] PIETRO. Maria Sylvia Zanella di. A Advocacia Pública como Função Essencial à Justiça. *Revista Consultor Jurídico*, 18 ago. 2016. Disponível em: https://www.conjur.com.br/2016-ago-18/interesse-publico-advocacia-publica-funcao-essencial-justica. Acesso em 20 out. 2020.

[9] Nós, representantes do povo brasileiro, reunidos em Assembleia Nacional Constituinte para instituir um Estado Democrático, destinado a assegurar o exercício dos direitos sociais e individuais, a liberdade, a segurança, o bem-estar, o desenvolvimento, a igualdade e *a justiça como valores supremos* de uma sociedade fraterna, pluralista e sem preconceitos, fundada na harmonia social e comprometida, na ordem interna e internacional, com a solução pacífica das controvérsias, promulgamos, sob a proteção de Deus, a seguinte CONSTITUIÇÃO DA REPÚBLICA FEDERATIVA DO BRASIL. (Grifos nossos).

Decreto nº 7.616, de 17 de novembro de 2011" (art. 1º) e criou o "Centro de Operações de Emergências em Saúde Pública (COE-nCoV) como mecanismo nacional da gestão coordenada da resposta à emergência no âmbito nacional" (art. 2º).

Seguiu-se a Lei nº 13.979, de 6 de fevereiro de 2020, que dispôs sobre "as medidas que poderão ser adotadas para enfrentamento da emergência de saúde pública de importância internacional decorrente do coronavírus responsável pelo surto de 2019" (art. 1º), conferindo maior segurança jurídica à atuação dos entes federados, uma vez que a já referida Portaria nº 188 derivava de um decreto, como assinalado no parágrafo anterior, e se limitou a criar um centro de operações.

A Lei nº 13.979/2020 foi muito além e previu uma série de medidas que poderiam ser utilizadas pelos entes federados, dentre as quais o isolamento e a quarentena (art. 3º), além da possibilidade de dispensa de "licitação para aquisição ou contratação de bens, serviços, inclusive de engenharia, e insumos destinados ao enfrentamento da emergência de saúde pública de importância internacional de que trata esta Lei" (art. 4º). De especial interesse à presente discussão é a previsão, naquele diploma normativo, de "autorização excepcional e temporária para a importação e distribuição de quaisquer materiais, medicamentos, equipamentos e insumos da área de saúde sujeitos à vigilância sanitária sem registro na Anvisa considerados essenciais para auxiliar no combate à pandemia do coronavírus" (art. 3º, VIII, com redação conferida pela Lei nº 14.006, de 28 de maio de 2020, destacando-se que o texto anterior à modificação já continha regra em sentido semelhante).

Como a doença continuou se alastrando, independentemente de fronteiras nacionais, a Organização Mundial de Saúde findou por considerá-la uma pandemia, em março de 2020 e, no mesmo mês, a Portaria nº 454, de 20 de março de 2020, do Ministério da Saúde, declarou o "estado de transmissão comunitária do coronavírus (COVID-19)", prevendo especificamente a hipótese do "isolamento domiciliar da pessoa com sintomas respiratórios e das pessoas que residam no mesmo endereço, ainda que estejam assintomáticos, devendo permanecer em isolamento pelo período máximo de 14 (quatorze) dias" (art. 2º).

O quadro desolador causado pela pandemia conduziu, então, a uma série de questões jurídicas. No âmbito privado, a Lei nº 14.010, de 10 de junho de 2020, instituiu "normas de caráter transitório e emergencial para a regulação de relações jurídicas de Direito Privado em virtude da pandemia do coronavírus (COVID-19)" (art. 1º), alcançando a disciplina da prescrição e decadência (art. 3º), das reuniões e assembleias de pessoas jurídicas de Direito Privado (arts. 4º e 5º), da resolução, resilição e revisão contratual (arts. 6º e 7º), do Direito do Consumidor (art. 8º), das locações de imóveis urbanos (art. 9º), da usucapião (art. 10), do condomínio edilício (arts. 12 e 13), do regime concorrencial (art. 14), e até do Direito de Família e Sucessões (arts. 15 e 16).

Na seara pública, paralelamente ao advento da Lei nº 13.979/2020, já referida anteriormente, o Decreto Legislativo nº 6 reconheceu

> exclusivamente para os fins do art. 65 da Lei Complementar nº 101, de 4 de maio de 2000, notadamente para as dispensas do atingimento dos resultados fiscais previstos no art. 2º da Lei nº 13.898, de 11 de novembro de 2019, e da limitação de empenho de que trata o art. 9º da Lei Complementar nº 101, de 4 de maio de 2000, a ocorrência do estado de calamidade pública, com efeitos até 31 de dezembro de 2020, nos termos da solicitação do Presidente da República encaminhada por meio da Mensagem nº 93, de 18 de março de 2020 (art. 1º).

A Emenda Constitucional nº 106, de 7 de maio de 2020, a seu turno, estabeleceu o que se convencionou denominar de "orçamento de guerra". Na prática, um conjunto de medidas de teor variado, mas cujo ponto comum foi a instituição de um "regime extraordinário fiscal, financeiro e de contratações para atender às necessidades dele decorrentes, somente naquilo em que a urgência for incompatível com o regime regular, nos termos definidos nesta Emenda Constitucional" (art. 1º).

Esse bosquejo do quadro normativo que se instalou com o advento da pandemia, conquanto incompleto, cumpre o objetivo de demonstrar que o ordenamento brasileiro foi profundamente impactado pela COVID-19, sendo indiscutível que houve necessidade de mudanças profundas para permitir uma resposta mais adequada à crise ocorrida.

4 Algumas considerações sobre a tutela provisória

A imperiosa necessidade de novos instrumentos jurídicos discutida no tópico precedente, contudo, não afastou a utilidade de meios já disponíveis. Pelo contrário, a depender do contexto, apenas realçou sua serventia. Foi o que se deu com as regras pertinentes à tutela provisória.

É de notória sabença que a temática das medidas cautelares e antecipatórias sofreu, no Código de Processo Civil de 2015, muitas alterações. Isso inobstante, o cerne de seu debate remanesceu o mesmo, qual seja: o conflito entre o tempo necessário ao desenrolar do processo judicial e a efetivação do resultado deste último.

Realmente, o processo envolve um conjunto de operações efetuadas pelos órgãos judiciários e pelas partes,[10] tendentes a um determinado fim, qual seja: a realização da função jurisdicional estatal. E justamente

> por ser *actum trium personarum* e instrumento de composição de litígios, a fim de dar-se a cada um o que é seu, não pode desenrolar-se com essa rapidez e subitaneidade, sob pena de deixar de ser processo. A *dilatio temporis*, entre o pedido inicial e a entrega, pelo juiz ou tribunal, da prestação jurisdicional, não tem condições de ser desfeita ou eliminada.[11]

É precisamente na tentativa de encontrar um ponto de equilíbrio entre a dilação temporal natural do processo e a necessidade de garantir efetividade à tutela jurisdicional que se recorre às modalidades de tutela de urgência, as quais como referiu Calamandrei (tratando, então, dos procedimentos cautelares),

> representam uma conciliação entre as duas exigências, frequentemente contrastantes, da justiça, aquela da celeridade e aquela da ponderação: entre fazer depressa, mas mal, e o fazer bem feito, mas devagar, os procedimentos cautelares objetivam antes de tudo a celeridade, deixando que o problema do bem e do mal, isto é, da justiça intrínseca do procedimento, seja resolvido sucessivamente com a necessária ponderação nas repousadas formas do processo ordinário.[12]

No atual Código de Processo Civil, a tentativa de conciliação entre celeridade e ponderação conduziu à estruturação de uma figura maior, a tutela provisória, que tanto pode se fundamentar em alegações de urgência como de evidência (art. 294).

A tutela de urgência é a figura de contornos mais tradicionais do Direito pátrio, herdeira direta das medidas cautelares e tutelas antecipadas da codificação anterior, visto que é "concedida quando houver elementos que evidenciem a probabilidade do direito e perigo de dano ou risco ao resultado útil do processo" (art. 300, *caput*, Código de Processo Civil). A Lei Processual a admite "cautelar ou antecipada", podendo "ser concedida em caráter antecedente ou incidental" (art. 294, Parágrafo Único, Código de Processo Civil).

---

[10] ROCHA, José de Albuquerque. *Teoria geral do processo*. 7. ed. São Paulo: Atlas, 2003. p. 217.
[11] MARQUES, José Frederico. *Manual de direito processual civil*. São Paulo: Saraiva, 1976. v. IV, p. 323.
[12] CALAMANDREI, Piero. *Introdução ao estudo sistemático dos procedimentos cautelares*. (Trad. Carla Roberta A. Barsi). São Paulo: Ed. Servanda, 2000. p. 39-40.

Quando, porém, assume a roupagem de "tutela antecipada requerida em caráter antecedente", a tutela de urgência apresenta a peculiaridade de poder se estabilizar, caso não haja recurso da decisão que a concedeu (art. 304, *caput*, Código de Processo Civil). Essa estabilização, embora não faça coisa julgada, somente pode ser desafiada por uma ação própria (art. 304, §6º, Código de Processo Civil).

A tutela de evidência, mais específica, independe de prova de perigo de dano ou risco ao resultado útil do processo, mas demanda o respeito a requisitos mais pormenorizados estabelecidos pelo art. 311 do Código de Processo Civil:

> Art. 311. A tutela da evidência será concedida, independentemente da demonstração de perigo de dano ou de risco ao resultado útil do processo, quando:
>
> I - ficar caracterizado o abuso do direito de defesa ou o manifesto propósito protelatório da parte;
>
> II - as alegações de fato puderem ser comprovadas apenas documentalmente e houver tese firmada em julgamento de casos repetitivos ou em súmula vinculante;
>
> III - se tratar de pedido reipersecutório fundado em prova documental adequada do contrato de depósito, caso em que será decretada a ordem de entrega do objeto custodiado, sob cominação de multa;
>
> IV - a petição inicial for instruída com prova documental suficiente dos fatos constitutivos do direito do autor, a que o réu não oponha prova capaz de gerar dúvida razoável.
>
> Parágrafo único. Nas hipóteses dos incisos II e III, o juiz poderá decidir liminarmente.

O contexto gerado pela pandemia é em tudo adequado à utilização de medidas de tutela provisória, especialmente no que se refere à tutela de urgência (a tutela de evidência, como se vê pela leitura do dispositivo legal pertinente, é dotada de tantas especificidades que dificilmente tem emprego numa situação nova e cheia de questionamentos ainda sem resposta definitiva como é o caso da enfermidade que se abate atualmente sobre o mundo). E isso porque poucas vezes na História é possível apontar casos em que o risco de demora na adoção de uma medida judicial pode assumir proporções tão severas e de impossível reparação.

Deveras, a demora aqui é contada não em frações de tempo (dias, horas, minutos, semanas), mas em número de mortos. A cada instante em que a solução é postergada, vidas se perdem.

Dir-se-á: isso também ocorre diuturnamente em outras ações judiciais, especialmente aquelas que debatem o acesso a medicamentos ou a tratamentos médicos. É fato. A COVID-19, todavia, expandiu de forma verdadeiramente exponencial a dimensão do problema. Não se trata mais de uma vida, mas de milhares. Um número, aliás, que sequer é possível precisar com exatidão, na medida em que muitas vezes o que está em jogo não é apenas os atuais infectados, mas aqueles que potencialmente podem vir a sê-lo.

O mundo já conheceu outras pandemias, como a famosa Peste Negra, que assolou a Europa por volta do século XIV, ou a mais recente "Gripe Espanhola", entre 1918 e 1920. Nenhuma delas, porém, contou com as facilidades de deslocamento da atualidade, que permitem a um infectado, em variadas situações, assintomático e alheio à sua condição clínica, espalhar a doença por uma zona geográfica considerável e com velocidade digna de nota.

A ponderação usualmente associada a uma maior lentidão no transcurso do processo judicial não tem a mínima possibilidade de acompanhar o ritmo dos acontecimentos ou de permitir aos feitos chegar a um resultado útil. A ideia de "urgência" nas tutelas de urgência nunca foi tão vividamente representada como no caso presente.

5 Aplicação em concreto

O que a teoria afirma (a excepcional utilidade da tutela provisória, especialmente a de urgência) para tratar de situações processuais associadas à COVID-19, a prática tem confirmado.

É possível, não se tem dúvida, colher exemplos do que se está a asseverar em todo o País. Opta-se, contudo, por destacar uma ocorrência que é suficiente para ratificar o ora defendido.

Afirmou-se, em tópico anterior, que a Lei nº 13.979/2020 previu, entre outros pontos, autorização excepcional e temporária para a importação e a distribuição de quaisquer materiais, medicamentos, equipamentos e insumos da área de saúde sujeitos à vigilância sanitária sem registro na Anvisa, considerados essenciais para auxiliar no combate à pandemia do coronavírus" (art. 3º, VIII, com redação conferida pela Lei nº 14.006, de 28 de maio de 2020).

Como o caso que se vai destacar ocorreu antes da modificação operada pela Lei nº 14.006/2020, é indispensável conhecer o teor do inciso em exame (e suas alíneas) antes e depois daquela mudança legislativa. O quadro a seguir permite a comparação direta entre as duas versões da norma:

REDAÇÃO ANTERIOR À LEI Nº 14.006/2020	REDAÇÃO POSTERIOR À LEI Nº 14.006/2020
VIII - autorização excepcional e temporária para a importação de produtos sujeitos à vigilância sanitária sem registro na Anvisa, desde que: a) registrados por autoridade sanitária estrangeira; e b) previstos em ato do Ministério da Saúde.	VIII – autorização excepcional e temporária para a importação e distribuição de quaisquer materiais, medicamentos, equipamentos e insumos da área de saúde sujeitos à vigilância sanitária sem registro na Anvisa, considerados essenciais para auxiliar no combate à pandemia do coronavírus, desde que: a) registrados por pelo menos 1 (uma) das seguintes autoridades sanitárias estrangeiras e autorizados à distribuição comercial em seus respectivos países: 1. Food and Drug Administration (FDA); 2. European Medicines Agency (EMA); 3. Pharmaceuticals and Medical Devices Agency (PMDA); 4. National Medical Products Administration (NMPA);

Fonte: Elaborado pelos Autores.

Percebe-se que, embora a necessidade de previsão do produto em ato do Ministério da Saúde tenha sido retirada, a nova redação foi mais rígida ao estabelecer quais registros de autoridade sanitária estrangeira aceitaria para substituir a falta daquele previsto pela Agência Nacional de Vigilância Sanitária (Anvisa).

Em 23 de março de 2020, a própria Anvisa, por meio de sua Resolução nº 356, permitiu a aquisição de, entre outros, ventiladores pulmonares "quando não disponíveis para o comércio dispositivos semelhantes regularizados na Anvisa" (art. 9º).

Na ocasião, um ente federado subnacional adquiriu da China um grande volume de ventiladores pulmonares, registrados por autoridades sanitárias da Grã-Bretanha e da Alemanha, firmando contrato no dia 24 de março de 2020.

No dia 27.03.2020 (*depois*, portanto, da contratação, mas *antes* da chegada dos produtos ao Brasil), contudo, a Anvisa deferiu o "registro" do produto, até então inexistente, a uma empresa brasileira.

O ente subnacional, então, pleiteou, junto à Anvisa, a isenção da Declaração do Detentor da Regularização do Produto (DDR) para as necessárias licenças de importação, visto que, quando realizou a compra, insista-se, não havia nenhum detentor de regularização do produto, dado que inexistia registro.

O intervalo de tempo entre a chegada dos produtos e uma eventual resposta administrativa da Anvisa foi se amiudando, de modo que se chegou a contexto no qual os ventiladores efetivamente aportariam no território nacional antes de uma decisão sobre o tema.

No ponto, cumpre destacar, muito embora unicamente para fins de realce da situação de perigo da demora, vez que se trata de fato verdadeiramente notório que, naquele período, a pandemia acrescia vítimas a uma velocidade impressionante e se temia o colapso dos sistemas de saúde, pela incapacidade de atender à demanda, sendo os ventiladores alguns dos equipamentos mais necessários.

Por outro lado, o ente subnacional cumprira os requisitos legais então vigentes, visto que os produtos possuíam registro estrangeiro e encontravam-se previstos em ato administrativo do Ministério da Saúde, por meio de Resolução da própria Anvisa, consoante anteriormetne destacado.

A circunstância de, poucos dias depois, ter sido deferido o registro a uma empresa nacional não afetava a operação negocial praticada anteriormente.

A uma, porque o registro deferido pela Anvisa não tem previsão alguma de caráter retroativo, operando apenas para o futuro, a partir do momento que se tornou público, afirmação que é simples corolário do princípio da publicidade, essencial à eficácia dos atos emanados da Administração.[13] A duas, porque o Direito brasileiro não acolhe a retroatividade para alcançar atos jurídicos perfeitos (inclusive

---

[13] A jurisprudência é pródiga nesse tocante. Cf., à guisa de exemplo: RMS nº 39.816/SC, Rel. Ministro Og Fernandes, segunda turma, julgado em 25.08.2015, DJe 05.02.2016 e REsp nº 1293378/RN, Rel. Ministro Arnaldo Esteves Lima, primeira turma, julgado em 26.02.2013, DJe 05.03.2013.

contratos). Se nem a lei pode retroagir nesse contexto (art. 5º, XXXVI, da Constituição), muito menos poderia um simples ato administrativo. O Supremo Tribunal Federal há muito veda até mesmo a retroatividade mínima[14] (atingir os efeitos futuros de um ato jurídico perfeito anterior à modificação legal ou, caso, ao ato administrativo de deferimento do registro). A três, porque, conforme visto, o ente federado cumpriu os requisitos para importação dos produtos sem o registro da Anvisa.

Patente, assim, que existiria uma verossimilhança de direito militando em favor do ente público que pretendia internalizar os ventiladores pulmonares que havia adquirido.

Por seu turno, a citada DDR é uma exigência burocrática que só tem uma razão de ser: verificar o registro junto à Anvisa para que se tenha uma garantia formal de ausência (ou mitigação) de risco do produto para a população. No caso, além de inexigível a DDR, pelas razões já sumariadas, a demora na confirmação de sua isenção seria muito mais nociva aos bens jurídicos que aquela mesma determinação administrativa buscava preservar (a saúde e, mesmo, a vida da população, que é dever do Estado proteger, segundo a própria Constituição).[15] Era, assim, patente o risco de dano irreparável se perdurasse a situação.

Nesse especialíssimo contexto, o ente subnacional não teve outra alternativa senão recorrer ao Poder Judiciário, dele pleiteando exatamente, à guisa de tutela provisória de urgência, a dispensa em concreto do requisito da DDR.

Note-se que sequer ocorrera a recusa na esfera administrativa e, quer-se crer, tal não se daria, mas a emergência em que se encontravam imersos todos no País não se compatibilizava nem mesmo com a tramitação regular do procedimento administrativo, tornando imperativa a atuação judicial antes mesmo que a Anvisa tivesse a oportunidade de se manifestar, dado que, a partir do momento no qual disponíveis os equipamentos, qualquer demora adicional destoaria do já referido dever constitucional de preservar a saúde do povo brasileiro.

A autoridade judicante mostrou-se à altura de suas funções e, sem qualquer vagar, analisou o pleito pouco depois de protocolado o feito, vindo a deferi-lo, o que permitiu a rápida distribuição dos ventiladores

---

[14] RE nº 388607 AgR, Relator(a): Min. Joaquim Barbosa, Segunda Turma, julgado em 21.03.2006, DJ 28.04.2006 PP-00043 EMENT VOL-02230-04 PP-00749 e RE nº 205999, Relator(a): Min. Moreira Alves, Primeira Turma, julgado em 16.11.1999, DJ 03.03.2000 PP-00089 EMENT VOL-01981-05 PP-00991.

[15] "Art. 196. A saúde é direito de todos e dever do Estado, garantido mediante políticas sociais e econômicas que visem à redução do risco de doença e de outros agravos e ao acesso universal e igualitário às ações e serviços para sua promoção, proteção e recuperação".

junto às unidades médicas que deles tinham necessidade mais imediata, preservando uma quantidade de vidas que é impossível mensurar. A figura da tutela provisória foi, então, de capital importância na espécie para permitir o pronto atendimento das necessidades de saúde oriundas da situação de pandemia.

6 Conclusões

Episódios como o narrado no tópico anterior revelam a fusão necessária entre novas regras de Direito Material, criadas especificamente para o combate à pandemia, e uma disciplina processual que, conquanto remonte a 2015, tem uma longa história de serviços prestados na processualística brasileira.

A denominação, na verdade, é o que menos importa, cautelar, liminar, tutela antecipada, tutela provisória. Todas revelam a preocupação de evitar que a demora na prestação jurisdicional elimine a possibilidade de um final resultado útil ao processo ante situações emergenciais (excluída, claro, a tutela de evidência, que não demanda o exame do perigo da demora). E difícil é antever uma urgência mais premente que a hoje enfrentada. Urgência que assume a forma de uma doença que é invisível em sua forma de contágio, mas cujos efeitos são claramente perceptíveis em um número crescente de casos.

Precisamente porque a urgência é tão generalizada, não se tem dúvida que a intervenção da advocacia pública, fornecendo aos entes respectivos o indispensável arcabouço jurídico para ações cuja rapidez é, por vezes, inafastável, tem se revelado condizente com a seriedade do momento. E, nesse contexto, os instrumentos da tutela provisória são de inegável valia para que se possa alcançar resultados que, em muitas ocasiões, somente são aproveitáveis se obtidos em diminutos intervalos de tempo.

Referências

CALAMANDREI, Piero. *Introdução ao estudo sistemático dos procedimentos cautelares*. (Trad. Carla Roberta A. Barsi). São Paulo: Ed. Servanda, 2000.

HOBSBAWN, Eric. *Tempos interessantes*. (Trad. S. Soares). São Paulo: Companhia das Letras, 2002.

MARQUES, José Frederico. *Manual de direito processual civil*. São Paulo: Saraiva, 1976. v. IV.

PIETRO. Maria Sylvia Zanella di. A Advocacia Pública como Função Essencial à Justiça. *Revista Consultor Jurídico*, 18 ago. 2016. Disponível em: https://www.conjur.com.br/2016-ago-18/interesse-publico-advocacia-publica-funcao-essencial-justica. Acesso em 20 out. 2020.

ROCHA, José de Albuquerque. *Teoria geral do processo*. 7. ed. São Paulo: Atlas, 2003.

Informação bibliográfica deste texto, conforme a NBR 6023:2018 da Associação Brasileira de Normas Técnicas (ABNT):

VIANA, Juvêncio Vasconcelos; FROTA, Rommel Barroso da. A tutela de urgência como forma de combate à pandemia pela advocacia pública. *In*: PAULA, Rodrigo Francisco de (Coord.). *A experiência dos Estados no enfrentamento da pandemia da COVID-19*. Belo Horizonte: Fórum, 2021. p. 165-180. ISBN 978-65-5518-147-0.

PANDEMIA E DISRUPÇÃO: O EPICENTRO DE UM APRENDIZADO

MARIA LIA P. PORTO CORONA
CAMILA KÜHL PINTARELLI

1 Introdução

O trecho a seguir transcrito consta da edição do dia 20 de outubro de 1918 do "Diario Official do Estado de São Paulo", trazendo orientações e conselhos à população paulista para o enfrentamento da gripe espanhola, com a escrita da época.

> A todos os srs. directores de grupos escolares e escolas reunidas do Estado, em 17 do corrente o Sr. Dr. Director Geral da Instrucção Publica, por nosso intermédio, dirigiu a seguinte comunicação: "De ordem do Senhor Doutor Secretário do Interior, auctorizo o encerramento das aulas do grupo escolar sob vossa direcção, como medida preventiva contra a propagação da grippe hespanhola, que já irrompeu em algumas localidades do Estado. Afim de que o povo e principalmente os alumnos do estabelecimento por vós dirigido se acautelem contra a invasão do mal, recomendo-vos que, antes de declarados encerrados os trabalhos do presente anno sejam lidos em cada classe os conselhos do Serviço Sanitário, em seguida transcriptos:

OS CONSELHOS DO SERVIÇO SANITÁRIO

Para evitar a influenza, todo o indivíduo deve fugir das aglomerações, principalmente à noite, não frequentar theatros, cinemas; não fazer visitas e tomar cuidados hygienicos com o mucosa naso-pharyngeana que, muito provavelmente, é a porta de entrada dos germens. Taes cuidados devem ser feitos por meios brandos; não devem ser usados desinfectantes enérgicos ou applicações mechanicas que possam irritar a mucosa naso-pharyngeana. As inhalações de vaselina mentholada, os gargarejos com água e sal, com água iodada, com ácido cítrico, tannino e infusões de plantas contendo tannino, como folhas de goiabeira e outros, são aconselháveis.

Como preventivo, internamente, pede-se usar qualquer sal de quinino nas dóses de 0,25 a 0,50 centigrammos por dia, devendo usá-los de preferência no momento das refeições para impedir os zumbidos nos ouvidos, ou tremores, etc. Estas dóses, salvo em casos muito excepcionaes, não têm o menor inconveniente. Deve-se evitar toda a fadiga ou excesso physico. Todo doente de gripe, aos primeiros symptomas, deve procurar o leito, pois o repouso auxilia a cura e diminue não só as probabilidades de complicações, como de contágio. Os doentes não devem ser visitados, pois a moléstia se transmitte de indivíduo para indivíduo, por contágio directo.

As pessôas edosas devem ser extremadas nestas medidas, não devendo, nem mesmo, receber visitas de simples cortezia, pois a moléstia é nellas mais grave. Os doentes recolhidos a hospitais e casas de saúde não devem ser visitados; as informações poderão ser dadas na portaria ou pelo telefone.

Se todas essas precauções forem adoptadas, é muito possível que a duração da epidemia entre nós tenha attingido o seu auge no fim de seis semanas. A população deverá evitar, mais que tudo, as causas de resfriamento, não só porque abrem a porta à infecção, como às reincidências, como está acontecendo actualmente na Hespanha, Portugal e França.

Outrossim, a Directoria Geral da Instrucção Pública espera que egual procedimento tenham os directores de estabelecimentos de ensino particular, tanto na Capital como no interior, afim de que as medidas tomadas pelo sr. Secretario do Interior contra a propagação da gryppe sejam uniformes para a completa debellação do mal.

A presente communicação é extensiva aos Srs. presidentes das Camaras Municipaes, em relação às escolas isoladas.

Naquela ocasião, escolas e clubes foram temporariamente desativados e se transformaram em hospitais provisórios, enquanto cemitérios permaneceram em operação durante vinte e quatro horas, dada a quantidade de óbitos decorrentes da doença, que afetou quase 25% (vinte e cinco por cento) da população paulista da época, segundo informações divulgadas pela grande mídia.

Cento e dois anos após os fatos anteriormente narrados, a humanidade novamente se viu abordada pelo desconhecido em termos sanitários, em uma realidade social, econômica e tecnológica na qual, ao contrário daquela existente outrora, o cidadão é capaz de manifestar seu pertencimento global com enérgicas interações internacionais, que potencializaram – e ainda potencializam – o vetor contagiante de um vírus que adentrou ao Brasil e se alastrou em território nacional justamente por meio de seu mais populoso ente federativo subnacional: o Estado de São Paulo.

As incógnitas da doença, aliadas aos naturais sentimentos de medo e de ansiedade que a sociedade passou a demonstrar, não poderiam, em momento algum, paralisar ou retardar a tomada de providências por parte da Administração Pública, que, em uma verdadeira corrida contra o tempo, foi compelida a adotar medidas para, simultaneamente, evitar a propagação da moléstia, prover estruturas públicas para o tratamento dos infectados, conscientizar a população sobre a importância do isolamento social e, sobretudo, criar e gerir política pública em inéditas proporções para a macro administração da doença no âmbito do Poder Executivo e do Estado.

Logo após o reconhecimento do estado de Emergência em Saúde Pública de Importância Nacional (ESPIN) e da edição de diplomas normativos declarando o estado de calamidade pública no país, o Estado de São Paulo, em 26 de fevereiro de 2020, foi o primeiro ente federativo a instituir o chamado Centro de Contingência do Coronavírus, vinculado à Secretaria de Estado da Saúde, com a responsabilidade de auxiliar no monitoramento e planejamento das ações contra a propagação da doença, competindo-lhe, igualmente, a organização e a normatização das ações de prevenção, vigilância e controle referentes à infecção humana pelo vírus.

Foram editados, também, o Decreto Estadual nº 64.879, de 20 de março de 2020, e o Decreto Legislativo nº 2.493, de 30 de março de 2020, que reconheceram o estado de calamidade pública em âmbito estadual decorrente da pandemia. Ainda, foi instituída medida de quarentena (Decreto Estadual nº 64.881, de 22 de março de 2020), prevista inicialmente para vigorar até o dia 7 de abril de 2020, mas que – devido à severidade com a qual a crise sanitária atingiu o Estado – foi sendo prorrogada sucessivamente e, mais recentemente, foi flexibilizada nos termos do Decreto Estadual nº 64.994, de 28 de maio de 2020, que instituiu o Plano São Paulo para retomada dos serviços e atividades paulistas.

Sob o aspecto técnico-jurídico, a implementação de empreitada desta magnitude – envolvendo mais de 44 (quarenta e quatro) milhões de pessoas – diferiu sobremaneira da realidade existente quando da anteriormente mencionada epidemia de gripe espanhola, em 1918: se, naquela época, nossa Instituição resumia-se a um setor das então chamadas Secretaria da Fazenda e do Tesouro e Secretaria de Agricultura, Comércio e Obras Públicas, atualmente a Procuradoria Geral do Estado – dadas a sua estrutura e conformação constitucional – foi a responsável pela fundamental missão de afiançar o sucesso jurídico do enfrentamento à COVID-19 no Estado de São Paulo.

A riqueza jurídica da atuação de nossa Instituição em momento histórico tão marcante da sociedade paulista e mundial motivou-nos a compartilhar os caminhos percorridos e as dificuldades enfrentadas nesta jornada ímpar em busca de amparo técnico-normativo para auxiliar na gestão da crise, notadamente no início da pandemia, momento em que as decisões jurídicas a serem tomadas não contavam com referencial técnico ou mesmo claras balizas legais e jurisprudenciais aptos a indicar, de forma cogente, a direção normativa a seguir.

Vivenciamos, neste período, grande união profissional da carreira, já que houve participação de todos os órgãos de execução no território paulista e do escritório na capital federal, seja sob o aspecto do contencioso judicial, seja sob o viés da construção de teses e do assessoramento jurídico aos órgãos da Administração Pública estadual, conforme exploraremos ao longo deste trabalho, que contempla, em sua maior parte, ações e atuações institucionais realizadas no período mais intenso da disseminação da COVID-19 em solo paulista e momento no qual – além dos desafios de adaptabilidade às condições novas e adversas – houve maciça e integral participação da Instituição no acompanhamento da crise.

Neste breve texto, discorreremos sobre alguns dos inúmeros feitos levados adiante pela equipe de excelência que compõe a Procuradoria Geral do Estado de São Paulo, feitos estes que, além de auxiliarem as políticas públicas adotadas para gestão administrativa da pandemia, proporcionaram guinada propositiva na elaboração de complexas e inéditas teses jurídicas, bem como no acompanhamento processual, desenvolvido de forma estratégica e a partir de modelos centralizados de gerenciamento.

Dividido em três etapas, trataremos ao longo deste estudo do papel que a Instituição e seus Procuradores desempenharam para garantir em Juízo a eficácia das medidas administrativas adotadas pelo Poder Executivo, bem como para tentar assegurar o equilíbrio financeiro e orçamentário do Estado durante a crise e no futuro. Ainda, abordaremos grande parte do assessoramento multifocal desenvolvido para construção de estruturas jurídicas aptas a ofertar guarida aos movimentos exigidos pela pandemia, desde contratações a audiências públicas virtuais.

Ao final, e como órgão integrante da Administração Pública direta, mencionaremos algumas alterações administrativas sensíveis que foram promovidas em curto espaço de tempo no ambiente e na cultura do trabalho institucional, cientes da essencialidade da advocacia pública e do inegável desafio de desenvolver nossa atividade-fim com seriedade e eficiência, respeitando os ditames do distanciamento social.

Nosso texto será desenvolvido de forma descritiva, buscando, como afirmamos, compartilhar a experiência e o amadurecimento jurídico que, de alguma forma, a vivência da pandemia nos propiciou: ao sermos o epicentro nacional da maior crise sanitária da humanidade moderna, aprendemos que podemos exercer a advocacia pública de uma forma ainda melhor.

2 A pandemia em Juízo

A política pública desenhada para o enfrentamento da COVID-19 em solo paulista naturalmente enfrentou resistência por parcela da população, que, movida por paradoxal conjunto de sentimentos frente ao desconhecido, passou a questionar em Juízo as causas e os motivos determinantes das opções de organização administrativa adotadas pelo Poder Público.

A título de exemplo, a Assessoria Técnica do Gabinete do Procurador Geral elaborou quase 200 (duzentas) informações em mandados de segurança impetrados contra o Governador do Estado, mandados de injunção e arguições de descumprimento de preceito fundamental, todos aforados com fundamento em atos do Poder Executivo e nos programas administrativos em andamento para combate à pandemia. Além desta atuação, mais de 30 (trinta) respostas a representações do Ministério Público – Federal, Estadual e de Contas –, bem como do

Tribunal de Contas do Estado e da Assembleia Legislativa local foram respondidas pelo órgão, evitando-se possíveis judicializações.

Ainda, nossa Assessoria Técnico Legislativa elaborou nada menos do que 27 (vinte e sete) informações em resposta a ações diretas de inconstitucionalidade contra atos normativos do Estado de São Paulo, versando sobre a política pública de enfrentamento à pandemia. Em vista da natureza jurídico-processual das ações diretas de inconstitucionalidade e dos efeitos abstratos e genéricos das decisões alcançadas pela via do controle concentrado de constitucionalidade, este grande fluxo de questionamentos exigiu trabalho singular por parte de nossa assessoria especializada – sobretudo naquelas demandas em que se questionou a constitucionalidade do plano de reabertura econômica apresentado pelo Estado –, tendo em vista o fato de qualquer conclusão desfavorável alcançada nestas ações poder ser firmada para o direito em tese, isto é, arruinaria a base da construção jurídica das respectivas decisões administrativas.

Paralelamente, o Poder Judiciário também se transformou em palco de discussões protagonizadas pelos entes públicos e por grandes contribuintes, centradas nas questões financeiras, orçamentárias e tributárias, em um movimento que – a depender da forma como as razões do Estado fossem levadas a Juízo – poderia redundar em graves consequências às finanças públicas, com impactos não apenas à aquisição de insumos para enfrentamento da pandemia, mas sobretudo em solução de continuidade às demais despesas correntes.

A preocupação orçamentária existente era e ainda é tal que, no início do mês de abril, a Assessoria Jurídica de Precatórios Judiciais da Procuradoria Geral do Estado, ciente das dificuldades financeiras que passariam a ser enfrentadas pelo Estado de São Paulo, oficiou a Diretoria de Execuções de Precatórios e Cálculos do Tribunal de Justiça de São Paulo postulando, dentre outras medidas, a suspensão dos repasses mensais de recursos do Tesouro para pagamento dos precatórios sujeitos ao regime especial. A medida, de caráter inédito e motivada pelo grave quadro apresentado à arrecadação, foi deferida pelo prazo de 180 (cento e oitenta) dias, o que garantiu ao ente público alívio financeiro no montante de R$1.2 bilhão.

As frentes de atuação judicial desenvolveram-se com bastante rapidez em termos de volume e de complexidade, implicando em um sem número de desafios na organização estrutural da Instituição, principalmente para garantir rápida resposta diante da dinamicidade da evolução da doença.

Todos estes desafios, conforme veremos mais adiante, foram desempenhados em uma inédita e impositiva situação de trabalho remoto, já que a Procuradoria Geral do Estado não dispunha – até a pandemia – de regime de teletrabalho para seus integrantes, o que exigiu disciplina, coesão, união e extremo comprometimento de todos os Procuradores do Estado e Servidores para assegurar o êxito de nossa atuação em momento tão sensível.

2.1 Contencioso tributário fiscal

Uma das mais importantes atuações da Procuradoria Geral do Estado ao longo da pandemia foi o aforamento, perante o Supremo Tribunal Federal, da Ação Cível Originária – ACO nº 3363 (Min. Rel. Alexandre de Moraes), com o objetivo de, liminarmente, proibir a União e o Banco do Brasil de adotarem quaisquer medidas de cobrança ou constrição patrimonial contra o Estado de São Paulo em decorrência do não pagamento da dívida com a primeira, dívida esta derivada de contrato de refinanciamento firmado em 1997.

Dada a iminência do vencimento de uma das parcelas do referido contrato (em 23 de março), esta medida judicial foi construída em menos de 24 (vinte e quatro) horas, em um esforço de equipes em São Paulo e em Brasília, que atuaram à distância e conjuntamente no mesmo final de semana em que decretada a quarentena no Estado (22 de março).

Distribuída a ação em caráter emergencial em um domingo, a liminar foi deferida, determinando-se a suspensão do pagamento das aludidas parcelas pelo prazo de 180 (cento e oitenta) dias, do que resultou a garantia de que aproximadamente R$7.2 bilhões do orçamento público seriam direcionados ao combate da doença.

A dimensão do pedido e do movimento encabeçado pelo Estado de São Paulo perante a Suprema Corte emanam do próprio vulto do contrato em questão, cujas parcelas, conforme dito em linhas anteriores, alcançam a soma de R$1.2 bilhão ao mês. Além disso, a atuação inaugurada pelo Estado perante o Pretório Excelso desencadeou, em curto espaço de tempo, atitude idêntica de praticamente todos os demais entes federativos em situação semelhante, em giro jurisdicional que progrediu para a própria disciplina normativa do assunto, qual seja: a Lei Complementar Federal nº 173, de 27 de maio de 2020.

Importante mencionar que o provimento buscado e liminarmente alcançado pelo Estado de São Paulo foi parcialmente descumprido pela União, por intermédio de sua Secretaria do Tesouro Nacional (STN), que, ato contínuo à decisão, suspendeu e rebaixou sua Capacidade de Pagamento (CAPAG) e sua nota de crédito para "C". As penalidades administrativas impostas pela STN inviabilizavam as atividades financeiras do Estado e impediam que a liminar deferida na ACO nº 3363 alcançasse efeitos concretos, razões pelas quais foram prontamente suspensas pelo Supremo Tribunal Federal, novamente a pedido da Procuradoria Geral do Estado.

Ao lado da suspensão do pagamento das parcelas da dívida pública havida com a União, o Estado de São Paulo foi amplamente acionado em Juízo entre os meses de março e julho de 2020, período no qual foram ajuizadas quase 700 (setecentas) ações judiciais por contribuintes e associações de classe – dentre ordinárias, mandados de segurança e ações coletivas – para discutir a incidência tributária e a continuidade da atividade arrecadatória durante o período da pandemia.

Se considerarmos que o Estado de São Paulo possui 654 (seiscentos e cinquenta e quatro) municípios e 319 (trezentas e dezenove) comarcas, é possível afirmarmos que a judicialização tributária derivada da COVID-19 propagou-se literalmente por todo o território paulista, em uma incomensurável bolha jurisdicional que exigiu até mesmo a criação de núcleo voltado a atuar apenas com os mandados de segurança impetrados contra autoridades estaduais para discutir políticas fiscais, tamanha a quantidade de *writs* manejados em curto espaço de tempo.

Destas ações, destacamos duas importantes decisões que foram proferidas logo após a decretação da quarentena no âmbito do Estado de São Paulo, ou seja, em um momento de grande incerteza social sobre os efeitos que a pandemia poderia acarretar à continuidade da atividade econômica no âmbito estadual, cujas operações – em grande parte – compõem as hipóteses de incidência do Imposto sobre Operações relativas à Circulação de Mercadorias e Prestação de Serviços de Transporte Interestadual e Intermunicipal e de Comunicação – ICMS. São decisões que, aliadas à suspensão do pagamento da dívida, foram verdadeiramente responsáveis por salvaguardar o erário da derrocada financeira.

A primeira e, talvez, a principal delas refere-se ao mandado de segurança coletivo nº 1017036-78.2020.8.26.0053, aforado no Juízo da 7ª Vara da Fazenda Pública da Comarca de São Paulo/SP por grande federação representativa de empresas paulistas, no qual se postulava, liminarmente, a prorrogação da data do vencimento de todos os tributos das representadas pelo prazo de 180 (cento e oitenta) dias, fundamentando o pedido unicamente na existência da pandemia.

Não bastasse a impetração em si, a atitude foi amplamente divulgada pela mídia local, gerando infundada expectativa de que haveria alguma plausibilidade jurídica no pedido deduzido em juízo, o que, como esperado, acabou movimentando e preocupando ainda mais a Administração Tributária, tendo em vista o impacto econômico desastroso deste processo: R$16 bilhões.

Ao ter tomado conhecimento da impetração, a Subprocuradoria Geral do Contencioso Tributário-Fiscal da Procuradoria Geral do Estado prontamente atuou junto à Secretaria de Estado da Fazenda e Planejamento para mensurar o impacto econômico e orçamentário de eventual liminar e, com base nesses dados, peticionou incontinenti em Juízo, demonstrando não apenas os impactos nefastos ao orçamento, como principalmente o completo descabimento jurídico do pedido, feito de forma ampla e genérica sem que a situação econômica das empresas representadas fosse sequer mencionada. É dizer: empresas capazes de continuar saldando suas obrigações tributárias poderiam ser premiadas com uma moratória judicial, em nítida ofensa à isonomia.

A atuação de prontidão da Procuradoria Geral do Estado, peticionando nos autos tão logo distribuído o mandado de segurança, levou ao Juízo elementos robustos que subsidiaram sua decisão de indeferimento da liminar, com o que se evitou o rombo orçamentário que anteriormente citamos.

A segunda decisão trata-se da Suspensão de Segurança nº 5363, ajuizada perante Supremo Tribunal Federal com a finalidade de cassar liminar concedida em mandado de segurança que havia deferido moratória tributária a contribuinte. A decisão objeto da suspensão, embora proferida para caso individual, trouxe problemas à expectativa de fluxo arrecadatório do Estado no período da pandemia, na medida em que passou a ostentar grande potencial de multiplicação – tanto assim o é que a suspensão de segurança mencionada foi diversas vezes aditada e estendida para abranger novas e idênticas decisões proferidas em primeiro grau de jurisdição.

Ao lado da atuação contenciosa, e como decorrência das políticas de isolamento social, a Instituição – por ser gestora exclusiva do sistema da dívida ativa no Estado[1] – foi demandada a organizar nova forma de atendimento aos contribuintes, criando, em curto espaço de tempo, alternativas virtuais e remotas para que este serviço continuasse em

---

[1] "Artigo 99, Constituição do Estado de São Paulo – São funções institucionais da Procuradoria Geral do Estado: (...) VI – promover a inscrição, o controle e a cobrança da dívida ativa estadual".

operação. Oportuno ressaltarmos que a continuidade do atendimento ao contribuinte durante os estágios mais severos da quarentena era medida de rigor para assegurar o recolhimento tributário, seja pela regularização de débitos, seja pela viabilidade da emissão de certidões para que empresas mantivessem suas operações comerciais em funcionamento.

Iniciativa semelhante também foi adotada pelo setor responsável pelos precatórios judiciais, que passou a oferecer atendimento virtual a todos os interessados em postular acordo de pagamento de requisitórios judiciais contando com deságio ou mediante compensação de valores a receber com débitos inscritos em dívida ativa, com o que também foi garantida a continuidade deste fluxo de pedidos que figura como responsável tanto pela baixa do estoque da dívida ativa quanto dos valores inscritos em precatórios.

A preocupação com a saúde financeira dos contribuintes foi evidenciada, outrossim, com a suspensão, pelo prazo de 90 (noventa) dias, do protesto de certidões de dívida ativa (CDA's).

Mecanismo cuja constitucionalidade foi reconhecida pelo Supremo Tribunal Federal em 2016 na Ação Direta de Inconstitucionalidade nº 5135 (Min. Rel. Roberto Barroso), o protesto de CDA revelou-se eficiente método de cobrança administrativa dos débitos já inscritos em dívida ativa no Estado de São Paulo, utilizado em prioridade à cobrança judicial e responsável, nos últimos três anos, por quase 30% (trinta por cento) da arrecadação tributária.

A medida de suspensão do protesto, autorizada pelo Decreto Estadual nº 64.879, de 2020, concedeu fôlego à cadeia econômica nos meses mais sensíveis da disseminação da moléstia no território paulista, ao mesmo tempo em que – passados os 90 (noventa) dias previstos no aludido Decreto –, ao ser retomada, centrou-se em débitos inscritos em dívida ativa em período anterior à calamidade, voltando a afiançar o ingresso de recursos nos cofres públicos, como medida hábil a viabilizar os processos de retomada econômica do Estado no pós crise. A título de exemplo, o restabelecimento do protesto – com o corte temporal de inscrição de débitos anteriormente mencionado – fez com que tivéssemos, no mês de julho, a maior arrecadação do ano relacionada a débitos inscritos em dívida ativa.

Aliás, a retomada dos protestos de CDA's também foi alvo de judicialização, tendo o Tribunal de Justiça de São Paulo prontamente suspendido decisão liminar que buscava paralisar a prática.[2]

---

[2] Suspensão de liminar nº 2202823-31.2020.8.26.0000 – Órgão Especial do Tribunal de Justiça

A Subprocuradoria do Contencioso Tributário Fiscal, as doze regionais e a nossa unidade em Brasília uniram-se para assegurar a continuidade da arrecadação no Estado de São Paulo, em esforço que primou não apenas pelo olhar das contas públicas, mas também para garantir – na medida do legalmente possível – meios de sobrevivência das atividades econômicas neste período.

2.2 Contencioso geral

Para além das questões tributárias, tão logo a doença passou a se espalhar no território do Estado de São Paulo – e antes da decretação formal da medida de quarentena (ocorrida em 22 de março de 2020) – já existiam mais de 20 (vinte) ações judiciais coletivas ajuizadas para questionar os rumos das políticas públicas estaduais de combate à moléstia, com 15 (quinze) decisões liminares deferidas imputando ao Poder Público a adoção de série de medidas variadas, inclusive pecuniárias.

Tratava-se de provimentos jurisdicionais que, por estarem sendo proferidos a esmo e alastrados em todo o território do Estado – ou seja, atentos à realidade local e não ao panorama geral da organização administrativa –, passaram a atuar como pontos de desestabilização da política gerencial que vinha sendo construída hora a hora pelas autoridades públicas naquele estágio inicial de combate à COVID-19.

Aliás, naquele momento e na esteira do que apontamos na introdução deste texto, o exercício das competências administrativas pelos entes federativos no contexto da pandemia ainda era tema embrionário e quiçá inédito perante o Poder Judiciário, uma vez que as primeiras manifestações do Supremo Tribunal Federal acerca do tema em controle concentrado de constitucionalidade somente ocorreram após a decretação de quarentena no Estado de São Paulo.

Com efeito, a primeira manifestação da Corte Suprema acerca do assunto ocorreu na análise da medida cautelar na Ação Direta de Inconstitucionalidade nº 6341 (Min. Rel. Marco Aurélio, DJe 25.03.2020), oportunidade em que reafirmou a competência concorrente dos entes federativos para a tomada de providências normativas e administrativas em relação à pandemia. Tal decisão foi complementada pelo parcial deferimento da medida cautelar na Arguição de Descumprimento de Preceito Fundamental nº 672 (Min. Rel. Alexandre de Moraes, DJe

---

de São Paulo e mandado de segurança nº 1040765-36.2020.8.26.0053, em trâmite pelo Juízo da 12ª Vara da Fazenda Pública de São Paulo.

15.04.2020), que assentou a competência concorrente de Estados e Distrito Federal e a competência suplementar dos Municípios para adoção e manutenção de medidas restritivas legalmente permitidas, sem prejuízo da competência geral da União para estabelecer tais medidas em todo o território nacional.

Especificamente no que toca às medidas de restrição de circulação, apenas no mês de maio é que houve a indicação do norte jurídico a seguir, por ocasião do referendo da cautelar na Ação Direta de Inconstitucionalidade nº 6343 (Min. Rel. Marco Aurélio, Informativo nº 976, de 08.05.2020), tendo o Pleno do Supremo Tribunal Federal fixado que, embora os três entes federativos tenham competência para limitar a circulação de pessoas, esta atuação deve respeitar a esfera de interesses envolvidos e, acima disso, deve ser precedida de análise técnica e fundamentada do respectivo órgão de vigilância sanitária.

Em outras palavras, em meados do mês de março de 2020, quando o Estado de São Paulo já enfrentava dezenas de questionamentos judiciais sobre as medidas tomadas para enfrentamento à pandemia, ainda não havia posicionamento jurisdicional cogente a orientar a atuação judicial nas demais instâncias. Tal circunstância agravou o cenário de desordem advindo da multiplicidade de decisões judiciais que adentravam à motivação dos atos administrativos praticados no início da disseminação da doença no Estado, ao mesmo tempo em que aumentou sobremaneira a responsabilidade da Subprocuradoria Geral do Contencioso Geral da Procuradoria Geral do Estado em conferir efetividade, junto ao Judiciário, à política pública que se tentava colocar em prática.

Este conjunto de decisões que passaram a ser proferidas em primeiro grau de jurisdição ostentavam tamanha nocividade ao gerenciamento da crise sanitária que representavam verdadeira lesão à própria Administração Pública do Estado de São Paulo, uma vez que acarretavam, a um só tempo, grave e irreversível lesão:

a) À ordem pública, ao comprometer a política pública de enfrentamento à moléstia que buscava atender a todos os cidadãos do Estado de São Paulo;

b) À saúde pública, pois se tratavam de pronunciamentos judiciais que tinham por objetivo atender situações particulares de indivíduos ou de parcela da população do Estado, comprometendo, evidentemente, o tratamento e o correto combate da pandemia em relação a toda a população estadual, em patente afronta à isonomia e ao acesso público e irrestrito ao direito à saúde;

c) À segurança pública, consubstanciada no risco que tais decisões individuais podiam acarretar à correta distribuição de efetivos policiais para gerenciar os efeitos deletérios da doença, assim como na real possibilidade de isolamento de comunidades, determinadas pelo Poder Judiciário sem esteio técnico, a ponto de expor as populações locais à própria sorte; e

d) À economia pública, pois tais liminares impunham remanejamento orçamentário para pronto atendimento de medidas que não se destinavam ao cuidado e à prevenção de toda a população paulista, e sim à parcela dela. Ademais, e em um espectro mais amplo, as decisões – por estarem sendo tomadas individualmente e alheias ao plano central de gestão da crise – colocavam em risco a economia do Estado, pois impactavam o contínuo abastecimento de víveres e de produtos de primeira necessidade, com consequências à cadeia de produção correlata.

A própria governança estadual, naquele momento preambular da pandemia, estava sendo desafiada a partir da postura individual imposta por tais liminares. Com efeito, o cenário que então se desenhava era o de verdadeira crise institucional, sem olvidar a indevida comoção social derivada da divulgação das decisões à grande mídia e em redes sociais – por vezes, pelos próprios interessados – antes mesmo de serem formalmente cientificadas à Procuradoria Geral do Estado.

Um dos casos mais emblemáticos deste primeiro período de judicialização contra o Estado de São Paulo foi a decisão liminar proferida no âmbito da ação civil pública nº 1001480-11.2020.8.26.0126, aforada pelo Ministério Público do Estado de São Paulo perante o Juízo da 1ª Vara Cível da Comarca de Caraguatatuba, conhecida cidade litorânea de veraneio. Referida decisão simplesmente determinou a parcial interdição da Rodovia dos Tamoios (SP-099), via que é a principal ligação entre o litoral norte com o restante do Estado, como forma de evitar o fluxo de pessoas à região, antes mesmo da decretação da quarentena no Estado de São Paulo.

A partir deste caso e tomando como fundamento a grave lesão à Administração Pública, foi construída estratégia para postular um único pedido de suspensão de liminar junto à Presidência do Tribunal de Justiça do Estado de São Paulo, pedido este que – acaso deferido – passaria a albergar e a servir de fundamento para eventuais novos pleitos tirados contra decisões que desafiassem o plano paulista de enfrentamento à COVID-19. Para que a tática funcionasse, os argumentos utilizados no pedido teriam que ser deduzidos de forma suficientemente ampla – para abarcar a própria gestão administrativa da crise sanitária –, mas, ao mesmo tempo, teriam que se mostrar pontualmente precisos, aptos a relatar o caso concreto enfrentado.

A iniciativa foi bem sucedida e o pedido de suspensão deferido, sendo possível afirmarmos que esta decisão foi verdadeiramente providencial para demonstrar, a um só tempo, a higidez da macrogestão administrativa que se colocava e a plausibilidade jurídica de sua adoção pelo Poder Público. Além disso, tal decisão acabou fortalecendo os argumentos jurídicos deduzidos para os casos futuros e que se avizinharam a este provimento suspenso.

Passadas as primeiras semanas da quarentena, a judicialização inicial – voltada a postular medidas mais severas de isolamento – transformou-se em uma guinada pela reabertura pontual de segmentos econômicos. O impulso a tal movimento emanou das diversas interpretações a respeito do conceito de atividades essenciais e de serviço público, contido tanto no Decreto Federal nº 10.282, de 20 de março de 2020, como no Decreto Estadual nº 64.881, de 22 de março de 2020, e resultou nas centenas de mandados de segurança que citamos inicialmente, objetivando a reabertura de estabelecimentos comerciais e a retomada de atividades tidas como essenciais por seus interessados.

Somadas, estas duas frentes de judicialização da pandemia levaram ao Poder Judiciário Estadual e Federal, entre os meses de março de julho de 2020, mais de mil processos judiciais. Apenas no mês de abril, foram aforadas mais de 160 (cento e sessenta) ações coletivas de alta e inovadora complexidade, sendo certo que em 70% (setenta por cento) delas foram obtidas decisões liminarmente favoráveis ao Estado de São Paulo, a maioria como corolário da atuação quase que instantânea nos autos, feita mediante instrumentos de tecnologia de informação que permitiam a identificação da distribuição dos processos e, como decorrência, a manifestação incontinenti da Instituição.

Relevante registrarmos, neste tocante, que a Procuradoria Geral do Estado integrou os Comitês Estaduais Executivo e Administrativo da COVID-19, instituídos para, dentre outras funções, deliberar sobre casos adicionais de suspensão de atividades abrangidos pela medida de quarentena decretada no âmbito estadual, o que igualmente auxiliou na intepretação das normas incidentes na espécie e também na própria condução jurídica do enfrentamento à pandemia, evitando debate judicial ainda maior a respeito.

Ao lado da judicialização das restrições impostas pela medida de quarentena, a aquisição de insumos, as medidas de isolamento social e a prestação de contas das condutas adotas pela Administração Pública também foram objeto de deliberação jurisdicional.

Conforme discorreremos no próximo item, a busca mundial por aparelhos de respiração pulmonar mecânica, desencadeada de forma bastante incisiva nos meses de março e abril, exigiu que a Procuradoria Geral do Estado buscasse a tutela judicial para garantir o recebimento de doação destes instrumentos feita ao Estado de São Paulo, já que a respectiva produção nacional havia sido objeto de requisição administrativa por parte da União.

Em relação ao isolamento social, uma das formas encontradas pelo Estado de São Paulo para aferir a intensidade de movimentação de seus cidadãos foi através do Sistema de Monitoramento Inteligente (SIMI), implantado a partir de acordo feito entre o Instituto de Pesquisas Tecnológicas (IPT) – empresa pública paulista – e as operadoras de telefonia celular, devidamente autorizadas pela Agência Nacional de Telecomunicações (Anatel).

O acordo permitiu ao IPT o acesso a dados disponibilizados na plataforma *big data*, com a finalidade de apoiar os órgãos governamentais legitimados a identificar zonas mais suscetíveis de disseminação do vírus, a partir de matrizes de deslocamento entre origem e destino. Este monitoramento foi feito de maneira totalmente anonimizada, isto é, apenas como um dado meramente estatístico sem vinculação a indivíduos, com a finalidade exclusiva de detectar aglomerações de pessoas desconhecidas ou grande mobilidade em determinada região do Estado.

Não obstante o resguardo ao sigilo e a importância da iniciativa para fins de efetivar o isolamento social, o SIMI foi questionado judicialmente em inúmeras ações, destacando-se, por todas, o mandado de segurança nº 2069736-76.2020.8.26.0000, no qual o Órgão Especial do Tribunal de Justiça do Estado de São Paulo assentou a legalidade do sistema de monitoramento, na medida em que feito a partir de dados anônimos, em decisão que sedimentou a política de distanciamento social e as medidas de precaução que o Estado de São Paulo adotou.

Além do monitoramento inteligente, a transparência das aquisições feitas para enfrentamento à doença e da alocação de verbas públicas para tal finalidade ganhou outro colorido após o ajuizamento, pelo Ministério Público Federal, da ação civil pública nº 5007351-49.2020.4.03.6100, na qual se questionou a suposta inobservância, por parte do Estado de São Paulo, do princípio da publicidade (artigo 37, CRFB), do direito à informação dos cidadãos (artigo 5º, XXXIII, CRFB) e da Lei Federal nº 12.527, de 2011, especificamente na adoção de medidas administrativas de combate à COVID-19.

Neste caso, optou-se pela via da resolução amigável, com a realização de cinco audiências mediadas pela Justiça Federal de São Paulo, em meio às quais o Estado passou espontaneamente a adotar diversas iniciativas para melhorar a acessibilidade às informações relativas à pandemia, que ampliaram significativamente a sua transparência, a ponto de lhe permitir crescer, em apenas um mês, 57 (cinquenta e sete) pontos[3] no ranking internacional da transparência da COVID-19,[4] mantendo, desde junho de 2020, a classificação em grau "ótimo".

Como consequência, a ação civil pública foi extinta pela superveniência do interesse de agir, e a judicialização da questão – talvez até mesmo de forma prematura, considerando o ineditismo da crise enfrentada – acabou possibilitando, em verdade, com que o Estado promovesse ainda melhores práticas para afiançar aos cidadãos o acesso à informação.

Tal como na área tributária-fiscal, a Subprocuradoria Geral do Contencioso Geral, nossas doze unidades regionais e a unidade de Brasília centraram esforços conjuntos na árdua tarefa de conferir efetividade a uma política pública de inéditas proporções.

3 A estruturação jurídica do enfrentamento à pandemia

Ao lado da excessiva judicialização experimentada ainda nos estágios iniciais da disseminação da moléstia em solo paulista, houve a necessidade de se construir arcabouço jurídico apto a legitimar inúmeras medidas administrativas que demandavam ser adotadas em curto espaço de tempo – por vezes, no mesmo dia – para o combate à COVID-19.

A título de ilustração, apenas no que diz respeito a decretos e resoluções, a Assessoria Jurídica do Gabinete do Procurador Geral minutou quase 40 (quarenta) deles para vigência praticamente imediata à redação elaborada, em um esforço concentrado de atuação jurídica da mais alta responsabilidade, considerando o impacto e a abrangência de tais atos – voltados, como dissemos, a mais de 44 (quarenta e quatro) milhões de pessoas. Ainda, nossa Assessoria Técnico Legislativa

---

[3] Cf. SP obtém maior pontuação em novo ranking de transparência sobre a COVID-19. *Portal do governo*, 29 jun. 2020. Disponível em: https://www.saopaulo.sp.gov.br/noticias-coronavirus/sp-obtem-maior-pontuacao-em-novo-ranking-de-transparencia-sobre-a-covid-19/. Acesso em 24 set. 2020.

[4] Cf. Ranking de Transparência no combate à COVID-19. *Transparência Internacional Brasil*, 2020. Disponível em: https://transparenciainternacional.org.br/ranking/#ranking. Acesso em 24 set. 2020.

prontamente atuou para auxiliar a edição do Decreto Estadual nº 64.937, de 13 de abril de 2020, e o projeto de lei que resultou na edição da Lei Estadual nº 17.268, de 13 de julho de 2020, que trouxe medidas para o enfrentamento da pandemia.

Não bastasse a celeridade exigida, a novidade do tema, a amplitude dos campos a serem coordenados e a incidência, por vezes, de legislação internacional aos casos concretos, tornaram a estruturação jurídica do enfrentamento à pandemia tarefa verdadeiramente desafiadora, exigindo atuação bastante ampla dos órgãos da nossa Instituição, que não se limitou às questões diretamente atreladas à saúde pública, conforme veremos mais adiante.

Com efeito, e sob o aspecto empresarial público, nossa Assessoria de Empresas e Fundações foi instada a agir diante de matérias para as quais se exigiu orientação uniforme e coordenada das empresas estatais, sociedades de economia mista e fundações governamentais integrantes da Administração Pública Indireta do Estado de São Paulo, sem qualquer prejuízo ao assessoramento dos processos de desestatização que já estavam em andamento.

Mesmo com a eclosão da pandemia, no mês de abril, e com todos os consectários decorrentes da imposição de isolamento social, foi assegurada a realização das Assembleias Gerais Ordinárias de todas as empresas sob controle do Estado, emitindo-se, em após, orientações para a adaptação do registro das respectivas atas perante a Junta Comercial local, em conformidade com as regras de emergência que foram editadas e reeditadas pelo Departamento Nacional de Registro Empresarial e Integração (Instruções DREI nº 79 e 81, de 2020).

Não bastasse isso, foram elaborados pareceres jurídicos para controle de jornada de trabalho, instituição de regimes de trabalho remoto, suspensão de pagamentos de adicionais de insalubridade e de periculosidade para empregados afastados de funções presenciais e contratação de médicos do trabalho durante o período de restrições orçamentárias. Ainda, todos os Departamentos de Recursos Humanos das entidades descentralizadas receberam integral assessoramento jurídico para poderem se adequar às regras excepcionais de cumprimento de obrigações trabalhistas (Medida Provisória nº 927/2020).

Sob o aspecto contratual, a Assessoria de Empresas e Fundações também emitiu nota técnica para orientar as decisões emergenciais de suspensão ou alteração de contratos de fornecimento e de prestação de serviços, bem como respectivas medidas de recomposição do equilíbrio econômico-financeiro eventualmente cabíveis. A este ponto, acrescemos os pareceres rapidamente elaborados sobre o alcance, às empresas estatais e fundações governamentais, das restrições orçamentárias importas pela já mencionada Lei Complementar Federal nº 173, de 27 de maio de 2020, com a disponibilização de assessoramento para a conformação de tais regras de responsabilidade fiscal.

Para além destes pontos de fundamental atenção ligados à Administração Pública Indireta, é certo que as contratações públicas no cenário da pandemia impulsionaram a elaboração de inúmeros entendimentos jurídicos por parte da Subprocuradoria Geral da Consultoria Geral, essenciais para balizar e conferir agilidade às aquisições de insumos para enfrentamento da crise sanitária.

3.1 Microssistema normativo para contratações relacionadas à COVID-19

Na esteira do que dissemos anteriormente, o enfrentamento à moléstia tornou imperiosa a aquisição de insumos para a área da saúde, tanto assim que houve o pronto ajuizamento da Ação Cível Originária nº 3363 perante o Supremo Tribunal Federal e a obtenção em caráter liminar da possibilidade de o Estado de São Paulo suspender os pagamentos mensais da dívida pública havida com a União, o que viabilizou alocações orçamentárias para tais despesas imprevisíveis e de alta grandeza.

Especificamente no que diz respeito às contratações públicas relacionadas à COVID-19, sabemos que a União, por meio da Lei Federal nº 13.979, de 06 de fevereiro de 2020, criou microssistema normativo próprio para sua disciplina, o qual foi objeto de análise pela Procuradoria Geral do Estado, que emitiu a Nota Técnica SubG-Cons nº 06/2020 veiculando orientações jurídicas gerais para a instrução de expedientes e processos administrativos visando à celebração, pelos órgãos e entidades estaduais, de contratações diretas fundadas no artigo 4º da referida lei, para aquisição de bens, serviços e insumos destinados ao enfrentamento da doença.

Além deste documento, também foi elaborada a Nota Técnica SubG-Cons nº 08/2020, para atestar a possibilidade de pagamento antecipado de parcela do valor devido em contrato de fornecimento de equipamentos essenciais ao enfrentamento da pandemia.

É importante destacarmos que esta orientação foi emitida em momento anterior à Medida Provisória nº 961, de 06 de maio de 2020 – posteriormente convertida na Lei Federal nº 14.065/2020 –, que, por seu turno, expressamente autorizou o pagamento antecipado pela

Administração Pública de todos os entes federativos, de todos os Poderes e órgãos constitucionalmente autônomos, inclusive em relação aos atos realizados antes de sua edição, desde que praticados durante o estado de calamidade reconhecido pelo Decreto legislativo nº 06, de 20 de março de 2020, e adotados mecanismos mitigadores do risco de inadimplemento.

Pelo fato de referida medida provisória ainda não ter sido editada à época em que o Estado de São Paulo já sofria graves consequências práticas derivadas das exigências de pagamento antecipado para contratações relacionadas à COVID-19, foi necessária construção jurídica própria para tanto. Partindo das orientações vigentes no âmbito da União para situações similares – especialmente do Tribunal de Contas da União e da Advocacia Geral da União –, a área consultiva da Procuradoria Geral do Estado concluiu pela viabilidade jurídica de que a Administração Pública procedesse ao pagamento antecipado de parcela do valor devido em contrato de fornecimento de equipamentos essenciais ao enfrentamento da emergência de saúde pública, quando tal medida fosse indispensável à concretização do negócio jurídico e desde que houvesse a adoção de cautelas para mitigação dos riscos de eventual inexecução contratual – ou seja, justamente o posicionamento que foi posteriormente positivado na mencionada medida provisória.

Foi exarada, também, a Nota Técnica CJ/SS nº 01/2020, que passou a orientar a Secretaria de Estado da Saúde a demonstrar nos autos dos respectivos processos administrativos as excepcionais condições de mercado e as cautelas tomadas pelo Poder Público em face do risco de inadimplemento das avenças que vinham sendo pactuadas, justificando-se, igualmente, o condicionamento, por parte do fornecedor, da entrega integral do pedido à realização do pagamento antecipado do preço.

Em razão destas manifestações de cunho geral, os editais da Bolsa Eletrônica de Compras de São Paulo foram alterados, permitindo e garantindo a efetividade e, acima disso, a celeridade nos pregões para os casos envolvendo a COVID-19, tudo com respaldo técnico-jurídico.

Ao lado desta atuação – essencial para conferir dinamicidade à análise de centenas de casos e contratações públicas realizadas neste contexto –, a atuação do corpo consultivo da Procuradoria Geral do Estado enfrentou dilemas e situações práticas inéditas em curto espaço de tempo.

A esse respeito, emblemáticas e representativas da crise sanitária são as imagens dos hospitais de campanha espalhados Brasil afora e, em São Paulo, no Estádio do Pacaembu e no Parque do Ibirapuera. Cenas que muitos só haviam presenciado em relatos históricos ou fotografias de terríveis acontecimentos mundiais e que, de repente, passaram a integrar o cotidiano moderno de nossa sociedade.

Para a consecução desta via de enfrentamento à pandemia, destacamos a análise jurídica emergencial da celebração de convênio com entidade sem fins lucrativos para implantação e gerenciamento de Hospital de Campanha no Complexo Esportivo Constâncio Vaz Guimarães, o famoso "Ibirapuera". Considerando o aumento vertiginoso de casos da COVID-19 em solo paulista e a urgente necessidade de serem disponibilizados novos leitos hospitalares de baixa e média complexidade, procedeu-se à rápida e judiciosa resposta jurídica pela viabilidade da avença, atentando-se à modelagem trazida pela Lei Federal nº 13.979, de 2020.

Além desta frente, foram juridicamente viabilizados convênios com entidades do terceiro setor para gerenciamento de hospitais ao longo da crise sanitária.

Outro grande ponto de preocupação no combate à pandemia foi a disponibilidade de profissionais para atuar na linha de frente em hospitais e estabelecimentos de saúde, a fim de combater a moléstia, o qual acabou por ser em grande parte superado com o auxílio jurídico para contratação, em caráter temporário e também emergencial, de empresas terceirizadas ou mesmo conveniadas com a Secretaria de Estado da Saúde para locação de mão de obra.

Também neste ponto houve o encurtamento do prazo para posse e exercício de eventuais candidatos aprovados em concursos públicos na área da saúde, assim como foi atestada a viabilidade jurídica para contratação de voluntários e de chamamento de residentes e alunos dos cursos de Medicina, Fisioterapia, Farmácia e Enfermagem para atuarem no enfrentamento da doença.

Para além desses grandes desafios, é certo que, em se tratando da saúde pública, talvez o maior deles tenha sido a aquisição internacional de ventiladores pulmonares.

3.2 A aquisição emergencial de aparelhos de ventilação pulmonar

É fato público e notório que um dos principais e mais preocupantes sintomas da COVID-19 é a insuficiência respiratória aguda, que pode, inclusive, levar o paciente ao óbito. Os ventiladores mecânicos, assim sendo, são considerados equipamentos de saúde essenciais ao tratamento da doença, em especial daqueles pacientes que são portadores de síndromes respiratórias ou que integram qualquer outro grupo de risco.

Na linha do que vimos narrando, o quadro evolutivo da doença no país iniciou-se pelo Estado de São Paulo, sem dúvida o mais afetado até o momento pela disseminação da pandemia. Naturalmente, e como também é de conhecimento público, a escala global da moléstia desencadeou verdadeira corrida em busca de insumos, destacando-se a procura por ventiladores pulmonares, uma vez que suas especificações técnicas e tecnológicas fazem com que tais aparelhos não possam ser produzidos em grande escala e com a rapidez necessária para a contenção e o tratamento da doença. Aliás, este cenário de busca desenfreada por tais equipamentos no mercado mundial foi amplamente relatado pela mídia impressa e eletrônica brasileira e internacional ao longo dos meses de março e abril do corrente ano.

É importante sempre relembrar o contexto em que o país e o mundo vivia nos meses de março e abril de 2020, uma vez que se tratou de período em que o início da pandemia e de seus consectários no Brasil coincidiu com o ápice da disseminação da doença em outros países, como os Estados Unidos, a Espanha e a Itália, o que, além de reforçar a emergência mundial na aquisição de insumos de saúde, restringiu ainda mais o mercado produtor de tais equipamentos e sua disponibilidade na economia global.

E a aquisição de respiradores, no contexto da pandemia, apenas seria eficiente e útil se guardasse observância a uma tríade de motivação, ao lado da evidente análise jurídica da compra: compatibilidade dos valores, especificações técnicas corretas e prazo exíguo para a entrega do produto.

Oportuno destacarmos, conforme mencionamos anteriormente, que o Ministério da Saúde, pelo Ofício nº 72/2020/DLOG/SE/MS, requisitou às empresas nacionais fabricantes de respiradores pulmonares a totalidade dos aparelhos já produzidos e disponíveis para entrega no país, bem como todos os respiradores que seriam produzidos nos próximos 180 (cento e oitenta) dias subsequentes. É dizer: além do colapso global na oferta de respiradores, a produção nacional estava afetada e mobilizada para suprir demanda do Governo Federal.

Nada obstante as adversidades colocadas, o Estado de São Paulo, dadas as circunstâncias sanitárias postas, prosseguiu no intento de adquirir ventiladores pulmonares para resguardar o tratamento de sua população.

Em um primeiro momento, no mês de março de 2020, buscou-se a aquisição junto a empresas nacionais, contratação esta frustrada seja pela medida federal que citamos anteriormente, seja em razão do longo prazo para entrega dos equipamentos.

É certo que a Secretaria de Estado da Saúde de São Paulo recebeu, em doação, 200 (duzentos) ventiladores pulmonares, custeados por organização social de reputação ilibada no país e produzidos por empresa nacional. Contudo, por conta da requisição alhures mencionada, a doação não se concretizou na data inicialmente avençada e obrigou o Estado de São Paulo a demandar a empresa judicialmente,[5] conforme mencionamos em tópico anterior, após o que os aparelhos passaram a ser entregues em lote, tendo sido a última remessa disponibilizada apenas no final do mês de maio/2020.

Em uma última tentativa de adquirir os aparelhos no mercado nacional, a Secretaria de Estado da Saúde publicou chamamento público convocando empresas interessadas em fornecer, por meio de contratação direta e emergencial, a entrega de ventiladores pulmonares em até 15 (quinze) dias. Tal edital, todavia, restou deserto.

Outra alternativa não houve ao Estado de São Paulo senão a busca por empresas internacionais do segmento.

Para que esta aquisição fosse concretizada, além dos pressupostos técnicos, de preço e administrativos, houve criteriosa e específica análise jurídica do caso, embasada não apenas nas notas técnicas que citamos anteriormente, como também, e principalmente, em parecer jurídico próprio e específico, exarado com inédita brevidade ante a complexidade da contratação.

Fato é que houve percalços na operacionalização da aquisição que levaram, inclusive, à repactuação da avença – também precedida de específica análise por parte da equipe da Procuradoria Geral do Estado – e, posteriormente, à instauração de procedimento de rescisão contratual, percalços estes que de forma alguma anularam ou retiraram o brilho da exitosa tarefa e do peso da responsabilidade em proceder, em curto espaço de tempo, ao exame jurídico de aquisição deste jaez para finalidade tão essencial à qual se destinava.

3.3 Assessoramento jurídico multifocal

A dispersão da moléstia impactou diretamente a prestação de serviços públicos e demandou a adoção de diversas práticas por parte

---

[5] Processo nº 1021623-46.2020.8.26.0053, em trâmite pelo Juízo da 11ª Vara da Fazenda Pública.

da Administração Pública, bem como exigiu criatividade jurídica para assegurar a continuidade de projetos de interesse público. Uma das áreas mais afetadas pela doença certamente foi a educação. Como sabemos, todas as escolas interromperam subitamente as suas atividades, sobretudo diante da informação dos setores médicos de que crianças poderiam contrair a moléstia de maneira assintomática, transformando-se em vetores ambulantes do vírus. Este panorama fez com que, em questão de dias e em relação à rede pública, todas as instituições de ensino fechassem suas portas e seus alunos fossem acomodados em suas casas, em um cenário bastante semelhante àquele que narramos no início de nosso texto, com a transcrição das orientações dadas pelas autoridades públicas quando da gripe espanhola.

Ao contrário daquele momento, porém e à evidência, atualmente contamos com tecnologia capaz de proporcionar a continuidade das atividades escolares à distância, o que, a par do inegável salto evolutivo franqueado à rede pública de ensino, impôs a necessidade de se proceder ao exame detido sobre a operacionalização, em termos jurídicos, do acesso remoto às aulas e demais atividades escolares.

Para tanto, foi necessária inovadora contratação de serviços técnicos especializados para cobrança reversa de acesso móvel à internet a todos os alunos da rede pública de ensino e também aos servidores da Secretaria de Estado da Educação, em uma iniciativa analisada pela Procuradoria Geral do Estado e que se mostrou em total alinhamento com os princípios de igualdade de condições para o acesso e permanência na escola e a garantia de padrão de qualidade de ensino, estatuídos em nossa Constituição da República.

Como consequência direta da retirada dos alunos do ambiente escolar exsurgiu outro problema, qual seja: o da nutrição, já que, em casa, os alunos não teriam mais acesso à merenda escolar. Houve, assim, a necessidade de orientação jurídica para balizar edição de decreto destinado a garantir a manutenção da alimentação escolar dos alunos da rede pública, em situação de pobreza, através de repasse de valores mensais. A medida, segundo análise feita, guardaria consonância com a Lei de Diretrizes e Bases da Educação (Lei Federal nº 9394/1996), não se tratando sequer de programa governamental novo, mas apenas adaptação de política pública existente para o período em que interrompida a frequência física escolar.

Com os alunos em casa, alguns prédios escolares também passaram a ostentar outra finalidade, atrelada diretamente à imposição de isolamento social: com o aval jurídico, transformaram-se em bem sucedidos locais para acolhimento de moradores de comunidades carentes com alta concentração demográfica que apresentassem sintomas ou suspeita de infecção pela COVID-19, como foi o caso de escolas situadas no bairro de Paraisópolis, na Capital do Estado.

De mais a mais, a Procuradoria Geral do Estado também teve participação proativa na formulação da política de gestão dos óbitos em razão da pandemia, auxiliando, por intermédio da Secretaria de Estado da Segurança Pública, os Municípios e órgãos estaduais responsáveis pelo manejo dos fatalmente acometidos pelo vírus. A iniciativa, a despeito da tristeza que carrega consigo, possibilitou organização gerencial do assunto, com o que se evitou a repetição, em São Paulo, das lamentáveis cenas de colapso do sistema funerário que foram vistas e noticiadas em outros países.

Ao lado destas questões que atinam diretamente ao enfrentamento da pandemia, a Procuradoria Geral do Estado – atenta às modificações irreversíveis que o estado de distanciamento e o uso da tecnologia trouxeram – proporcionou talvez um dos maiores saltos na área de concessões públicas: assentou a possibilidade da realização de audiências públicas virtuais para tais projetos, em diálogo dialético com os princípios da publicidade e da participação direta, e afiançando a observância às regras sanitárias impostas neste período.

Todos estes movimentos de grande e inovador porte jurídico que narramos nos subitens anteriores foram surpreendentemente realizados e colocados em operação em apenas um mês: deflagrada a quarentena no final do mês de março, o isolamento e o contágio atingiram seus pontos mais sensíveis no mês de abril, no qual todos estes entendimentos jurídicos – ao lado de inúmeros outros – foram proferidos pela equipe da Subprocuradoria Geral da Consultoria Geral da nossa Instituição.

4 Uma releitura institucional

São inegáveis as danosas consequências que a COVID-19, episódio sanitário de repercussão catastrófica mundial, trouxe à vida de milhões de pessoas. O crescente número de infectados e a grande quantidade de óbitos infelizmente confirmaram, na prática, as perspectivas negativas feitas pela Organização Mundial de Saúde.

Além do cenário desolador à saúde e à economia, a disseminação da moléstia em solo nacional impôs releituras aos hábitos burocráticos e à própria construção institucional até então existente na Administração Pública. Ao se deparar com os desafios cotidianos que a pandemia trouxe e sendo o protagonista para o enfrentamento da doença, o Poder Público teve que se readaptar estruturalmente, superando barreiras culturais a fim de garantir a continuidade da prestação dos serviços públicos.

A Procuradoria Geral do Estado não foi exceção nesta trilha de mudanças e readequações, sendo possível afirmamos que, a partir da infeliz necessidade epidemiológica existente, nossa Instituição presenciou significativa evolução de aprendizado gerencial e organizacional, que deixou legados sobre novas formas de prestação do mesmo serviço público, porém de maneira mais eficiente.

A judicialização em massa das políticas públicas de combate à COVID-19, bem como a intransponível necessidade de se construir arcabouço jurídico capaz de conferir sustentáculo a todas as medidas administrativas que precisavam ser adotadas, foram frentes de trabalho desenvolvidas em um paradoxal cenário no qual, ao lado do imediatismo e da presença física exigida para a gestão jurídica da crise, quase 90% (noventa por cento) dos Procuradores do Estado e Servidores passaram a trabalhar remotamente.

A institucionalização do teletrabalho certamente pode ser indicada como um dos legados de gestão administrativa deixado pela crise sanitária à Procuradoria Geral do Estado, com o que a um só tempo superamos problemas práticos para a execução das nossas atividades e, especialmente, barreiras culturais de outrora no ambiente da repartição pública.

De fato, a implementação do trabalho remoto historicamente vinha enfrentando sensíveis resistências tanto na Administração Pública paulista quanto, especificamente, na Procuradoria Geral do Estado. Embora existissem discussões a respeito e a possibilidade de êxito da medida fosse corroborada pelo contato próximo com carreiras jurídicas irmãs, este assunto apenas foi regulamentado no âmbito estadual em 2017, por meio do Decreto Estadual nº 62.648, de 27 de junho daquele ano, com base no qual a Procuradoria Geral normatizou seu projeto piloto de teletrabalho em fevereiro de 2020. Tratava-se de resolução com prazo certo de duração, baseada em plano de metas e de qualificação da atividade-fim, e voltada apenas aos Procuradores do Estado, tudo com o objetivo de testar a adaptabilidade daqueles que a ela aderissem, assim como a redução de custos que a prática traria.

Quando a COVID-19 aportou ao país e passou a se disseminar em solo paulista, a regulamentação citada ainda não tinha entrado em vigor e, mesmo que estivesse em vigência, os padrões e exigências nela contemplados certamente não seriam suficientes para atender aos comandos de distanciamento social.

Então, com a finalidade de tutelar a saúde de seus servidores, uma semana antes da decretação oficial da medida de quarentena no Estado de São Paulo, a Procuradoria Geral do Estado autorizou o imediato trabalho remoto de idosos, portadores de comorbidades e gestantes. Além disso, suspendeu a realização de atividades que implicassem em contato presencial, como o atendimento ao público, a realização de audiências em nossas unidades disciplinares, as reuniões, o acesso do público externo a dependências públicas de seus prédios e a realização de viagens nacionais ou internacionais.

Alguns dias após a autorização mencionada, o trabalho remoto foi estendido a todos os integrantes de nossa carreira, em uma iniciativa inédita que, em poucos dias, possibilitou que mais de mil pessoas passassem a exercer suas funções à distância.

É importante mencionarmos que esta impactante medida foi facilitada pelo fato de o Estado de São Paulo já adotar, em grande parcela de suas Pastas, a virtualização de tarefas burocráticas, como é o caso do projeto São Paulo Sem Papel, que, desde o final do ano de 2019, implementou a autuação, a instrução e o trâmite de processos administrativos virtualmente. Além disso, no que toca à Procuradoria Geral do Estado, desde 2010 contamos com sistema de acompanhamento eletrônico de processos judiciais e, mais recentemente, com tecnologia similar para a área consultiva.

A única área que ainda estava sendo aprimorada para operar via acesso remoto era a do controle e gerenciamento da dívida ativa, atividade esta – como vimos anteriormente – de competência exclusiva da Procuradoria Geral do Estado. Como se trata de sistema em que são armazenados dados sigilosos e com impacto direto na arrecadação e no próprio erário, o acesso a esta plataforma ainda exigia a presença física do Procurador e do Servidor em nossas unidades. Contudo, com a pandemia e a imposição do distanciamento social, rapidamente foram providenciados acessos especiais a este sistema, compatibilizando-se, assim, a exigida segurança de dados com a necessidade do acesso remoto a eles (ainda que apenas a parte das informações).

A consolidação dos avanços tecnológicos como verdadeiros aliados do trabalho burocrático do servidor público caminhou ao lado da superação da maior barreira no tema, qual seja: justamente a cultura de trabalho, construída há tantos anos sob o formato das tarefas presenciais e do contato diário com os colegas de profissão. De certa forma, estes elementos caracterizadores do modo de trabalhar na Administração Pública acabaram sendo naturalmente repensados com as imposições de distanciamento e de reclusão demandadas pela pandemia, o que colaborou com a transição do modelo de trabalho presencial para o modelo de trabalho remoto, fato este confirmado pelo sucesso da medida logo em seu primeiro mês: mais de 90% (noventa por cento) da carreira aprovou o modelo.

Não bastasse a massiva adesão ao trabalho remoto, a realização de audiências e de reuniões à distância, por meio de plataformas virtuais, felizmente resgatou hábitos de diplomacia mútua derivados do próprio formato no qual estes aplicativos operam: somos convidados a efetivamente ouvir e a compreender a contribuição dos demais participantes, escutando-os por completo antes de acionar novamente o microfone para com eles interagir.

As repercussões positivas não se limitaram ao aspecto sócio laboral, estendendo-se também à economia com as despesas de custeio de nossa Instituição, do que extraímos outra grande lição deixada pela pandemia: aprendemos a empregar de forma ainda melhor os escassos recursos públicos com que lidamos.

Com efeito, a partir do momento em que foi vislumbrada a possibilidade de exercer nossa atividade-fim à distância, a arquitetura das unidades pôde ser repensada e diminuída, bem como o compartilhamento de estruturas públicas passou a ser uma realidade indiscutível. A título de exemplo, a implantação do teletrabalho tornou possível a união de escritórios da Procuradoria Geral do Estado com os de outras Pastas em cidades do interior do Estado, assim como garantiu considerável economia com contas de despesas públicas (água e eletricidade) a todas as nossas unidades.

O compartilhamento de espaços foi – e está sendo – tão bem sucedido que, somente na Capital, conseguimos desativar integralmente um edifício, transferindo aqueles que nele trabalhavam a outro prédio, para uso partilhado com outra unidade, sem qualquer prejuízo ao serviço e ao interesse público.

A ideia de compartilhamento de espaços ampliou-se a ponto de possibilitar a implantação de outros projetos, como a centralização de cadastros processuais e do recebimento de mandados judiciais. Com o exercício remoto e a intensificação da realização das atividades em meios virtuais, constatou-se que algumas tarefas vinham sendo executadas em duplicidade – dada a dispersão com a qual eram praticadas – e poderiam ser concentradas num só local, otimizando-se, com isso, o uso da capacidade laboral dos servidores e, também, o próprio serviço que era desempenhado.

Iniciamos nosso texto rememorando recomendações feitas há cento e dois anos, por ocasião da disseminação da gripe espanhola no Estado deS São Paulo. Parte dessas recomendações destinavam-se a frisar a necessidade de distanciamento e isolamento como medidas de precaução ao contágio e que, passado pouco mais de um século, retornaram à atualidade diante deste desafio mundial de saúde pública, agravado pelas facilidades de locomoção que a modernidade proporcionou ao ser humano.

Diferentemente daquele momento, nos dias atuais, a Procuradoria Geral do Estado assumiu papel proativo na gestão e no enfrentamento da pandemia, com atuações de escol e de fôlego, que resultaram não apenas na confirmação da higidez das políticas públicas correlatas, mas que deixaram legados irreversíveis e que, por sua vez, viabilizarão progresso e atualização constante à nossa Instituição.

Para além disso, certamente o maior de nossos aprendizados foi justamente a constatação do quanto podemos contar uns com os outros na Procuradoria Geral do Estado de São Paulo: ao sermos o epicentro nacional da maior crise sanitária da humanidade moderna, aprendemos a ultrapassar os muros de entendimentos de outrora e a criar novas e eficientes formas de trabalho, constatando que nenhum desafio é instransponível quando há união, coleguismo e profissionalismo.

Referências

PORTAL DO GOVERNO. *SP obtém maior pontuação em novo ranking de transparência sobre a COVID-19*. 29 jun. 2020. Disponível em: https://www.saopaulo.sp.gov.br/noticias-coronavirus/sp-obtem-maior-pontuacao-em-novo-ranking-de-transparencia-sobre-a-covid-19/. Acesso em 24 set. 2020.

TRANSPARÊNCIA INTERNACIONAL BRASIL. *Ranking de Transparência no combate à COVID-19*. 2020. Disponível em: https://transparenciainternacional.org.br/ranking/#ranking. Acesso em 24 set. 2020.

Informação bibliográfica deste texto, conforme a NBR 6023:2018 da Associação Brasileira de Normas Técnicas (ABNT):

CORONA, Maria Lia P. Porto; PINTARELLI, Camila Kûhl. Pandemia e disrupção: o epicentro de um aprendizado. In: PAULA, Rodrigo Francisco de (Coord.). *A experiência dos Estados no enfrentamento da pandemia da COVID-19*. Belo Horizonte: Fórum, 2021. p. 181-208. ISBN 978-65-5518-147-0.

SITUAÇÃO DE EMERGÊNCIA DE SAÚDE. COVID-19. CONTRATAÇÃO TEMPORÁRIA DE MÉDICOS INTERCAMBISTAS REMANESCENTES DE PROGRAMAS FEDERAIS. EXPERIÊNCIA NO SISTEMA ÚNICO DE SAÚDE (SUS). CABIMENTO EXCEPCIONAL PARA ATENDER AO INTERESSE PÚBLICO PRIMÁRIO. INVIOLABILIDADE DO DIREITO À VIDA E À SAÚDE. DEVER DO ESTADO

RICARDO NASSER SEFER
CARLA NAZARÉ JORGE MELÉM SOUZA

1 Introdução

A compreensão de conceitos jurídicos indeterminados é sempre um desafio para os profissionais da área. O Direito, enquanto ciência social, se constrói a partir de experiências práticas, da história, dos diversos pontos de vista sobre o mesmo objeto, que levam ao amadurecimento de valores gerais que regem a ciência jurídica.

Incomum encontrar forma única de análise de uma problemática social. Os raciocínios tendem a ser proporcionais à dimensão subjetiva da situação da vida, ou seja, ao grau de relação que a questão jurídica possuirá com o dia a dia de cada cidadão. Quanto mais pessoas diretamente impactadas pelo regramento jurídico, maior será a possibilidade de riqueza nas variantes de avaliação da adequação jurídica à situação fática.

Importarão para a solução jurídica, ampla gama de fatores construtivos da experiência de vida do intérprete, desde as que lhe são próprias, como daqueles com quem teve contato indireto, ou do amadurecimento oriundo da construção do conhecimento social, histórico, econômico e político da comunidade.

Natural e desejável que assim seja, notadamente sob a égide do Estado Democrático de Direito, fundado na existência de uma Constituição que consagra direitos e deveres fundamentais a todos, exigindo compreensão do papel de cada um no contexto social e no exercício de cidadania, visando a construção de sociedade progressivamente mais adequada ao cenário ideal traçado por tudo aquilo que a Carta de 1988 garante e exige do cidadão e dos seus representantes.

O Direito assume, assim, papel especialmente dinâmico, como disciplina em constante evolução e aprimoramento, tanto para buscar o melhor enquanto ciência, quanto para se adequar ao contexto a que se propõe regular. O *texto*, na condição de instrumento auxiliar da democratização do acesso às normas jurídicas, pouco ajudará se lido em desarmonia com o momento em que o intérprete estiver a analisá-lo.

A democratização do acesso às normas jurídicas, portanto, é vital para possibilitar que toda comunidade impactada por determinada orientação possa dela extrair reflexão crítica, influenciada por valores peculiares e inerentes a cada intérprete, jurista ou não. Aqui está a riqueza do Direito, de onde decorre a abundância de soluções para cada situação em que o texto jurídico permitir a interpretação de diferentes e variadas normativas.

No entanto, mesmo com toda diversidade e vivência na construção, especialmente em tempos de massiva conectividade entre pessoas, sempre existirão situações peculiares e inesperadas aptas a garantir confluência de preocupações e interesses, ainda que isso não conduza à solução jurídica única.

É o que a sociedade mundial experimenta desde o início do ano de 2020, com a pandemia causada pelo SARS-CoV-2 (coronavírus), que instalou crise de saúde pública com proporções mundiais, sem precedentes na história moderna por sua abrangência, gravidade e velocidade.

Dois fatores tornam essa uma situação altamente complexa no seu enfrentamento.

Não há registro histórico de momento similar no modo de vida em sociedade que permitisse às pessoas tamanho grau de mobilidade mundial, notadamente em razão da evolução nos sistemas de transporte, permitindo que a interação entre pessoas construa rede de rápida propagação do vírus.

A população mundial está em seu quantitativo mais elevado da história, número que sobrecarrega qualquer sistema de saúde a partir de infecção que leva percentual considerável de pessoas a necessitar de atendimento médico de média ou alta complexidade.

Esse breve cenário jurídico traçado a nível teórico, aliado à compreensão do contexto fático mundial, são as linhas mestras do estudo a ser apresentado.

Compreender como as interações jurídicas, especialmente a interpretação, reagem em momentos excepcionais, pressupõe a compreensão de que o *contexto* é fator essencial para qualquer solução jurídica, mais ainda em momentos de crise.

Situações excepcionais reclamam soluções extraordinárias, inovadoras e atentas aos valores fundamentais do ordenamento constitucional.

Essas são as principais nuances que devem conduzir o leitor doravante.

2 Situação de emergência de saúde: COVID-19

Atento ao cenário de pandemia, aos registros crescentes de contaminação pelo SARS-CoV-2 (coronavírus), ao número expressivo de óbitos verificados em território paraense, especialmente a partir de abril de 2020, e ao impacto sobre o sistema público e privado de saúde, o Estado do Pará passou a editar e a adotar uma sucessão de medidas emergenciais na tentativa de conter a expansão da epidemia e promover o enfrentamento ágil e eficiente da crise de saúde pública que envolveu, e ainda envolve, a quase totalidade dos países desde meados de março de 2020.[1]

As ações mais imediatas de combate à pandemia foram agregadas no Decreto Estadual nº 609/2020, editado na linha da Lei Federal nº 13.979, de 6 de fevereiro de 2020, que, todavia, não foram ainda

---

[1] A pandemia foi decretada pela Organização Mundial de Saúde em 11 de março de 2020.

suficientes à resposta exitosa que o Estado precisava oferecer à sociedade, com ações capazes e bastantes para salvaguardar o direito inviolável à vida e à saúde dos cidadãos.

Os casos de COVID-19 cresceram exponencialmente no Pará entre abril e junho de 2020 e os sistemas de saúde, público e privado, na relação demanda *vs*. número de profissionais disponíveis, estavam ainda distantes do mínimo desejável ao atendimento básico e intensivo em níveis ambulatorial e hospitalar.

Nesse panorama de calamidade pública, a Procuradoria-Geral do Estado foi instada a participar do processo e a auxiliar na construção ou validação de soluções eficientes e juridicamente sustentáveis, compatíveis com a excepcionalidade da situação de emergência de saúde, especialmente para remediar o déficit do quadro médico necessário ao atendimento nos hospitais públicos, inclusive os de "campanha", direcionados exclusivamente à COVID-19.

Importa referir que o Estado do Pará já havia exaurido algumas ações tendentes à convocação de médicos e outros profissionais de saúde, utilizando-se de chamamentos públicos para contratação temporária de recém-formados e residentes, realizando também a graduação antecipada de estudantes de Medicina com 75% do curso concluído, conforme autorização emitida pelo Ministério da Educação (MEC), por meio da Portaria nº 374, de 03 de abril de 2020, com amparo na Medida Provisória nº 934, de 1º de abril de 2020, que fixou normas excepcionais sobre o ano letivo da educação básica e do ensino superior decorrentes das medidas para enfrentamento à pandemia da COVID-19.[2]

Como as medidas empregadas se mostravam aquém das necessidades crescentes, o Executivo Estadual cogitou a possibilidade de contratação temporária de médicos intercambistas, inclusive cubanos residentes no Brasil (Pará), remanescentes do Programa *Mais Médicos*, no qual atuaram de 2013 a 2018, sob a curadoria do Governo Federal. Esses profissionais deixaram de ser reincorporados a outros programas da mesma ordem apenas por não mais se enquadrarem em exigências meramente formais previstas no novo art. 23-A da Lei nº 12.871, de 2013, introduzido pela Lei nº 13.958, de 2019.

---

[2] BRASIL. Ministério da Educação. Portaria nº 374, de 3 de abril de 2020. Dispõe sobre a antecipação da colação de grau para os alunos dos cursos de Medicina, Enfermagem, Farmácia e Fisioterapia, exclusivamente para atuação nas ações de combate à pandemia do novo coronavírus – Covid-19. *Diário Oficial da União*, Brasília, DF, abr. 2020. Disponível em: https://www.in.gov.br/en/web/dou/-/portaria-n-374-de-3-de-abril-de-2020-251289249#:~:text=Disp%C3%B5e%20sobre%20a%20antecipa%C3%A7%C3%A3o%20da,que%20lhe%20conferem%20o%20art. Acesso em 22 set. 2020.

A contratação temporária atenderia à situação de emergência de saúde e excepcional interesse público, pelo prazo e forma previstos na Lei Complementar Estadual nº 07, de 1991, com redação da Lei Complementar nº 131, de 2020, proposta e aprovada no apogeu da crise epidemiológica com o intuito de, também, viabilizar o enfrentamento mais eficaz à COVID-19.

2.1 Calamidade pública, situação de emergência de saúde nacional e de impacto mundial: normas aplicáveis

A situação de emergência de saúde pública de impacto internacional foi assim declarada pela Organização Mundial da Saúde (OMS) em 30 de janeiro de 2020 e, em 11 de março do mesmo ano, a COVID-19 foi elevada ao grau de doença pandêmica.

O Senado Federal aprovou, em 20 de março, o Decreto Legislativo nº 06, que reconhece, para os fins do art. 65 da Lei Complementar Federal (LRF) nº 101, de 2000,³ o estado de calamidade pública de âmbito nacional, nos termos da Mensagem nº 93, de 18 de março de 2020, encaminhada pelo Presidente da República, e com efeitos até 31 de dezembro de 2020.

No ensejo, a Assembleia Legislativa do Estado do Pará (ALEPA) publicou o Decreto Legislativo nº 02, de 20 de março de 2020, ratificando o estado de calamidade em território estadual, pelo mesmo prazo e também para os fins do art. 65 da LRF.

Para os demais efeitos, o Executivo Estadual editou o Decreto nº 687, de 15 de abril de 2020, autorizando órgãos e entidades da Administração Pública Estadual a adotar medidas para o enfrentamento à pandemia da COVID-19, observando a Lei Federal nº 13.979, de 6 de fevereiro de 2020, e os Decretos Estaduais nº 609, de 16 de março de 2020, e nº 619, de 23 de março de 2020.

Esse panorama de emergência de saúde, que exigiu alerta máximo do Estado, impôs restrições e mudanças na rotina da Administração e da sociedade, com a avultada responsabilidade de órgãos e entidades

---

³ "Art. 65. Na ocorrência de calamidade pública reconhecida pelo Congresso Nacional, no caso da União, ou pelas Assembleias Legislativas, na hipótese dos Estados e Municípios, enquanto perdurar a situação: I – serão suspensas a contagem dos prazos e as disposições estabelecidas nos arts. 23, 31 e 70; II – serão dispensados o atingimento dos resultados fiscais e a limitação de empenho prevista no art. 9º. Parágrafo único. Aplica-se o disposto no *caput* no caso de estado de defesa ou de sítio, decretado na forma da Constituição".

estaduais pelo planejamento e adoção de medidas excepcionais necessárias a executar e a intensificar ações de enfrentamento ao grave ambiente epidemiológico existente, tendo como finalidade essencial e cêntrica o atendimento à população e a inviolabilidade da vida e da saúde.

2.2 Situação de emergência de saúde: COVID-19 e o cenário crítico no Estado do Pará

A Secretaria de Estado de Saúde Pública anunciou o primeiro caso de contaminação pelo SARS-Cov-2 no Estado do Pará em 18 de março de 2020, data a partir da qual o número de infectados cresceu exponencialmente em todo o território paraense e assim permaneceu até meados de julho/2020, quando algumas regiões passaram a experimentar período de estabilização e, em dias mais atuais, a observar sensível queda na incidência da COVID-19.

Dados divulgados pela mesma Secretaria de Estado, em 22 de abril de 2020, confirmavam 1.195 casos da COVID-19 no Pará, dos quais 450 já recuperados, 43 óbitos e mais 433 testes em análise, números crescentes que impunham ao Executivo a implementação de ações extremas para tentar conter o avanço da doença e, principalmente, garantir atendimento às pessoas contaminadas.

O Pará foi um dos epicentros nacionais de incidência do SARS-Cov-2, com períodos de enorme agudização da crise de saúde, como se observa no quadro 1.

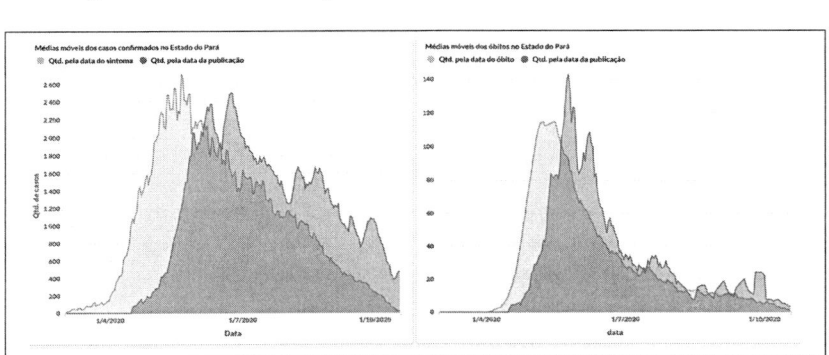

QUADRO 1 – Evolução do SARS-Cov-2 no Estado do Pará:

Fonte: SESPA (2020).

As medidas de isolamento e distanciamento social não se mostraram suficientes à contenção da epidemia e o número crescente de casos demandava do Estado o fortalecimento dos serviços essenciais de saúde e segurança pública, principalmente.

O Pará, como os demais Estados da federação, já vinha convivendo com o déficit de profissionais de saúde nas diversas áreas de formação, situação agravada com a indisponibilidade local de médicos para o atendimento básico e intensivo aos pacientes da COVID-19.

A notícia publicada no jornal O Estadão, de 21 de abril de 2020, não deixa margem a dúvida sobre o cenário vivenciado pela saúde pública no Pará como um dos epicentros nacionais da pandemia. Destaco, ainda, que não se trata de dados oficiais:

> No enfrentamento à pandemia, o Pará já ocupa quase a totalidade de leitos de UTI.
>
> Belém – Pouco mais de um mês após a confirmação do primeiro caso da COVID-19, o Pará já alcança 97% da taxa de ocupação de leitos de Unidades de Terapia Intensiva (UTI) disponíveis no Estado. Na capital, Belém, a situação é pior: 100% dos leitos de UTI foram ocupados e 80% do total é com pacientes suspeitos ou confirmados da doença.
>
> O primeiro caso no Estado foi em 18 de março. Hoje, são 902 casos confirmados, 284 em análise e o registro de 35 óbitos, segundo o primeiro boletim epidemiológico desta segunda-feira, 20. Os dados são das Secretarias de Saúde do município e do Estado.
>
> Em Belém, há 125 leitos de UTIs e 1.118 de enfermaria, além de 90 leitos de observação nas Unidades de Pronto Atendimento (UPA's), segundo a Secretaria Municipal de Saúde (Sesma).
>
> Em nota, a pasta informou que "os serviços de saúde estão operando com capacidade máxima, mas continuam recebendo usuários, pois são as unidades de porta aberta do município". A reportagem perguntou ao Governo do Estado quantos leitos haviam, mas a nota enviada não informou. No entanto, nas redes sociais houve o anúncio da entrega de 20 novos leitos de UTIs para o tratamento de pacientes da COVID-19, no Hospital de Campanha do Hangar, em Belém. A postagem relata que serão mais 17. Somados aos 45 instalados no Hospital Abelardo Santos, em Icoaraci, o Pará terá 186 leitos para atender a população. (...).[4]

---

[4] Cf. No enfrentamento à pandemia, o Pará já ocupa quase a totalidade dos leitos de UTI. *O Estadão*, 2020. Disponível em: https://saude.estadao.com.br/noticias/geral/no-enfrentamento-a-pandemia-para-ja-ocupa-quase-a-totalidade-de-leitos-de-uti,70003277828. Acesso em 22 set. 2020.

As informações falam por si: as necessidades eram enormes e urgentes e os profissionais de que dispunha o Estado, incluindo as contratações e as convocações realizadas, não foram suficientes ao atendimento do volume crescente de contaminados.

A propósito das ações implementadas pelo Estado, tem destaque também a publicação do Decreto nº 698, em 21 de abril de 2020, que autorizou a convocação dos médicos cursando residência médica e médicos formados de acordo com a Medida Provisória nº 934, de 1º de abril de 2020, para ações de enfrentamento à pandemia da COVID-19, podendo atuar em qualquer unidade de saúde da rede estadual ou das redes municipais, nestas, mediante Termo de Cooperação com o município interessado. Mais uma medida sem o sucesso projetado.

E foi essa perspectiva extremamente inquietante que motivou a Secretaria de Estado de Planejamento e Administração (SEPLAD) a oficiar ao Conselho Regional de Medicina (CRM) para partilhar as dificuldades que eram de conhecimento público, reportando-se ao insignificante número de médicos que acudiu ao chamamento para cadastro e contratação temporária pelo Estado, na forma da Portaria nº 639, de 31 de março de 2020, editada pelo Ministério da Saúde no escopo da Ação Estratégica *O Brasil Conta Comigo – Profissionais da Saúde*.

No ensejo, o órgão estadual pugnou pelo auxílio do CRM na indicação urgentíssima de médicos habilitados ao atendimento ambulatorial e hospitalar para os mais de mil casos da COVID-19 até então identificados no Pará (hoje totalizam mais de 241 mil), destacando: *primeiro*, que quase 50% dos profissionais de saúde da rede pública estadual estavam afastados do trabalho por integrar grupo de risco ou por contaminação pelo coronavírus; e, *segundo*, que não houve êxito na convocação/contratação de profissionais pelo Estado para ocupação de vagas temporárias, o que impunha a adoção de outras ações e providências capazes de suprir o déficit sinalizado. Não houve, na ocasião, resposta hábil e qualificada do CRM à emergência partilhada pelo Estado.

Em resumo, o quadro epidemiológico era gravíssimo no Pará, principalmente na Região Metropolitana de Belém, havia carência notória de médicos para atuar na atenção básica e como intensivistas nas UTI's e as vagas existentes e disponibilizadas não foram preenchidas.

Era público também que, em abril de 2020, o Estado do Pará estava adquirindo equipamentos para guarnecer UTI's temporárias e assim suprir hospitais de campanha estruturados na Capital e em algumas cidades-polo do interior, de modo que o preenchimento do quadro médico era essencial à concretização dessa ampliação e garantia de atendimento básico e intensivo aos pacientes infectados.

Existiam, à época, mais de 400 vagas a serem preenchidas entre médicos clínicos, intensivistas e outras especialidades necessárias ao enfrentamento da COVID-19, e urgiam providências e alternativas à contratação temporária de excepcional interesse público de profissionais que atendessem aos requisitos mínimos de habilitação e experiência pelo Sistema Único de Saúde (SUS), preferencialmente.

Também não se pode deixar de registrar, nesse cenário de calamidade, a evidente sobrecarga nos sistemas municipais de saúde, experimentado, principalmente, na Capital, e verificada, inclusive, nos hospitais municipais que atendiam por gestão plena, aumentando a pressão sobre os hospitais estaduais e reforçando a necessidade da contratação de mais profissionais de saúde.

3 Programa "Mais Médicos" e o projeto "Mais Médicos para o Brasil": Lei Federal nº 12.871/2013 – Médicos Intercambistas Cubanos

A hipótese de contratação excepcional de médicos intercambistas para auxiliar no enfrentamento à COVID-19 no Estado do Pará não poderia avançar sem a necessária compreensão da Lei Federal nº 12.871/2013, que instituiu o Programa *Mais Médicos*, com a seguinte configuração:

> Art. 1º É instituído o Programa Mais Médicos, com a finalidade de formar recursos humanos na área médica para o Sistema Único de Saúde (SUS) e com os seguintes objetivos:
>
> I – diminuir a carência de médicos nas regiões prioritárias para o SUS, a fim de reduzir as desigualdades regionais na área da saúde;
>
> II – fortalecer a prestação de serviços de atenção básica em saúde no País;
>
> III – aprimorar a formação médica no País e proporcionar maior experiência no campo de prática médica durante o processo de formação;
>
> IV – ampliar a inserção do médico em formação nas unidades de atendimento do SUS, desenvolvendo seu conhecimento sobre a realidade da saúde da população brasileira;

V – fortalecer a política de educação permanente com a integração ensino-serviço, por meio da atuação das instituições de educação superior na supervisão acadêmica das atividades desempenhadas pelos médicos;

VI – promover a troca de conhecimentos e experiências entre profissionais da saúde brasileiros e médicos formados em instituições estrangeiras;

VII – aperfeiçoar médicos para atuação nas políticas públicas de saúde do País e na organização e no funcionamento do SUS; e

VIII – estimular a realização de pesquisas aplicadas ao SUS. (...)

Art. 13. É instituído, no âmbito do Programa Mais Médicos, o Projeto Mais Médicos para o Brasil, que será oferecido:

I – aos médicos formados em instituições de educação superior brasileiras ou com diploma revalidado no País; e

II – aos médicos formados em instituições de educação superior estrangeiras, por meio de intercâmbio médico internacional.

§1º A seleção e a ocupação das vagas ofertadas no âmbito do Projeto Mais Médicos para o Brasil observarão a seguinte ordem de prioridade:

I – médicos formados em instituições de educação superior brasileiras ou com diploma revalidado no País, inclusive os aposentados;

II – médicos brasileiros formados em instituições estrangeiras com habilitação para exercício da Medicina no exterior; e

III – médicos estrangeiros com habilitação para exercício da Medicina no exterior.

§2º Para fins do Projeto Mais Médicos para o Brasil, considera-se:

I – médico participante: médico intercambista ou médico formado em instituição de educação superior brasileira ou com diploma revalidado; e

II – médico intercambista: médico formado em instituição de educação superior estrangeira com habilitação para exercício da Medicina no exterior. (...)

Art. 15. Integram o Projeto Mais Médicos para o Brasil:

I – o médico participante, que será submetido ao aperfeiçoamento profissional supervisionado; (...).

§1º São condições para a participação do médico intercambista no Projeto Mais Médicos para o Brasil, conforme disciplinado em ato conjunto dos Ministros de Estado da Educação e da Saúde:

I – apresentar diploma expedido por instituição de educação superior estrangeira;

II – apresentar habilitação para o exercício da Medicina no país de sua formação; e

III – possuir conhecimento em língua portuguesa, regras de organização do SUS e protocolos e diretrizes clínicas no âmbito da Atenção Básica. (...)

Art. 16. O médico intercambista exercerá a Medicina exclusivamente no âmbito das atividades de ensino, pesquisa e extensão do Projeto Mais Médicos para o Brasil, dispensada, para tal fim, nos 3 (três) primeiros anos de participação, a revalidação de seu diploma nos termos do §2º do art. 48 da Lei nº 9.394, de 20 de dezembro de 1996.

§2º A participação do médico intercambista no Projeto Mais Médicos para o Brasil, atestada pela coordenação do Projeto, é condição necessária e suficiente para o exercício da Medicina no âmbito do Projeto Mais Médicos para o Brasil, não sendo aplicável o art. 17 da Lei nº 3.268, de 30 de setembro de 1957.

§3º O Ministério da Saúde emitirá número de registro único para cada médico intercambista participante do Projeto Mais Médicos para o Brasil e a respectiva carteira de identificação, que o habilitará para o exercício da Medicina nos termos do §2º.

§4º A coordenação do Projeto comunicará ao Conselho Regional de Medicina (CRM) que jurisdicionar na área de atuação a relação de médicos intercambistas participantes do Projeto Mais Médicos para o Brasil e os respectivos números de registro único.

§5º O médico intercambista estará sujeito à fiscalização pelo CRM. (...).

Chamam a atenção nas disposições da Lei e Programas Federais o seguinte:

a) o Programa *Mais Médicos*[5] foi instituído por Lei, em 2013, com a finalidade de especializar profissionais médicos na atuação pelo SUS e, assim, reduzir a carência de atendimento ambulatorial, hospitalar e de atenção básica em regiões prioritárias do Brasil, utilizando, entre outros meios, a troca de conhecimentos com médicos formados em instituições estrangeiras;

b) no âmbito do Programa *Mais Médicos*, o Governo Federal também criou o Projeto *Mais Médicos para o Brasil*, com profissionais intercambistas graduados em instituições estrangeiras, apoiados, no caso de intercambistas cubanos, em Acordo Trilateral celebrado entre Brasil, Cuba e a Organização Pan-Americana de Saúde (OPAS/OMS);

c) a exigência legal para seleção e ocupação das vagas ofertadas no Programa obedecia a uma ordem legal de prioridade – médicos formados no Brasil ou com diplomas revalidados no País, depois médicos brasileiros formados por instituições estrangeiras, com habilitação para o exercício da medicina no exterior, e, por fim, *médicos estrangeiros com habilitação para o exercício da medicina no exterior,* caso dos profissionais cubanos;

d) a Lei também estabeleceu condições específicas para a participação de médico estrangeiro intercambista no Projeto *Mais Médicos para o Brasil,* com destaque à apresentação de diploma expedido por instituição de ensino superior estrangeira, documento de habilitação para o exercício da medicina no país de formação e domínio da língua portuguesa e das regras de organização do SUS, inclusive protocolos e diretrizes no âmbito da atenção básica à saúde;

e) os médicos intercambistas foram então autorizados pelo Estado brasileiro (Ministérios da Educação e da Saúde, conjuntamente) a exercer a medicina, inicialmente em atividades de ensino, pesquisa e extensão, sendo-lhes dispensada, nos 03 primeiros anos de atuação, a revalidação de diplomas;

f) em seguida, a participação do intercambista no Projeto foi atestada e validada pela coordenação do Programa e essa experiência foi suficiente para habilitar o profissional a exercer a

---

[5] Declarado constitucional pelo STF, na ADI nº 5035, julgada em 11.12.2017.

medicina em território brasileiro e na órbita do SUS, dispensada também a revalidação do diploma (art. 17 da Lei nº 3.268/1957),[6] bem como o prévio registro no Ministério da Educação (MEC) ou inscrição no CRM da respectiva jurisdição; e

g) por fim, os médicos intercambistas, na maioria profissionais naturais de Cuba, obtiveram registro único junto ao Ministério da Saúde e Carteira de Identificação que os habilitaram ao exercício da medicina no Brasil.

Em estudo disponibilizado no site do Ministério da Saúde, obtém-se a informação de que, até 2017, o Projeto *Mais Médicos para o Brasil*[7] contou com 17.071 participantes, sendo 5.247 brasileiros formados no Brasil e no exterior, 3.271 intercambistas de outros países e 8.553 médicos cooperados cubanos, cuja participação decorreu do Acordo Internacional Trilateral, já noticiado. Trechos significativos desse Estudo demonstram o êxito do Projeto e a larga experiência adquirida pelos intercambistas:

(...) Mais de 70% dos municípios brasileiros são atendidos pelo Projeto, beneficiando 63 milhões de brasileiros. Com os médicos do Projeto, foi possível ampliar a assistência médica da atenção básica, com atendimento regular nas unidades básicas de saúde, na composição de novas equipes de saúde da família ou em equipes que não contavam com profissionais no momento da adesão. (...). Um dos fatores que explicam os bons resultados do Programa é o perfil dos médicos com experiência de atuação. Segundo a pesquisa da UFMG, até o final de 2014, a maioria dos profissionais dos Mais Médicos eram estrangeiros (74%), acima de 30 anos (78%), com mais de dez anos de experiência (63%) e com alto grau de qualificação (98% possuem especialização). (...). A referida pesquisa confirma evidências de que o PMMB amplia a efetividade do SUS e da atenção básica, garantindo o acesso prioritário a expressivas parcelas da população. (...). Fortalece-se, assim, o engajamento nacional para a promoção da cobertura universal de saúde, bandeira tanto das políticas domésticas brasileiras quanto de sua atuação internacional no domínio da saúde. (...). Além disso, a defesa do acesso universal à saúde como direito, consolidada a partir da criação do SUS, com a Constituição de

---

[6] "Art. 17. Os médicos só poderão exercer legalmente a medicina, em qualquer de seus ramos ou especialidades, após o prévio registro de seus títulos, diplomas, certificados ou cartas no Ministério da Educação e Cultura e de sua inscrição no Conselho Regional de Medicina, sob cuja jurisdição se achar o local de sua atividade".

[7] Cf. O Programa Mais Médicos e a cooperação trilateral Brasil-OPAS-Cuba para o fortalecimento da atenção básica no SUS. *Ministério da Saúde*, 2020. Disponível em: www.saude.gov.br. Acesso em 22 abr. 2020.

1988, também é tema caro à atuação internacional brasileira no campo da saúde. (...).

O fato é que, de 2013 a 2018, os médicos intercambistas, inclusive os 8.553 profissionais cubanos, atuaram regularmente em território brasileiro e, para o fortalecimento do SUS, foram habilitados pelo Ministério da Saúde para esse fim, após cumprirem todas as exigências legais de formação, autorização para exercício em país estrangeiro e especialização.

O Programa Federal seguiu até 2016, quando o Governo Michel Temer decidiu renovar e renegociar o Termo de Cooperação tripartite Brasil-Cuba-OPAS, e acabou encerrado em 13 de março de 2018, com a ruptura do Acordo após divergências inconciliáveis entre os dois países.

Disso resultou o repatriamento de mais de 6 mil profissionais a Cuba, permanecendo no Brasil, em situações diversas, cerca de 2.500 médicos,[8] muitos naturalizados brasileiros, outros em processo de naturalização, mas todos, a princípio, com autorização para residência permanente ou provisória em território nacional.

E foi no auge da crise de saúde que o Estado do Pará recebeu a notícia que 86 desses cerca de 2.500 profissionais remanescentes do *Mais Médicos para o Brasil* ainda residiam no Pará e estariam disponíveis ao atendimento básico e intensivo (existiam ao menos 06 intensivistas nesse grupo) no combate à COVID-19, capacitados e habilitados a atuar pelo SUS, credenciados, portanto, ao trabalho emergencial que se impunha naquele momento. A solução imediata se anunciava por essa via, portanto.

3.1 Programa "Médicos pelo Brasil" e a Lei Federal nº 13.958/2019: requisitos e situação do remanescente de médicos intercambistas cubanos

O Governo Federal, pela Medida Provisória nº 890/2019, posteriormente convertida na Lei nº 13.958/2019, instituiu o Programa Médicos pelo Brasil sem revogar o anterior Mais Médicos, com a finalidade de incrementar a prestação desses serviços em locais de difícil provimento ou de alta vulnerabilidade e de fomentar a formação de médicos especialistas em medicina de família e comunidade, no âmbito da atenção primária à saúde no Sistema Único de Saúde (SUS).

---

[8] Notícia de 23.03.2019 extraída do site www.bbc.com, acessado em 22.04.2020.

A Lei nº 13.958/2019 também acrescentou o art. 23-A à Lei nº 12.871/2013, dispondo:

> Art. 34. A Lei nº 12.871, de 22 de outubro de 2013, passa a vigorar acrescida do seguinte art. 23-A:
>
> Art. 23-A. Será reincorporado ao Projeto Mais Médicos para o Brasil, na forma do inciso II do caput do art. 13 desta Lei, pelo prazo improrrogável de 2 (dois) anos, o médico intercambista que atender cumulativamente aos seguintes requisitos:
>
> I – estar no exercício de suas atividades, no dia 13 de novembro de 2018, no âmbito do Projeto Mais Médicos para o Brasil, em razão do 80º Termo de Cooperação Técnica para implementação do Projeto Ampliação do Acesso da População Brasileira à Atenção Básica em Saúde, firmado entre o Governo da República Federativa do Brasil e a Organização Pan-Americana da Saúde/Organização Mundial da Saúde;
>
> II – ter sido desligado do Projeto Mais Médicos para o Brasil em virtude da ruptura do acordo de cooperação entre o Ministério da Saúde Pública de Cuba e a Organização Pan-Americana da Saúde/Organização Mundial da Saúde para a oferta de médicos para esse Projeto; e
>
> III – ter permanecido no território nacional até a data de publicação da Medida Provisória nº 890, de 1º de agosto de 2019, na condição de naturalizado, residente ou com pedido de refúgio.

A Lei Federal de 2019, portanto, no contexto do repaginado Médicos pelo Brasil, previu a possibilidade de reincorporação dos médicos intercambistas ao Programa anterior, pelo prazo improrrogável de dois anos, desde que atendidos cumulativamente os requisitos dispostos no art. 23-A, critérios aleatoriamente fixados e que não respondem, aparentemente, a um comando técnico, científico, profissional ou acadêmico.

Os novos requisitos fixados são os seguintes: estar em exercício no dia 13 de março de 2018, quando rompido o acordo de cooperação trilateral Brasil-Cuba-OPAS, e esse rompimento ter sido a causa do desligamento do intercambista do Projeto; e ter permanecido em território nacional até a data de publicação da MP nº 890, em 01 de agosto de 2019, na condição de naturalizado, residente ou com pedido de refúgio.

Essas exigências, como mencionado, em nada se relacionam com a formação do médico intercambista já antes habilitado para atuar no Brasil, segundo a própria Lei nº 12.871/2013, em vigor, e refletem escolhas políticas transitórias, eleitas fortuitamente, e que não poderiam invalidar, num cenário de pandemia, a habilitação conferida pelo Ministério da Saúde ao exercício da medicina em território brasileiro. Não se poderia olvidar, ainda, o conjunto da capacitação realizada no âmbito do SUS e o reconhecimento da diplomação no país de origem, com autorização para exercício da medicina em país estrangeiro, requisitos técnicos que recomendavam a atuação desses médicos na situação de emergência de saúde vivenciada.

A propósito, os arts. 15 e 16 da Lei nº 12.871/2013 exigem do médico intercambista o diploma, a habilitação para o exercício da medicina no país de formação e no estrangeiro, além do conhecimento da língua portuguesa e das regras de organização do SUS, critérios já aferidos dos 86 médicos residentes no Pará e que autorizavam, na crise aguda de saúde, a atuar pelo SUS sem os registros formais competentes, ao menos inicialmente.

E mais. O art. 2º da Lei nº 12.871/2013 foi categórico ao fixar como critério *necessário e suficiente* ao exercício da medicina no âmbito do *Mais Médicos para o Brasil* apenas a participação do intercambista no Projeto, atestada por sua coordenação local, presumindo-se atendidas todas as demais exigências legais de formação e habilitação para o exercício da medicina fora do país de origem.

Nos termos do art. 5º, XIII, da CRFB/88, é livre o exercício de qualquer trabalho, ofício ou profissão, atendidas as qualificações profissionais que a lei estabelecer. Nesse sentido, reforço que os requisitos fixados na Lei nº 12.871/2013 para o exercício da medicina por médicos estrangeiros seguem sendo os dispostos nos arts. 15 e 16, e foram atendidos pelos remanescentes cubanos residentes no Pará que, em caso de contratação temporária, seriam oportunamente convocados para fazer prova desses fatos.

Vale registrar, também, que o Ministério da Saúde lançou, em 26 de março de 2020, o Edital nº 09-MS para chamamento público de médicos intercambistas remanescentes de cooperação internacional, visando a reincorporação ao Projeto *Mais Médicos para o Brasil*, nos termos do art. 23-A da Lei nº 12.871/2013, limitando a participação aos que atendiam os requisitos adicionados pela Lei nº 13.958/2019. A propósito:

> 1.1 Este Edital tem por objeto realizar o chamamento público de médicos intercambistas, oriundos da cooperação internacional, indicados no Anexo II deste Edital, lista disponibilizada, no endereço eletrônico http://maismedicos.gov.br, que atendam aos requisitos do art. 23-A da Lei nº 12.871/2013, acrescido pelo art. 34 da Lei nº 13.958/2019, para

manifestarem interesse na reincorporação ao Projeto Mais Médicos para o Brasil, pelo prazo improrrogável de 2 (dois) anos.

2 DOS REQUISITOS PARA REINCORPORAÇÃO AO PROJETO MAIS MÉDICOS PARA O BRASIL

2.1 Em atendimento ao disposto no art. 23-A da Lei nº 12.871/2013, serão reincorporados ao Projeto Mais Médicos para o Brasil, na forma do inciso II do caput do art. 13 da Lei nº 12.871/2013, pelo prazo improrrogável de 2 (dois) anos, o médico intercambista que atender cumulativamente aos seguintes requisitos:

I- estar no exercício de suas atividades, no dia 13 de novembro de 2018, no âmbito do Projeto Mais Médicos para o Brasil, em razão do 80º Termo de Cooperação Técnica para implementação do Projeto Ampliação do Acesso da População Brasileira à Atenção Básica em Saúde, firmado entre o Governo da República Federativa do Brasil e a Organização Pan-Americana da Saúde/Organização Mundial da Saúde;

II- ter sido desligado do Projeto Mais Médicos para o Brasil em virtude da ruptura do acordo de cooperação entre o Ministério da Saúde Pública de Cuba e a Organização Pan-Americana da Saúde/Organização Mundial da Saúde para a oferta de médicos para esse Projeto; e

III- ter permanecido no território nacional até a data de publicação da Medida Provisória nº 890, de 1º de agosto de 2019, na condição de naturalizado, residente ou com pedido de refúgio.[9]

Obviamente que apenas parte dos médicos cubanos manifestou interesse na reinclusão, dadas as restrições impostas de modo fortuito pela União em detrimento dos requisitos ainda vigentes previstos na Lei nº 12.851/2013.

O Edital foi objeto de ação judicial movida pela Defensoria Pública da União – processo nº 1010633-27.2020.4.01.3900, em trâmite pela 5ª Vara Federal da SJPA que, em sede de Tutela Antecipada Antecedente, determinou a reabertura dos prazos para garantir a inclusão de outros intercambistas aptos a atender os requisitos do art. 23-A, nos quais não se enquadravam os médicos cubanos residentes no

---

[9] BRASIL. Ministérios da Saúde. Edital nº 9, de 26 de março de 2020. Diário Oficial da União, Brasília, DF, *mar*. 2020. Disponível em: https://www.in.gov.br/en/web/dou/-/edital-n-9-de-26-de-marco-de-2020-249861679. Acesso em 22 set. 2020.

Pará apenas e tão somente por não preencherem um ou outro critério temporal – ex.: não tiveram contratos prorrogados pela União até a data exata de 13.11.2018; continuavam em território nacional, mas em algum momento da descontinuidade de seus contratos se deslocaram a Cuba e voltaram; não tinham processo de naturalização finalizado por inércia da própria União etc.

A demanda judicial segue em trâmite, com liminar em vigor para que a União restabeleça os critérios de seleção do Edital nº 09/2020-MS, permita a inscrição de outros profissionais estrangeiros e refaça o cronograma de exames.

Não há, portanto, razoabilidade nos critérios fixados supervenientemente pelo art. 23-A e eles certamente não se sustentam diante da situação de emergência de saúde que exigia a atuação do máximo de profissionais aptos ao atendimento básico e intensivo de pacientes infectados.

Não permitir a contratação temporária desses médicos, ainda que fora do contexto imposto pela União no art. 23-A da Lei nº 12.851/2013, seria atentar contra a saúde e a vida dos cidadãos, deixando-os agravar e vir a óbito sem o atendimento emergencial indispensável. Não era possível ou, mais que isso, seria negligente dispensar, naquele momento, a experiência amealhada pelos intercambistas na sua atuação junto ao SUS, de extrema utilidade no cenário de enfrentamento à COVID-19.

Limitar as medidas ao alcance do Estado apenas pelas exigências formais impostas pela União à reincorporação desse grupo médico ao SUS, no momento de crise sanitária aguda, seria violar o direito à vida, à saúde e à dignidade humana, garantidos nos arts. 5º e 6º da Constituição da República Federativa do Brasil/1988 (CRFB), seria dispor de interesse público primário transcendente e irrenunciável, desapegando-se o Estado de seu dever constitucional previsto no art. 196:

> Art. 196. A saúde é direito de todos e dever do Estado, garantido mediante políticas sociais e econômicas que visem à redução do risco de doença e de outros agravos e ao acesso universal e igualitário às ações e serviços para sua promoção, proteção e recuperação.

O ato estava plenamente amparado também nos princípios da razoabilidade e da proporcionalidade, já que o estado de calamidade declarado demandava do Poder Público a adoção de medidas excepcionais de proteção à vida e à saúde, bens invioláveis cuja preservação pode e deve transcender alguns formalismos legais.

3.2 COVID-19 e a atuação de médicos intercambistas cubanos: relativização da exigência de revalidação de diplomas e aferição de habilitação técnica por outros meios disponíveis – LINDB

Também não foi possível ao Estado do Pará aguardar a realização do Exame Nacional de Revalidação de Diplomas Médicos (Revalida) pelos intercambistas disponíveis ao enfrentamento da COVID-19, seja pela situação de emergência que urgia providências extremas, seja porque as provas que cabem ao Instituto Nacional de Estudos e Pesquisas Educacionais Anísio Teixeira (INEP) aplicar não eram marcadas desde 2017, seja, enfim, porque os profissionais tiveram os requisitos legais de formação e atuação aferidos pelo Ministério da Saúde e receberam habilitação legal para o exercício da medicina em território brasileiro.

Vale lembrar que o Revalida foi expressamente dispensado pela Lei nº 12.851/2013 para os intercambistas estrangeiros à época de seu ingresso no Programa *Mais Médicos*.

Ademais, embora a Lei nº 13.959/2019, que instituiu novas regras para o Exame Nacional de Revalidação de Diplomas Médicos Expedidos por Instituição de Educação Superior Estrangeira (Revalida), seja posterior à Lei nº 12.851/2013 e às garantias que esta consignou ao médico intercambista, não se pode desprezar que a revalidação do diploma estrangeiro já constava da Lei Federal nº 9.394/1996, a Lei de Diretrizes e Bases de Educação Nacional (LDBEN), facultando-se sua realização às universidades públicas brasileiras, na forma do art. 48 e §2º:

> Art. 48. Os diplomas de cursos superiores reconhecidos, quando registrados, terão validade nacional como prova da formação recebida por seu titular. (...)

> §2º Os diplomas de graduação expedidos por universidades estrangeiras serão revalidados por universidades públicas que tenham curso do mesmo nível e área ou equivalente, respeitando-se os acordos internacionais de reciprocidade ou equiparação. (...).

Diante das circunstâncias e necessidades emergenciais vivenciadas pelo Estado do Pará, opinou a Procuradoria-Geral pela possibilidade de contratação temporária de profissionais cubanos para enfrentamento à COVID-19, desde que acompanhada da aferição, pela Universidade do Estado do Pará (UEPA), das condições previstas na Lei nº 13.959/2019 para o Revalida.

Desta forma, a contratação temporária e excepcional poderia se perfazer com a anuência da UEPA e sobre os critérios habilitatórios do Revalida, observando o art. 2º, I, da Lei de regência:

> Art. 2º O Revalida tem os seguintes objetivos:
>
> I – verificar a aquisição de conhecimentos, habilidades e competências requeridas para o exercício profissional adequado aos princípios e às necessidades do Sistema Único de Saúde (SUS), em nível equivalente ao exigido nas Diretrizes Curriculares Nacionais do Curso de Graduação em Medicina no Brasil; e
>
> II – subsidiar o processo de revalidação de diplomas de que trata o art. 48 da Lei nº 9.394, de 20 de dezembro de 1996. (…).

A análise da habilitação de cada médico intercambista seria, portanto, aferida por universidade pública e, desta forma, o ato de contratação seria legítimo e convalidável *a posteriori*, praticado para atender o momento de emergência, sem implicar em grave risco à vida e à saúde da população.

A solução foi razoável e proporcional à situação que se visava proteger e estava amparada em motivação técnica justa, legítima e criteriosa, atendendo também ao comando do art. 22 da Lei Federal nº 13.655/2018 – Lei de Introdução às Normas do Direito Brasileiro (LINDB):

> Art. 22. Na interpretação de normas sobre gestão pública, serão considerados os obstáculos e as dificuldades reais do gestor e as exigências das políticas públicas a seu cargo, sem prejuízo dos direitos dos administrados.
>
> §1º Em decisão sobre regularidade de conduta ou validade de ato, contrato, ajuste, processo ou norma administrativa, serão consideradas as circunstâncias práticas que houverem imposto, limitado ou condicionado a ação do agente. (...).

A doutrina tem prestigiado a mudança na filosofia aplicada à Lei nº 13.655/2018, com destaque para seus arts. 22 e 28, que visam a garantir os fins lídimos da Administração por meios nem sempre simples ou objetivamente postos, mas necessários para atingir o bem coletivo e assegurar a implementação das políticas públicas em todas as áreas, com especial ênfase àquelas que se impõem em circunstâncias

adversas, como a vivenciada até aqui com a pandemia da COVID-19.
Conforme Godoi:

> (...) A Lei nº 13.655, de 25 de abril de 2018, já expressa em seu preâmbulo que sua finalidade foi a inclusão, na Lei de Introdução às Normas do Direito Brasileiro – LINDB (Decreto-Lei nº 4.657/42), de disposições sobre segurança jurídica e eficiência na criação e aplicação do direito público. Carlos Ari Sundfeld e Floriano de Azevedo Marques Neto, autores do Projeto de Lei, justificaram a necessidade da uma nova lei para promover a melhoria da qualidade da atividade jurídico-decisória sobre questões públicas no Brasil, ressaltando que a atividade de regulamentação e aplicação das leis deveria ser submetida a novas balizas interpretativas, processuais e de controle.
>
> Constata-se forte influência do pragmatismo norte-americano, sendo que seu núcleo (antifundacionalismo, consequencialismo e contextualismo) permeia a totalidade das novas disposições. Entre as inovações, destacam-se dois artigos relacionados à gestão pública: o artigo 22 e o art. 28, os quais trazem uma maior segurança jurídica para o gestor público, uma vez que os obstáculos e as dificuldades reais do gestor devem ser considerados na interpretação das normas, bem como na decisão sobre regularidade de conduta. Ainda, a responsabilidade pessoal do agente se dará apenas nos casos de dolo ou erro grosseiro. Ou seja, há uma valorização do gestor honesto e possuidor de ideias inovadoras, mas que, receoso da atuação dos órgãos de controle, mantém-se inerte, apenas cumprindo mecanicamente as normas burocráticas, sem a coragem de correr riscos ou experimentar novas soluções. (...).[10]

A questão reside, portanto, não em admitir a burla à legalidade, à qual a Administração está vinculada intrinsecamente, mas em ampliar a possibilidade de interpretar e elastecer as normas para solucionar as demandas administrativas (coletivas) que, não raro, se apresentam em condições adversas, como no caso aqui retratado, em que a situação é emergencial e a legislação aplicável não se mostra suficiente a uma solução ágil e eficiente sob responsabilidade do Estado.

E foi sob esse manto de proteção que também se pôde amparar a contratação extraordinária, excepcional e temporária de médicos

---

[10] GODOI, Marcela Gonçalves. Do caráter pragmatista das disposições da nova Lei de Introdução às Normas do Direito Brasileiro – LINDB e o impacto na gestão pública e na atuação dos órgãos de controle. *Conteúdo Jurídico*, Brasília, DF, set. 2020. Disponível em: https://conteudojuridico.com.br/consulta/Artigos/53821/do-carter-pragmatista-das-disposies-da-nova-lei-de-introduo-s-normas-do-direito-brasileiro-lindb-e-o-impacto-na-gesto-pblica-e-na-atuao-dos-rgos-de-controle. Acesso em 22 set. 2020.

intercambistas cubanos, residentes no Pará, com atuação e larga experiência no atendimento básico e intensivo à saúde pelo SUS, cuja colaboração não era renunciável no ápice do agravamento da pandemia no Estado, em contexto absolutamente excepcional e quando não havia outra alternativa imediata possível para salvaguardar a vida e a saúde dos paraenses.

3.2.1 Processo de revalidação de diploma estrangeiro e o exercício da autonomia universitária

As circunstâncias e necessidades emergenciais decorrentes da COVID-19 sustentaram, portanto, a possibilidade excepcional de contratação temporária de médicos intercambistas remanescentes de programas federais e com larga experiência no SUS, desde que acompanhada de habilitação aferida por universidade pública, observadas as exigências da Lei Federal nº 13.959/2019 para o Revalida.

Cabe à universidade pública (UEPA) a aferição de habilidades, nível de formação, experiência e competências de médicos estrangeiros ou brasileiros formados no exterior, observando as condições fixadas na legislação e por meio do processo específico de Revalidação de Diploma, considerando a omissão da União, desde 2017, na realização desse exame.

O processo de Revalidação de Diplomas pode ser aplicado por universidade pública, representando solução razoável e proporcional à situação emergencial que o Estado precisou atender.

E a regulamentação e aplicação da revalidação estão na órbita de deliberação das universidades públicas, na medida em que lhe é imanente o atributo da autonomia disciplinado no art. 207 da CRFB/88:

> Art. 207. As universidades gozam de autonomia didático-científica, administrativa e de gestão financeira e patrimonial, e obedecerão ao princípio de indissociabilidade entre ensino, pesquisa e extensão.
>
> §1º É facultado às universidades admitir professores, técnicos e cientistas estrangeiros, na forma da lei.
>
> §2º O disposto neste artigo aplica-se às instituições de pesquisa científica e tecnológica.[11]

---

[11] BRASIL. Constituição da República Federativa do Brasil de 1988. *Diário Oficial da União*, Brasília, 05 out. 1988. Disponível em: http://www.planalto.gov.br/ccivil_03/constituicao/ConstituicaoCompilado.htm. Acesso em 22 set. 2020.

E essa mesma autonomia autoriza a universidade a editar normas sobre a forma como se dará o processo de Revalidação de Diplomas no seu âmbito de atuação, por expresso consentimento do art. 53 da mesma Lei Federal nº 9.394/1996. A respeito do tema, a decisão exarada pelo c. Superior Tribunal de Justiça (STJ) em sede de recurso repetitivo (Recurso Especial nº 1.349.445-SP), assim ementada:

> EMENTA: ADMINISTRATIVO. ENSINO SUPERIOR. REVALIDAÇÃO DE DIPLOMA ESTRANGEIRO. EXIGÊNCIA DE PROCESSO SELETIVO. AUTONOMIA UNIVERSITÁRIA. ARTIGOS 48, §2º, E 53, INCISO V, DA LEI Nº 9394/96 E 207 DA CONSTITUIÇÃO FEDERAL. LEGALIDADE. (....).
>
> 2. No presente caso, discute-se a legalidade do ato praticado pela Universidade Federal de Mato Grosso do Sul, consistente na exigência de aprovação prévia em processo seletivo para posterior apreciação de procedimento de revalidação de diploma obtido em instituição de ensino estrangeira, no caso, o curso de Medicina realizado na Bolívia, uma vez que as Resoluções nºs 01/2002 e 08/2007, ambas do CNE/CES, não fizeram tal exigência.
>
> 3. A Fundação Universidade Federal de Mato Grosso do Sul editou a Resolução nº 12, de 14 de março de 2005, fixando as normas de revalidação para registro de diplomas de graduação expedidos por estabelecimentos estrangeiros de ensino superior, exigindo a realização de prévio exame seletivo.
>
> 4. O registro de diploma estrangeiro no Brasil fica submetido a prévio processo de revalidação, segundo o regime previsto na Lei de Diretrizes e Bases da Educação Brasileira (art. 48, §2º, da Lei nº 9.394/96).
>
> 5. Não há na Lei nº 9.394/96 qualquer vedação ao procedimento adotado pela instituição eleita.
>
> 6. Os critérios e procedimentos de reconhecimento da revalidação de diploma estrangeiro, adotados pelo recorrente, estão em sintonia com as normas legais inseridas em sua autonomia didático-científica e administrativa prevista no art. 53, inciso V, da Lei nº 9.394/96 e no artigo 207 da Constituição Federal.
>
> 7. A autonomia universitária (art. 53 da Lei nº 9.394/98) é uma das conquistas científico-jurídico-políticas da sociedade atual, devendo

ser prestigiada pelo Judiciário. Dessa forma, desde que preenchidos os requisitos legais – Lei nº 9.394/98 – e os princípios constitucionais, garante-se às universidades públicas a liberdade para dispor acerca da revalidação de diplomas expedidos por universidades estrangeiras.

8. O art. 53, inciso V, da Lei nº 9394/96 permite à universidade fixar normas específicas a fim de disciplinar o referido processo de revalidação de diplomas de graduação expedidos por estabelecimentos estrangeiros de ensino superior, não havendo qualquer ilegalidade na determinação do processo seletivo para a revalidação do diploma, porquanto decorre da necessidade de adequação dos procedimentos da instituição de ensino para o cumprimento da norma, uma vez que de outro modo não teria a universidade condições para verificar a capacidade técnica do profissional e sua formação, sem prejuízo da responsabilidade social que envolve o ato.

9. Ademais, o recorrido, por livre escolha, optou por revalidar seu diploma na Universidade Federal de Mato Grosso do Sul, aceitando as regras dessa instituição concernentes ao processo seletivo para os portadores de diploma de graduação de Medicina, expedido por estabelecimento estrangeiro de ensino superior, suas provas e os critérios de avaliação.

10. Recurso especial parcialmente provido para denegar a ordem. Acórdão submetido ao regime do art. 543-C do CPC e da Resolução nº 8/2008 do STJ.

A autonomia universitária ampara, portanto, o processo de Revalidação de Diploma de médicos estrangeiros e brasileiros formados fora do Brasil, suficiente para atender e convalidar contratações temporárias eventualmente realizadas para atender necessidade emergencial do Estado na alocação de mais profissionais na linha de frente da COVID-19.

4 Exigências gerais para contratação temporária e de excepcional interesse público de médicos intercambistas remanescentes de programas federais

Com respaldo nos princípios e normas legais evocados, a Procuradoria-Geral do Estado do Pará admitiu a possibilidade, em tese e para atender excepcional interesse público, da contratação temporária de médicos estrangeiros formados no exterior, com atuação no Brasil pelo SUS, vinculados a programas federais instituídos por lei, desde que, cumulativamente:

a) fossem médicos estrangeiros diplomados fora do Brasil, com autorização obtida em seus países de origem para o exercício da medicina no exterior;
b) fossem médicos integrantes de programas federais de atenção básica à saúde pelo SUS (ex: "Mais Médicos", "Mais Médicos para o Brasil" e o atual "Médicos pelo Brasil"), na condição de participantes/intercambistas, com diplomas revalidados ou não;
c) apresentassem diploma expedido por instituição de ensino superior estrangeira, documento de habilitação para o exercício da medicina no país de formação e no exterior, domínio da língua portuguesa e das regras de organização do SUS, inclusive protocolos e diretrizes no âmbito da atenção básica à saúde;
d) tenham participado como intercambistas em programas federais, com referendo da coordenação de vinculação;
e) tenham experiência concreta e habilitação em território brasileiro e no âmbito do SUS, com registro único e carteira de identificação expedidos pelo Ministério da Saúde;
f) sejam médicos naturalizados ou com processo de naturalização em trâmite, mas, invariavelmente, com autorização para residência permanente ou provisória em território brasileiro;
g) que a contratação temporária se destine a atender situação de emergência de saúde e excepcional interesse público (enfrentamento à COVID-19);
h) o prazo e a forma de contratação fossem os previstos na Lei Complementar Estadual nº 07/1991, com redação da Lei Complementar nº 131/2020, que dispensa Processo Seletivo Simplificado-PSS para contrato de apenas 06 (seis) meses; e
i) a contratação temporária de profissionais estrangeiros (cubanos) fosse acompanhada de aferição, pela Universidade do Estado do Pará-UEPA, das condições habilitatórias previstas na Lei nº 13.959/2019 para o Revalida, a saber:

(...) aquisição de conhecimentos, habilidades e competências requeridas para o exercício profissional adequado aos princípios e às necessidades do Sistema Único de Saúde (SUS), em nível equivalente ao exigido nas Diretrizes Curriculares Nacionais do Curso de Graduação em Medicina no Brasil (par. 4º, I do art. 2º da Lei).

Necessário registrar, por fim, que a atuação dos médicos remanescentes de programas federais, contratados temporariamente para atuar na linha de frente da COVID-19, demandaria também a supervisão e o rigoroso acompanhamento a cargo de órgãos e entidades de saúde estaduais, aos quais vinculados e submetidos ao atendimento à população em níveis ambulatorial e hospitalar.

5 Conclusão

Assim como todas as demais instituições fundamentais para o regime democrático, o Supremo Tribunal Federal centrou sua atuação, no primeiro semestre de 2020, em demandas relacionadas à pandemia.

Com a autoridade de intérprete final da Constituição Federal, a Corte, ao apreciar a atuação de gestores públicos frente às dificuldades da pandemia, *disse* (ADI nº 6341 MC-Ref/DF, rel. Min. Marco Aurélio, red. p/ o ac. Min. Edson Fachin, julgamento em 15.4.2020) e *repetiu* (ADI nº 6362/DF, Relator Ministro Ricardo Lewandowski, julgamento em 2.9.2020) que: "o pior erro na formulação das políticas públicas é a omissão, sobretudo a omissão em relação às ações essenciais exigidas pelo art. 23 da CF".

Complementou, esclarecendo:

> É grave do ponto de vista constitucional, quer sob o manto de competência exclusiva ou privativa, que sejam premiadas as inações do Governo Federal, impedindo que estados e municípios, no âmbito de suas respectivas competências, implementem as políticas públicas essenciais. O Estado garantidor dos direitos fundamentais não é apenas a União, mas também os estados-membros e os municípios.[12]

Para afastar qualquer dúvida, ainda assentou:

> O colegiado assinalou, portanto, que a defesa da saúde compete a qualquer das unidades federadas, sem que dependam da autorização de outros níveis governamentais para levá-las a efeito, cumprindo-lhes, apenas, consultar o interesse público que têm o dever de preservar. A competência comum de cuidar da saúde compreende a adoção de quaisquer medidas que se mostrem necessárias para salvar vidas e restabelecer a saúde das pessoas acometidas pelo novo coronavírus, incluindo-se nelas o manejo da requisição administrativa.[13]

---

[12] ADI nº 6341 MC-Ref/DF, rel. Min. Marco Aurélio, red. p/ o ac. Min. Edson Fachin, julgamento em 15.4.2020.
[13] ADI nº 6362/DF, Relator Ministro Ricardo Lewandowski, julgamento em 2.9.2020.

Fundada na linha jurisprudencial estabelecida pela Corte Constitucional, a Procuradoria-Geral do Estado do Pará se manifestou pela possibilidade legal de contratação temporária de médicos estrangeiros residentes no Brasil (Pará) e que atuaram em Programas federais pelo SUS, ainda que tenham deixado de atender as exigências fixadas no art. 23-A da Lei nº 12.871/2013.

Isso porque, a situação de emergência de saúde e calamidade pública decorrentes da COVID-19 demandaram, no seu ápice (entre abril e junho/2020), a adoção de medidas extremas para conter o avanço da epidemia no Pará e promover o atendimento emergencial da população. No enfrentamento da crise sanitária, era notório o déficit de profissionais de saúde, principalmente médicos, para atenção básica ou intensiva aos pacientes.

Em cenário alarmante, o Estado do Pará envidou esforços para contratação temporária de médicos brasileiros, incluindo a convocação de médicos-residentes e outros formados antecipadamente, sem o êxito esperado no preenchimento das vagas existentes (mais de 400), sendo público também que o Estado do Pará precisou expandir a rede de atendimento ambulatorial e hospitalar, na Capital e no interior, tornando ainda mais urgente a demanda por médicos intensivistas, clínicos e de outras especialidades.

Segundo regras fixadas na Lei Federal nº 12.871/2013, médicos intercambistas cubanos e de outras nacionalidades atuaram junto ao SUS de 2013 a 2018 e foram, pra esse fim, habilitados pelo Ministério da Saúde após cumprirem exigências legais de formação, recebendo autorização para exercício em país estrangeiro e especialização.

No Pará, haviam 86 desses profissionais remanescentes do *Mais Médicos para o Brasil*, disponíveis ao atendimento básico e intensivo no combate à COVID-19, capacitados e habilitados a atuar pelo SUS, credenciados, portanto, ao trabalho emergencial que o momento impunha.

A Lei Federal nº 13.958/2019 instituiu o Programa *Médicos pelo Brasil* e acrescentou à Lei nº 12.871/2013 a possibilidade de reincorporação dos intercambistas ao Programa anterior (*Mais Médicos*), pelo prazo improrrogável de 02 anos, desde que atendidos cumulativamente os requisitos dispostos no art. 23-A, critérios que poderiam ser relativizados para efeito de contratação temporária, ante a supremacia dos bens maiores sob proteção estatal (vida e saúde), considerando, também, que os profissionais receberam habilitação para exercer a medicina no Brasil antes dessa mudança legislativa.

A alternativa eleita tem amparo no art. 22 da Lei nº 13.655/2018 (LINDB), considerando os obstáculos e as adversidades reais que orientaram a ação do agente público e as exigências de realização das políticas públicas de saúde em momento de pandemia.

A Procuradoria-Geral do Estado do Pará, reconhecendo todas essas circunstâncias e necessidades emergenciais, especialmente atenta ao decidido pelo STF nas ADI's nº 6362 e 6341, manifestou-se favoravelmente à contratação temporária de médicos estrangeiros (cubanos), desde que acompanhada de processo de revalidação de diplomas, a cargo da Universidade do Estado do Pará, observando as condições de habilitação previstas na Lei nº 13.959/2019, que assim se manteriam íntegras.

Finalmente, a contratação temporária seguiria as regras especiais disciplinadas pelo art. 2º da Lei Complementar nº 131/2020, para suprir a situação de emergência de saúde, com dispensa de Processo Seletivo Simplificado e pelo prazo de 06 meses, incluindo-se cláusula de rescisão antecipada caso o médico submetido à revalidação de diploma não obtivesse aprovação.

O exercício da medicina não se daria sem a rigorosa supervisão e acompanhamento da equipe de saúde do Estado, médicos do quadro efetivo de órgãos e entidades estaduais.

Essa experiência jurídica, fruto de processo interpretativo construído em situação excepcional, atento às necessidades de saúde pública do Estado do Pará, certamente foi de grande valia para o aprimoramento do atendimento à população paraense.

Referências

BRASIL. Constituição da República Federativa do Brasil de 1988. *Diário Oficial da União*, Brasília, 05 out. 1988. Disponível em: http://www.planalto.gov.br/ccivil_03/constituicao/ConstituicaoCompilado.htm. Acesso em 22 set. 2020.

BRASIL. Ministério da Educação. Portaria nº 374, de 3 de abril de 2020. Dispõe sobre a antecipação da colação de grau para os alunos dos cursos de Medicina, Enfermagem, Farmácia e Fisioterapia, exclusivamente para atuação nas ações de combate à pandemia do novo coronavírus – COVID-19. *Diário Oficial da União*, Brasília, DF, abr. 2020. Disponível em: https://www.in.gov.br/en/web/dou/-/portaria-n-374-de-3-de-abril-de-2020-251289249#:~:text=Disp%C3%B5e%20sobre%20a%20antecipa%C3%A7%C3%A3o%20da,que%20lhe%20conferem%20o%20art. Acesso em 22 set. 2020.

BRASIL. Ministérios da Saúde. Edital nº 9, de 26 de março de 2020. *Diário Oficial da União*, Brasília, DF, mar. 2020. Disponível em: https://www.in.gov.br/en/web/dou/-/edital-n°9-de-26-de-marco-de-2020-249861679. Acesso em 22 set. 2020.

BRASIL. Ministério da Saúde. *Programa mais médicos*. Brasília, DF, 2018.

GODOI, Marcela Gonçalves. Do caráter pragmatista das disposições da nova Lei de Introdução às Normas do Direto Brasileiro – LINDB e o impacto na gestão pública e na atuação dos órgãos de controle. *Conteúdo Jurídico*, Brasília, DF, set. 2020. Disponível em: https://conteudojuridico.com.br/consulta/Artigos/53821/do-carter-pragmatista-das-disposies-da-nova-lei-de-introduo-s-normas-do-direito-brasileiro-lindb-e-o-impacto-na-gesto-pblica-e-na-atuao-dos-rgos-de-controle. Acesso em 22 set. 2020.

MINISTÉRIO DA SAÚDE. *O Programa Mais Médicos e a cooperação trilateral Brasil-OPAS-Cuba para o fortalecimento da atenção básica no SUS*. 2020. Disponível em: www.saude.gov.br. Acesso em 22 abr. 2020.

O ESTADÃO. *No enfrentamento a pandemia Pará já ocupa quase a totalidade dos leitos de UTI*. 2020. Disponível em: https://saude.estadao.com.br/noticias/geral,no-enfrentamento-a-pandemia-para-ja-ocupa-quase-a-totalidade-de-leitos-de-uti,70003277828. Acesso em 22 set. 2020.

PARÁ. Secretaria de Saúde Pública. *Coronavírus no Pará*. 2020. Disponível em: www.covid-19.pa.gov.br. Acesso em 28 set. 2020.

Informação bibliográfica deste texto, conforme a NBR 6023:2018 da Associação Brasileira de Normas Técnicas (ABNT):

SEFER, Ricardo Nasser; SOUZA, Carla Nazaré Jorge Melém. Situação de emergência de saúde. COVID-19. Contratação temporária de médicos intercambistas remanescentes de programas federais. Experiência no Sistema Único de Saúde (SUS). Cabimento excepcional para atender ao interesse público primário. Inviolabilidade do direito à vida e à saúde. Dever do Estado. In: PAULA, Rodrigo Francisco de (Coord.). *A experiência dos Estados no enfrentamento da pandemia da COVID-19*. Belo Horizonte: Fórum, 2021. p. 209-237. ISBN 978-65-5518-147-0.

ESTRATÉGIA ADOTADA PELO ESTADO DO ESPÍRITO SANTO PARA ENFRENTAMENTO DA PANDEMIA DA COVID-19: MAPEAMENTO DE RISCO, MEDIDAS QUALIFICADAS DE RESTRIÇÃO DA LIBERDADE E ESTRUTURAÇÃO DO SISTEMA DE SAÚDE PÚBLICA

RODRIGO FRANCISCO DE PAULA

1 Introdução

Albert Camus, em *A peste*, escreveu que "houve no mundo tantas pestes quanto guerras. E, contudo, as pestes, como as guerras, encontram sempre as pessoas igualmente desprevenidas".[1]

A propagação da COVID-19, uma infecção respiratória causada pelo novo coronavírus, batizado de SARS-CoV-2, com os primeiros casos registrados na China, em Wuhan, em dezembro de 2019, e com declaração de emergência em saúde pública de importância internacional pela Organização Mundial da Saúde já em 30 de janeiro de 2020,[2]

---

[1] CAMUS, Albert. *A peste*. (Trad. Valerie Rumjanek). 20. ed. Rio de Janeiro: Record, 2010. p. 38.
[2] ORGANIZAÇÃO MUNDIAL DA SAÚDE. *OMS declara emergência de saúde pública de importância internacional por surto de novo coronavírus*. Disponível em: https://www.paho.org/

dado o caráter de pandemia do surto,[3] confirma, de modo marcante, a verdade revelada literariamente por Camus. A transmissão da doença em progressão geométrica, pela facilidade do contágio pelo ar ou pelo contato pessoal com secreções contaminadas (gotículas de saliva, espirro, tosse, catarro, contato pessoal próximo ou com objetos ou superfícies contaminadas, seguido de contato com a boca, o nariz ou os olhos), resultou em um crescimento exponencial do número de casos, levando ao colapso dos sistemas de saúde em diversos lugares do mundo, pela incapacidade de se assegurar assistência hospitalar para todos os infectados, de modo que cenas talvez inimagináveis foram vistas: pessoas morrendo em suas casas por falta de leitos hospitalares, corpos enfileirados para enterros em covas coletivas, ruas das maiores cidades do mundo esvaziadas em cumprimento de medidas de isolamento total (lockdown) para interditar a livre circulação de pessoas.

Ora, por aí já se vê que a peste se apresenta como um fenômeno jurídico-político,[4] na medida em que

> (...) a peste, sendo uma ameaça veloz que coloca em risco a saúde e/ou a própria vida das pessoas, seja qual for a amplitude do surto que lhe deu impulso, é um fenômeno que transita entre o direito e a política. Afinal, o direito à saúde e o direito à vida constituem, já há algum tempo, direitos fundamentais, impondo-se ao Estado o dever de efetivá-los eficazmente por meio de ações de governo preordenadas à proteção da integridade física e da existência das pessoas.[5]

---

bra/index.php?option=com_content&view=article&id=6100:oms-declara-emergencia-de-saude-publica-de-importancia-internacional-em-relacao-a-novo-coronavirus&Itemid=812. Acesso em 10 out. 2020.

[3] "Dependendo do modo como o surto eclode, a peste pode se caracterizar como uma epidemia, uma endemia ou uma pandemia. Nos termos da literatura médica, a epidemia ocorre pela incidência de um grande número de casos de uma doença para além do que se esperava para as mesmas circunstâncias anteriormente previstas, ultrapassando os valores do limiar epidêmico preestabelecido. Já a endemia ocorre pela incidência constante de casos de uma doença atingindo um determinado povo, país ou região de maneira relativamente constante, embora com possíveis variações sazonais ou ciclos de maior incidência. Quanto à pandemia, é uma epidemia de grande alcance, atingindo vários países ou mesmo mais de um continente". (PAULA, Rodrigo Francisco de. *Estado de emergência na saúde pública*. Belo Horizonte: Fórum, 2017. p. 50).

[4] VENTURA, Deisy de Freitas Lima. Pandemias e estado de exceção. In: CATTONI DE OLIVEIRA, Marcelo Andrade; MACHADO, Felipe Daniel Amorim. *Constituição e processo*: a reposta do constitucionalismo à banalização do terror. Belo Horizonte: Del Rey, 2009. p. 162.

[5] PAULA, Rodrigo Francisco de. *Estado de emergência na saúde pública*. Belo Horizonte: Fórum, 2017. p. 50-51.

Não bastasse o desafio, ao Estado, de prover proteção eficiente da saúde e da vida das pessoas, há, ainda, os impactos sociais e econômicos que a pandemia da COVID-19 trouxe, revelando uma crise tripla, como anota Thomas Conti:

> 1. Crise Tripla: é a crise comportamental, a crise sanitária e a crise econômica, as três causadas pela pandemia do vírus SARS-CoV-2.
>
> 2. Crise Comportamental: consiste na exigência de rápida mudança de hábitos sociais. Os hábitos que precisam ser mudados podem ir desde ações pequenas como hábitos da higiene (lavar as mãos, formas de cumprimento), padrões maiores como tamanho de eventos possíveis de serem realizados (festas, encontros sociais), até setores econômicos específicos em queda livre (hotelaria, turismo, casas noturnas). Também é uma crise no comportamento de governantes, pressionados por agilidade, transparência, comunicação verdadeira, decisões baseadas em evidências, corte de privilégios e de outros gastos supérfluos e redirecionamento de recursos.
>
> 3. Crise Sanitária: consiste na possibilidade real e provável do colapso do sistema de saúde de todos os países do mundo cuja velocidade de propagação do vírus não for reduzida rápida e substancialmente. Este risco extremamente provável de colapso aumentará a letalidade não apenas da COVID-19, mas também de todas as outras doenças e internações por conta da falta de leitos e profissionais de saúde. Adicionalmente, há o risco real de colapso do sistema funerário, podendo gerar cenas de terror e consequente desespero e caos social.
>
> 4. Crise Econômica: consiste em todas as dificuldades econômicas impostas pela mudança de comportamentos, aumento da aversão ao risco, medo crescente conforme o sistema de saúde colapsa, queda do comércio e investimentos internacionais e possíveis problemas econômicos adicionais a depender de quais políticas forem adotadas, e quando.[6]

Portanto, o enfrentamento da pandemia da COVID-19 não passa, apenas, por se debelar uma crise sanitária, sob a orientação de um discurso epidemiológico voltado à indicação de quais medidas devem ser tomadas a fim de prevenir e controlar a doença.

---

[6] CONTI, Thomas V. *Crise tripla do COVID-19*: um olhar econômico sobre políticas públicas de combate à pandemia. 2020. p. 06. Disponível em: http://thomasvconti.com.br/wp-content/uploads/2020/04/Conti-Thomas-V.-2020-04-06.-Crise-Tripla-do-Covid-19-olhar-econ%C3%B4mico-sobre-as-pol%C3%ADticas-p%C3%BAblicas-de-combate-%C3%A0-pandemia.-Texto-para-discuss%C3%A3o.-Vers%C3%A3o-1.1.pdf. Acesso em 10 out. 2020.

A finalidade da vigilância epidemiológica, de fato, é a recomendação e a adoção de medidas de prevenção (p. ex., vacinação) e controle (p. ex., quarentena, isolamento etc.) de doenças, de modo a orientar as ações de governo na abordagem da doença como fenômeno coletivo.[7] Mas a estratégia a ser adotada pelo governo para a implementação das medidas de prevenção e controle de doenças envolve a consideração de vários outros fatores, sobretudo quando tais medidas exigem uma mudança comportamental profunda das pessoas em suas atividades cotidianas (sociais, econômicas, culturais, esportivas, educacionais etc.).

É pela magnitude desses impactos, inclusive com o risco de colapso do sistema de saúde, que o enfrentamento da pandemia pode ser encarado, também, sob o aspecto da proteção e defesa civil, por se tratar de um desastre natural que exige ações de prevenção, mitigação, preparação, resposta e recuperação, na linha das diretrizes e objetivos que informam a Política Nacional de Proteção e Defesa Civil (arts. 3º a 5º da Lei Federal nº 12.608/12).

Diante de tal cenário desafiador, e ainda no curso da pandemia, este trabalho intenta apresentar a estratégia adotada até aqui pelo Estado do Espírito Santo para lidar com o avanço da pandemia, no exercício das competências que lhe são atribuídas pela Constituição Federal, segundo os limites e as possibilidades do federalismo brasileiro.

Para tanto, será abordada a repartição constitucional de competências em matéria de saúde pública e o marco regulatório e sanitário estabelecido para o enfrentamento da COVID-19, com ênfase no espaço de atuação reservado para os Estados na federação brasileira.

Em seguida, será apresentada a estratégia adotada pelo Estado do Espírito Santo, construída entre o marco regulatório e sanitário da emergência em saúde pública e o estado de calamidade pública decorrente de desastre natural, no âmbito da proteção e defesa civil, para (i) um mapeamento de risco que considera a situação de cada Município em cada semana epidemiológica, a fim de que as medidas de restrição da liberdade, recomendadas no discurso epidemiológico, sejam adotadas proporcionalmente à gravidade da ameaça representada pelo avanço da pandemia e à vulnerabilidade do sistema de saúde pública; (ii) a estruturação do sistema de saúde pública para o atendimento da

---

[7] Nesse sentido, a Epidemiologia se ocupa da manifestação das doenças na população humana, com o objetivo de prevenção e controle, e não nos indivíduos, tratados individualmente sob a perspectiva da Clínica Médica. (PAULA, Rodrigo Francisco de. *Estado de emergência na saúde pública*. Belo Horizonte: Fórum, 2017. p. 36).

população contaminada, com o aumento da capacidade assistencial, em seus diversos níveis.

2 Repartição constitucional de competências em matéria de saúde pública e o marco regulatório e sanitário estabelecido para o enfrentamento da pandemia da COVID-19

O direito à saúde é um direito fundamental (art. 6º da Constituição Federal) e a saúde pública é um dever do Estado, no sentido de que a saúde deve ser garantida a todos, mediante políticas sociais e econômicas que visem à redução do risco de doença e de outros agravos e ao acesso universal e igualitário às ações e serviços para sua promoção, proteção e recuperação (art. 196 da Constituição Federal).[8]

Tratando-se o Estado brasileiro de um Estado federal, imprescindível a existência de normas constitucionais sobre a forma de organização da saúde pública, com a repartição, entre os entes federados, das competências, legislativas e administrativas, que se lhes impõe para a efetivação do direito à saúde.

Assim, a Constituição Federal, ao repartir as competências entre os entes federados em matéria de saúde pública, estabelece que União, Estados e Municípios possuem competência administrativa comum (art. 23, inc. II), ao passo que União e Estados detêm competência legislativa concorrente (art. 24, inc. XII), enquanto os Municípios, competência legislativa suplementar, quando houver assunto de interesse local (art. 30, incs. I e II).

Para bem compreender o significado e as consequências advindas do sistema constitucional de repartição de competências, cabe fazer menção à síntese perfeita elaborada por Tércio Sampaio Ferraz Jr. acerca da distribuição de competências no Estado federal:

> As competências do Estado federal são repartidas horizontal e verticalmente. A repartição horizontal ocorre pela atribuição a cada ente federativo de uma área reservada, que lhe cabe, então, disciplinar em toda a sua extensão. A repartição vertical distribui uma mesma matéria em diferentes níveis (do geral ao particular) e a reparte entre os entes federativos. No primeiro caso (horizontal), as competências são

---

[8] PAULA, Rodrigo Francisco de. *Estado de emergência na saúde pública.* Belo Horizonte: Fórum, 2017. p. 51-54.

comuns ou são privativas. No segundo (vertical), temos a competência concorrente. Para disciplinar a competência concorrente há duas técnicas conhecidas: a cumulativa, pela qual os entes podem avançar na disciplina das matérias desde que o que lhes é considerado superior não o faça (não há limites prévios, mas a regra da União prevalece, em caso de conflito); a não cumulativa, em que, previamente, as matérias estão delimitadas por sua extensão (normas gerais e particulares).[9]

Nesse contexto conceitual, na área da saúde pública, na *repartição horizontal*, adotou-se a *competência comum*, cabendo a todos os entes federados exercerem função administrativa sobre esse assunto, implementando as providências necessárias a tanto mediante a aplicação da legislação própria ou da legislação federal (art. 23, inc. II); já na *repartição vertical*, adotou-se, quanto à função legislativa, a *competência concorrente* (art. 24, inc. XII), cabendo à União editar as normas gerais (art. 24, §1º), que podem ser suplementadas pela legislação estadual (art. 24, §2º) e pela legislação municipal (art. 30, inc. II), quando presente, neste último caso, razões de interesse local (art. 30, inc. I).

Convém ressaltar, desde logo, que essa repartição de competências entre os entes federados precisa ser adequadamente compreendida, para evitar que se enfatize mais a sua autonomia política ao invés do sentido de cooperação que deve existir entre as esferas de governo para atingir um mesmo fim: garantir o acesso à saúde pública, em ordem a se efetivar o direito à saúde para todos, tal e qual previsto na Constituição Federal.

Como acentua Tércio Sampaio Ferraz Jr.:

> A federação brasileira, já pelo disposto no caput do art. 1º, já pela ênfase na solidariedade, na redução das desigualdades regionais, na garantia de um desenvolvimento nacional (art. 3º) aponta muito mais para um federalismo do tipo cooperativo, que exige a colaboração dos entes federativos e confere, correspondentemente, menor importância à separação e independência recíproca entre eles. (...)
>
> Ora, o federalismo cooperativo vê na necessidade de uniformização de certos interesses um ponto básico da colaboração. Assim, toda matéria que extravase o interesse circunscrito de uma unidade (estadual, em face da União; municipal, em face do Estado) ou porque é comum (todos têm

---

[9] FERRAZ JR., Tércio Sampaio. Normas gerais e competência concorrente – uma exegese do art. 24 da Constituição Federal. *Revista Trimestral de Direito Público*, São Paulo: Malheiros, p. 16-20, n. 7, jul./set. 1994. p. 19-20.

o mesmo interesse) ou porque envolve tipologias, conceituações que, se particularizadas num âmbito autônomo, engendrariam conflitos ou dificuldades no intercâmbio nacional, constitui matéria de norma geral.[10]

Os entes da federação devem, portanto, no exercício de suas competências, cooperarem entre si para que o propósito constitucional acerca da saúde pública seja alcançado, qual seja: o acesso universal e igualitário a ações e serviços para a promoção, proteção e recuperação da saúde.

Incumbe, assim, à União, a edição das normas gerais em matéria de saúde pública e a organização do próprio sistema único de saúde, que possui, dentre suas atribuições, a execução de ações de vigilância sanitária e epidemiológica (art. 200, inc. II, da Constituição Federal).

No que diz respeito, especificamente, à organização das ações de vigilância epidemiológica e sanitária, a Lei Federal nº 8.080/90, que instituiu o Sistema Único de Saúde – SUS, estabelece que cabe à União a definição e a coordenação nacional do sistema (art. 16, inc. III, "c") e participar na execução das ações (art. 16, inc. VI). Os Estados, por sua vez, coordenam e, em caráter complementar, executam as ações e serviços de vigilância epidemiológica e sanitária (art. 17, inc. IV, "a"), ao passo que os Municípios devem apenas executar serviços de vigilância epidemiológica e sanitária (art. 18, inc. IV, "a").

Evidentemente, a execução dos serviços de vigilância epidemiológica e sanitária pelos Municípios deve respeitar tanto a coordenação nacional do sistema, exercida pela União, quanto a coordenação das ações e dos serviços, exercida pelos Estados.

Essa observação é importante porque os Municípios, muito embora tenham reconhecida a competência, por exemplo, para regular o horário de funcionamento de estabelecimentos comerciais, nos termos do art. 30, inc. I, da Constituição Federal, segundo jurisprudência sedimentada do Supremo Tribunal Federal (Súmula Vinculante nº 38),[11] não podem contrariar eventual determinação em sentido contrário prevista na legislação federal ou estadual, quando o fundamento invocado pelas autoridades federais ou estaduais for, exatamente, a adoção de medida decorrente da coordenação das ações e dos serviços de vigilância

---

[10] FERRAZ JR., Tércio Sampaio. Normas gerais e competência concorrente – uma exegese do art. 24 da Constituição Federal. *Revista Trimestral de Direito Público*, São Paulo: Malheiros, p. 16-20, n. 7, jul./set. 1994. p. 18-19.

[11] "É competente o Município para fixar o horário de funcionamento de estabelecimento comercial".

epidemiológica e sanitária para prevenção, controle e contenção de riscos, danos e agravos à saúde pública.

A suplementação a ser exercida pelos Municípios em matéria de saúde pública, tal como ocorre com aquela exercida pelos Estados em relação à legislação federal, apenas admite que sejam editadas medidas mais restritivas do que aquelas previstas na legislação federal e estadual, para atender ao interesse local.

Seja como for, é importante destacar que não existe, na legislação federal, normas gerais para o enfrentamento de emergências em saúde pública, o que tem sido motivo de críticas da doutrina,[12] pois tem se optado pela edição de leis adstritas a emergências específicas, como ocorreu em 2006 com o surto da dengue, da chikungunya e da zika, transmitidos pelo mosquito *Aedes aegypti* (Lei Federal nº 13.301, de 27 de junho de 2016), e, agora em 2020, com o surto da COVID-19 (Lei Federal nº 13.979, de 06 de fevereiro de 2020).

Assim, após o Ministério da Saúde, por meio da Portaria nº 188, de 03 de fevereiro de 2020, declarar emergência de saúde pública de importância nacional decorrente do coronavírus responsável pelo surto de 2019, foi editada a Lei Federal nº 13.979/20, com medidas específicas para o enfrentamento da pandemia.

No que interessa mais de perto aqui, a Lei Federal nº 13.979/20 (com as alterações das Leis Federais nºs 14.006, 14.019 e 14.035/20), em seu art. 3º, fixou a possibilidade de serem adotadas, pelas autoridades, no âmbito de suas competências, medidas de:

i) isolamento (separação de pessoas doentes ou contaminadas, ou de bagagens, meios de transporte, mercadorias ou encomendas postais afetadas, de outros, de maneira a evitar a contaminação ou a propagação do coronavírus);

ii) quarentena (restrição de atividades ou separação de pessoas suspeitas de contaminação das pessoas que não estejam doentes, ou de bagagens, contêineres, animais, meios de transporte ou mercadorias suspeitos de contaminação, de maneira a evitar a possível contaminação ou a propagação do coronavírus);

---

[12] VENTURA, Deisy de Freitas Lima; AITH, Fernando Mussa Abujamra; RACHED, Danielle Hanna. A emergência do novo coronavírus e a "lei de quarentena" no Brasil". *Revista Direito e Práxis*, Rio de Janeiro, 2020. Disponível em: https://www.e-publicacoes.uerj.br/index.php/revistaceaju/article/view/49180/32876. Acesso em 10 out. 2020. DOI: 10.1590/2179-8966/2020/49180.

iii) determinação de realização compulsória de exames médicos, testes laboratoriais, coleta de amostras clínicas, vacinação e outras medidas profiláticas ou tratamentos médicos específicos;
iv) uso obrigatório de máscaras de proteção individual;
v) estudo de investigação epidemiológica;
vi) exumação, necropsia, cremação e manejo de cadáver;
vii) restrição excepcional e temporária, por rodovias, portos ou aeroportos, de entrada e saída do país e locomoção interestadual e intermunicipal;
viii) requisição de bens e serviços de pessoas naturais e jurídicas, garantido o pagamento posterior da indenização justa;
ix) autorização excepcional e temporária para a importação e a distribuição de quaisquer materiais, medicamentos, equipamentos e insumos da área de saúde sujeitos à vigilância sanitária sem registro na Anvisa, considerados essenciais para auxiliar no combate à pandemia do coronavírus, desde que registrados por uma das autoridades sanitárias estrangeiras indicadas (Food and Drug Administration, European Medicines Agency, Pharmaceuticals and Medical Devices Agency ou National Medical Products Administration) e autorizados à distribuição comercial em seus respectivos países.

Essa moldura normativa estabelecida pela União, como norma geral, convive com as normas editadas por Estados, em competência concorrente (art. 24, inc. XII, da Constituição Federal), e Municípios, em competência suplementar (art. 30, inc. II, da Constituição Federal).

O Supremo Tribunal Federal, em decisões com efeito vinculante e eficácia *erga omnes* (art. 102, §2º, da Constituição Federal), reconheceu, expressamente, a competência dos Estados para adotarem providências normativas e administrativas com vistas à prevenção e ao controle da pandemia, inclusive a instalação de "barreiras sanitárias",[13] além de apontar-lhes autonomia para determinar medidas restritivas à liberdade para a contenção da transmissão do vírus, independentemente de superveniência de ato federal em sentido contrário (imposição de distanciamento/isolamento social; quarentena; suspensão de atividades

---

[13] ADI nº 6341, Rel. Min. Marco Aurélio, com medida liminar referendada pelo Plenário em 15.04.2020.

de ensino; restrições de comércio, atividades culturais e circulação de pessoas; dentre outras).[14]

A existência de lei prevendo quais medidas de restrição da liberdade podem ser adotadas é uma exigência fundamental para a atuação da Administração Pública, em obediência ao bloco de princípios constitucionais que regem as ações de governo, nomeadamente o princípio da legalidade (art. 37, *caput*, da Constituição Federal).

Afinal, "o primeiro *locus* de tomada de decisão sobre as medidas de restrição forçada da liberdade que poderão vir a ser tomadas nas ações de governo no estado de emergência na saúde pública é no Poder Legislativo".[15]

No que diz respeito às contratações públicas para aquisição de bens ou serviços, ou mesmo para realização de obras, trata-se de matéria que se insere no campo da competência legislativa da União para editar normas gerais (art. 22, inc. XXVII, da Constituição Federal).

Muito embora a Lei Federal nº 8.666/93 já dispense a licitação nos casos de emergência ou calamidade pública (art. 24, inc. IV), a Lei Federal nº 13.979/20 (com as alterações das Leis Federais nºs 14.035 e 14.065/20), em seu art. 4º e seguintes, dispensou expressamente a licitação para aquisição ou contratação de bens, serviços, inclusive de engenharia, e insumos destinados ao enfrentamento da pandemia da COVID-19, com o estabelecimento de várias regras próprias com o objetivo de se conferir maior eficiência, eficácia e efetividade nas contratações públicas, destacando-se as seguintes novidades:

    i) disponibilização de dados e informações de todas as contratações em site oficial específico na internet;
    ii) possibilidade de contratação de fornecedor cumprindo sanção de impedimento ou de suspensão de contratar com o poder público, nas situações em que, comprovadamente, não houver outro fornecedor;
    iii) aquisição ou contratação de bens e serviços, inclusive de engenharia, não precisa se restringir a equipamentos novos, desde que o fornecedor se responsabilize pelas plenas condições de uso e de funcionamento do objeto contratado;
    iv) não exigência da elaboração de estudos preliminares quando se tratar de contratação que tenha por objeto aquisição de bens ou de serviços comuns;

---

[14] ADPF nº 672, Rel. Min. Alexandre de Moraes, com medida liminar referendada pelo Plenário em 09.04.2020.
[15] PAULA, Rodrigo Francisco de. *Estado de emergência na saúde pública*. Belo Horizonte: Fórum, 2017. p. 172.

v) gerenciamento de riscos da contratação sendo exigível somente durante a gestão do contrato;
vi) admissão de apresentação de termo de referência simplificado ou de projeto básico simplificado;
vii) na hipótese de haver restrição de fornecedores ou de prestadores de serviço, a autoridade competente, excepcionalmente e mediante justificativa, pode dispensar a apresentação de documentação relativa à regularidade fiscal, ou ainda, o cumprimento de 1 (um) ou mais requisitos de habilitação, ressalvados a exigência de apresentação de prova de regularidade trabalhista e o cumprimento do disposto no inc. XXXIII do art. 7º da Constituição Federal;
viii) redução pela metade dos prazos relativos ao procedimento de licitação na modalidade pregão eletrônico;
ix) dispensa da realização de audiência pública exigida na situação prevista no art. 39 da Lei Federal nº 8.666/93 (quando o valor da contratação ultrapassar 100 vezes o limite previsto para a realização de licitação na modalidade de concorrência);
x) possibilidade de prorrogação do prazo de duração contratual, de até 6 (seis) meses, por períodos sucessivos, enquanto vigorar a calamidade pública decretada pelo Congresso Nacional (Decreto Legislativo nº 6, de 20 de março de 2020);
xi) possibilidade de alteração unilateral dos contratos para acréscimos ou supressões ao objeto contratado de até 50% (cinquenta por cento) do valor inicial atualizado do contrato;
xii) possibilidade de adesão a atas de registro de preços gerenciadas por órgão ou entidade de outras unidades da federação até o limite, por órgão ou entidade, de 50% (cinquenta por cento) dos quantitativos dos itens do instrumento convocatório e registrados na ata de registro de preços para o órgão gerenciador e para os órgãos participantes.

A Lei Federal nº 13.979/20 estabeleceu, portanto, normas gerais relativas tanto em relação às medidas a serem adotadas pelas autoridades sanitárias, federais, estaduais e municipais para o enfrentamento da pandemia, quanto relativas aos procedimentos a serem adotados nas contratações públicas necessárias para a estruturação do sistema de saúde pública para suportar a passagem da doença.

Já no campo da competência administrativa, antes ainda da edição da Lei Federal nº 13.979/20, a União, no exercício de sua competência no âmbito do SUS, por intermédio do Ministério da Saúde, houvera ativado o Centro de Operações de Emergência em Saúde Pública para o novo coronavírus (COE-nCOV) em 22 de janeiro de 2020.

E, a partir da declaração de emergência em saúde pública de importância internacional pela Organização Mundial da Saúde, ocorrida em 30 de janeiro de 2020, o COE-nCOV passou a divulgar os boletins epidemiológicos, trazendo, no Boletim Epidemiológico 01, de 03 de fevereiro de 2020,[16] a situação epidemiológica no Brasil, o Guia de Vigilância Epidemiológica e o Plano de Contingência Nacional para Infecção Humana pelo novo coronavírus.

Já no Boletim Epidemiológico 05, de 14 de março de 2020,[17] aparece o primeiro plano de ação para medidas não farmacológicas para o enfrentamento da pandemia.

O objetivo do plano era a doção de medidas para se reduzir a transmissibilidade do coronavírus na comunidade e, portanto, retardar a progressão da epidemia (o "achatamento da curva"), segundo a estimativa de que uma redução de cerca de 50% dos contatos entre as pessoas teria impacto significativo no número total de casos:

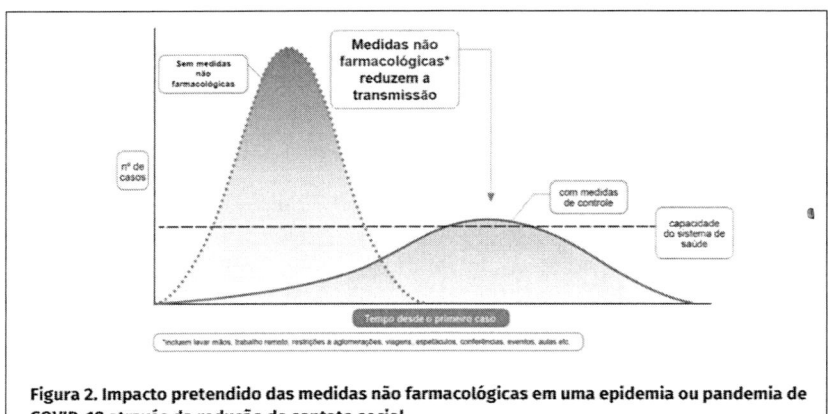

Figura 2. Impacto pretendido das medidas não farmacológicas em uma epidemia ou pandemia de COVID-19 através da redução de contato social.

---

[16] BRASIL. Ministério da Saúde. Centro de Operações de Emergência em Saúde Pública. *Boletim Epidemiológico nº 1, de 03 de fevereiro de 2020*. Brasília: Ministério da Saúde, 2020. Disponível em: https://portalarquivos.saude.gov.br/images/pdf/2020/fevereiro/04/Boletim-epidemiologico-SVS-04fev20.pdf. Acesso em 10 out. 2020.

[17] BRASIL. Ministério da Saúde. Centro de Operações de Emergência em Saúde Pública. *Boletim Epidemiológico nº 5, de 14 de março de 2020*. Brasília: Ministério da Saúde, 2020. Disponível em: https://portalarquivos.saude.gov.br/images/pdf/2020/fevereiro/04/Boletim-epidemiologico-SVS-04fev20.pdf. Acesso em 10 out. 2020.

O Ministério da Saúde, a essa altura, recomendava às autoridades sanitárias estaduais e municipais que avaliassem a adoção das seguintes recomendações, considerando o cenário epidemiológico local da pandemia, segundo a fase de transmissão da doença (local ou comunitária):[18]

i) *recomendações gerais para qualquer fase de transmissão, pela autoridade local*: reforço das orientações sobre etiqueta respiratória; isolamento dos doentes sintomáticos; triagem em serviço de saúde, recomendando que os pacientes com a forma leve da doença não procurassem atendimento nas Unidades de Pronto Atendimento, direcionando-os para atendimento pela equipe de Saúde da Família; uso de Equipamento de Proteção Individual para doentes, contatos domiciliares e profissionais da saúde; monitoramento dos contatos próximos dos doentes; sensibilização da rede pública e privada de saúde quanto à notificação compulsória dos casos; realização de campanhas para sensibilizar a população sobre a etiqueta respiratória e a autoisolamento na presença de sintomas; estímulo à prescrição de medicamentos de uso contínuo com validade ampliada, para reduzir a frequência de pessoas nas unidades de saúde e farmácias; preparação dos serviços públicos e privados para disponibilizarem material de higiene (álcool gel na concentração 70%, toalhas de papel descartável, ampliação da frequência de limpeza dos ambientes).

ii) *recomendações para áreas com transmissão local*: restrição de contato social (viagens, cinema, shoppings, shows e locais com aglomeração) para idosos e doentes crônicos; encaminhamento dos pacientes identificados com Síndrome Respiratória Aguda Grave para os serviços de urgência/emergência ou hospitalares de referência; realização de atendimento pelo serviço de saúde para detecção da doença no primeiro contato com o paciente; consideração da possibilidade de adiamento ou cancelamento de eventos com aglomeração (governamentais, esportivos, artísticos, culturais, políticos, científicos, comerciais, religiosos etc.).

---

[18] *Transmissão local da COVID-19*: ocorrência de caso autóctone com vínculo epidemiológico a um caso confirmado identificado. *Transmissão comunitária da COVID-19*: ocorrência de casos autóctones sem vínculo epidemiológico a um caso confirmado, em área definida, *ou* se for identificado um resultado laboratorial positivo sem relação com outros casos na iniciativa privada ou na rotina de vigilância de doenças respiratórias *ou* se a transmissão se mantiver por 5 (cinco) ou mais cadeias de transmissão.

iii) *recomendações para áreas com transmissão comunitária*: redução do deslocamento laboral, incentivando a realização de reuniões virtuais, cancelamento de viagens não essenciais, estímulo ao trabalho remoto (home office); redução do fluxo urbano, estimulando a adoção de horários alternativos dos trabalhadores para redução de horários de pico, com escalas diferenciadas, quando possível; adoção de regime de trabalho de setores administrativos ou similares em horários alternativos ou escala; planejamento das instituições de ensino para antecipação de férias, visando a reduzir o prejuízo do calendário escolar, ou o uso de ferramentas de ensino à distância; vigilância do fluxo em UTIs, com monitoramento diário do número de admissões e altas relacionadas à COVID-19; declaração de quarentena ao se atingir 80% (oitenta por cento) da ocupação dos leitos de UTI disponíveis para resposta à COVID-19.

No Boletim Epidemiológico 06, de 03 de abril de 2020,[19] o Ministério da Saúde declara os seus objetivos estratégicos no enfrentamento da pandemia e no Boletim Epidemiológico 07, de 06 de abril de 2020,[20] foram apresentados os objetivos estratégicos do SUS na resposta à pandemia, quais sejam:

i) interromper a transmissão de humano para humano, incluindo a redução de infecções secundárias entre contatos próximos e profissionais de saúde, prevenindo eventos de amplificação de transmissão e prevenindo a dispersão internacional, por meio da identificação rápida de casos suspeitos e diagnóstico;

ii) identificar, isolar e cuidar dos pacientes precocemente, inclusive fornecendo atendimento diferenciado aos pacientes infectados;

---

[19] BRASIL. Ministério da Saúde. Centro de Operações de Emergência em Saúde Pública. *Boletim Epidemiológico nº 6, de 03 de abril de 2020*. Brasília: Ministério da Saúde, 2020. Disponível em: https://portalarquivos.saude.gov.br/images/pdf/2020/April/03/BE6-Boletim-Especial-do-COE.pdf. Acesso em 10 out. 2020.

[20] BRASIL. Ministério da Saúde. Centro de Operações de Emergência em Saúde Pública. *Boletim Epidemiológico nº 7, de 06 de abril de 2020*. Brasília: Ministério da Saúde, 2020. Disponível em: https://portalarquivos.saude.gov.br/images/pdf/2020/April/06/2020-04-06-BE7-Boletim-Especial-do-COE-Atualizacao-da-Avaliacao-de-Risco.pdf. Acesso em 10 out. 2020.

iii) pesquisar e compartilhar as dúvidas existentes sobre: gravidade clínica, extensão da transmissão e infecção, opções de tratamento; acelerar o desenvolvimento de diagnósticos, terapias e participar dos estudos de vacinas;
iv) manter a população informada, combater a desinformação (fake news) e atualizar sobre os riscos, diariamente;
v) minimizar o impacto social e econômico por meio de parcerias multissetoriais e em apoio às medidas de distanciamento social ampliado e seletivo adotadas pelo Distrito Federal e pelos Estados Municípios;
vi) realizar o monitoramento dos casos notificados e óbitos, ocupação e instalação de leitos, suprimento de equipamentos de proteção individual, testes laboratoriais (moleculares e sorológicos), respiradores mecânicos, força de trabalho, logística e comunicação.

É que, diante da indisponibilidade de medicamentos e vacinas específicas que curem e impeçam a transmissão do coronavírus, o Ministério da Saúde, seguindo preconização da Organização Mundial da Saúde, passou a recomendar a adoção de medidas não farmacológicas para o enfrentamento da pandemia, quais sejam: etiqueta respiratória e higienização das mãos, bem como medidas de distanciamento social.

De um lado, quanto à etiqueta respiratória e higienização das mãos, a estratégia passava pela realização de campanhas publicitárias em diversos meios de comunicação social para a conscientização da população sobre a importância de serem adotadas medidas simples, mas bastante eficazes: lavar as mãos com água e sabão ou álcool gel; cobrir o nariz e boca ao espirrar e tossir; evitar aglomerações; manter ambientes bem ventilados; não compartilhar objetos pessoais; ficar em casa.

De outro lado, quanto às medidas de distanciamento social, o seu objetivo principal é reduzir a velocidade da transmissão do coronavírus, de modo que haja tempo para o reforço da estrutura do sistema de saúde pública, seja com a aquisição de equipamentos (EPI's, respiradores, testes etc.), seja com a preparação de leitos de UTI e de internação (reforma, ampliação, construção e/ou contratualização de hospitais), seja, ainda, com a mobilização de recursos humanos (médicos, enfermeiros, fisioterapeutas, bioquímicos, biomédicos, epidemiologistas etc.).

Com isso, procura-se evitar o colapso do sistema de saúde pública e propiciar a oferta de atenção à saúde a todos quantos dela precisarem, dado o acesso universal estatuído pela Constituição Federal ao garantir que a saúde é direito de todos e dever do Estado (art. 6º, *caput* e art. 196). Nesse contexto, foram apresentadas algumas estratégias possíveis pelo Ministério da Saúde:

i) *Distanciamento Social Ampliado (DSA)*: não é limitado a grupos específicos, exigindo que todos os setores da sociedade permaneçam na residência durante a vigência da decretação da medida pelos gestores locais. Essa medida restringe ao máximo o contato entre as pessoas. Sua desvantagem são os impactos significativos na economia, se houver a manutenção prolongada dessa estratégia. Em compensação, como vantagem, é essencial para evitar uma aceleração descontrolada da doença, o que pode provocar um colapso no sistema de saúde, causando, também, prejuízo econômico. O objetivo dessa estratégia é reduzir a velocidade da propagação da doença para que seja possível a estruturação do sistema de saúde pública;

ii) *Distanciamento Social Seletivo (DSS)*: apenas alguns grupos ficam isolados, sendo selecionados os grupos que apresentam mais riscos de desenvolver a doença ou aqueles que podem apresentar um quadro mais grave, como idosos e pessoas com doenças crônicas (diabetes, cardiopatias etc.) ou condições de risco como obesidade e gestação de risco. Sua desvantagem é que os grupos vulneráveis continuam tendo contato com pessoas infectadas assintomáticas ou sintomáticas, ficando mais difícil o controle. Porém, como vantagem, preserva-se a possibilidade de manutenção das atividades econômicas, com criação gradual de imunidade da população de modo controlado, com redução de traumas sociais em decorrência do distanciamento social. O objetivo dessa estratégia é promover o retorno gradual das atividades/econômicas com segurança, evitando uma explosão de casos sem que o sistema de saúde pública tenha condições de absorver.

iii) *Bloqueio Total (Lockdown)*: consiste no isolamento social de todos, que devem permanecer em suas residências, com o fechamento das entradas do perímetro por profissionais de segurança, não sendo permitido a ninguém entrar ou sair do perímetro isolado sem autorização e justo motivo. Tem por vantagem a eficácia na redução da curva de casos para dar tempo de se reorganizar o sistema de saúde pública em situação de aceleração descontrolada de casos e óbitos.

Sua desvantagem é o seu alto custo econômico. O objetivo dessa estratégia é interromper qualquer atividade por um curto período de tempo, necessário à reorganização do sistema de saúde pública.

Considerando que a prevalência da doença no Brasil sempre apresentou, desde o início, inúmeras variações nas diversas unidades da federação, o próprio Ministério da Saúde divulgou o Boletim Epidemiológico 11, de 17 de abril de 2020,[21] propondo diretrizes para a avaliação do risco em saúde pública, com o propósito de auxiliar quem for tomar decisão com base em um mínimo de coerência técnica, mediante a implementação de medidas de saúde pública proporcionais e restritas aos riscos em cada momento, com o estabelecimento de comunicação operacional com maior eficiência para se aprimorar a preparação e resposta.

Para tanto, adotou-se o coeficiente de incidência (quantidade de casos confirmados) por 1.000.000 de habitantes, estabelecendo um índice nacional (na ocasião, 160/1.000.000) para apurar o mesmo índice para cada unidade da federação, a fim de apontar a situação de cada Estado e do Distrito Federal em relação ao índice nacional.

Tirou-se, também, o coeficiente de mortalidade (quantidade de óbitos) por 1.000.000 de habitantes, fixando-se um índice nacional (na ocasião, 10/1.000.000), apurando-se o mesmo índice para cada unidade da federação, apontando-se a situação de cada Estado e do Distrito Federal em relação ao índice nacional.

Em ambos os índices, as unidades da federação que apresentaram índice *acima de 50% da incidência nacional* foram enquadradas em situação de "emergência". Já as unidades da federação com índice *entre 50% e a incidência nacional* foram enquadradas como situação de "atenção". E as unidades da federação com índice *abaixo da incidência nacional* foram enquadradas na situação de "alerta".

O Estado do Espírito Santo, na ocasião, apresentou o índice de 213/1.000.000 no *coeficiente de incidência*, vindo a ser enquadrado na situação de "atenção", e apresentou o índice de 6/1.000.000 no *coeficiente de mortalidade*, enquadrando-se na situação de "alerta".

---

[21] BRASIL. Ministério da Saúde. Centro de Operações de Emergência em Saúde Pública. *Boletim Epidemiológico nº 11, de 17 de abril de 2020*. Brasília: Ministério da Saúde, 2020. Disponível em: https://portalarquivos.saude.gov.br/images/pdf/2020/April/18/2020-04-17---BE11---Boletim-do-COE-21h.pdf. Acesso em 10 out. 2020.

Apresentados esses indicadores, estruturou-se uma metodologia para avaliação de risco em saúde pública, com o propósito de auxiliar os gestores na adoção de medidas, de modo a reduzir o número de populações afetadas, além de mitigar as consequências sociais e econômicas negativas.

Na indicação da avaliação de risco, três componentes foram apresentados: *avaliação da ameaça; avaliação da exposição* e *avaliação de contexto*. Houve, ainda, o desdobramento dessa avaliação sobre *fatores*, *características* e *fontes de informações*:

Avaliação	Fatores	Características	Fontes de informações
AVALIAÇÃO DA AMEAÇA	Relacionadas ao vírus	• Genótipo • Virulência • Antigenicidade • Disseminação	• Artigos científicos • Relatos de outros países afetados
	Relacionadas ao indivíduo	• Apresentação clínica • Progressão clínica • Gravidade	• Prontuários • Notificações • Dados laboratoriais
AVALIAÇÃO DA EXPOSIÇÃO	Fatores individuais	• Suscetibilidade • Idade • Doenças crônicas	• Total de casos infectados • IBGE • Sistemas de Informações em Saúde
	Fatores coletivos	• Densidade populacional • Vulnerabilidade social e estrutural	• Conurbações urbanas • Vigilância de SG e SRAG • Registros de saúde
AVALIAÇÃO DE CONTEXTO	Socioeconômico	• Tamanho da população sob risco • Comportamento social	• Estatísticas vitais • Mapa de densidade • Características sociais e culturais
	Fatores ecológicos	• Clima	• Dados meteorológicos • Modelagens
	Programáticos	• Estrutura do sistema de saúde • Respiradores • Leitos • Equipamentos de Proteção Individual	• Indicadores de saúde (CNES) • Relatórios dos Estados • Planos de contingência • Aquisições • Disponibilidade no mercado

Fonte: Ministério da Saúde.

A partir daí, com as avaliações de ameaça, exposição e contexto, é possível a atribuição de um nível de risco, em um processo chamado de *caracterização de risco*. Essa caracterização de risco se dá segundo uma matriz de risco, que combine as estimativas da probabilidade com as estimativas das consequências.

Como exemplo, o Ministério da Saúde apresentou uma matriz de risco com dois eixos perpendiculares entre si, *ameaça* (fator extrínseco, representado pelo coeficiente de incidência), de um lado (eixo coluna), e *vulnerabilidade* (fator intrínseco, representado pela taxa de ocupação de leitos de UTI por casos de Síndrome Respiratória Aguda Grave – SRAG), de outro lado (eixo linha), com quatro níveis de risco: *baixo, moderado, alto* e *muito alto*:

		MÍNIMA	PEQUENA	MODERADA	GRANDE	ELEVADA
		ATÉ 20%	20% a 40%	30% a 69%	70% a 94%	95% ou mais
AMEAÇA⁴ (Fator extrínseco) Incidência de COVID-19 por 1.000.000	MUITO ALTA ≥ 80%	Risco baixo (DSS básico)	Risco moderado (DSS intermediário)	Risco alto (DSS avançado)	Risco muito alto (DSA)	Risco muito alto (DSA)
	ALTO 60% a 80%	Risco baixo (DSS básico)	Risco moderado (DSS intermediário)	Risco alto (DSS avançado)	Risco muito alto (DSA)	Risco muito alto (DSA)
	MÉDIO 40% a 60%	Risco baixo (DSS básico)	Risco moderado (DSS intermediário)	Risco alto (DSS avançado)	Risco alto (DSS avançado)	Risco muito alto (DSA)
	BAIXO 20% a 40%	Risco baixo (DSS básico)	Risco baixo (DSS básico)	Risco moderado (DSS intermediário)	Risco alto (DSS avançado)	Risco alto (DSS avançado)
	MUITO BAIXA ≤ 20%	Risco baixo (DSS básico)	Risco baixo (DSS básico)	Risco moderado (DSS intermediário)	Risco alto (DSS avançado)	Risco alto (DSS avançado)

VULNERABILIDADE
(Fator intrínseco)
Proporção (%) de leitos de UTI ocupados por casos de SRAG

Fonte: Ministério da Saúde

E para cada nível de risco, como se vê, já foram indicadas as estratégias de distanciamento social recomendadas pelo Ministério da Saúde:

NÍVEL DE RISCO	MEDIDA	AÇÃO
Risco baixo	Distanciamento Social Seletivo básico	1. Envolvimento de toda sociedade em medidas de higiene para redução de transmissibilidade (lavagem das mãos, uso de máscaras, limpeza de superfícies); 2. Isolamento domiciliar de sintomáticos e contatos domiciliares (exceto de serviços essenciais assintomáticos); 3. Distanciamento social para pessoas acima de 60 anos, com reavaliação mensal; 4. Distanciamento social para pessoas abaixo de 60 anos com doenças crônicas, com reavaliação mensal;
Risco moderado	Distanciamento Social Seletivo intermediário	1. Todas as medidas do DSS básico E 2. Suspensão de aulas em escolas e universidades, com reavaliação mensal;
Risco alto	Distanciamento Social Seletivo avançado	1. Todas as medidas do DSS intermediário E 2. Proibição de qualquer evento de aglomeração (shows, cultos, futebol, cinema, teatro, casa noturna etc), com reavaliação mensal; 3. Distanciamento social no ambiente de trabalho - reuniões virtuais, trabalho remoto, extensão do horário para diminuir densidade de equipe no espaço físico, etc, com reavaliação mensal;
Risco muito alto	Distanciamento Social Ampliado	1. Todas as medidas do DSS avançado E 2. Manutenção apenas de serviços essenciais com avaliação semanal
Risco extremo	Bloqueio Total (Lockdown)	1. Apenas serviços extremamente essenciais com limite de acesso e tempo de uso E 2. Quarentena com controle de pontos de entrada e saída da região

Fonte: Ministério da Saúde

Do quanto exposto até aqui, depreende-se que o marco regulatório e sanitário para o enfrentamento da pandemia da COVID-19, em torno do qual devem ser exercidas as competências dos Estados e dos Municípios, compreende a possibilidade de adoção de uma série de medidas sanitárias, orientadas pelas normas estabelecidas na Lei Federal nº 13.979/20 e pelas orientações divulgadas pelo Ministério da Saúde, por meio do Centro de Operações de Emergência em Saúde Pública para o novo coronavírus (COE-nCOV), segundo a situação epidemiológica de cada Estado e Município em cada fase de transmissão da doença.

3 Estratégia adotada pelo Estado do Espirito Santo entre a emergência em saúde pública e a calamidade pública decorrente de desastre natural: mapeamento de risco, medidas qualificadas de restrição da liberdade e a estruturação do sistema de saúde pública

No Estado do Espírito Santo foi declarada emergência em saúde pública pelo Governador em 13 de março de 2020, por meio do Decreto Estadual nº 4.593-R. Nesse sentido, já em observância ao plano de ação do Ministério da Saúde para medidas não farmacológicas para o enfrentamento da pandemia, divulgado no Boletim Epidemiológico 05, de 14 de março de 2020, foram editadas pelo Estado as seguintes medidas:

i) suspensão das atividades educacionais em todas as escolas, universidade e faculdades, das redes de ensino pública e privada (Decreto Estadual nº 4.597-R, de 16 de março de 2020);

ii) suspensão da realização de eventos e atividades com a presença de público (tais como eventos desportivos, comemorativos e institucionais, shows, feiras, eventos científicos, comícios, passeatas e afins); suspensão de atividades de cinemas, teatros, museus, boates, casas de shows, espaços culturais e afins; além do estabelecimento, em caráter excepcional e temporário, da possibilidade de trabalho remoto aos servidores públicos estaduais dos grupos de risco (Decreto Estadual nº 4.599-R, de 17 de março de 2020);

iii) suspensão do funcionamento de academias de esporte de todas as modalidades e de centros comerciais (shopping centers) (Decreto Estadual nº 4.600-R, de 18 de março de 2020);

iv) redução de circulação e aglomeração de pessoas nos órgãos e entidades da Administração Pública, com medidas específicas voltadas para os servidores públicos (Decreto Estadual nº 4.601-R, de 18 de março de 2020);
v) suspensão do atendimento ao público em todas as agências bancárias, públicas e privadas; suspensão da visitação em unidades de conservação ambiental, públicas e privadas; suspensão do atendimento ao público no PROCON (Decreto Estadual nº 4.604-R, de 19 de março de 2020);
vi) suspensão do funcionamento de estabelecimentos comerciais, com algumas ressalvas, permitindo-se a venda com a entrega de produtos (*delivery*) (Decreto Estadual nº 4.605-R, de 20 de março de 2020).

Tais medidas tiveram seus prazos sucessivamente prorrogados, além de terem sido estabelecidos protocolos a serem observados nas atividades que permaneceram em funcionamento: agências de casas lotéricas (Decreto Estadual nº 4.616-R, de 30 de março de 2020); estabelecimentos comerciais excepcionados da suspensão de funcionamento e prestadores de serviços (Portaria SESA nº 058-R, de 03 de abril de 2020); estabelecimentos industriais (Portaria SESA nº 062-R, de 06 de abril de 2020); hipermercados, supermercados, minimercados, hortifrutis, padarias e lojas de conveniência (Decreto Estadual nº 4.632-R, de 16 de abril de 2020).

Todas essas medidas foram adotadas pelas autoridades sanitárias do Estado, quais sejam, o Governador e o Secretário de Estado da Saúde,[22] no exercício de suas competências administrativas no âmbito do SUS, no bojo da vigilância epidemiológica, estando, evidentemente, amparadas na Lei Federal nº 13.979/20, ao autorizar a determinação de isolamento e quarentena pelas autoridades sanitárias (art. 3º, incs. I e II).

Paralelamente, com o Decreto Estadual nº 4.621-R, de 02 de abril de 2020, foi decretada calamidade pública no Estado do Espírito

---

[22] O art. 71 da Lei Estadual nº 6.066, de 30 de dezembro de 1999, que regula a organização e o funcionamento do SUS no âmbito do Estado do Espírito Santo e estabelece normas de promoção, proteção e recuperação da saúde e dispõe sobre as infrações sanitárias e respectivo processo administrativo, dispõe o seguinte: "Art. 71. São consideradas autoridades sanitárias: I – o Governador do Estado do Espírito Santo; II – o Secretário de Estado de Saúde. Parágrafo único. Serão ainda considerados autoridades sanitárias competentes todo técnico da área da Vigilância Sanitária do Sistema Estadual de Saúde do Espírito Santo com credencial de identificação outorgada pelo Secretário de Estado da Saúde".

Santo, em decorrência de desastre natural classificado como grupo biológico/epidemias e tipo de doenças infecciosas virais (item 1.5.1.1.0 da Classificação e Codificação Brasileira de Desastres – COBRADE), havendo a possibilidade, com isso, de serem acionados os protocolos do Sistema Nacional de Proteção e Defesa Civil para se lidar com a crise (Lei Federal nº 12.608/12).

Ou seja, além do enfrentamento da pandemia da COVID-19 sob o marco regulatório e sanitário da saúde pública, adotou-se também o enfoque da proteção e defesa civil, dada a própria expertise dos órgãos estaduais encarregados das ações de prevenção, mitigação, preparação, resposta e recuperação voltadas à proteção e à defesa civil, diante do risco concreto de haver o colapso do sistema de saúde pública.

Essa abordagem robustece a própria exigência contida no art. 3º, §1º, da Lei Federal nº 13.979/20, a condicionar que as medidas para enfrentamento da pandemia só sejam determinadas com base em evidências científicas e em análises sobre as informações estratégicas em saúde e deverão ser limitadas no tempo e no espaço ao mínimo indispensável à promoção e à preservação da saúde pública.

Vale ressaltar que no mesmo ato em que se declarou a emergência em saúde pública foi instituída uma Sala de Situação de Emergência em Saúde Pública, composta por várias secretarias de governo e pela Procuradoria Geral do Estado (art. 5º do Decreto Estadual nº 4.593-R, de 13 de março de 2020).

O objetivo foi ampliar a discussão para diversos setores do governo sobre as medidas a serem adotadas pelo Governador e pelo Secretário de Estado da Saúde, como autoridades sanitárias, bem assim estabelecer mecanismos para controlar os resultados.

Estruturou-se, também, um Centro de Comando e Controle, conduzido por profissionais do Corpo de Bombeiros Militar e da Defesa Civil, para, dentre outras coisas, em conjunto com a equipe de vigilância epidemiológica e sanitária da Secretaria de Estado da Saúde e com participação de especialistas de outras áreas, avaliar criticamente a evolução da doença no Estado.

Desse modo, foi possível ao Estado, entre a emergência em saúde pública e a calamidade pública decorrente de desastre natural, avançar no estabelecimento do mapeamento de risco, a fim de que, considerando a *avaliação da ameaça*, a *avaliação da exposição* e a *avaliação de contexto*, fosse estabelecida uma estratégia de ação condizente com o modo como a pandemia vem se manifestando no Espírito Santo.

Para tanto, a quantidade de testes *per capita* realizados pelo Laboratório Central, a disponibilidade de leitos, a taxa de ocupação dos leitos, o tempo médio de permanência de pacientes graves em leitos de UTI, a taxa de mortalidade, dentre outros indicadores, puderam passar a ser considerados na *avaliação de contexto*, para a construção da matriz de risco no Estado do Espírito Santo.

Dessa forma, instituiu-se o mapeamento de risco, que consiste no estabelecimento de critérios epidemiológicos para o enquadramento de cada Município do Estado em um nível de risco, entre *baixo*, *moderado*, *alto* e *extremo*, em caráter crescente de gravidade, com indicação das medidas qualificadas e ações que deverão ser executadas pelo Estado e pelos Municípios em cada nível, segundo uma matriz de risco erigida a partir dos fatores *ameaça* e *vulnerabilidade*.[23]

Mesmo assim, na primeira fase, adotou-se, por ato do Secretário de Estado (art. 2º, par. único, do Decreto Estadual nº 4.636/20), apenas o coeficiente de incidência, no eixo da ameaça, como critério epidemiológico (art. 1º, §1º, da Portaria SESA nº 068-R, de 19 de abril de 2020), dado que era a orientação prevista no Boletim Epidemiológico 11, de 17 de abril de 2020.

Na apuração, adotou-se para o coeficiente de incidência a quantidade de casos confirmados por 100.000 habitantes, tirando-se um índice estadual (em 18 de abril de 2020, o índice foi de 23/100.000). Assim, a metodologia foi adaptada para o coeficiente de incidência do Estado como referência para o coeficiente de incidência dos Municípios, haja vista que o Estado, à época, testava 4 (quatro) vezes mais do que a média nacional.

A partir desse índice, foram estabelecidos os quatro níveis de risco: *baixo* (índice do Município abaixo do índice estadual), *moderado* (índice do Município acima em até 50% do índice estadual), *alto* (índice do Município acima a partir de 50% do índice estadual) e *extremo* (índice do Município acima a partir de 50% do índice estadual e quando houver iminência de colapso do sistema de saúde):

---

[23] ESPÍRITO SANTO. Centro de Comando e Controle Coronavírus COVID-19. *Estratégia de mapeamento de risco e medidas qualificadas no Espírito Santo*. Vitória: Governo do Estado do Espírito Santo, 2020. Disponível em: https://coronavirus.es.gov.br/Media/Coronavirus/Downloads/Cartilha-COVID19%2025.05.2020.pdf. Acesso em 10 out. 2020.

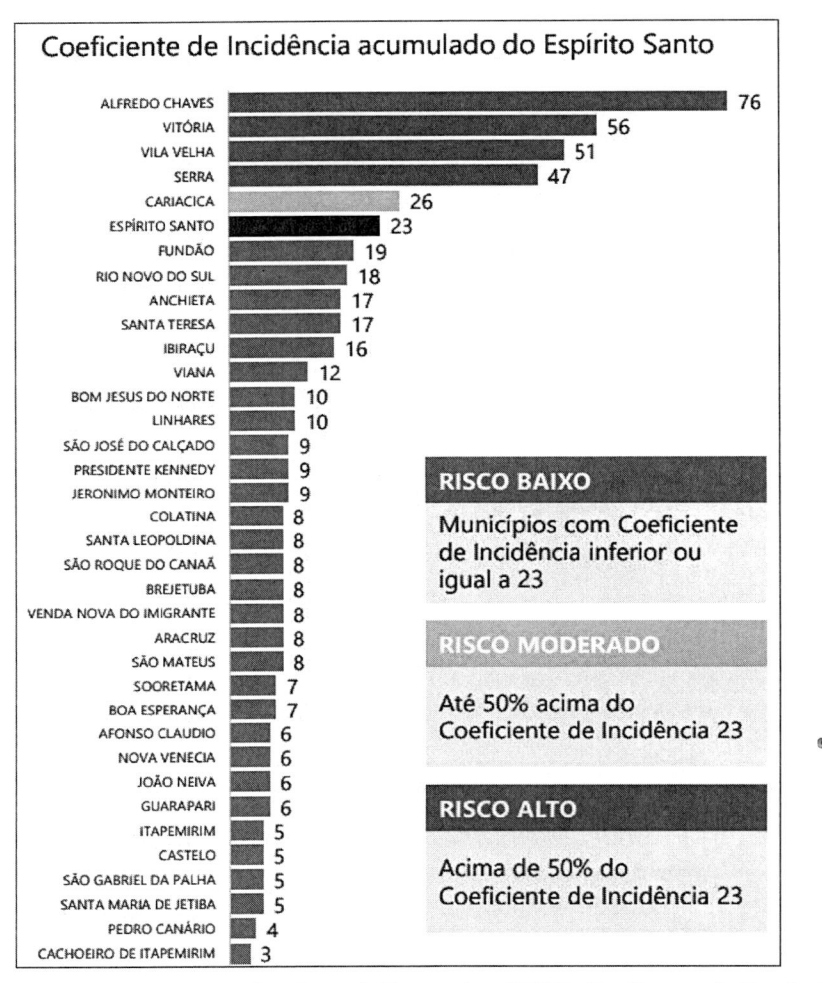

Coeficiente de Incidência acumulado do Espírito Santo

Município	Coeficiente
ALFREDO CHAVES	76
VITÓRIA	56
VILA VELHA	51
SERRA	47
CARIACICA	26
ESPÍRITO SANTO	23
FUNDÃO	19
RIO NOVO DO SUL	18
ANCHIETA	17
SANTA TERESA	17
IBIRAÇU	16
VIANA	12
BOM JESUS DO NORTE	10
LINHARES	10
SÃO JOSÉ DO CALÇADO	9
PRESIDENTE KENNEDY	9
JERÔNIMO MONTEIRO	9
COLATINA	8
SANTA LEOPOLDINA	8
SÃO ROQUE DO CANAÃ	8
BREJETUBA	8
VENDA NOVA DO IMIGRANTE	8
ARACRUZ	8
SÃO MATEUS	8
SOORETAMA	7
BOA ESPERANÇA	7
AFONSO CLAUDIO	6
NOVA VENECIA	6
JOÃO NEIVA	6
GUARAPARI	6
ITAPEMIRIM	5
CASTELO	5
SÃO GABRIEL DA PALHA	5
SANTA MARIA DE JETIBA	5
PEDRO CANÁRIO	4
CACHOEIRO DE ITAPEMIRIM	3

RISCO BAIXO
Municípios com Coeficiente de Incidência inferior ou igual a 23

RISCO MODERADO
Até 50% acima do Coeficiente de Incidência 23

RISCO ALTO
Acima de 50% do Coeficiente de Incidência 23

Fonte: Centro de Comando e Controle Coronavírus COVID-19 – Governo do Estado do Espírito Santo

Os Municípios passaram, então, a ser enquadrados semanalmente nos níveis de risco (o primeiro enquadramento está no Anexo I da Portaria SESA nº 068-R/20), sendo estabelecidas as medidas qualificadas e ações a serem executadas pelo Estado e pelos Municípios em cada nível de risco (Anexo II da Portaria SESA nº 068-R/20).

Os Municípios de Vitória, Vila Velha, Serra, Cariacica e Viana, que constituem a região da Grande Vitória, por compartilharem o mesmo sistema de transporte público e apresentarem alto nível de conurbação, considerados na *avaliação de exposição*, foram enquadrados no mesmo nível de risco, tomando-se como referência aquele obtido pelo Município com avaliação mais grave (art. 3º, §1º, do Decreto Estadual nº 4.636/20).

Para o risco extremo, não foram predeterminadas medidas específicas, diante da gravidade da situação que, se vier a ocorrer, ensejará o estabelecimento de medidas por ato do Governador do Estado (art. 4º, inc. II, do Decreto nº 4.636/20), conforme pactuação com a sociedade, buscando-se legitimação das ações de governo para além das instâncias formais da esfera política.

Mas, para os demais níveis de risco, as medidas qualificadas predeterminadas representam quais procedimentos cada região ou Município deve adotar para o convívio social, o funcionamento de estabelecimentos com atividade econômica, o transporte público e a proteção das barreiras de limites entre Municípios, assim compreendidas:

i) *medidas para a convivência social*: voltadas à conscientização da população sobre a necessidade de observar a etiqueta respiratória, higienizar frequentemente as mãos, usar obrigatoriamente máscaras de proteção facial, respeitar o distanciamento social, evitando aglomerações de pessoas, fazer o isolamento das pessoas do grupo de risco, dentre outros.

ii) *medidas para as atividades econômicas*: voltadas ao atendimento dos protocolos estabelecidos pela Secretaria de Estado da Saúde para o funcionamento de estabelecimentos com segurança sanitária (com medidas para a proteção dos trabalhadores e dos clientes/consumidores), com limitação de horário de funcionamento, cujas restrições aumentam à medida em que cresce o nível de risco no Município, ressalvadas as atividades consideradas essenciais.

iii) *medidas para o transporte público*: voltadas ao estabelecimento de rotina de limpeza dos veículos e terminais de passageiros (com medidas para a proteção dos trabalhadores e dos usuários), com possibilidade de limitação dos horários de circulação, em consonância com os horários de funcionamento das atividades econômicas, cujas restrições aumentam à medida em que cresce o nível de risco no Município.

iv) *medidas para os limites entre Municípios*: voltadas ao controle dos limites dos Municípios por meio de barreiras sanitárias, tanto em suas vias de acesso quanto em rodoviárias, para se evitar a importação de casos da doença.

É importante destacar que algumas medidas restritivas à liberdade foram mantidas uniformemente para todo o Estado, independentemente do nível de risco dos Municípios, quais sejam: a suspensão da realização de eventos e atividades com a presença de público (tais como eventos desportivos, comemorativos e institucionais, shows, feiras, eventos científicos, comícios, passeatas e afins); suspensão de atividades de cinemas, teatros, museus, boates, casas de shows, espaços culturais e afins; a suspensão das atividades educacionais em todas as escolas, universidade e faculdades, das redes de ensino pública e privada; a suspensão do funcionamento de academias de esporte de todas as modalidades; a suspensão da visitação em unidades de conservação ambiental, públicas e privadas; a suspensão do funcionamento de vendas de bebidas alcóolicas (bares) (art. 9º do Decreto nº 4.636/20).

Destacadamente, a maioria dessas medidas supramencionadas, conforme orientação contida no Boletim Epidemiológico 11, de 17 de abril de 2020, somente são ativadas no risco alto, o que demonstra a cautela do Estado na adoção de sua estratégia.

Já na segunda fase do mapeamento de risco, apresentou-se possível, para além do coeficiente de incidência, no eixo da ameaça, a incorporação da taxa de ocupação de leitos de UTI, no eixo da vulnerabilidade (Portaria SESA nº 078-R, de 02 de maio de 2020), nesse sentido, passou-se a considerar na matriz de risco, sempre levando-se em consideração a avaliação da ameaça, a avaliação da exposição e a avaliação de contexto no Estado do Espírito Santo.

Nesse cenário, o enquadramento de cada Município nos níveis de risco passou a ser feito a partir do cruzamento dos dois indicadores: coeficiente de incidência (ameaça) e taxa de ocupação de leitos de UTI para COVID-19 (vulnerabilidade):

COEFICIENTE DE INCIDÊNCIA (AMEAÇA)					
	EXTREMO (CIM > 150% CIE)	RISCO MODERADO	RISCO ALTO	RISCO ALTO	RISCO EXTREMO
	SEVERO (CIM < 150% CIE)	RISCO MODERADO	RISCO MODERADO	RISCO ALTO	RISCO ALTO
	MODERADO (CIM <= 100% CIE)	RISCO BAIXO	RISCO MODERADO	RISCO MODERADO	RISCO ALTO
	LEVE (CIM <= 50% CIE)	RISCO BAIXO	RISCO BAIXO	RISCO MODERADO	RISCO MODERADO
Coeficiente de Incidência Número de incidência do município		**ADEQUADO** (0 a 50%)	**ALERTA** (51 a 80%)	**CRÍTICO** (81 a 90%)	**PLANO DE CRISE** (acima de 90%)
CIM - Coeficiente de Incidência do Município CIE - Coeficiente de Incidência Estado		**TAXA DE OCUPAÇÃO DE LEITOS UTI – ESTADO (VULNERABILIDADE)**			

Fonte: Centro de Comando e Controle Coronavírus COVID-19 – Governo do Estado do Espírito Santo

As medidas qualificadas para cada nível de risco continuaram a ser predeterminadas de acordo com a gravidade da situação, podendo ser revistas, mas sempre com o objetivo de se aprimorar a estratégia de contenção do avanço da transmissão do coronavírus.

Mais à frente, na terceira fase do mapeamento de risco, foram acrescidos outros indicadores no eixo da ameaça, tais como a taxa de letalidade, o índice de isolamento e o percentual da população acima de 60 (sessenta) anos em cada Município (Portaria SESA nº 093-R, de 23 de maio de 2020):

AMEAÇA					
COEFICIENTE DE INCIDÊNCIA DO MUNICÍPIO (CIM) / TAXA DE LETALIDADE (LET) / ÍNDICE DE ISOLAMENTO (ISO) / %DA POPULAÇÃO ACIMA DE 60 ANOS (P60)	**EXTREMO** 2,5 ≤ RESULTADO FINAL ≤ 4,0 CIM > 150% CIE LET ≥ 10% ISO < 25% P60 ≥ 25%	RISCO MODERADO	RISCO ALTO	RISCO ALTO	RISCO EXTREMO
	SEVERO 2,0 ≤ RESULTADO FINAL < 2,5 100% CIE < CIM ≤ 150% CIE LET ≥ 7% < 10% ISO ≥ 25% < 50% P60 ≥ 21% < 25%	RISCO MODERADO	RISCO MODERADO	RISCO ALTO	RISCO ALTO
	MODERADO 1,5 ≤ RESULTADO FINAL < 2,0 50% CIE < CIM ≤ 100% CIE LET ≥ 3% < 7% ISO ≥ 50% < 75% P60 ≥ 16% < 21%	RISCO BAIXO	RISCO MODERADO	RISCO MODERADO	RISCO ALTO
	LEVE RESULTADO FINAL < 1,5 CIM ≤ 50% CIE LET < 3% ISO ≥ 75% P60 < 16%	RISCO BAIXO	RISCO BAIXO	RISCO MODERADO	RISCO MODERADO
		ADEQUADO (0 a 50%)	**ALERTA** (51 a 80%)	**CRÍTICO** (81 a 90%)	**PLANO DE CRISE** (acima de 90%)
		TAXA DE OCUPAÇÃO DE LEITOS UTI - ESTADO VULNERABILIDADE			

Fonte: Centro de Comando e Controle Coronavírus COVID-19 – Governo do Estado do Espírito Santo

Um outro ajuste importante foi feito na medida em que houve um acúmulo de dados sobre a prevalência da doença no Estado do Espírito Santo, ao se restringir o período para a consideração do coeficiente de incidência e da taxa de letalidade apenas para os casos registrados nos últimos 28 (vinte e oito) dias (Portaria SESA nº 136-R, de 11 de julho de 2020), de modo a estabelecer um indicador mais consentâneo com o avanço da doença e a situação verificada em cada semana epidemiológica.

É importante destacar que com o mapeamento de risco o Estado passou a exercer de modo mais adequado a coordenação das ações e serviços de vigilância epidemiológica e sanitária (art. 17, inc. IV, "a", da Lei Federal nº 8.080/90), na medida em que passou a considerar a situação epidemiológica individualizada de cada Município.

Ademais, para se alcançar eficiência, efetividade e eficácia do mapeamento de risco, passou a ser incumbência dos Municípios, em regime de colaboração com o Estado, manter em funcionamento o Sistema de Comando de Operações, no âmbito de sua Defesa Civil, e o Centro de Operações Especiais em Saúde, no âmbito de sua Secretária de Saúde, para organizar a execução das ações sob sua responsabilidade (art. 5º do Decreto Estadual nº 4.636/20).

Vale ressaltar que foram instalados Sistemas de Comando de Operações Regionais nas bases operacionais do Corpo de Bombeiros Militar, para atuarem no monitoramento e coordenação do cumprimento das medidas qualificadas nos Municípios sob as respectivas circunscrições. Tal estratégia se fez possível a partir dos protocolos de atuação da Defesa Civil no enfrentamento de calamidades públicas decorrentes de desastre, também utilizada no enfrentamento da pandemia.

Evidentemente, a autonomia dos Municípios em suplementar as medidas determinadas pelo Estado permanece plenamente preservada (art. 8º do Decreto nº 4.636/20), incumbindo-lhes, porém, executar as ações sob sua responsabilidade.

A estratégia de mapeamento de risco para o estabelecimento de medidas qualificadas em cada Município do Estado, segundo sua situação epidemiológica, aferida semanalmente, teve o objetivo claro de racionalizar a adoção de medidas de restrição de liberdade sob o aspecto da *proporcionalidade,* a fim de haver um equilíbrio entre as medidas adotadas e a gravidade da ameaça.[24]

---

[24] PAULA, Rodrigo Francisco de. *Estado de emergência na saúde pública.* Belo Horizonte: Fórum, 2017. p. 180.

Com efeito, não basta, apenas, que tais medidas de restrição de liberdade estejam previstas em lei para que possam ser aplicadas. É imprescindível que haja, também, uma devida justificação sobre a intensidade de tais medidas, de modo que seja aceitável que em Municípios onde a ameaça se revele mais grave sejam adotadas medidas igualmente mais graves de restrição da liberdade.

E todo esse esforço para controlar o avanço da transmissão da doença foi importante para ser possível a estruturação do sistema de saúde pública, somado à edição, ainda na fase inicial da pandemia, da Lei Complementar Estadual nº 946, de 30 de março de 2020, dispondo sobre procedimentos para contratações e outras medidas para enfrentamento da emergência em saúde pública.

No campo da competência legislativa suplementar do Estado, tal lei minudencia os procedimentos para as contratações públicas, respeitando-se as normas gerais editadas pela União (tanto a Lei Federal nº 13.979/20, quanto as demais que tratam de licitações e contratações públicas, como a Lei Federal nº 8.666/93 e a Lei Federal nº 10.520/02). Além disso, voltando-se para a gestão de recursos humanos, a lei:
    i) autorizou a celebração de termos aditivos aos contratos de gestão firmados com Organizações Sociais que gerem hospitais da rede pública, para alteração de metas pactuadas para atender as situações concernentes à COVID-19;
    ii) autorizou a prorrogação por até 6 (seis) meses dos contratos temporários de servidores públicos então em vigor, para enfrentamento da emergência em saúde pública;
    iii) autorizou a Secretaria de Estado de Gestão e Recursos Humanos a alocar ou remanejar de ofício servidores públicos da Administração Pública Estadual Direta, autárquica e fundacional para a Secretaria de Estado da Saúde ou para outras secretarias de governo que desempenham atividades essenciais para o controle da calamidade pública.

Esse quadro de medidas permitiu que o Estado providenciasse a aquisição de equipamentos, a preparação de leitos e a mobilização de recursos humanos, na execução do Plano Estadual de Atenção Hospitalar COVID-19 ("Programa Leito para Todos") (Portaria SESA nº 071-R, de 26 de abril de 2020), para se manter em plena operabilidade o sistema de saúde pública, mesmo com o aumento da quantidade de casos confirmados (coeficiente de incidência).

Portanto, todas essas ações adotadas pelo Estado do Espírito Santo foram essenciais para que não houvesse o colapso do sistema da saúde pública, pois, em nenhum momento, a ocupação dos leitos de UTI dedicados ao tratamento da COVID-19 ultrapassou o percentual de 90% (noventa por cento):

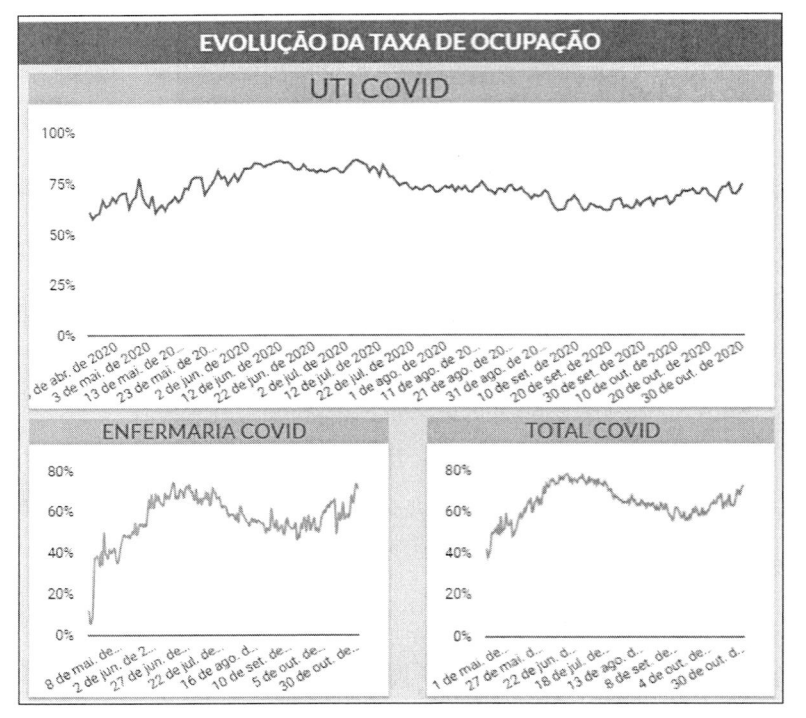

Fonte: Painel COVID-19 – Estado do Espírito Santo.[25]

---

[25] PAINEL COVID – ESTADO DO ESPÍRITO SANTO. Disponível em: www.coronavirus.es.gov.br. Acesso em 10 out. 2020.

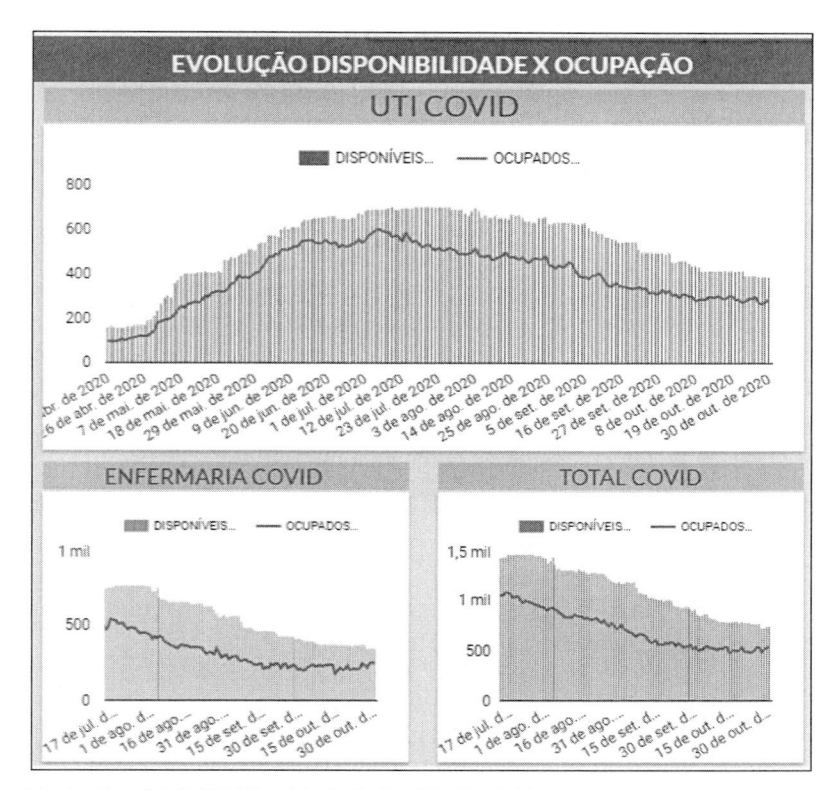

Fonte: Painel COVID-19 – Estado do Espírito Santo.[26]

Com a queda sustentada do número de casos ativos no Estado, uma nova e importante diretriz mudou na estratégia de mapeamento de risco: no eixo *ameaça*, passaram a ser adotados como indicadores o coeficiente de casos ativos, a taxa de testagem por 1.000 (mil) habitantes e a média móvel de óbitos dos últimos 14 (quatorze) dias (Portaria SESA nº 171-R, de 29 de agosto de 2020), ao invés dos indicadores anteriores da terceira fase do mapeamento de risco (coeficiente de incidência, taxa de letalidade, índice de isolamento e percentual da população acima de sessenta anos).

Já no eixo *vulnerabilidade*, manteve-se a taxa de ocupação de leitos de UTI como único indicador, considerando-se o total de leitos

---

[26] PAINEL COVID – ESTADO DO ESPÍRITO SANTO. Disponível em: www.coronavirus.es.gov.br. Acesso em 10 out. 2020.

disponíveis, mesmo com o plano de reversão controlada dos leitos para o atendimento de outras enfermidades, pois, havendo necessidade, em caso de novo crescimento do número de casos, a assistência hospitalar poderá ser reordenada para atender a demanda.

Daí passaram a ser editados protocolos sanitários para a retomada das atividades, podendo ser citados como exemplos o seguintes: para o retorno das aulas presenciais nas instituições de ensino (Portaria SESA/SEDU nº 02-R, de 08 de agosto de 2020); para funcionamento de museus, centros culturais, galerias, bibliotecas, e para a realização de eventos corporativos, acadêmicos, técnicos científicos, sociais, esportivos (Portaria SESA nº 186-R, de 19 de setembro de 2020); para funcionamento de parques de diversões (Portaria SESA nº 198-R, de 03 de outubro de 2020).

Havendo um recrudescimento da pandemia, poderão ser retomadas as restrições às atividades, sempre levando-se em consideração a avaliação da ameaça, a avaliação da exposição e a avaliação de contexto no Estado do Espírito Santo.

E assim vem se mantendo a estratégia de enfrentamento da pandemia no Estado do Espírito Santo, enquanto não se obtém a imunização da população contra a COVID-19.

4 Conclusão

A pandemia da COVID-19 surpreendeu o mundo pela velocidade com que se propagou e, assim como as pestes do passado, terminará, mais cedo ou mais tarde, por desaparecer, deixando um rastro terrível de mortes.

Voltando a Albert Camus, "o bacilo da peste não morre nem desaparece nunca, pode ficar dezenas de anos adormecido nos móveis e nas roupas, espera pacientemente nos quartos, nos porões, nos baús, nos lenços e na papelada".[27]

Por mais que esse tenha sido, desde tempos imemoriais, o itinerário de todas as pestes que afligiram a humanidade, isso não significa que se deve aguardar, pacientemente, o seu desaparecimento. Pelo contrário. Impõe-se aos governos agir para conter o agravo à saúde pública, envidando todos os esforços para prevenir e controlar a peste, naquele espaço entre o direito e a política.

---

[27] CAMUS, Albert. *A peste*. (Trad. Valerie Rumjanek). 20. ed. Rio de Janeiro: Record, 2010. p. 269.

A atuação dos governos, por sua vez, precisa ser legítima do ponto de vista tanto jurídico quanto político, o que significa, no constitucionalismo brasileiro, sob as luzes da Constituição Federal, que o mote de atuação do Estado, em ordem a garantir o direito à saúde (art. 6º), com o dever de prover saúde pública (art. 196), deve ter por fim último a preservação do direito à vida (art. 5º, *caput*), lastreado na dignidade da pessoa humana, como fundamento da república brasileira (art. 1º, inc. III).

Mais ainda, na organização federal do Estado brasileiro, é imprescindível que haja colaboração entre União, Estados e Municípios para que adotem, no exercício de suas competências, medidas coordenadas para o enfrentamento da grave ameaça trazida pela peste.

Assim, a estratégia adotada pelo Estado do Espírito Santo levou em consideração o marco regulatório e sanitário estabelecido para o enfrentamento da COVID-19, decorrente da emergência em saúde pública, combinado, ainda, com o estado de calamidade pública decorrente de desastre natural, no âmbito da proteção e defesa civil.

No estabelecimento das medidas de restrição de liberdade necessárias para o controle da pandemia (isolamento e quarentena), previstas na Lei Federal nº 13.979/20, o Governador e o Secretário de Estado da Saúde, como autoridades sanitárias, balizam suas decisões no mapeamento de risco, que considera a situação de cada Município em cada semana epidemiológica, a fim de que as medidas de restrição da liberdade, recomendadas no discurso epidemiológico, sejam adotadas proporcionalmente à gravidade da ameaça representada pelo avanço da pandemia e à vulnerabilidade do sistema de saúde pública.

Dado o meio de propagação do coronavírus, pelo contato pessoal, essas medidas de restrição da liberdade impactam fortemente na vida das pessoas, exigindo mudanças radicais no modo como se relacionam entre si, em suas atividades sociais, econômicas, culturais, esportivas, educacionais etc.

É por isso que a imposição dessas restrições precisa ser consistentemente justificada, para se alcançar a conscientização da população sobre a gravidade da ameaça à saúde pública:

> Qualquer medida de restrição forçada da liberdade individual, para ser adotada no controle e na prevenção de doenças que coloquem em risco a saúde pública (internação compulsória para realização de tratamento de saúde; vacinação obrigatória; ingresso forçado em imóveis particulares para fins de controle sanitário; isolamento de pessoas, grupos populacionais ou áreas), só se torna legítima se estiver previamente

estabelecida em lei e se sua aplicação decorrer de ações de governo que sejam discursivamente construídas com a participação da comunidade.[28]

Enquanto não houver a imunização da população (com a vacinação, por exemplo, como medida sanitária mais eficaz para a prevenção),[29] a convivência com a pandemia depende, essencialmente, da conscientização sobre a necessidade de serem observados os protocolos para a convívio social (etiqueta respiratória, higienização frequente das mãos, obrigatoriedade do uso de máscaras de proteção facial, distanciamento social, isolamento dos infectados e das pessoas do grupo de risco, atendimento dos protocolos sanitários para funcionamento das atividades sociais, econômicas, culturais, esportivas, educacionais etc.) e da manutenção sustentada das medidas de restrição da liberdade, que crescem em intensidade à medida em que avança a gravidade da situação em cada Município do Estado.

Referências

BRASIL. Ministério da Saúde. Centro de Operações de Emergência em Saúde Pública. *Boletim Epidemiológico nº 1, de 03 de fevereiro de 2020.* Brasília: Ministério da Saúde, 2020. Disponível em: https://portalarquivos.saude.gov.br/images/pdf/2020/fevereiro/04/Boletim-epidemiologico-SVS-04fev20.pdf. Acesso em 10 out. 2020.

BRASIL. Ministério da Saúde. Centro de Operações de Emergência em Saúde Pública. *Boletim Epidemiológico nº 5, de 14 de março de 2020.* Brasília: Ministério da Saúde, 2020. Disponível em: https://portalarquivos.saude.gov.br/images/pdf/2020/fevereiro/04/Boletim-epidemiologico-SVS-04fev20.pdf. Acesso em 10 out. 2020.

BRASIL. Ministério da Saúde. Centro de Operações de Emergência em Saúde Pública. *Boletim Epidemiológico nº 6, de 03 de abril de 2020.* Brasília: Ministério da Saúde, 2020. Disponível em: https://portalarquivos.saude.gov.br/images/pdf/2020/April/03/BE6-Boletim-Especial-do-COE.pdf. Acesso em 10 out. 2020.

BRASIL. Ministério da Saúde. Centro de Operações de Emergência em Saúde Pública. *Boletim Epidemiológico nº 7, de 06 de abril de 2020.* Brasília: Ministério da Saúde, 2020. Disponível em: https://portalarquivos.saude.gov.br/images/pdf/2020/April/06/2020-04-06-BE7-Boletim-Especial-do-COE-Atualizacao-da-Avaliacao-de-Risco.pdf. Acesso em 10 out. 2020.

---

[28] PAULA, Rodrigo Francisco de. *Estado de emergência na saúde pública.* Belo Horizonte: Fórum, 2017. p. 204.

[29] A vacinação compulsória, embora com possibilidade já prevista em lei (art. 3º, inc. III, "d", da Lei Federal nº 13.979/20), poderá se tornar nova medida a reclamar legitimação, se e quando houver disponibilidade de vacina contra a COVID-19.

BRASIL. Ministério da Saúde. Centro de Operações de Emergência em Saúde Pública. *Boletim Epidemiológico nº 11, de 17 de abril de 2020*. Brasília: Ministério da Saúde, 2020. Disponível em: https://portalarquivos.saude.gov.br/images/pdf/2020/April/18/2020-04-17---BE11---Boletim-do-COE-21h.pdf. Acesso em 10 out. 2020.

CAMUS, Albert. *A peste*. (Trad. Valerie Rumjanek). 20. ed. Rio de Janeiro: Record, 2010.

CONTI, Thomas V. *Crise tripla do COVID-19*: um olhar econômico sobre políticas públicas de combate à pandemia. Disponível em: http://thomasvconti.com.br/wp-content/uploads/2020/04/Conti-Thomas-V.-2020-04-06.-Crise-Tripla-do-Covid-19-olhar-econ%C3%B4mico-sobre-as-pol%C3%ADticas-p%C3%BAblicas-de-combate-%C3%A0-pandemia.-Texto-para-discuss%C3%A3o.-Vers%C3%A3o-1.1.pdf. Acesso em 10 out. 2020.

ESPÍRITO SANTO. Centro de Comando e Controle Coronavírus COVID-19. *Estratégia de mapeamento de risco e medidas qualificadas no Espírito Santo*. Vitória: Governo do Estado do Espírito Santo, 2020. Disponível em: https://coronavirus.es.gov.br/Media/Coronavirus/Downloads/Cartilha-COVID19%2025.05.2020.pdf. Acesso em 10 out. 2020.

FERRAZ JR., Tércio Sampaio. Normas gerais e competência concorrente – uma exegese do art. 24 da Constituição Federal. *Revista Trimestral de Direito Público*, São Paulo: Malheiros, p. 16-20, n. 7, jul./set. 1994.

ORGANIZAÇÃO MUNDIAL DA SAÚDE. *OMS declara emergência de saúde pública de importância internacional por surto de novo coronavírus*. Disponível em:

https://www.paho.org/bra/index.php?option=com_content&view=article&id=6100:oms-declara-emergencia-de-saude-publica-de-importancia-internacional-em-relacao-a-novo-coronavirus&Itemid=812. Acesso em 10 out. 2020.

PAULA, Rodrigo Francisco de. *Estado de emergência na saúde pública*. Belo Horizonte: Fórum, 2017.

VENTURA, Deisy de Freitas Lima. Pandemias e estado de exceção. *In*: CATTONI DE OLIVEIRA, Marcelo Andrade; MACHADO, Felipe Daniel Amorim. *Constituição e processo*: a reposta do constitucionalismo à banalização do terror. Belo Horizonte: Del Rey, 2009.

VENTURA, Deisy de Freitas Lima; AITH, Fernando Mussa Abujamra; RACHED, Danielle Hanna. A emergência do novo coronavírus e a "lei de quarentena" no Brasil". *Revista Direito e Práxis*, Rio de Janeiro, 2020. Disponível em: https://www.e-publicacoes.uerj.br/index.php/revistaceaju/article/view/49180/32876. Acesso em 10 out. 2020. DOI: 10.1590/2179-8966/2020/49180.

Informação bibliográfica deste texto, conforme a NBR 6023:2018 da Associação Brasileira de Normas Técnicas (ABNT):

PAULA, Rodrigo Francisco de. Estratégia adotada pelo Estado do Espírito Santo para enfrentamento da pandemia da COVID-19: mapeamento de risco, medidas qualificadas de restrição da liberdade e estruturação do sistema de saúde pública. *In*: PAULA, Rodrigo Francisco de (Coord.). *A experiência dos Estados no enfrentamento da pandemia da COVID-19*. Belo Horizonte: Fórum, 2021. p. 239-273. ISBN 978-65-5518-147-0.

FEDERALISMO EM TEMPOS DE PANDEMIA: A REAFIRMAÇÃO DA AUTONOMIA DOS ESTADOS-MEMBROS ENQUANTO CONDIÇÃO DE EFICÁCIA DAS MEDIDAS DE PROTEÇÃO À SAÚDE

RODRIGO MAIA ROCHA

1 Introdução

A eclosão da calamidade sanitária decorrente do surto do novo coronavírus iniciado na cidade chinesa de Whuran, no final de 2019, e que em poucos meses se tornou uma pandemia de gravíssimas consequências em escala global representa, sem a menor dúvida, um dos maiores desafios da humanidade em várias décadas, colocando especialmente à prova a capacidade dos governos em todo o mundo de enfrentarem de modo eficiente os efeitos de tais consequências deletérias em suas respectivas comunidades.

No caso da realidade brasileira, além do imenso desafio sanitário decorrente da disseminação da COVID-19 – doença causada pelo novo coronavírus – somou-se uma dificuldade adicional derivada das idiossincrasias do nosso sistema político, especialmente caracterizado pela conflituosidade presente nas relações entre os atores institucionais responsáveis pela tomada de decisão nas diferentes esferas de governo que compõem a estrutura do Estado brasileiro, organizado sob a forma de uma república federativa.

Em verdade, tal realidade notabilizou-se por uma verdadeira clivagem entre o dever ser de cooperação e a concertação entre as unidades políticas que compõem a Federação, sobretudo no que tange à consecução das políticas de proteção à saúde, tal como concebido pelo texto da Constituição de 1988, e a práxis presente em nossa dinâmica interinstitucional, o que acabou por se exacerbar durante a pandemia, como eloquentemente demonstrado pelos constrangimentos promovidos pelo Governo Federal em detrimento da atuação das demais unidades federadas, sobretudo dos governos estaduais, que se mostraram mais assertivos e responsáveis por respostas mais céleres diante do rápido avanço da doença em todo o território nacional, colocando em xeque, assim, a própria autonomia constitucional destes na promoção de relevantes medidas de vigilância epidemiológica destinadas a conter o referido avanço.

O presente trabalho tem como hipótese central a demonstração de que, no contexto da pandemia da COVID-19, a preservação da autonomia dos entes subnacionais – particularmente dos Estados-membros – na implementação de políticas públicas no âmbito dos seus respectivos territórios, com o objetivo de promover a proteção da vida e da saúde, foi fundamental para evitar um desastre sanitário ainda maior no Brasil, considerando a atuação errática e insuficiente dos órgãos federais, principalmente diante do comportamento do próprio Presidente da República, que desde o início da pandemia buscou minimizar a gravidade da doença e se contrapôs claramente às medidas de redução do contágio adotadas pelos Governadores.

Para tanto, proceder-se-á à análise da conformação do Estado Federal plasmada no sistema constitucional brasileiro e de que modo as macroestruturas das unidades políticas se correlacionam na concretização dos direitos fundamentais, notadamente o direito fundamental à saúde. Após essa análise, será efetuada uma abordagem específica de situações paradigmáticas de conflitos federativos durante a pandemia e a atuação do Supremo Tribunal Federal na pacificação desses antagonismos interfederativos, bem como será verificada a relevância dessa atuação para a garantia da necessária autonomia dos entes federados em face da calamidade sanitária provocada pelo novo coronavírus, apresentando-se, ao final, as conclusões acerca do tema enfrentado.

2 A federação como forma de organização do Estado

2.1 Elementos caracterizadores do Estado Federal

As regras de organização político-administrativa no âmbito do Estado Democrático de Direito desempenham um papel central para o seu funcionamento e, portanto, para a realização dos seus objetivos, adotando a Constituição Federal de 1988 – assim como os diplomas constitucionais anteriores, desde a Constituição de 1891 – a forma de uma República Federativa, cuja alusão se faz presente desde os seus princípios fundamentais previstos no art. 1º do diploma constitucional em vigor.[1]

Nesse sentido, cumpre salientar que a ideia de federalismo e a noção de um Estado Federal representaram, possivelmente, "o mais significativo aporte do constitucionalismo e do pensamento político norte-americano, tanto para a teoria, quanto para a prática do Estado moderno".[2]

Embora as concepções políticas, a partir das quais derivou a ideia de federalismo, já estivessem presentes nas sociedades políticas anteriores, foi a partir da Constituição norte-americana de 1787 que se institucionalizou o primeiro modelo de Estado organizado sob a forma de uma Federação.[3]

Fruto do engenho dos pais fundadores norte-americanos, a Federação abraçada pela nação então emergente buscou promover um arranjo institucional desafiador: a coexistência dentro de um mesmo território da autonomia dos entes federados e o exercício do poder desempenhado pelo ente central, objetivando a concretização dos objetivos da república e, principalmente, a preservação da liberdade dos cidadãos pela limitação dos impulsos despóticos inerentes à concentração de poder, como enfatizado por James, Hamilton e Jay:

> Numa república simples, todo o poder concedido pelo povo é submetido à administração de um governo único, e a usurpação é evitada por uma divisão do governo em braços independentes e separados. Na república

---

[1] "A República Federativa do Brasil, formada pela união indissolúvel dos Estados e Municípios e do Distrito Federal, constitui-se em Estado Democrático de Direito [...]". (BRASIL. Constituição (1988). *Constituição da República Federativa do Brasil*. Brasília, DF: Presidência da República, 2019).

[2] SARLET, Ingo Wolfgang; MITIDIERO, Daniel; MARINONI, Luiz Guilherme. *Curso de direito constitucional*. São Paulo: Saraiva Educação, 2020. p. 21238.

[3] BARACHO, José Alfredo de Oliveira. *Revista de Informação Legislativa*, Brasília, v. 23, n. 90, p. 5-34, abr./jun. 1986.

composta da América, o poder concedido pelo povo é primeiro dividido entre dois governos distintos e depois a porção que coube a cada um é subdividida por braços independentes e separados. Disto provém uma dupla segurança para os direitos do povo. Os diferentes governos vão se controlar um ao outro, ao mesmo tempo em que cada um será controlado por si mesmo.[4]

Acerca do caráter desafiador imanente ao arranjo institucional formulado para a Federação norte-americana, cumpre aqui sublinhar as observações de Tocqueville que, feitos os devidos reparos e adaptações, podem se aplicar aos modelos de federalismo em geral:

> Entre os vícios inerentes a todo sistema federal, o mais visível de todos é a complicação dos meios que emprega. Esse sistema necessariamente coloca duas soberanias frente a frente. O legislador consegue tornar os movimentos dessas duas soberanias o mais simples e iguais possíveis, e pode encerrar as duas em esferas de ação nitidamente limitadas; mas não poderia fazer com que houvesse apenas uma nem impedir que elas se toquem em algum ponto. O sistema federativo repousa, assim, não importa o que se faça, sobre uma teoria complicada, cuja aplicação exige, dos governados, um uso diário das luzes de sua razão.[5]

Por sua vez, a dimensão limitadora ao exercício do poder político no intuito de assegurar a proteção das liberdades presente na doutrina política do federalismo torna-se especialmente relevante em países que, assim como os Estados Unidos, são marcados pela extensão territorial e pela diversidade, como salientado por Reverbel:

> A extensão do território e o crescimento do contingente populacional ajudam no florescimento de interesses e segmentos distintos, refreando ações contrárias aos anseios de liberdade do povo. No fundo, é uma forma democrática de dividir o risco, repartir as decisões, diminuir as incertezas, aumentar a possibilidade de acertos, democratizar e coligar as opiniões, criando um ambiente propício ao desenvolvimento racional institucionalizado da liberdade. A república federativa deveria assumir este papel de sintonia entre extensão territorial e interesses difusos.[6]

---

[4] JAMES, Madison; HAMILTON, Alexander; JAY, John. *Os artigos federalistas*: 1787-1788. (Trad. Maria Luísa X. de A. Borges). Rio de Janeiro: Nova Fronteira, 1993. p. 351.
[5] TOCQUEVILLE, Alexis de. *A democracia na América*. (Trad. Julia da Rosa Simões). São Paulo: Edipro, 2019. p. 2897.
[6] REVERBEL, Carlos Eduardo Dieder. *O federalismo numa visão tridimensional do direito*. Porto Alegre: Livraria do Advogado Editora, 2012. p. 2167-2168.

Desse modo, a forma federativa de organização do Estado decorre essencialmente de um imperativo de racionalização do exercício do poder, máxime em comunidades políticas complexas, como observa Baracho:

> A justificação do federalismo é feita por motivações racionais, sendo que a doutrina elenca alguns pontos essenciais como: I) o federalismo preserva a diversidade histórica e a individualidade; 2) facilita a proteção das minorias; 3) o federalismo é um meio de proteção da liberdade (A federalist constitution Always implies a vertical separation of powers which, just like the classical horizontal separation, is an instrument to contain the power of the state by a system of checks and balances" -The Example of Federalism in The Federal Republic of Germany, p. 5); 5) o federalismo encoraja e reforça a democracia. facilitando a participação democrática; 6) a eficiência é, também, considerada como uma das razões que justifica o federalismo.[7]

Embora a Federação constitua uma realidade normativa e, portanto, fruto de contingências decorrentes das suas diferentes configurações nos textos constitucionais dos Estados que optaram por essa forma de organização, o ponto central que diferencia o Estado Federal dos denominados Estados Unitários reside na coexistência naquele de ordenações jurídicas autônomas dentro do mesmo espaço territorial e na delimitação das competências entre os entes federados que compõem a comunidade política, conforme assinalado por Kelsen:

> Cada uma das comunidades parciais, a federação e os Estados componentes, baseia-se na sua própria constituição, a constituição da federação, a 'constituição federal' é, simultaneamente, a constituição do Estado federal inteiro. O Estado federal caracteriza-se pelo fato de que o Estado componente possui certa medida de autonomia constitucional, ou seja, de que o órgão legislativo de cada Estado componente tem competência em matérias referentes à constituição dessa comunidade, de modo que modificações nas constituições dos Estados componentes podem ser efetuadas por estatutos dos próprios Estados componentes. Essa autonomia constitucional dos Estados componentes é limitada. Os Estados componentes são obrigados, por certos princípios constitucionais da constituição federal; por exemplo, segundo a constituição federal, os Estados componentes podem ser obrigados a ter constituições democrático-republicanas.[8]

---

[7] BARACHO, José Alfredo de Oliveira. Princípio da subsidiariedade: conceito e revolução. *Revista de Direito Administrativo*, Rio de Janeiro: v. 200, p. 21-54, abr./jun. 1995. p. 48.

[8] HANS, Kelsen. *Teoria geral do direito e do Estado*. São Paulo: Martins Fontes, 2000. p. 453.

2.2 A federação na Constituição de 1988

Desde a primeira Constituição republicana de 1891, o Brasil optou pela forma federativa de organização do Estado, cláusula constante nos diplomas constitucionais subsequentes, embora suas características tenham variado, por óbvio, tendo em vista as particulares circunstâncias históricas presentes em cada período da vida republicana.

A Constituição de 1988, por sua vez, inovou substancialmente o quadro de distribuição de competências entre os entes federados – tendo como inspiração em grande medida a Lei Fundamental da Alemanha de 1949 – ao introduzir na divisão de competências a técnica das competências comuns ou concorrentes entre a União, os Estados, o Distrito Federal e os Municípios, elevados à categoria de ente federativo autônomo –, estabelecendo, desse modo, as bases do assim denominado federalismo de cooperação, conforme a observação de Horta:

> A repartição de competências recebeu substancial modificação na Constituição de 1988. A clássica distribuição dos poderes enumerados à União e dos poderes reservados aos Estados, técnica adotada na Constituição dos Estados Unidos, que se incorporou à concepção federal brasileira, desde 1891, com os breves acréscimos das Constituições de 1934, 1946 e 1967, para admitir a legislação complementar dos Estados recebeu nova configuração formal e material, que conduziu a uma razoável ampliação dos poderes legislativos dos Estados e, subsidiariamente, dos Municípios. Inspirando-se na concepção desenvolvida na Lei Fundamental da Alemanha de 1949, que o Anteprojeto de Constituição Federal da Comissão Afonso Arinos (1986) adotou, a Constituição de 1988 introduziu na repartição de competências a técnica da legislação concorrente da União, dos Estados e do Distrito Federal, abrandando o volume da legislação que tradicionalmente compunha nas Constituições anteriores a legislação privativa da União.[9]

Com efeito, o modelo cooperativo de Federação contrapõe-se ao denominado modelo dual (também denominado de competitivo) de feição mutuamente excludente e reciprocamente limitativo, cuja pedra de toque consiste na rígida separação entre a esfera de atribuições do poder central e do poder local; no federalismo de cooperação, por seu turno, a inter-relação das instâncias de poder e a colaboração entre as

---

[9] HORTA, Raul Machado. *Direito constitucional*. 3. ed. Belo Horizonte: Del Rey, 2002. p. 514-515.

mesmas constituem um relevante traço distintivo. O desenvolvimento de mecanismos de aproximação, cooperação, auxílio e ajuda entre os entes governamentais são, portanto, consectários naturais desse modelo.[10]

Importante sublinhar que esse particular método de repartição de competências "se revela ainda mais necessário no contexto de um Estado Social, de caráter intervencionista e voltado à consecução de políticas públicas, especialmente na área econômica e social, exigindo certa unidade de planejamento e direção",[11] sobretudo quando se tem em vista o dever estatal relacionado à proteção dos direitos fundamentais sociais, cuja efetividade "(...) sempre envolve (embora não exclusivamente), de algum modo, a definição e a implementação de políticas públicas, ainda mais em se tomando tal conceito em sentido amplo".[12]

Contudo, a Constituição Federal de 1988 foi silente quanto aos mecanismos de interação institucional no exercício das competências comuns e imprecisa no tocante à delimitação da esfera de atuação de cada ente no federalismo de cooperação, fazendo tão somente uma remissão no parágrafo único do art. 23 à edição de leis complementares que disciplinariam a cooperação entre os entes federados, as quais até o presente momento, de um modo geral, não foram promulgadas, o que não raro gera conflitos decorrentes da ausência de regulamentação adequada da atuação conjunta no exercício de determinadas competências, como bem ressaltado por Barcellos:

> Imaginar, portanto, que o Estado-membro ou o Município são senhores absolutos de seus territórios, neles podendo decidir o que bem desejarem, simplesmente não é possível. O Estado federal é ainda um Estado e todos os entes estão vinculados e subordinados ao que dispõe a Constituição Federal, não apenas no que diz respeito a suas próprias competências, mas também no que toca às competências dos demais entes. (...) Esse quadro de interações entre os entes federativos acentua-se consideravelmente tendo em conta os modelos contemporâneos de federalismo cooperativo – do que a Constituição de 1988, como se viu, é um exemplo –, no qual as competências dos entes se comunicam sob variadas formas. No caso brasileiro, como descrito, há competências concorrentes ou comuns tanto em matéria legislativa, como no que diz

---

[10] REVERBEL, Carlos Eduardo Dieder. *O federalismo numa visão tridimensional do direito*. Porto Alegre: Livraria do Advogado Editora, 2012. p. 247.
[11] SARLET, Ingo Wolfgang; MITIDIERO, Daniel; MARINONI, Luiz Guilherme. *Curso de direito constitucional*. São Paulo: Saraiva Educação, 2020. p. 21420.
[12] SARLET, Ingo Wolfgang. *A eficácia dos direitos fundamentais*: uma teoria geral dos direitos fundamentais na perspectiva constitucional. 12. ed. Porto Alegre: Livraria do Advogado Editora, 2015. p. 4971.

respeito à atuação político-administrativa e à prestação de serviços. Nesse contexto, o relacionamento entre os entes é indispensável.[13]

Nesse mesmo sentido se dirigem as reflexões de Quintiliano:

> Desejável seria que os interesses dos três níveis federativos fossem sempre coincidentes, já que há, ao menos em tese, o mesmo interesse público. As matérias previstas no art. 23 da CRFB-88, contudo, envolvem opções políticas e, por sua natureza, estão sujeitas aos pontos de vista diversos quanto aos meios a serem empregados, bem como a interesses coletivos e individuais, que influenciam sobremaneira a atuação dos entes envolvidos.[14]

Diante da dificuldade em delimitar a esfera de atuação dos entes federados em função das particularidades que caracterizam o federalismo de cooperação, tem-se no denominado princípio da predominância do interesse um importante vetor interpretativo destinado a nortear, no caso concreto, a solução para eventuais conflitos de atribuições entre os membros da Federação.

Sobre o princípio da predominância do interesse, traduz-se esse, em linhas gerais, na delimitação de que caberia à União tratar das matérias de interesse geral, nacional, amplo. Aos Estados, por outro lado, caberia a disciplina dos temas que suscitam um interesse menor, mais regional. Por fim, aos Municípios competiriam as matérias de interesses restritos, especialmente locais, circunscritos à sua órbita menor. Sobre o princípio em questão, oportuna a advertência formulada por Tavares, segundo o qual:

> (...) evidentemente que todos os interesses terão repercussão em cada uma das três esferas citadas. É por isso que se fala em 'predominância' e não em 'exclusividade'. Difícil ou impossível será a tarefa de sustentar uma matéria como sendo exclusivamente de âmbito nacional, regional ou local.[15]

---

[13] BARCELLOS, Ana Paula de. *Curso de direito constitucional*. 2. ed. Rio de Janeiro: Forense, 2019. p. 260-261.

[14] QUINTILIANO, Leonardo Davi. *Autonomia federativa*: delimitação no direito constitucional brasileiro. 2012. 321 f. Tese (Doutorado em Direito do Estado) – Faculdade de Direito do Largo do São Francisco, Universidade de São Paulo, São Paulo, 2012. p. 268. Disponível em: https://teses.usp.br/teses/disponiveis/2/2134/tde-26082013-162030/publico/TESE_LEONARDO_DAVID_QUINTILIANO_CORRIGIDA.pdf. Acesso em 25 ago. 2020.

[15] TAVARES, André Ramos. *Curso de direito constitucional*. São Paulo: Saraiva, 2017. p. 1136.

Semelhante advertência é formulada por Sarlet, Mitidiero e Marinoni, para quem o princípio em questão

> opera mais como uma diretriz geral a nortear a compreensão do sistema como um todo do que como um critério absoluto, visto que a exata determinação de qual o interesse em causa (geral, nacional, regional ou local) frequentemente se revela difícil, existindo zonas de imbricação que exigem uma particular atenção às circunstâncias de cada caso.[16]

Essas constituem, portanto, em linhas gerais, as características da organização federativa tal como desenhada no texto da Constituição de 1988.

3 O direito à saúde na Constituição de 1988

3.1 Os direitos fundamentais sociais e seus contornos definidores

Com efeito, a promulgação da Constituição da República de 1988 representou a ascensão de uma ordem jurídica marcada essencialmente pela limitação do poder e pela centralidade dos direitos fundamentais elencados ao longo de todo o texto constitucional, compondo um variado mosaico de direitos e garantias de múltiplas dimensões, os quais, ao lado da forma federativa de Estado e da organização do poder, traduzem o núcleo estruturante do Estado Democrático de Direito, distinguindo-se claramente o diploma constitucional vigente dos experimentos anteriores pelo seu perfil analítico, pluralista, programático e dirigente.

Em função da centralidade de sua posição na ordem jurídico-constitucional, os direitos e garantias fundamentais adquirem o status de verdadeiro "oxigênio das Constituições democráticas",[17] constituindo, portanto, um vetor fundamental para a atuação dos atores institucionais que compõem a estrutura estatal; essa atuação, por sua vez, adquire especial significação diante da tarefa outorgada a estes pela Constituinte de 1988 de promover a concretização dos denominados direitos fundamentais sociais.

---

[16] SARLET, Ingo Wolfgang; MITIDIERO, Daniel; MARINONI, Luiz Guilherme. *Curso de direito constitucional*. São Paulo: Saraiva Educação, 2020. p. 22065.
[17] BONAVIDES, Paulo. *Curso de direito constitucional*. 34. ed. São Paulo: Malheiros, 2019. p. 383.

Em relação à efetividade dos direitos fundamentais sociais é possível afirmar, de maneira bastante sintética, que estes convertem os seus titulares em credores do Estado na medida em que a sua concretização pressupõe, em grande medida – embora nessa tarefa não se esgote – a realização de prestações, as quais se materializam essencialmente através de políticas públicas cuja responsabilidade se encontra cometida prioritariamente aos órgãos do Poder Executivo nas diferentes esferas autônomas de governo que compõem a estrutura federativa presente na Constituição de 1988.

Tais direitos, portanto, possuem como nota característica, primordialmente, o fato de se revestirem de uma dimensão positiva, no sentido de demandarem um papel ativo do Estado na sua implementação, mediante prestações sociais, conforme assevera Sarlet:

> Enquanto a função precípua dos direitos de defesa é a de limitar o poder estatal, os direitos sociais (como direitos a prestações) reclamam uma crescente posição ativa do Estado na esfera econômica e social. Diversamente dos direitos de defesa, mediante os quais se cuida de preservar e proteger determinada posição (conservação de uma situação existente), os direitos sociais de natureza positiva (prestacional) pressupõem seja criada e colocada à disposição a prestação que constitui seu objeto, já que objetivam a realização da igualdade material, no sentido de garantirem a participação do povo na distribuição pública de bens materiais e imateriais.[18]

Desse modo, direitos como saúde, educação, assistência social e moradia pressupõem, para serem alcançados pela sociedade, a formulação e a execução de políticas púbicas sociais atribuídas fundamentalmente aos órgãos integrantes do Poder Executivo nas diferentes esferas da Federação.[19]

Nesse contexto, é correto afirmar que as políticas públicas de caráter social constituem instrumentos da ação estatal por intermédio dos quais se veicula a implementação dos direitos fundamentais sociais, conforme assinalado por Fonte:

---

[18] SARLET, Ingo Wolfgang. *A eficácia dos direitos fundamentais*: uma teoria geral dos direitos fundamentais na perspectiva constitucional. 12. ed. Porto Alegre: Livraria do Advogado Editora, 2015. p. 9422-9427.

[19] GONÇALVES, Cláudia Maria da Costa. *Direitos fundamentais sociais*: releitura de uma Constituição dirigente. Curitiba: Juruá, 2006. p. 170.

De modo geral, os estudiosos do direito tratam as políticas públicas como meios para a efetivação de direitos de cunho prestacional pelo Estado (objetivos sociais em sentido lato), sem embargo de sua importância para a efetivação de direitos não fundamentais. Esta assertiva vale inclusive para a doutrina estrangeira. Este é um ponto consensual entre os estudiosos do assunto que deve ser sublinhado, pois implica reconhecer nos direitos sociais e nos demais direitos fundamentais o objetivo final de algumas das políticas públicas executadas pelo Estado.[20]

Com relação às políticas públicas sociais no contexto do sistema de repartição de competências no Estado Federal, cumpre destacar, ainda, que a Constituição as inseriu prioritariamente no rol de matérias previstas nos artigos 23 e 24, privilegiando mais do que nunca a atribuição de competências materiais comuns e legislativas concorrentes entre todos os entes, a fim de torná-los solidariamente responsáveis pela sua formulação e execução, priorizando a coordenação geral pelo ente central e a descentralização da sua execução pelos entes periféricos.[21]

Traçado, portanto, esse panorama geral em relação aos direitos fundamentais sociais, impende analisar, mais detidamente, considerando o objetivo do presente estudo, o direito fundamental à saúde.

3.2 O direito fundamental social à saúde no contexto da Constituição de 1988: o Sistema Único de Saúde

A Constituição de 1988 consagrou de modo expresso o direito à saúde no rol dos direitos fundamentais, encontrando-se positivado no art. 6º e no art. 196 e seguintes da Carta Magna.

Art. 6º São direitos sociais a educação, a saúde, a alimentação, o trabalho, a moradia, o transporte, o lazer, a segurança, a previdência social, a proteção à maternidade e à infância, a assistência aos desemparados, na forma desta Constituição. (...)

Art. 196. A saúde é direito de todos e dever do Estado, garantido mediante políticas sociais e econômicas que visem à redução do risco de

---

[20] FONTE, Felipe de Melo. *Políticas públicas e direitos fundamentais*. 2. ed. São Paulo: Saraiva, 2015. p. 668-674.
[21] LEBRÃO, Roberto Mercado. *Federalismo e políticas públicas sociais na Constituição de 1988*. 2010. 163f. Dissertação (Mestrado em Direito Econômico e Financeiro) – Faculdade de Direito, Universidade de São Paulo, São Paulo, 2010. p. 57. Disponível em: https://www.teses.usp.br/teses/disponiveis/2/2133/tde-14092011-090653/publico/Roberto_Lebrao_diagramacao.pdf. Acesso em 20 jul. 2020.

doença e de outros agravos e ao acesso universal e igualitário às ações e serviços para sua promoção, proteção e recuperação.

Pela análise dos dispositivos em questão – particularmente o art. 196, responsável pela definição dos seus aspectos essenciais – é correto afirmar que se está diante, a um só tempo, tanto de uma norma definidora de direitos subjetivos quanto de caráter impositivo de deveres e tarefas, oponíveis especialmente ao Estado, mediante a adoção de políticas de natureza social e econômica destinadas à redução do risco de doenças e outros agravos, bem como à promoção do acesso universal e igualitário às ações que lhe são inerentes.[22]

Importante destacar ainda, no que diz respeito ao conteúdo do direito à saúde e à sua eficácia, que este apresenta múltiplas conexões com a proteção de outros direitos igualmente dotados de proteção constitucional e com status fundamental, tais como a vida, a moradia, o trabalho e o meio ambiente ecologicamente equilibrado, o que reforça a ideia de multifuncionalidade e de interdependência entre os direitos fundamentais,[23] compreensão que deve nortear, portanto, o processo de implementação exteriorizado, a partir da formulação, execução e avaliação das políticas estatais destinadas à sua concretização.

Importante destacar também que, considerando o sistema de repartição de competências previsto no texto constitucional, a atribuição para desenvolver as políticas públicas destinadas à promoção, à proteção e à recuperação da saúde é de responsabilidade comum dos entes que compõem a Federação, conforme se infere do art. 23, II, do nosso diploma constitucional.

Para a consecução de tal desiderato, determinou o Constituinte a institucionalização de um sistema unificado através do qual se estabeleceu a organização e o procedimento de implementação do direito à saúde, instituindo a partir daí o denominado Sistema Único de Saúde (SUS), o qual possui representatividade governamental dos três níveis federativos.

Tal sistema se constitui, por sua vez, de uma rede regionalizada e hierarquizada, organizada de forma descentralizada, com direção em cada esfera de governo e voltada ao atendimento integral, com prioridade para atividades preventivas, sem prejuízo dos serviços essenciais,

---

[22] SARLET, Ingo Wolfgang; MITIDIERO, Daniel; MARINONI, Luiz Guilherme. *Curso de direito constitucional*. São Paulo: Saraiva Educação, 2020. p. 15232.
[23] CANOTILHO, José Joaquim Gomes *et al. Comentários à Constituição do Brasil*. 2. ed. São Paulo: Saraiva Educação, 2018. p. 100864.

assegurada, ainda, a participação da comunidade;[24] por sua vez, o art. 200 da Constituição define de maneira bastante clara as mais relevantes atribuições do sistema – embora estas não se esgotem no dispositivo em questão, conforme esclarece o próprio texto – tais como, v.g., o controle e a fiscalização de substâncias e a participação na produção de equipamentos, medicamentos e outros insumos; executar ação de vigilância sanitária e epidemiológica; ordenar a formação de recursos humanos na área de saúde, participar da formulação da política e da execução das ações de saneamento básico, dentre outras descritas no dispositivo mencionado.

Ainda no que se refere ao arcabouço normativo que disciplina o SUS, foram promulgadas as Leis Federais nº 8.142, de 28 de dezembro de 1990, e nº 8.080, de 19 de setembro e 1990, as quais definiram, no plano infraconstitucional, os aspectos estruturais e operacionais do arranjo institucional do sistema, de forma pormenorizada, em cada uma das esferas de governo que o integram.

Importante destacar o fato de que esse modelo institucional de organização do SUS constitui autêntica projeção no campo da saúde das macroestruturas que caracterizam a organização federativa do Estado, pois, segundo Dourado, Dallari e Elias:

(...) a definição das três esferas autônomas de gestão sanitária correspondentes aos entes federados estabelece uma forma de organização política que pode ser adequadamente designada federalismo sanitário brasileiro. Dessa forma, por ser uma política pública intrinsecamente ligada à estrutura federativa brasileira, a regulamentação do Sistema Único de Saúde passa necessariamente pela repartição de competências e de rendas entre as entidades federadas no que tange à área da saúde.[25]

Importante sublinhar, ainda, que, conquanto o próprio diploma constitucional tenha priorizado a descentralização e a direção única em cada esfera de governo, o êxito na gestão do sistema exige, necessariamente, um elevado grau de coordenação e concertação entre os atores institucionais que o compõem, conforme a precisa advertência de Lebrão:

---

[24] BRASIL. Constituição (1988). *Constituição da República Federativa do Brasil*. Brasília, DF: Presidência da República, 2019.
[25] DOURADO, Daniel de Araújo; DALLARI, Sueli Gandolfi; ELIAS, Paulo Eduardo Mangeon. Federalismo sanitário brasileiro: perspectiva da regionalização no Sistema Único de Saúde. *RDisan*, São Paulo. v. 12, n. 3, p. 10-34, nov. 2011, fev.2012. p. 22.

Visando justamente a coordenação racionalizada das ações de saúde entre os entes federados no exercício desta competência comum, a Constituição determinou, conforme já mencionado, a criação de um comando único para cada esfera de governo. Nos termos da legislação vigente, este comando único, no âmbito da União, é exercido pelo Ministério da Saúde, sendo que nos Estados, no Distrito Federal e nos Municípios, são exercidos pelas suas respectivas Secretarias de Saúde ou órgãos equivalentes.Com este mecanismo, acabou a Constituição também por oferecer os meios para que as políticas de saúde fossem implantadas diretamente pelos Estados e, principalmente, pelos Municípios, de acordo com as suas necessidades regionais e locais, respeitadas, obviamente, as regras e diretrizes estabelecidas pelo comando nacional.[26]

Para além de atender a um imperativo de índole jurídico-constitucional, a descentralização do SUS, com o consequente fortalecimento da regionalização da sua rede de atendimento, vai ao encontro de uma exigência de natureza eminentemente técnica, sobretudo diante da tarefa de prover ações eficientes de vigilância epidemiológica, pois evidências presentes em estudos científicos sinalizam que as epidemias, mesmo que causadas pelo mesmo agente infeccioso, não se comportam de maneira homogênea dentro de um território tão amplo quanto o brasileiro, o que sublinha a relevância da adoção de medidas específicas pelos entes locais para controle da contaminação, sustentadas em bases científicas pelos seus respectivos órgãos sanitários, sob pena de serem fadadas ao insucesso as ações isoladas do governo federal no combate à pandemia, especialmente no caso da COVID-19.[27]

Tais premissas conduzem à conclusão que o êxito ou o insucesso na consecução das políticas de saúde, assim como das demais políticas sociais dentro do sistema federativo de distribuição das competências, passa necessariamente pela eficiência dos arranjos intergovernamentais, no sentido de produzirem convergências em torno daqueles objetivos e viabilizarem os mecanismos de atuação, sobretudo no intuito de garantir autonomia e financiamento aos entes subnacionais, aspectos fundamentais para a eficiência da atuação estatal, uma vez que a

---

[26] LEBRÃO, Roberto Mercado. *Federalismo e políticas públicas sociais na Constituição de 1988.* 2010. 163f. Dissertação (Mestrado em Direito Econômico e Financeiro) – Faculdade de Direito, Universidade de São Paulo, São Paulo, 2010. p. 99. Disponível em: https://www.teses.usp.br/teses/disponiveis/2/2133/tde-14092011-090653/publico/Roberto_Lebrao_diagramacao.pdf. Acesso em 20 jul. 2020.

[27] BRASIL. Ministério da Saúde. Fundação Oswaldo Cruz. Escola Nacional de Saúde Pública Sérgio Arouca. *O planejamento regional é estratégico no enfrentamento da pandemia da Covid19.* São Paulo, SP: ENSP, 2020.

observância da divisão de competências legislativas e administrativas no âmbito dos Estados federados consiste não apenas num elemento constitutivo da própria definição de federalismo, mas também um fator decisivo quando se leva em consideração o desenvolvimento de políticas públicas sociais.[28]

4 A autonomia dos Estados-membros e a efetividade das medidas de proteção à saúde em face da COVID-19

4.1 Pandemia e exacerbação das divergências interfederativas

Conforme delineado anteriormente, o federalismo de cooperação preconizado pela Constituição de 1988 pressupõe como condição de possibilidade a existência de um espaço de diálogo e deliberação entre as diferentes esferas de governo para que haja a adoção de ações conjuntas, cabendo precipuamente à União exercer um papel de coordenação e articulação nessa dinâmica de atuação interinstitucional, de modo a fixar padrões qualitativos e conferir uniformidade às políticas e aos serviços públicos, sem prejuízo da autonomia dos entes subnacionais em adotarem medidas adicionais dentro de suas respectivas esferas de atuação, levando-se em conta o critério da predominância do interesse.

No entanto, a resiliência e a eficácia desse modelo vêm sendo permanentemente colocadas à prova no contexto brasileiro em função das peculiaridades da dinâmica político-institucional que vem sendo construída no pós-1988, marcada por dificuldades no estabelecimento de um espaço de diálogo equânime entre as diferentes esferas governamentais, somado a uma forte tendência centralizadora presente na atuação da União,[29] o que se intensificou justamente no delicado momento de calamidade sanitária desencadeada pela pandemia do novo coronavírus.

No tocante aos impactos da COVID-19 no Brasil, materializou-se o reconhecimento da emergência sanitária causada por este por meio

---

[28] PALLOTI, Pedro Lucas de. *Coordenação federativa e a "armadilha da decisão conjunta"*: as comissões de articulação intergovernamental das políticas sociais no Brasil. 2012. 151 f. Dissertação (Mestrado em Ciência Política) – Faculdade de Filosofia e Ciências Humanas, Universidade Federal de Minas Gerais, Belo Horizonte, 2012. p. 27. Disponível em: https://repositorio.ufmg.br/bitstream/1843/BUOS-8XVNRU/1/final_disserta__o_mestrado_pedro_lucas_de_moura_palotti___04.pdf. Acesso em 8 ago. 2020.

[29] ARRETCHE, Marta T. S. *Democracia, federalismo e centralização no Brasil*. Rio de Janeiro: Editora FGV; Editora Fiocruz, 2012. p. 17.

da Lei nº 13.979, de 06 de fevereiro de 2020, a qual contemplou uma série de medidas destinadas ao enfrentamento da doença, em âmbito nacional, a serem adotadas pelas autoridades sanitárias no âmbito das suas respectivas competências.

Cumpre destacar no início do enfrentamento da enfermidade provocada pelo novo coronavírus – declarada pandemia global pela Organização Mundial de Saúde (OMS) em 11 de março de 2020[30] – o papel relevante desempenhado pelo Ministério da Saúde, mediante a organização do sistema de vigilância epidemiológica sob a coordenação da Secretaria de Vigilância à Saúde e com a participação da Fundação Oswaldo Cruz. De outra banda, o Congresso Nacional aprovou créditos orçamentários adicionais para o enfrentamento da pandemia. Em março, vários governos estaduais adotaram estratégias de enfrentamento relativas ao distanciamento social, medidas econômicas, sociais e de fortalecimento do sistema de saúde, assim como alguns municípios de maior porte, o que traduziu naquele momento uma resposta considerada adequada ao problema emergente.[31]

Contudo, a agudização da crise sanitária foi acompanhada em igual medida de um descompasso no campo das relações político--institucionais entre as autoridades da Federação, como precisamente salientado por Lima, Pereira e Machado:

> As dificuldades de coordenação no âmbito do governo federal se acentuaram – entre áreas da política e entre a Presidência e o Ministério da Saúde – culminando em duas trocas do titular do Ministério da Saúde, com repercussões sobre a composição das equipes técnicas federais. Da mesma forma, foram intensificadas as diferenças de posições entre os governos federal, estaduais e municipais em torno das medidas de enfrentamento, bem como entre governos e grupos da sociedade (comunidade científica, movimentos sociais), o que dificultou a coordenação de esforços no enfrentamento da pandemia.[32]

---

[30] DUCHARME, Jamie. World Health Organization Declares COVID-19 a 'Pandemic.' Here's What That Means. *Time*, 11 mar. 2020. Disponível em: https://time.com/5791661/who-coronavirus-pandemic-declaration/. Acesso em 07 out. 2020.

[31] LIMA, Luciana Dias de; PEREIRA, Adelyne Maria Mendes; MACHADO, Cristiani Vieira. Crise, condicionantes e desafios de coordenação do Estado federativo brasileiro no contexto da COVID-19. *Cad. Saúde Pública*, Rio de Janeiro, v. 36, n. 7, e00185220, p. 3, jun. 2020. Disponível em: http://cadernos.ensp.fiocruz.br/csp/artigo/1126/crise-condicionantes-e-desafios-de-coordenacao-do-estado-federativo-brasileiro-no-contexto-da-covid-19. Acesso em 02 out. 2020.

[32] LIMA, Luciana Dias de; PEREIRA, Adelyne Maria Mendes; MACHADO, Cristiani Vieira. Crise, condicionantes e desafios de coordenação do Estado federativo brasileiro no contexto da COVID-19. *Cad. Saúde Pública*, Rio de Janeiro, v. 36, n. 7, e00185220, p. 3, jun.

Nesse sentido, a disseminação da doença no território nacional e a atuação errática e insuficiente do governo federal na coordenação de ações frente à crise sanitária crescente – simbolizada em larga medida por manifestações emanadas pelo próprio Presidente da República – impuseram aos Estados-membros e aos Municípios, no exercício de suas competências constitucionalmente asseguradas, a adoção em maior ou menor medida de providências de enfrentamento da doença, tendo como parâmetro as recomendações da OMS e as orientações técnicas e científicas das suas respectivas autoridades sanitárias, inspiradas, sobretudo, nas experiências de outros países que tiveram que enfrentar antes, a crise sanitária global causada pelo novo coronavírus, como restou precisamente assinalado por Pereira *et tal*:

> A inação do governo federal forçou os estados, que lidam diretamente com os problemas causados pela pandemia, a assumirem o papel de coordenadores nos seus territórios. Para esse fim, o principal instrumento acionado pelos governadores estaduais tem sido a normatização de políticas de distanciamento social, que orienta a gestão municipal. Neste contexto, parte-se do pressuposto de que o governo federal perdeu espaço tanto na definição da agenda, como na coordenação entre os entes federativos, forçando os governos estaduais a ocuparem estas funções em um momento de forte crise da saúde pública. Mais do que uma perda passiva de espaço, o posicionamento do governo federal sinaliza a decisão política de não assumir esta responsabilidade baseado em uma visão dualista e não cooperativa do federalismo.[33]

O confronto entre as concepções do Presidente da República e dos governantes subnacionais – especialmente os Governadores – no tocante às medidas adequadas ao eficaz enfrentamento da pandemia, resultaram em diversos episódios que sublinharam o antagonismo e a conflituosidade, materializados no seio da Federação em um nível inédito desde a redemocratização, conforme assinalado por Barros:

2020. Disponível em: http://cadernos.ensp.fiocruz.br/csp/artigo/1126/crise-condicionantes-e-desafios-de-coordenacao-do-estado-federativo-brasileiro-no-contexto-da-covid-19. Acesso em 02 out. 2020.

[33] LIMA, Luciana Dias de; PEREIRA, Adelyne Maria Mendes; MACHADO, Cristiani Vieira. Crise, condicionantes e desafios de coordenação do Estado federativo brasileiro no contexto da COVID-19. *Cad. Saúde Pública*, Rio de Janeiro, v. 36, n. 7, e00185220, p. 683, jun. 2020. Disponível em: http://cadernos.ensp.fiocruz.br/csp/artigo/1126/crise-condicionantes-e-desafios-de-coordenacao-do-estado-federativo-brasileiro-no-contexto-da-covid-19. Acesso em 02 out. 2020.

Por um lado, estados determinavam o fechamento dos comércios e limitavam a circulação de pessoas. Por outro, o presidente apoiava a volta das atividades a todo custo, afirmando que "a economia não podia parar" (veiculada no próprio site oficial do governo, Gov.br, 2020). (...) Neste cenário, torna-se evidente um conflito ímpar na história política brasileira. O presidente da República exigia uma abertura total dos setores sob o falso argumento de "salvar a economia", mesmo que à custa de vidas humanas. Enquanto os governadores, bem mais próximos à população que os elegeram e buscando seguir as recomendações científicas, emitiam decretos que interrompiam as atividades comerciais para evitar uma sobrecarga do Sistema Único de Saúde (SUS).[34]

Outrossim, à medida que se expandiam as providências de combate à pandemia no âmbito dos entes subnacionais, diante da ausência de coordenação efetiva pelo governo central das estratégias de enfrentamento à doença, promoveu-se o acirramento das tensões político-institucionais, posto que "a ação dos estados aumentou o tom de confronto no discurso do presidente, que disse: *tem certos governadores que estão tomando medidas extremas, que não competem a eles*, como fechar aeroportos, rodovias, shoppings e feiras. E segue provocativamente numa entrevista coletiva: '*Tem um governo de Estado que só faltou declarar independência*'. Como reação, os governadores criticaram fortemente a postura centralizadora e sem diálogo do governo federal em documentos assinados quase unanimemente".[35]

No plano normativo, a escalada da descoordenação e da divergência interfederativa culminou na edição, pelo Presidente da República, da medida provisória nº 926, de 20 de março de 2020, a qual alterou dispositivos da Lei nº 13.979/2020 – responsável por disciplinar medidas para o enfrentamento da emergência de saúde pública causada pelo novo coronavírus – em um claro movimento de reduzir a autonomia de Estados-membros e Municípios na fixação de medidas de polícia sanitária no combate à pandemia, tais como isolamento social, quarentena, restrições à circulação e ao funcionamento de atividades e serviços, mediante a centralização, pela União, da possibilidade de dispor acerca da adoção de tais medidas, inclusive no tocante à definição de serviços considerados essenciais.

---

[34] BARROS, Felipe Amário Silva. A forma constitucional em tempos de crise humanitária: a postura dos agentes públicos diante da pandemia do COVID-19 no Brasil. *Revista Caderno Virtual*, Brasília, v. 2, n. 47, p. 20, 2020. p. 8 e 11.

[35] ABRUCIO, Luiz Fernando et al. Combate à COVID-19 sob o Federalismo Bolsonarista: um caso de descoordenação intergovernamental. *Revista de Administração Pública/FGV/EBAPE*, Rio de Janeiro 54(4), p. 663-677, jul./ago. 2020. p. 671, grifo do autor.

Tal antagonismo interinstitucional resultou num intenso movimento de judicialização das relações entre os entes federados, protagonizado principalmente pela União e pelos Estados-membros, tendo como cerne fundamental o alcance da autonomia constitucional destes na implementação de políticas de enfrentamento da COVID-19, controvérsias estas submetidas ao Pretório Excelso, em razão da sua função de Tribunal da Federação, e que serão analisadas com mais vagar no tópico seguinte do presente trabalho.

4.2 A competência para a implementação de políticas de combate à COVID-19 e a abordagem do tema no âmbito do Supremo Tribunal Federal

4.2.1 O STF enquanto árbitro das disputas na Federação

No caso do sistema constitucional brasileiro, outorgou-se ao STF, enquanto guardião da Constituição, a função de mediar a solução dos conflitos entre a União e os Estados, a União e o Distrito federal, ou entre uns e outros, inclusive suas entidades da administração indireta, conforme dicção expressa do art. 102, inciso I, alínea 'f' do diploma constitucional, dispositivo que pela sua amplitude abrange quaisquer procedimentos judiciais, afirmando-se, nesse comando da Constituição, o evidente papel de Tribunal da Federação exercido pela Corte.[36]

Importante sublinhar que as possibilidades de atuação do STF, no sentido de promover a regulação das disputas federativas, não se exaurem no referido dispositivo supramencionado, como destacado por Anselmo:

> A Constituição reservou ao Supremo Tribunal Federal o controle da autonomia do Estado-membro. Assim, o artigo 102, da Constituição Federal, define a competência do Supremo: (a) para o julgamento das ações diretas de inconstitucionalidade de lei ou ato normativo federal ou estadual (inciso I, letra 'a', primeira parte); (b) as ações declaratórias de constitucionalidade de lei ou ato normativo federal (inciso I, letra 'a', parte final), pois é possível a verificação da constitucionalidade de uma lei, por exemplo, que tenha tratado de determinada matéria de competência dos Estados-membros; (c) as causas e os conflitos entre a União e os Estados, a União e o Distrito Federal, ou entre uns e outros,

---

[36] MENDES, Gilmar Ferreira; BRANCO, Paulo Gustavo Gonet. *Curso de direito constitucional*. São Paulo: Saraiva, 2017.

inclusive as respectivas entidades da administração indireta; e, (d) a competência recursal mediante recurso extraordinário, pois esse pode ser veículo para análise de questões ligadas à forma federal.[37]

Tal atuação, portanto, revela-se decisiva para a manutenção do equilíbrio entre os atores da Federação e, consequentemente, traz impactos sobre a capacidade institucional do sistema federativo de implementar as ações estatais, especialmente as políticas sociais, segundo a observação precisa de Soares:

> (...) essa atuação pode afetar decisivamente a relação entre os federalismos e as políticas públicas de diversas formas. Em primeiro lugar, ao processar conflitos de competência envolvendo quaisquer esferas de poder ou níveis de governo – Executivo e Legislativo nacionais, o Executivo e o Legislativo de instâncias subnacionais, a União e os entes subnacionais ou litígios entre os entes subnacionais –, a suprema corte consolida nacionalmente uma determinada interpretação sobre os limites da própria centralização jurisdicional ou dos graus de autonomia dos governos subnacionais para decidir sobre suas próprias políticas públicas. Em segundo lugar, numa federação, a suprema corte de justiça pode atuar como instância máxima de decisão judicial, subordinando os tribunais inferiores às suas decisões, de modo a produzir um tratamento jurídico homogêneo entre governos subnacionais em questões pertinentes à diversidade de procedimentos sobre temas como tributação ou modos de desempenhar funções governamentais. Em terceiro lugar, ao decidir sobre o direito do cidadão e sobre as correspondentes obrigações do Estado, mesmo sob um pleito particular, as supremas cortes terminam por afirmar normas ou direitos a serem cumpridos em caráter nacional.[38]

Desse modo, para o exercício da missão institucional de manutenção do equilíbrio dinâmico entre a unidade e a diversidade, decorrentes da coexistência de múltiplas ordenações no âmbito do Estado Federal, de modo a promover a pacificação dos conflitos que eventualmente possam surgir no exercício das competências pelos entes federativos, revela-se central a atuação do STF, a partir da sua atividade de interpretação e aplicação das normas que integram o ordenamento

---

[37] ANSELMO, José Roberto. *O papel do Supremo Tribunal Federal na concretização do federalismo brasileiro*. 2006. 247 f. Tese (Doutorado) - Curso de Programa de Estudos Pós-Graduados em Direito, Direito, Pontifícia Universidade Católica de São Paulo, São Paulo, 2006. Disponível em: https://tede2.pucsp.br/handle/handle/7343. Acesso em: 02 ago. 2020. p. 144.

[38] SOARES, Márcia Miranda; MACHADO, José Angelo. *Federalismo e Políticas Públicas*. Brasília: Enap, 2018. p. 112.

jurídico-constitucional, tendo como escopo a materialização dos princípios imanentes à forma federativa do Estado brasileiro.

Diante de tais contingências, compete ao STF, no exercício da sua missão constitucional de árbitro dos litígios entre os atores da Federação, atuar para solucionar os conflitos capazes de romper a harmonia no convívio institucional, proporcionando, por meio da sua jurisdição, a solução necessária para a manutenção da integridade e do regular funcionamento do pacto federativo, no cumprimento do programa cuja concretização foi cometida ao Estado pelo texto constitucional, o que vai ao encontro dos objetivos presentes na atual Constituição da República, especialmente no que tange a conferir efetividade aos direitos fundamentais.

Com efeito, desde a promulgação da Constituição de 1988, a agenda do STF tem sido intensamente ocupada por uma variada gama de litígios entre a União e os entes subnacionais, bem como destes entre si, multiplicando-se tais disputas ao longo da trajetória de vigência do atual diploma constitucional, caracterizando-se, ainda, uma escalada significativa da tensão institucional entre os membros da Federação, com o advento da calamidade sanitária decorrente da COVID-19.

Especialmente em razão dos conflitos federativos materializados durante a pandemia, houve o exercício da jurisdição pelo Pretório Excelso em alguns casos paradigmáticos que merecem destaque por terem definido o alcance da autonomia constitucional conferida aos entes subnacionais, para a implementação de políticas de enfrentamento da COVID-19.

4.2.2 Ação Direta de Inconstitucionalidade nº 6341

Ajuizada pelo Partido Democrático Trabalhista, a ADI nº 6341 teve como objeto a Medida Provisória nº 926, a qual modificou a Lei nº 13.979/2020, responsável por enumerar as providências para o combate à COVID-19. Alegou-se, no bojo da ação, que a referida Medida Provisória seria parcialmente incompatível com a Constituição por vícios formais – a matéria em questão não poderia ser veiculada em sede de Medida Provisória – bem como por incompatibilidades de natureza material – especialmente por permitir ao Poder Executivo Federal intervir sobre as políticas sanitárias dos entes subnacionais, uma vez que determinou a centralização na União da prerrogativa de determinar quarentenas, atividades essenciais e outras medidas emergenciais, o que violaria frontalmente a competência constitucional comum conferida a todos os entes federados para a adoção de medidas de vigilância sanitária e epidemiológica, conforme previsão dos arts. 23 e 24 da Constituição.

Ao apreciar o pedido de medida cautelar para suspender os efeitos da norma, a Corte, por maioria, afastou os argumentos quanto à inconstitucionalidade formal e, no tocante à alegada colisão entre a norma impugnada e os dispositivos constitucionais supracitados, a solução adotada foi a de conferir àquela intepretação conforme à Constituição, de modo que a prerrogativa do Presidente da República de dispor sobre serviços e atividades essenciais deve respeitar a autonomia dos entes subnacionais na adoção das medidas de vigilância sanitária e epidemiológica em cada esfera de governo e de acordo com a predominância do interesse (ADI/MC nº 6341).

À toda evidência, a decisão proferida buscou a um só tempo manter a deferência para com a atividade normativa do Poder Executivo e assegurar a autonomia dos entes federados no exercício de suas competências constitucionais, sobretudo na concretização dos direitos fundamentais à vida e à saúde, o que constitui o próprio cerne do Estado Federal.

4.2.3 Arguição de Descumprimento de Preceito Fundamental nº 672

Proposta pelo Conselho Federal da Ordem dos Advogados do Brasil (CFOAB), a ADPF nº 672 buscou sindicar a prática tanto de atos comissivos quanto omissivos praticados pelo Governo Federal na condução das medidas de enfrentamento do novo coronavírus, que contrariariam diversos preceitos fundamentais do diploma constitucional, como o direito à saúde, o direito à vida, a federação e a autonomia e a independência entre os Poderes.

Tais violações decorreriam de uma concreta atuação do Poder Público federal – especialmente do próprio Chefe do Executivo – contrária aos protocolos e medidas de vigilância epidemiológica reconhecidos por organismos internacionais e pelo próprio Ministério da Saúde como adequados no combate à pandemia e adotados amplamente por Estados-membros e Municípios, bem como em virtude de uma insuficiente proteção aos setores econômicos atingidos pelos efeitos da COVID-19 sobre a atividade econômica, pugnando-se, em sede de cautelar, (I) que o Presidente da República se abstivesse de praticar atos contrários às políticas de isolamento social adotadas pelos Estados e

Municípios; e (II) a implementação imediata de medidas econômicas de apoio aos setores mais atingidos pela crise.

Ao apreciar a cautelar, o Relator, Ministro Alexandre de Moraes, acolheu parcialmente a pretensão deduzida, ratificando a competência de Estados-membros e Municípios para a adoção nos seus respectivos territórios de medidas restritivas legalmente permitidas em razão da pandemia, tais como o isolamento social, a quarentena a suspensão e a restrição ao funcionamento de determinadas atividades, independentemente da superveniência de ato federal em sentido contrário, sendo a medida nesses termos referendada à unanimidade pela Corte.

Assim como no caso da medida cautelar concedida no bojo da ADI nº 6341, o eixo central da decisão proferida foi o respeito à cláusula constitucional intangível do Federalismo e a observância da distribuição de competências entre os entes que integram o Estado Federal, as quais, em matéria de proteção e defesa da saúde, possuem natureza comum, conforme disposto nos arts. 23 e 24 da Constituição, sendo defeso ao Governo Federal afastar unilateralmente as medidas adotadas pelos entes subnacionais em seus respectivos territórios e em conformidade com o critério da predominância do interesse.

Importante destacar a menção contida no referido precedente – sublinhada no voto proferido pelo ministro Gilmar Mendes no julgamento da medida cautelar em questão – ao dever de lealdade recíproca que deve permear as relações entre os membros da Federação, o qual se consubstancia no denominado princípio da lealdade federativa.

Sobre o princípio da lealdade federativa, mandamento fundamental para a organização do Estado e comando implícito no texto da Constituição de 1988, importa sublinhar que este tem sua gênese no direito alemão e foi amplamente incorporado pela doutrina e jurisprudência brasileiras, possuindo como vetor fundamental a diretriz de que, mesmo quando respeitadas todas as normas constitucionais que regulam as relações entre o ente central e os entes subnacionais, o sistema federativo só pode funcionar a contento se todos os seus integrantes agirem de acordo com um núcleo essencial de lealdade recíproca, o que importa, inclusive, na prestação de efetivo apoio em caso de necessidades prementes de quaisquer dos integrantes da Federação.[39]

---

[39] ZAGO, Mariana Augusta dos Santos. *Federalismo no Brasil e na Alemanha*: estudo comparativo da repartição de competências e de execução. 2016. 95 f. Tese (Doutorado em Direito) – Faculdade de Direito do Largo do São Francisco, Universidade de São Paulo, 2016. p. 510. Disponível em: https://teses.usp.br/teses/disponiveis/2/2134/tde-04102016-181431/publico/ZAGOFederalismonoBrasilenaAlemanha_versaoreduzida.pdf. Acesso em 29 jul. 2010.

Como projeção do referido princípio derivam algumas diretrizes fundamentais, dentre as quais importa sublinhar a existência de obrigações recíprocas que transcendem aquelas explicitadas no texto constitucional e a presença de limitações ao exercício pelos entes da federação das suas respectivas competências conferidas pela Constituição, tendo como baliza a lealdade e o respeito aos interesses concretos de uns para com os outros, no sentido de promover a unidade e a harmonia no âmbito da República federativa, o que se torna especialmente relevante na resolução de disputas envolvendo a delimitação das competências constitucionais no âmbito da Federação, como no precedente em questão.

4.2.4 Ação Cível Originária nº 3385

A referida Ação Cível foi resultado de uma disputa entre a União Federal e o Estado do Maranhão, ocasionada pela competição por equipamentos dramaticamente escassos em decorrência do cenário de calamidade sanitária global gerada pela COVID-19: ventiladores pulmonares para tratamento de doentes com quadro respiratório gravíssimo em unidades de terapia intensiva.

Insurgiu-se o Estado do Maranhão, no caso, contra ato emanado do Governo Federal, consistente na requisição administrativa de 68 ventiladores pulmonares que foram anteriormente adquiridos pela secretaria de saúde daquela unidade federativa e já se encontravam afetados à destinação pública consistente no aparelhamento de leitos de UTI do sistema estadual de saúde.

O fundamento da pretensão consistiu precisamente na autonomia constitucional outorgada aos integrantes da Federação para a adoção das medidas necessárias à proteção à vida e à saúde, no âmbito de suas respectivas esferas de competência, o que teria como consectário lógico a impossibilidade de assunção por mera requisição administrativa de outra unidade federada – mesmo a União – de bens e serviços afetados a finalidades institucionais do Estado-membro, sob pena de subversão do modelo federativo preconizado pela Constituição de 1988.

Ao apreciar o pedido de cautelar formulado pelo Estado do Maranhão, o Relator, Ministro Celso de Mello, concedeu provimento para desconstituir a requisição em face daqueles equipamentos adquiridos pelo ente subnacional, reconhecendo, portanto, a plausibilidade dos argumentos suscitados no bojo da ação, sublinhando especialmente nas razões da sua decisão a autonomia dos entes federados como pedra angular do pacto federativo galvanizado no diploma constitucional e da sua relevância no processo de concretização dos direitos e garantias fundamentais, sendo terminantemente vedadas pelo sistema constitucional quaisquer medidas tendentes à nulificar a referida autonomia, a qual restaria ameaçada pela eventual possibilidade da requisição, pela União, de bens e serviços vinculados à esfera institucional das demais unidades federadas, ressalvadas as hipóteses constitucionais expressas em que tal intervenção excepcional é permitida, como no caso do estado de sítio e do estado de defesa.

Os casos anteriormente destacados ilustram, de maneira bastante eloquente, em que medida o reconhecimento pelo Pretório Excelso da autonomia dos entes subnacionais – especialmente os Estados-membros – na promoção das políticas públicas de enfrentamento à pandemia da COVID-19, constituiu um fator relevante para a efetiva contenção da doença no país e seus efeitos deletérios sobre a sociedade, notadamente diante do reconhecimento da atuação do Governo Federal insuficiente e até mesmo contrária, em certa medida, aos protocolos sanitários reconhecidos como eficazes para diminuir a expansão do contágio no território nacional.

Contudo, não se pode deixar de reconhecer que mesmo diante da ampla adesão de Estados-membros e Municípios às medidas legais destinadas à redução do contágio pelo novo coronavírus no país – tais como a quarentena, o isolamento social, a suspensão e a restrição de certas atividades econômicas e sociais – o Brasil, em função dos dados sobre o comportamento da COVID-19 no território nacional, é considerado pela comunidade internacional um dos países menos eficientes no enfrentamento da pandemia.[40]

Isso decorreria em razão das políticas públicas sociais – especialmente as de saúde – no modelo de federalismo cooperativo, pressuporem a existência de uma relação harmônica de coordenação. Desse modo, a ausência de concertação na formulação das políticas e divisão dos recursos prejudica o alcance da sua implementação.[41]

Tal premissa conduz à conclusão que o êxito ou o insucesso na consecução das políticas sociais dentro do sistema federativo de

---

[40] WATSON, Katy. Coronavirus: Why politics means success or failure in South America. *BBC News*, São Paulo, 10 jul. 2020. Disponível em: https://www.bbc.com/news/world-latin-america-53361520. Acesso 02 out. 2020.

[41] FRANZESE, Cibele; ABRUCIO, Luiz Fernando. *A combinação entre federalismo e políticas públicas no Brasil pós-1988*: os resultados nas áreas de saúde, assistência social e educação. Reflexões para Ibero-América: avaliação de programas sociais. Brasília, DF: ENAP, 2009. p. 28.

distribuição das competências passa necessariamente pela eficiência dos arranjos intergovernamentais no sentido de produzirem convergências em torno daqueles objetivos e viabilizarem os mecanismos de atuação, sobretudo no sentido de garantir autonomia e financiamento aos entes subnacionais, aspectos fundamentais para a eficiência da atuação estatal, como observado por Palloti:

> No caso dos regimes federalistas, é inevitável a interdependência entre governos, em muitos casos resultando em arranjos de "governança" que são ineficazes ou levam a conflitos abertos entre os entes federativos. As disputas são as mais variadas, como sobre a jurisdição constitucional, temas envolvendo assuntos fiscais, o exercício do poder de aplicação das normas legais, controle de recursos naturais, políticas públicas afetando características culturais, linguísticas e religiosas, ações unilaterais de governos ou simplesmente choque entre personalidades. Dada a autonomia das unidades políticas, torna-se necessária a definição dos papéis assumidos por cada entidade governamental, bem como o estabelecimento dos mecanismos formais e informais de cooperação e de coordenação política.[42]

Outrossim, é possível constatar que a ausência no âmbito do Governo Federal de uma assertiva e eficiente estratégia de coordenação das iniciativas de enfrentamento da pandemia constituiu um fator limitante para a eficácia das políticas implementadas pelos entes subnacionais, levando-se em consideração a inescapável limitação das suas capacidades institucionais em comparação à União, conclusão auferida por Abruccio *et al*:

> Pode-se concluir, portanto que "a redução conjuntural do papel da União aumentou a descoordenação intergovernamental e a desigualdade entre estados e municípios. O conflito intergovernamental dificultou a tomada de decisões nacionais, como normas sobre isolamento social, distribuição de recursos e equipamentos médicos. Nessa situação, o Consórcio do Nordeste e estados como São Paulo e Maranhão tomaram decisões que geram competição horizontal e vertical por escassos insumos para o combate à COVID-19. Mesmo no que se refere a outras políticas, como a econômica e a educacional, não ocorreram articulações federativas

---

[42] PALLOTI, Pedro Lucas de. *Coordenação federativa e a "armadilha da decisão conjunta"*: as comissões de articulação intergovernamental das políticas sociais no Brasil. 2012. 151 f. Dissertação (Mestrado em Ciência Política) – Faculdade de Filosofia e Ciências Humanas, Universidade Federal de Minas Gerais, Belo Horizonte, 2012. p. 33. Disponível em: https://repositorio.ufmg.br/bitstream/1843/BUOS-8XVNRU/1/final_disserta__o_mestrado_pedro_lucas_de_moura_palotti___04.pdf. Acesso em 8 ago. 2020.

para atuar contra a pandemia. O confronto e a descoordenação intergovernamentais, provocados pela falta de liderança da União, geraram desperdício de recursos, sobreposição de ações, redução dos ganhos de escala oriundos da coordenação federativa e prejuízos à garantia dos direitos sociais construída ao longo dos anos. O fato é que esse desarranjo federativo foi uma das principais causas para os péssimos resultados alcançados em relação ao número de doentes e de mortos. São dados que colocam o país numa posição desconfortável no cenário internacional.[43]

Parece adequado, portanto, à realidade político-institucional brasileira, levar em conta a advertência formulada por Harari, segundo a qual "o verdadeiro antídoto para epidemias não é a segregação, mas a cooperação",[44] o que evidentemente não se verificou no caso da experiência institucional das autoridades governamentais pátrias na gestão da pandemia, o que explica em grande medida o elevado número de mortes no país e a manutenção de uma elevada curva de contaminação, não obstante o esforço concentrado no plano subnacional para a redução da mortalidade e da curva de contágio.

5 Conclusões

Através do presente trabalho pudemos constatar em que medida a preservação da autonomia constitucional dos Estados-membros, decorrente da forma federativa de organização político-administrativa do Estado Brasileiro, constituiu um fator fundamental para o processo de implementação das políticas públicas de proteção à saúde diante da calamidade sanitária causada pela pandemia da COVID-19.

Foi à luz dessa autonomia que os entes subnacionais aderiram, de modo assertivo e antecipado, às providências de combate à pandemia, lastreadas nas recomendações e nos protocolos da ciência, mesmo diante da atuação tardia e errática do Governo Federal, o qual, em dado momento, agiu como verdadeiro fator de desestabilização das medidas de vigilância epidemiológica necessárias à contenção da expansão do vírus em território nacional.

---

[43] ABRUCIO, Luiz Fernando et al. Combate à COVID-19 sob o Federalismo Bolsonarista: um caso de descoordenação intergovernamental. *Revista de Administração Pública/FGV/EBAPE*, Rio de Janeiro 54(4), p. 663-677, jul./ago. 2020. p. 672.

[44] HARARI, Yuval Noah. In the Battle Against Coronavirus, Humanity Lacks Leadership. *Time*, 15 mar. 2020. Disponível em: https://time.com/5803225/yuval-noah-harari-coronavirus-humanity-leadership/. Acesso em 02 out. 2020.

Nesse sentido, a reafirmação, pelo STF, da autonomia das unidades federadas como consequência inafastável do pacto federativo e a relevância na atuação das mesmas para a defesa da vida e da saúde, diante do gravíssimo quadro de crise sanitária instalado no território brasileiro, materializada através de uma série de precedentes constituídos no calor dos antagonismos interfederativos surgidos durante a pandemia, sublinhou de modo bastante eloquente o papel central dos entes subnacionais para a concretização dos direitos fundamentais, através de políticas públicas responsivas e consequentes, formuladas e executadas no âmbito das suas respectivas dimensões de atuação.

Por outro lado, impende reconhecer que a atividade jurisdicional, ainda que imprescindível para a pacificação dos antagonismos capazes de romper o equilíbrio necessário ao desenvolvimento das tarefas constitucionalmente atribuídas ao Estado Brasileiro em suas diferentes esferas governamentais, não é capaz, por si só, de assegurar a eficácia dos arranjos político-institucionais necessários ao pleno desenvolvimento das políticas públicas destinadas à concretização dos referidos direitos.

Com efeito, para a consecução de tal desiderato, revela-se imprescindível um funcionamento efetivo dos instrumentos de pactuação democrática e da plena assunção por todos os atores políticos dos seus deveres e responsabilidades na gestão do interesse público, o que pôde ser constatado diante do reduzido alcance da eficiência brasileira na redução da contaminação pelo novo coronavírus, em grande medida em função da ausência de uma coordenação nacional no âmbito do Governo Federal capaz de promover a necessária concertação de esforços destinados à proteção dos direitos ameaçados pela expansão da doença.

Portanto, neste tema – mas não apenas em relação a ele – permanece como tarefa imprescindível enfrentar o desafio de consolidar um autêntico federalismo de cooperação, pois diante de um inimigo invisível e impiedoso, que ignora fronteiras territoriais, posicionamentos políticos ou convicções ideológicas, torna-se literalmente uma questão de vida ou morte o desafio dos atores políticos de todas as esferas de governo em concretizar a promessa constitucional de um pacto federativo sólido o suficiente para assegurar a proteção à saúde e à vida do povo brasileiro, neste que provavelmente seja o momento mais desafiador de toda a sua história.

Referências

ABRUCIO, Luiz Fernando *et al*. Combate à COVID-19 sob o Federalismo Bolsonarista: um caso de descoordenação intergovernamental. *Revista de Administração Pública/FGV/ EBAPE*, Rio de Janeiro 54(4), p. 663-677, jul./ago. 2020.

ANSELMO, José Roberto. *O papel do Supremo Tribunal Federal na concretização do federalismo brasileiro*. 2006. 247 f. Tese (Doutorado) - Curso de Programa de Estudos Pós-Graduados em Direito, Direito, Pontifícia Universidade Católica de São Paulo, São Paulo, 2006. Disponível em: https://tede2.pucsp.br/handle/handle/7343. Acesso em: 02 ago. 2020.

ARRETCHE, Marta T. S. *Democracia, federalismo e centralização no Brasil*. Rio de Janeiro: Editora FGV; Editora Fiocruz, 2012.

BARACHO, José Alfredo de Oliveira. *Revista de Informação Legislativa*, Brasília, v. 23, n. 90, p. 5-34, abr./jun. 1986.

BARACHO, José Alfredo de Oliveira. Princípio da subsidiariedade: conceito e revolução. *Revista de Direito Administrativo*, Rio de Janeiro: v. 200, p. 21-54, abr./jun. 1995.

BARCELLOS, Ana Paula de. *Curso de direito constitucional*. 2. ed. Rio de Janeiro: Forense, 2019.

BARROS, Felipe Amário Silva. A forma constitucional em tempos de crise humanitária: a postura dos agentes públicos diante da pandemia do COVID-19 no Brasil. *Revista Caderno Virtual*, Brasília, v. 2, n. 47, p. 20, 2020.

BONAVIDES, Paulo. *Curso de direito constitucional*. 34. ed. São Paulo: Malheiros, 2019.

BRASIL. Constituição (1988). *Constituição da República Federativa do Brasil*. Brasília, DF: Presidência da República, 2019.

BRASIL. Constituição (1988). *Constituição da República Federativa do Brasil*. Brasília, DF: Presidência da República, 2019.

BRASIL. Ministério da Saúde. Fundação Oswaldo Cruz. Escola Nacional de Saúde Pública Sergio Arouca. *O planejamento regional é estratégico no enfrentamento da pandemia da Covid19*. São Paulo, SP: ENSP, 2020.

CANOTILHO, José Joaquim Gomes *et al*. *Comentários à Constituição do Brasil*. 2. ed. São Paulo: Saraiva Educação, 2018.

DOURADO, Daniel de Araújo; DALLARI, Sueli Gandolfi; ELIAS, Paulo Eduardo Mangeon. Federalismo sanitário brasileiro: perspectiva da regionalização no Sistema Único de Saúde. *RDisan*, São Paulo. v. 12, n. 3, p. 10-34, nov. 2011, fev. 2012.

DUCHARME, Jamie. World Health Organization Declares COVID-19 a 'Pandemic.' Here's What That Means. *Time*, 11 mar. 2020. Disponível em: https://time.com/5791661/who-coronavirus-pandemic-declaration/. Acesso em 07 out. 2020.

FONTE, Felipe de Melo. *Políticas públicas e direitos fundamentais*. 2. ed. São Paulo: Saraiva, 2015.

FRANZESE, Cibele; ABRUCIO, Luiz Fernando. *A combinação entre federalismo e políticas públicas no Brasil pós-1988*: os resultados nas áreas de saúde, assistência social e educação. Reflexões para Ibero-América: avaliação de programas sociais. Brasília, DF: ENAP, 2009.

GONÇALVES, Cláudia Maria da Costa. *Direitos fundamentais sociais*: releitura de uma Constituição dirigente. Curitiba: Juruá, 2006.

HANS, Kelsen. *Teoria geral do direito e do Estado*. São Paulo: Martins Fontes, 2000.

HARARI, Yuval Noah. In the Battle Against Coronavirus, Humanity Lacks Leadership. *Time*, 15 mar. 2020. Disponível em: https://time.com/5803225/yuval-noah-harari-coronavirus-humanity-leadership/. Acesso em 02 out. 2020.

HORTA, Raul Machado. *Direito constitucional*. 3. ed. Belo Horizonte: Del Rey, 2002.

JAMES, Madison; HAMILTON, Alexander; JAY, John. *Os artigos federalistas*: 1787-1788. (Trad. Maria Luísa X. de A. Borges). Rio de Janeiro: Nova Fronteira, 1993.

LEBRÃO, Roberto Mercado. *Federalismo e políticas públicas sociais na Constituição de 1988*. 2010. 163f. Dissertação (Mestrado em Direito Econômico e Financeiro) – Faculdade de Direito, Universidade de São Paulo, São Paulo, 2010. Disponível em: https://www.teses.usp.br/teses/disponiveis/2/2133/tde-14092011-090653/publico/Roberto_Lebrao_diagramacao.pdf. Acesso em 20 jul. 2020.

LIMA, Luciana Dias de; PEREIRA, Adelyne Maria Mendes; MACHADO, Cristiani Vieira. Crise, condicionantes e desafios de coordenação do Estado federativo brasileiro no contexto da COVID-19. *Cad. Saúde Pública*, Rio de Janeiro, v. 36, n. 7, e00185220, p. 3, jun. 2020. Disponível em: http://cadernos.ensp.fiocruz.br/csp/artigo/1126/crise-condicionantes-e-desafios-de-coordenacao-do-estado-federativo-brasileiro-no-contexto-da-covid-19. Acesso em 02 out. 2020.

MENDES, Gilmar Ferreira; BRANCO, Paulo Gustavo Gonet. *Curso de direito constitucional*. São Paulo: Saraiva, 2017.

PALLOTI, Pedro Lucas de. *Coordenação federativa e a "armadilha da decisão conjunta"*: as comissões de articulação intergovernamental das políticas sociais no Brasil. 2012. 151 f. Dissertação (Mestrado em Ciência Política) – Faculdade de Filosofia e Ciências Humanas, Universidade Federal de Minas Gerais, Belo Horizonte, 2012. Disponível em: https://repositorio.ufmg.br/bitstream/1843/BUOS-8XVNRU/1/final_disserta__o_mestrado_pedro_lucas_de_moura_palotti___04.pdf. Acesso em 8 ago. 2020.

QUINTILIANO, Leonardo Davi. *Autonomia federativa*: delimitação no direito constitucional brasileiro. 2012. 321 f. Tese (Doutorado em Direito do Estado) – Faculdade de Direito do Largo do São Francisco, Universidade de São Paulo, São Paulo, 2012. Disponível em: https://teses.usp.br/teses/disponiveis/2/2134/tde-26082013-162030/publico/TESE_LEONARDO_DAVID_QUINTILIANO_CORRIGIDA.pdf. Acesso em 25 ago. 2020.

REVERBEL, Carlos Eduardo Dieder. *O federalismo numa visão tridimensional do direito*. Porto Alegre: Livraria do Advogado Editora, 2012.

SARLET, Ingo Wolfgang. *A eficácia dos direitos fundamentais*: uma teoria geral dos direitos fundamentais na perspectiva constitucional. 12. ed. Porto Alegre: Livraria do Advogado Editora, 2015.

SARLET, Ingo Wolfgang; MITIDIERO, Daniel; MARINONI, Luiz Guilherme. *Curso de direito constitucional*. São Paulo: Saraiva Educação, 2020.

SOARES, Márcia Miranda; MACHADO, José Angelo. *Federalismo e Políticas Públicas*. Brasília: Enap, 2018.

TAVARES, André Ramos. *Curso de direito constitucional*. São Paulo: Saraiva, 2017.

TOCQUEVILLE, Alexis de. *A democracia na América*. (Trad. Julia da Rosa Simões). São Paulo: Edipro, 2019.

WATSON, Katy. Coronavirus: Why politics means success or failure in South America. *BBC News*, São Paulo, 10 jul. 2020. Disponível em: https://www.bbc.com/news/world-latin-america-53361520. Acesso 02 out. 2020.

ZAGO, Mariana Augusta dos Santos. *Federalismo no Brasil e na Alemanha*: estudo comparativo da repartição de competências e de execução. 2016. 95 f. Tese (Doutorado em Direito) – Faculdade de Direito do Largo do São Francisco, Universidade de São Paulo, 2016. Disponível em: https://teses.usp.br/teses/disponiveis/2/2134/tde-04102016-181431/publico/ZAGOFederalismonoBrasilenaAlemanha_versaoreduzida.pdf. Acesso em 29 jul. 2010.

Informação bibliográfica deste texto, conforme a NBR 6023:2018 da Associação Brasileira de Normas Técnicas (ABNT):

ROCHA, Rodrigo Maia. Federalismo em tempos de pandemia: a reafirmação da autonomia dos estados-membros enquanto condição de eficácia das medidas de proteção à saúde. *In*: PAULA, Rodrigo Francisco de (Coord.). *A experiência dos Estados no enfrentamento da pandemia da COVID-19*. Belo Horizonte: Fórum, 2021. p. 275-305. ISBN 978-65-5518-147-0.

O PAPEL DA NOVA ADVOCACIA PÚBLICA PREVENTIVA NO COMBATE À PANDEMIA DA COVID-19: A EXPERIÊNCIA DO ESTADO DE MINAS GERAIS

SÉRGIO PESSOA DE PAULA CASTRO

MARINA ARAÚJO TEIXEIRA

1 Introdução

O Estado de Minas Gerais atingiu a marca de 8.061 óbitos pela COVID-19 e 321.140 casos confirmados da doença em 10 de outubro de 2020.[1] Um dia depois, quando os índices nacionais ultrapassaram a marca de 150 mil óbitos, o jornal O Estado de S. Paulo[2] divulgou estudo em que Minas figura como o estado brasileiro com a menor taxa de mortalidade pela doença, em uma proporção de 381 mortes por milhão de habitantes. Os números, insuficientes para traduzir o desconsolo pelas

---

[1] MINAS GERAIS. Secretaria de Estado de Saúde. Centro de Operações de Emergência em Saúde Pública – COES MINAS COVID-19. *Boletim Epidemiológico – COVID-19, doença causada pelo coronavírus – 19*. Belo Horizonte, 10 out. 2020. Disponível em: https://www.saude.mg.gov.br/images/Boletim_Epidemiologico_Finais_de_Semana_10.10.2020_COVID-19.pdf. Acesso em 11 out. 2020.

[2] RESK, Felipe. Em 7 meses, Brasil registra 150 mil mortes por COVID-19. *O Estado de S. Paulo*. São Paulo, 11 out. 2020. Primeira Página. Disponível em: https://digital.estadao.com.br/o-estado-de-s-paulo/20201011/textview. Acesso em 11 out. 2020.

vidas perdidas e o sofrimento de uma população ainda impactada por episódios recentes de desastres – dentre os quais citamos, por sua grande repercussão humana, ambiental, social e econômica, o rompimento das barragens em Mariana e Brumadinho e as chuvas torrenciais do primeiro trimestre de 2020 – demonstram, ao menos, um maior grau de conscientização dos indivíduos e a efetividade das políticas públicas de enfrentamento à situação de emergência em saúde pública causada pela disseminação do SARS-CoV-2. Esses fatores contribuíram para que o Estado lograsse, nas palavras de Secretário de Estado de Saúde, Carlos Eduardo Amaral, "evitar uma explosão de casos".[3]

A Administração Pública estadual foi convocada a oferecer respostas imediatas para prevenção e combate ao novo coronavírus. Enquanto responsável pela gestão do SUS, juntamente com os municípios, é seu dever atuar na prestação de serviços de saúde à população mineira, de modo a evitar a sobrecarga do sistema público, concentrando recursos orçamentários para atendimento das demandas emergenciais.

Inserida na estrutura da Administração Estadual, a Advocacia-Geral do Estado também se vê no dever de, no âmbito da sua competência, participar das medidas de enfrentamento à situação de calamidade. Com tal premissa em mente, este trabalho pretende explicitar como tal atuação vem ocorrendo e como as recentes modificações na estrutura do órgão vêm contribuindo para o atingimento daquele objetivo. Antes, porém, é necessário prosseguir nessa contextualização.

A Secretaria de Estado de Saúde de Minas Gerais[4] assumiu a coordenação das ações de enfrentamento ao estado de calamidade pública decorrente da COVID-19, instituindo o Centro de Operações de Emergência em Saúde (COES-MINAS), já em 29 de janeiro de 2020, ou seja, quase um mês antes do primeiro caso de contaminação ser confirmado no Brasil, o que se deu em 26 de fevereiro de 2020. A Secretaria investiu em uma série de medidas com a finalidade de monitorar a evolução do quadro pandêmico no Estado, orientar a adoção de respostas

---

[3] AUGUSTO, Leonardo. Coronavírus: Minas tem menor taxa de mortos por milhão do País. *Uol – Portal de Notícias*, Estadão Conteúdo. Belo Horizonte, 11 out. 2020. Cotidiano. Disponível em: https://noticias.uol.com.br/ultimas-noticias/agencia-estado/2020/10/11/coronavirus-minas-tem-menor-taxa-de-mortos-por-milhao-do-pais.htm. Acesso em 11 out. 2020.

[4] Agradeço à colaboração prestada pelo Gabinete da Secretaria de Estado de Saúde de Minas Gerais no levantamento das ações realizadas pela Pasta, em especial nas pessoas do Secretário de Estado de Saúde, Carlos Eduardo Amaral, do Secretário de Estado Adjunto de Saúde, Marcelo Cabral, do Chefe de Gabinete, João Márcio de Pinho, e da Assessora do Gabinete, Camila Marques D'Assumpção.

regionalizadas e os processos decisórios dos gestores, dentre os quais citamos o Plano de Contingência Estadual, os Planos de Contingência Operativo das Macrorregiões de Saúde, a Sala de Situação – Projeção de Casos em Minas Gerais, o Plano de Contingência de Óbito, o Programa Minas Consciente, o Escritório de Gestão de Leitos, os Comitês Macrorregionais COVID-19 – CMacro COVID-19 – e o aplicativo Saúde Digital – COVID-19.

O Plano de Contingência Estadual prevê a inserção do Executivo mineiro em dois eixos: assistência à saúde e vigilância em saúde. O primeiro prevê ações relacionadas aos serviços de atenção primária e secundária à saúde, assistência farmacêutica e cadastramento, habilitação e credenciamento de leitos e que, portanto, promovem o atendimento direto às demandas da população. Já o segundo eixo envolve medidas de prevenção, monitoramento e controle do avanço da pandemia, por meio da cooperação entre a Subsecretaria de Vigilância em Saúde, a Fundação Hospitalar do Estado de Minas Gerais (FHEMIG) e a Fundação Ezequiel Dias (FUNED), bem como a inserção de medidas divididas em cinco subeixos: laboratórios, vigilância sanitária, Centro de Informações Estratégicas em Vigilância em Saúde (CIEVS) Minas, vigilância epidemiológica e vigilância de óbitos.

No contexto pandêmico, o Estado é também desafiado a enfrentar os efeitos negativos da implementação do isolamento social sobre a economia, que geram elevado risco arrecadatório e fiscal.[5] Nesse sentido, a declaração do estado de calamidade pública no território estadual – nos termos do Decreto Estadual nº 47.891, de 20 de março de 2020, e conforme reconhecido pela Assembleia Legislativa de Minas Gerais através da Resolução nº 5.529, de 25 de março de 2020 – foi medida necessária para fazer frente ao comprometimento da capacidade de resposta do Poder Público[6] decorrente dos impactos socioeconômicos e financeiros da situação sanitária excepcional.

---

[5] Para uma análise mais profunda dos reflexos econômico-financeiros da mobilização dos esforços estatais para contenção da pandemia da COVID-19 em Minas Gerais, cf. RODARTE, Ana Paula Muggler; MATTOS, Liana Portilho. Advocacia pública na viabilização das políticas públicas emergenciais: a atuação da AGE/MG. In: MENDONÇA, André Luiz de Almeida et al. O novo papel da advocacia pública consultiva no século XXI. (Orgs.). 1. ed. Belo Horizonte, São Paulo: D'Plácido, 2020. p. 57-80.

[6] Tal circunstância é trazida como núcleo central do conceito de calamidade pública pelo art. 2º, IV, do Decreto Federal nº 7.257, de 4 de agosto de 2010. O normativo que regulamenta o Sistema Nacional de Defesa Civil – SINDEC – informa que o estado de calamidade pública é a "situação anormal, provocada por desastres, causando danos e prejuízos que impliquem o comprometimento substancial da capacidade de resposta do poder público do ente atingido".

No cenário exposto, a advocacia pública, disciplinada pelos arts. 131 e 132 da Constituição da República Federativa do Brasil (CRFB/1988),[7] exerce papel fundamental para a viabilização das políticas públicas emergenciais em saúde efetivadas pelos órgãos e entidades da Administração Pública. Sua atuação se dá tanto pelos êxitos em ações judiciais e procedimentos extrajudiciais de que o Estado seja parte, do que decorre a entrada de recursos nos cofres públicos e a salvaguarda dos legítimos interesses estatais, quanto pela garantia da segurança jurídica e da legalidade de projetos a serem implementados pelos gestores, de modo preventivo e proativo. Isso porque, sendo competente para representar judicial e extrajudicialmente o Estado e prestar consultoria e assessoramento jurídicos ao Poder Executivo, a instituição exerce não uma defesa do Governo e suas posições político-ideológicas, mas, antes, o que Diogo de Figueiredo Moreira Neto consagrou como Advocacia do Estado, no sentido de ser responsável pela "advocacia dos interesses públicos constitucionalmente acometidos à Administração do Estado".[8]

Em âmbito estadual, a Advocacia-Geral do Estado de Minas Gerais (AGE/MG), criada pela Emenda Constitucional nº 56, de 11 de julho de 2003, que deu nova redação ao artigo 128 da Constituição do Estado de Minas Gerais[9] (CEMG/1989), compõe o quadro nacional da

---

[7] "Art. 131. A Advocacia-Geral da União é a instituição que, diretamente ou através de órgão vinculado, representa a União, judicial e extrajudicialmente, cabendo-lhe, nos termos da lei complementar que dispuser sobre sua organização e funcionamento, as atividades de consultoria e assessoramento jurídico do Poder Executivo".
§1º – A Advocacia-Geral da União tem por chefe o Advogado-Geral da União, de livre nomeação pelo Presidente da República dentre cidadãos maiores de trinta e cinco anos, de notável saber jurídico e reputação ilibada.
§2º – O ingresso nas classes iniciais das carreiras da instituição de que trata este artigo far-se-á mediante concurso público de provas e títulos.
§3º – Na execução da dívida ativa de natureza tributária, a representação da União cabe à Procuradoria-Geral da Fazenda Nacional, observado o disposto em lei.
Art. 132. Os Procuradores dos Estados e do Distrito Federal, organizados em carreira, na qual o ingresso dependerá de concurso público de provas e títulos, com a participação da Ordem dos Advogados do Brasil em todas as suas fases, exercerão a representação judicial e a consultoria jurídica das respectivas unidades federadas".

[8] MOREIRA NETO, Diogo de Figueiredo. A Advocacia do Estado revisitada: essencialidade ao Estado Democrático de Direito. In: *Advocacia do Estado*: questões institucionais para a construção de um Estado de Justiça – Estudos em homenagem a Diogo de Figueiredo Moreira Neto e José Antônio Dias Toffoli. 1. ed. Belo Horizonte: Editora Fórum, 2009. p. 26.

[9] "Art. 128 – A Advocacia-Geral do Estado, subordinada ao Governador do Estado, representa o Estado judicial e extrajudicialmente, cabendo-lhe, nos termos da lei complementar que sobre ela dispuser, as atividades de consultoria e assessoramento jurídicos do Poder Executivo.
§1º – A Advocacia-Geral do Estado será chefiada pelo Advogado-Geral do Estado, nomeado pelo Governador entre Procuradores do Estado, integrantes da carreira da Advocacia Pública do Estado, estáveis e maiores de trinta e cinco anos.

advocacia pública. Desempenha, portanto, função essencial à Justiça, em seus sentidos institucional e axiológico.[10] O primeiro indica que a advocacia pública é instituição legitimada para provocar a atividade jurisdicional, enquanto o segundo demonstra sua posição de protagonismo na busca pelo valor Justiça, norteador do agir público e alcançável, dentre outras medidas, pela correta aplicação do Direito e de seus instrumentos jurídico-processuais.

Percebe-se, pois, que a Advocacia-Geral do Estado não desempenha atividades administrativas típicas, de cunho gerencial e executório, mas diligencia para que elas sejam promovidas na legalidade, de forma a preservar, em um cenário mais amplo, a ordem jurídica. Assim, em seu cotidiano funcional, os Procuradores do Estado gozam de independência para assegurar a validade e a eficácia das políticas públicas que compõem o programa governamental democrático e legitimamente sustentado, além de promover a recuperação de receitas e evitar perdas ao erário público. Tal atuação torna-se ainda mais relevante nos momentos de contingenciamento de crises, como o atualmente vivenciado em todo o mundo.

Para alcançar a excelência no desempenho de suas atribuições institucionais e adaptar-se à progressiva complexidade das relações jurídico-sociais, a estrutura orgânica, os fluxos de trabalho e os paradigmas de atuação da AGE/MG foram remodelados. Atribuiu-se maior enfoque ao agir preventivo, à redução da litigiosidade, à adoção de instrumentos de tecnologia da informação, à integração entre consultivo e contencioso, à gestão do conhecimento e à sistematização e à uniformização da produção jurídica de seus membros. Nesse diapasão, foram criadas novas unidades na Casa, com destaque para a Câmara

---

§2º – Subordinam-se técnica e juridicamente ao Advogado-Geral do Estado as consultorias, as assessorias, os departamentos jurídicos, as procuradorias das autarquias e das fundações e os demais órgãos e unidades jurídicas integrantes da administração direta e indireta do Poder Executivo.
§3º – O ingresso na classe inicial da carreira da Advocacia Pública do Estado depende de concurso público de provas e títulos, realizado com a participação da Ordem dos Advogados do Brasil, Seção do Estado de Minas Gerais, em todas as suas fases.
§4º – Ao integrante da carreira referida no §3º deste artigo é assegurada estabilidade após três anos de efetivo exercício, mediante avaliação de desempenho, após relatório circunstanciado e conclusivo da Corregedoria do órgão.
§5º – No processo judicial que versar sobre ato praticado pelo Poder Legislativo ou por sua administração, a representação do Estado incumbe à Procuradoria-Geral da Assembleia Legislativa, na forma do §2º do art. 62".
[10] PIETRO, Maria Sylvia Zanella Di. *A Advocacia Pública como função essencial à Justiça*. 18 ago. 2016. Disponível em: https://www.conjur.com.br/2016-ago-18/interesse-publico-advocacia-publica-funcao-essencial-justica. Acesso em 12 mar. 2020.

de Prevenção e Resolução Administrativa de Conflitos (CPRAC) e o Núcleo de Uniformização de Teses (NUT), além de reformulada a divisão interna de competências, privilegiando a execução de projetos de desjudicialização para melhor atender aos interesses públicos primários e secundários.

Nesse contexto, pretende-se com o presente trabalho demonstrar como a reestruturação da Advocacia-Geral do Estado levou à otimização e à racionalização de suas atividades, o que refletiu em sua participação no combate à profusão e aos efeitos da pandemia causada pelo agente viral SARS-CoV-2 em Minas Gerais. Assim, em um primeiro momento, com base na pesquisa exploratória bibliográfica e documental, serão enfatizadas as últimas alterações no quadro legislativo-regulamentar e seu reflexo na renovação estrutural e no desempenho funcional do órgão. Posteriormente, reunindo dados quantitativos e qualitativos, serão apresentadas as atuações mais relevantes das áreas contenciosa e consultiva da AGE/MG no enfrentamento à COVID-19.

2 A reestruturação da advocacia-geral do Estado de Minas Gerais: valorização do agir preventivo e da desjudicialização[11]

Seguindo a determinação do *caput* do art. 25 da CRFB/1988, de acordo com o qual "[o]s Estados organizam-se e regem-se pelas Constituições e leis que adotarem", a Constituição promulgada em 21 de setembro de 1989 pela Assembleia Constituinte Estadual de Minas Gerais deu tratamento constitucional à Procuradoria-Geral do Estado (PGE), regulamentada pela Lei Complementar Estadual nº 30, de 10 de agosto de 1993, e cujas competências não englobavam, então, as demandas das áreas tributária e fiscal. Estas ficavam a cargo da Procuradoria-Geral da Fazenda Estadual – PGFE, componente da Secretaria de Estado de Fazenda e organizada pela Lei Complementar Estadual nº 35, de 29 de dezembro de 1994.

A unificação dos dois órgãos se daria somente em 2003, com a reformulação da redação do art. 128 da Constituição do Estado de 1989

---

[11] Para um estudo completo da evolução organizacional da AGE/MG, cf. CASTRO, Sérgio Pessoa de Paula. Desjudicialização e atuação preventiva como pilares da advocacia pública: inovações, resultados e perspectivas no âmbito da Advocacia-Geral do Estado de Minas Gerais. In: MENDONÇA, André Luiz de Almeida et al. (Orgs.). *O novo papel da advocacia pública consultiva no século XXI*. 1. ed. Belo Horizonte, São Paulo: D'Plácido, 2020. p. 451-468.

pela Emenda Constitucional nº 56, que deu origem à estrutura una da Advocacia-Geral do Estado, tal qual hoje é conhecida e consagrada pela Lei Complementar Estadual nº 83, de 28 de janeiro de 2005. Com isso, a instituição torna-se central para a arrecadação e a manutenção da saúde financeira estadual, por meio da realização do controle de legalidade e da inscrição de débitos tributários em dívida ativa, bem como da condução de processos de execução fiscal. Todavia, a alteração não representou uma mera junção das atividades do contencioso tributário e não tributário, importando o fortalecimento da atuação consultiva e de assessoramento jurídico junto ao Poder Executivo, que passa a ser realizada também junto às unidades jurídicas das autarquias e fundações do Estado,[12] transformadas em unidades setoriais de execução AGE.

O fortalecimento do setor consultivo da AGE/MG beneficiou sobremaneira a consecução das políticas públicas voltadas ao atendimento dos interesses democraticamente legitimados, passando o órgão a atuar como um facilitador da comunicação intragovernamental, verdadeiro vetor de transversalidade no cerne do Executivo estadual. O êxito da implementação desse novo modelo organizacional refletiu também na esfera da representação judicial e extrajudicial da Fazenda Pública, com a viabilização da assunção do contencioso de entidades autárquicas e fundacionais.[13] Houve, então, uma absorção gradual dessa atividade contenciosa, com o consequente acréscimo do grau de representatividade da advocacia pública estadual, em sintonia ao modelo privilegiado pelo constituinte pátrio, que consagrou na Carta de 1988 o princípio da unicidade da representação judicial e da consultoria jurídica dos estados e do Distrito Federal ou princípio de unicidade orgânica administrativa das procuradorias. Sobre ele, manifestou-se o Ministro Dias Toffoli no julgamento da ADI nº 145 (Rel. Min. Dias Toffoli, j. 20.06.2018):

> A previsão constitucional, também conhecida como princípio da unicidade da representação judicial e da consultoria jurídica dos

---

[12] Para contribuir com o desempenho dos deveres institucionais da AGE junto às autarquias e fundações do Estado, a Lei Complementar Estadual nº 81, de 10 de agosto de 2004, criou a carreira de Advogados Autárquicos, com atuação nas procuradorias daquelas entidades.
[13] O art. 5º da Lei Complementar nº 75, de 13 de janeiro de 2004, dispõe que "[a] Advocacia-Geral do Estado, por determinação do Governador do Estado, poderá assumir a representação judicial e extrajudicial e o assessoramento jurídico de autarquia e fundação do Estado". A competência para proceder a essa absorção, porém, seria delegada ao Advogado-Geral do Estado com o advento da Lei Estadual nº 22.257, de 27 de julho de 2016, observados os critérios de conveniência administrativa e oportunidade. Ante essa base normativa, as atividades de representação judicial de 34 (trinta e quatro) entidades componentes da administração pública indireta estadual foram transferias para a AGE.

estados e do Distrito Federal, estabelece *competência funcional exclusiva da procuradoria-geral do estado*.

Note-se que, distintamente da Advocacia-Geral da União, *a consultoria jurídica prestada pelas procuradorias dos estados e do Distrito Federal*, como determina o art. 132 da Carta Magna, *não se restringe ao Poder Executivo, englobando tanto a representação judicial quanto a consultoria jurídica de todo o ente federativo*. Temos, neste caso, uma prerrogativa institucional de ordem pública dos procuradores dos estados e do Distrito Federal que encontra assento na própria Constituição Federal e, por isso, "não pode, por isso mesmo, comportar exceções nem sofrer derrogações que o texto constitucional sequer autorizou ou previu. (ADI nº 881/ES-MC, Rel. Min. Celso de Mello, DJ 25.04.97).

Nas precisas palavras de nosso decano, Ministro Celso de Mello, "os Procuradores do Estado são, na realidade, os Advogados do Estado" (ADI nº 881, DJ 25.04.97). Exatamente por isso, *a Constituição de 1988 não deixou margem para a criação de órgãos jurídicos distintos da Procuradoria-Geral do Estado para atender as autarquias e as fundações da unidade federativa*. (Destaque do autor).

O histórico legislativo-organizacional da AGE/MG, seguindo a tendência de alargamento de sua representatividade e poder de tutela, culminou com a sanção da Lei Complementar Estadual nº 151, de 17 de dezembro de 2019, e a edição do Decreto Estadual nº 47.963, de 28 de maio de 2020. A reestruturação é essencial para que o órgão faça frente ao aumento exponencial do número e da complexidade das demandas sob o seu acompanhamento, possibilitando uma divisão interna de competências que torna a atuação das unidades de execução judicial e extrajudicial mais fluida. Nesse sentido, foi publicada a Resolução AGE nº 64, de 31 de julho de 2020, que "[f]ixa as competências das Procuradorias Especializadas da Advocacia-Geral do Estado, das Advocacias Regionais do Estado, da Consultoria Jurídica e da Assessoria de Representação no Distrito Federal". Ainda visando a maior eficiência e especialização, foi criada a Procuradoria de Autarquias e Fundações, com a finalidade de comportar o grande acervo de ações judiciais proveniente da absorção do contencioso das entidades da administração indireta estadual, desafogando o passivo processual das Advocacias Regionais do Estado.

Não obstante, as novidades legislativas são ainda mais significativas, tendo em vista que dotam os membros das carreiras do Grupo de Atividades Jurídicas do Poder Executivo estadual de ferramentas para a consolidação do Estado Democrático de Direito. Como observa José Afonso da Silva,[14] essa configuração estatal pressupõe que a advocacia pública vá além da defesa dos interesses patrimoniais da Fazenda Pública, devendo ela diligenciar pela proteção e garantia dos direitos fundamentais da pessoa humana.[15] A preocupação com esse viés protetivo materializa-se, por exemplo, com a criação dos Núcleos de Tutela do Meio Ambiente e da Probidade, Acordos de Leniência e Anticorrupção, voltados à defesa de direitos difusos e da moralidade administrativa.

A preocupação com o aperfeiçoamento do órgão também é demonstrada quando, dotado de estrutura e ferramental próprios, ele se lança ao desafio de romper com a antiga separação entre as áreas contenciosa e consultiva, fazendo delas complementares. Nesse sentido, busca-se a redução da litigiosidade e a otimização do atendimento ao interesse público, na juridicidade, através da implementação de mecanismos de desjudicialização, que serão impulsionados pela performance preventiva e proativa em âmbito consultivo e pela integração, racionalização e uniformização do trabalho desempenhado por suas unidades de execução judicial, especialmente no contencioso de massa.

De um lado, a AGE/MG, por suas unidades de consultoria e assessoramento jurídicos, assume a importante missão institucional de assegurar a juridicidade dos atos administrativos praticados pelos gestores da coisa pública e orientá-los sobre a correta interpretação da lei. Seu papel é preventivo e proativo, posto que detecta ilegalidades e vícios jurídicos procedimentais de projetos e políticas públicas e orienta as áreas finalísticas da estrutura estatal em relação às vias legais disponíveis para o alcance do interesse público em jogo, de modo a garantir segurança e sustentabilidade jurídicas às ações político-administrativas e decisões técnicas, evitando, assim, sua sobeja e evitável judicialização.

O sistema de consultoria e assessoramento jurídicos da instituição é coordenado pela Consultoria Jurídica, Procuradoria Especializada supervisionada pelo Advogado-Geral Adjunto para o Consultivo, e composto pelo Núcleo de Assessoramento Jurídico (NAJ). A criação

---

[14] SILVA, José Afonso da. Advocacia Pública e Estado Democrático de Direito. *Revista de Direito Administrativo – RDA*, Fundação Getúlio Vargas – FGV, Rio de Janeiro, v. 230, p. 281-289, out./dez. 2002. p. 289. Disponível em: http://bibliotecadigital.fgv.br/ojs/index.php/rda/article/view/46346. Acesso em 08 abr. 2020.

[15] Sustentando esse argumento, cf. ALMEIDA, Lilian Barros de Oliveira. A atividade consultiva da Advocacia-Geral da União na promoção dos direitos fundamentais. *Revista da AGU – Advocacia-Geral da União*, Brasília, v. 11, n. 32, p. 7-50, abr./jun. 2012. Disponível em: https://seer.agu.gov.br/index.php/AGU/article/view/113. Acesso em 08 abr. 2020.

deste[16] foi fundamental ao processo de institucionalização da presença da Advocacia-Geral junto às secretarias, autarquias e fundações do Estado, através das Assessorias e das Procuradorias Jurídicas, cuja coordenação é função privativa dos ocupantes dos cargos de Procurador do Estado e Advogado Autárquico.[17] Enquanto setores jurídicos da AGE, as Assessorias e Procuradorias Jurídicas a ela se subordinam. A proximidade com os órgãos e as entidades estaduais permite à advocacia pública exercer com maior facilidade o seu papel no sistema de controle interno, coibindo os riscos jurídicos e de integridade na atuação finalística da Administração Pública. Não se trata, porém, de uma atuação inibitória e limitadora por parte dos advogados públicos, cuja atividade consultiva "eleva-se no propósito primeiro de identificar o caminho jurídico que respalde a ação político-administrativa na melhor

---

[16] A criação do NAJ-AGE se deu pela edição do Decreto Estadual nº 46.748, de 30 de abril de 2015. Conforme apontado em artigo anterior, "[p]or sua proximidade física aos órgãos e entidades, o NAJ é capacitado para intermediar o diálogo entre a Advocacia-Geral do Estado e os órgãos e entidades por ela assistidos, tornando a comunicação entre eles mais fluida e livre de ruídos prejudiciais à organicidade governamental". (CASTRO, Sérgio Pessoa de Paula. Desjudicialização e atuação preventiva como pilares da advocacia pública: inovações, resultados e perspectivas no âmbito da Advocacia-Geral do Estado de Minas Gerais. In: MENDONÇA, André Luiz de Almeida et al. (Orgs.). *O novo papel da advocacia pública consultiva no século XXI*. 1. ed. Belo Horizonte, São Paulo: D'Plácido, 2020).

[17] A privatividade foi instituída pela Lei Complementar Estadual nº 151, de 17 de dezembro de 2019, que deu nova redação ao art. 3º da Lei Complementar Estadual nº 81, de 10 de agosto de 2004, verbis:
Art. 3º – Os cargos da carreira da Advocacia Pública do Estado são lotados no Quadro de Pessoal da Advocacia-Geral do Estado, com exercício:
I – na Advocacia-Geral do Estado;
II – nas assessorias jurídicas dos órgãos da Administração direta do Poder Executivo;
III – nas procuradorias das autarquias e das fundações estaduais.
§1º – O local de exercício dos cargos a que se refere o *"caput"* deste artigo será definido em ato do Advogado-Geral do Estado.
§2º – São vedadas a mudança de lotação de cargos da carreira da Advocacia Pública do Estado e a transferência de seus ocupantes para os demais órgãos e entidades da Administração Pública estadual.
§3º – A cessão de servidor ocupante de cargo de provimento efetivo de Procurador do Estado para unidades administrativas distintas daquelas a que se refere o *"caput"* deste artigo somente será permitida para o exercício de cargo de provimento em comissão ou função gratificada.
§4º – *A chefia dos setores jurídicos dos órgãos a que se referem os incisos I e II do caput será exercida por Procurador do Estado.*
§5º – *A chefia dos setores jurídicos dos órgãos a que se refere o inciso III do caput será exercida por integrante das carreiras do Grupo de Atividades Jurídicas da Advocacia-Geral do Estado.*
§6º – Para exercer a chefia das unidades de que tratam os incisos II e III do *caput*, o integrante das carreiras do Grupo de Atividades Jurídicas da Advocacia-Geral do Estado será designado para a função de coordenador de unidade jurídica.
§7º – Para os efeitos deste artigo, consideram-se setores jurídicos as assessorias, procuradorias, diretorias, gerências e quaisquer unidades correlatas às atividades da AGE.

forma de concretização do interesse público, de maneira honesta",[18] sendo, portanto, proativa e propositiva.

Os pareceres jurídicos, referenciais e normativos, as notas jurídicas e as súmulas administrativas do Advogado-Geral do Estado formam uma espécie de "jurisprudência" administrativa, um banco de precedentes que viabiliza a diminuição do tempo de resposta às consultas dirigidas à AGE. Tal celeridade é fundamental nas situações emergenciais que demandam reação estatal urgente, dentro da juridicidade e da legalidade. Nesse diapasão, tem sido de grande importância a presteza da AGE relativamente às demandas consultivas decorrentes do estado de calamidade pública reconhecido em face da pandemia da COVID-19, como se demonstrará na próxima seção.

Como supracitado, o consultivo também age de forma articulada com o contencioso. Essa integração está presente no dia a dia funcional do órgão, sendo dado às unidades de execução judicial provocar as unidades consultivas para a emissão de pareceres referenciais que consolidam interpretações jurídicas em matérias de defesa processual do Estado.

Ainda no intuito de potencializar a harmonia e a coesão internas, a Lei Complementar nº 151, de 2019, introduziu na estrutura da AGE/MG, enquanto unidade de assessoramento à administração do órgão e componente da Câmara de Coordenação da Consultoria Jurídica, o Núcleo de Uniformização de Teses (NUT). Regulamentado pela Resolução AGE nº 60, de 06 de julho de 2020, o NUT tem como finalidade, nos termos de seu art. 1º, a sistematização de teses e entendimentos jurídicos decorrentes da produção das diversas unidades de execução judicial e extrajudicial da instituição, de modo a "evitar conflitos de posicionamentos quanto a um mesmo tema ou matéria, no âmbito da atividade consultiva e do contencioso, pelo exercício das competências que lhe forem próprias". Dessa forma, o NUT apresenta-se como instrumento de racionalização, eficiência e celeridade, evidenciando a autorreferencialidade de que deve se servir a Advocacia do Estado, enquanto catalisador de dados e informações estratégicas para a composição de bancos de peças e pareceres, bem como para a produção de notas jurídicas orientadoras e súmulas administrativas.

---

[18] CASTRO, Sérgio Pessoa de Paula. A atividade consultiva das Procuradorias Estaduais como meio de coibir a prática de atos ilícitos e sua eficácia para a Administração Pública. *Revista Jurídica da Advocacia-Geral do Estado de Minas Gerais – Direito Público*, Belo Horizonte, v. 1, n. 1, p. 123-129, jul./dez. 2004. p. 126. Disponível em: http://www.age.mg.gov.br/images/stories/downloads/revista_juridica.pdf. Acesso em 11 out. 2020).

No desempenho de suas atribuições, o NUT traz, ademais, soluções de otimização, economicidade e redução dos litígios, ao identificar as matérias com elevado risco de sucumbência estatal, indicando aos Procuradores do Estado as situações em que o não ingresso ou a saída da ação judicial represente a melhor estratégia processual. Para auxiliar o trabalho do NUT na mitigação da cultura do esgotamento de instâncias, foi ainda editada a Resolução AGE nº 25, de 14 de agosto de 2019, que dispõe sobre a autorização para não ajuizar, não contestar ou desistir de ação em curso, não interpor recurso ou desistir do que tenha sido interposto, regulamentando a Lei Estadual nº 23.172, de 20 de dezembro de 2018.

Ainda com vistas à superação da cultura da judicialização, considerando ser o Estado um litigante habitual, o art. 174 do Código de Processo Civil de 2015 e o art. 32 da Lei Federal nº 13.140, de 26 de junho de 2015, previram a criação de câmaras de mediação e conciliação pelos entes da Federação, competentes para promover a autocomposição de conflitos na esfera administrativa. Em Minas Gerais, a já citada Lei Estadual nº 23.172, de 2018, coloca sob a coordenação da Advocacia-Geral do Estado a Câmara de Prevenção e Resolução Administrativa de Conflitos (CPRAC), incorporada ao organograma daquela instituição pela Lei Complementar Estadual nº 151, de 2019. A Câmara tem como objetivos, nos termos do art. 6º de sua Lei instituidora: a melhoria da relação dos cidadãos com a administração pública; a prevenção e a solução de controvérsias administrativas e judiciais das quais o Estado seja parte, em confronto com o particular ou entre órgãos e entidades; a garantia da juridicidade, da eficácia, da estabilidade, da segurança e da boa-fé nas relações jurídicas e administrativas; o aumento da celeridade e da eficácia dos procedimentos preventivos e da resolução de conflitos de interesses; a racionalização da judicialização de lides envolvendo a administração pública; e a redução das despesas decorrentes de controvérsias de repercussão coletiva.

Em que pese estar em fase de consolidação de estrutura e fluxos de trabalho, a CPRAC, regulamentada pela Resolução AGE nº 61, de 07 de julho de 2020, está operante e já obteve resultados positivos para o Estado de Minas Gerais e sua população, com uma atuação sempre pautada pelos critérios da juridicidade, da constitucionalidade e da legalidade, indicados, inclusive, no repositório de produção consultiva da AGE. Nas palavras do Procurador do Estado de São Paulo, Bruno Lopes Megna:

A consensualidade não oferece riscos aos princípios da legalidade, da indisponibilidade do interese público ou da supremacia do interesse público. Ao contrário, visa concretizá-los de forma mais adequada e eficiente, em vista das novas características sociais. Não desaparece a necessidade de se observar parâmetros legais e de se perseguir o interesse público sem que seja desvirtuado por interesses egoísticos. Propõe-se, apenas, que se abra o diálogo para que se avalie com mais acuidade a realidade do conflito e as opções de solucioná-lo.[19]

Todas as medidas até aqui citadas que contribuem para a redução da litigiosidade compõem um projeto maior de desjudicialização com várias frentes de atuação, abrangendo também a área da saúde. O Projeto DEJUDI Saúde tem por objeto a viabilização dos projetos estruturantes de políticas públicas prioritárias das pastas relacionadas à área, bem como a facilitação do acesso a medicamentos pela submissão dos pleitos à CPRAC. Foram também criados os Núcleos de Dativos e de Precatórios e RPVs, que têm como atribuições a coordenação da execução orçamentária e financeira e o pagamento administrativo de honorários devidos aos advogados dativos, precatórios e requisições de pequeno valor.

Relativamente à recuperação da dívida ativa estadual, a Advocacia-Geral do Estado e a Secretaria de Estado de Fazenda elaboraram, de forma colaborativa, um relatório de avaliação que permitiu a classificação – *rating* – dos créditos inscritos de acordo com graus de liquidez, ou seja, a chance de sucesso da execução, aferida por parâmetros relativos ao contribuinte, como a situação cadastral e o histórico de inadimplência, e ao processo tributário administrativo, como a oferta de garantia e a existência de parcelamento ou protesto extrajudicial. O *rating* da dívida ativa do Estado serviu de base à celebração do Termo de Cooperação nº 219/2020, entre a AGE/MG e o Tribunal de Justiça de Minas Gerais (TJMG) para a virtualização dos processos de execução fiscal, com priorização daqueles que tenham por objeto créditos tributários com boas notas de classificação de recuperabilidade.

As mudanças no âmbito da Advocacia-Geral do Estado de Minas Gerais até aqui relatadas inserem-se, ainda, num contexto de valorização da gestão estratégica, da transparência, da integridade e da mitigação de

---

[19] MEGNA, Bruno Lopes. A Administração Pública e os meios consensuais de solução de conflitos ou "enfrentando o Leviatã nos novos mares da consensualidade". *Revista da Procuradoria-Geral do Estado de São Paulo*, São Paulo, n. 82, p. 1-30, jul./dez. 2015. p. 25. Disponível em: http://www.pge.sp.gov.br/TEMP/df94c644-0220-47b2-be50-bb6722b18022.pdf. Acesso em 08 abr. 2020.

riscos, corroborado pela institucionalização do Planejamento Estratégico e do Programa de Integridade e pelo aprimoramento da comunicação interna e externa do órgão. E, a partir dessas inovações, a instituição pôde atuar com maior agilidade no enfrentamento à pandemia da COVID-19, tanto na colaboração com os gestores para a promoção de políticas públicas emergenciais quanto na representação judicial e extrajudicial do Estado em ações do contencioso que permitiram a continuidade de referidas políticas e trouxeram alívio às contas públicas, pela recuperação e o impedimento de perdas financeiras, como se demonstrará a seguir.

3 A atuação da advocacia-geral do Estado de Minas Gerais no combate à COVID-19

A advocacia pública exerce papel fundamental no gerenciamento de situações de emergência e calamidade pública, sendo a responsável por trazer segurança jurídica às respostas do Poder Público e garantir a preservação do interesse público primário e secundário. No Estado de Minas Gerais, a AGE vem atuando de modo diligente e em cooperação com outros órgãos e entidades na proposição e execução de medidas eficazes para o enfrentamento e a contenção das repercussões negativas decorrentes da disseminação do agente viral SARS-CoV-2, as quais perpassam pelos níveis humano, social e econômico. Essa contribuição é evidenciada em ações diretas e indiretas do contencioso e do consultivo da Casa.

3.1 Atuação contenciosa

A Assessoria Estratégica da AGE acompanha e processa periodicamente os dados relativos à atuação do órgão no combate à pandemia, a partir da base de registros do sistema *Tribunus*[20] e de formulário de atuação disponibilizado aos Procuradores do Estado e Advogados Autárquicos. No último relatório consolidado,[21] que abrange o período de

---

[20] A plataforma de gerenciamento de processos judiciais e expedientes administrativos da Advocacia-Geral do Estado de Minas Gerais foi implantada em julho de 2010.

[21] MINAS GERAIS. Advocacia-Geral do Estado de Minas Gerais. *Advocacia-Geral do Estado no Enfrentamento ao COVID-19*: principais ações da advocacia-geral do estado no enfrentamento ao COVID-19 no período de 16 de março a 01 de outubro de 2020. Compilado de dados do Sistema Tribunus, elaborado pela Assessoria Estratégica da Advocacia-Geral do Estado. Governo de Minas Gerais, Belo Horizonte, 2020.

16 de março a 1º de outubro de 2020, constatou-se o acompanhamento de 280 ações relacionadas à COVID-19. Foram mapeados 37 objetos processuais principais, com destaque para ações que discutem questões tributárias, matérias afetas aos direitos dos servidores públicos, prestação de serviços públicos e medidas estatais de enfrentamento à pandemia. Entre os órgãos e entidades envolvidos nos processos, a Secretaria de Estado de Fazenda (SEF) – figura em primeiro lugar, com 142 ações; a Secretaria de Estado de Saúde – SES, em segundo, com 49; e a Fundação Hospitalar do Estado de Minas Gerais (FHEMIG) – e a Secretaria de Estado de Justiça e Segurança Pública – SEJUSP, em terceiro, ambas com 17 ações. Na divisão por tribunais e instâncias, percebe-se que a maioria dos processos tramita no Tribunal de Justiça de Minas Gerais (268), em Primeira (206) e Segunda (62) Instâncias. Há também ações em trâmite no Tribunal Regional do Trabalho, no Tribunal Regional Federal e no Supremo Tribunal Federal.

Importante destacar, na seara contenciosa, o acompanhamento especial realizado pela Procuradoria de Demandas Estratégicas da AGE/MG, cujos êxitos proporcionaram entradas nos cofres públicos que garantiram a realização de ações emergenciais pelos órgãos e entidades da área da saúde. Nesse diapasão, a atuação nas ações civis públicas que tem por objeto a reparação devida pela mineradora Samarco em razão do rompimento da Barragem do Fundão, no Município de Mariana, proporcionou a liberação de garantias judiciais no aporte de R$84.088.086,34 para aquisição imediata de 1.600 ventiladores pulmonares a serem utilizados no tratamento dos contaminados pelo coronavírus, bem como a viabilização de acordo que possibilitará a estruturação de Hospital Regional no Município de Governador Valadares, na Bacia do Rio Doce, com a quantia envolvida de R$75.331.594,00. Já na ACP ajuizada em face da empresa Vale S.A., como decorrência do rompimento da Barragem B1 da Mina Córrego do Feijão, em Brumadinho, baseando sua atuação na consensualidade entre as partes, a AGE viabilizou acordos para o término das obras de infraestrutura hospitalar do Hospital Eduardo de Menezes, com a conclusão de uma nova ala para isolamento de pacientes infectados pela COVID-19, com custo aproximado de R$5 milhões; a execução de medidas de controle à pandemia e tratamento dos casos de contaminação pela COVID-19, através do levantamento de cerca de R$500 milhões; e a destinação de R$1 bilhão para as demais necessidades de saúde decorrentes da situação de emergência em saúde pública.

O desempenho da AGE também foi fundamental para a continuidade das análises e deliberações realizadas pela Assembleia

Legislativa de Minas Gerais e que culminaram na aprovação da Proposta de Emenda à Constituição nº 55/2020 e do Projeto de Lei Complementar nº 46/2020 e, por conseguinte, na efetivação da reforma previdenciária em âmbito estadual, fundamental para garantir o ambiente adequado para a recuperação da saúde financeira do Estado. Os respectivos processos legislativos, conduzidos em regime remoto, foram objeto de questionamento em sede de mandados de segurança coletivos, nos quais os impetrantes requereram liminarmente a suspensão das tramitações. Após manifestação preliminar da AGE, obteve-se o indeferimento das liminares.

Ainda no bojo da reforma, a Advocacia do Estado também se manifestou preliminarmente em ações populares que tiveram por objeto a declaração da inaplicabilidade, ao Estado de Minas Gerais, das medidas sancionatórias contidas na Portaria do Ministério da Economia nº 1.348, de 03 de dezembro 2019, em razão de descumprimento do prazo nela estabelecido e, consequentemente, que a Secretaria Especial de Previdência e Trabalho do Ministério da Economia (SEPRT/ME) se abstivesse de negar ao Estado de Minas Gerais a Certidão de Regularidade Previdenciária (CRP), em decorrência do não cumprimento da indigitada Portaria, a fim de que os processos legislativos em curso não fossem realizados enquanto vigente o contexto de pandemia, o que seria impeditivo da participação popular. Em sua manifestação, representado pela AGE, o Estado de Minas Gerais destacou não estar configurada hipótese de lesão ao patrimônio público a ensejar o cabimento de ação popular, ao contrário, em última análise, a reforma é benéfica ao erário. As referidas ações foram extintas sem resolução de mérito, por inadequação da via processual eleita e por ausência de interesse processual.

A reforma da previdência foi levada a cabo com a promulgação da Emenda Constitucional nº 104, que modificou o sistema de previdência social dos servidores públicos civis e estabeleceu regras de transição, e da Lei Complementar Estadual nº 156, de 22 de setembro de 2020, que altera o Regime Próprio de Previdência e Assistência Social e o Regime de Previdência Complementar dos servidores públicos do Estado de Minas Gerais. Embora não diretamente relacionada à pandemia, sua realização é de suma relevância para a mitigação das perdas fiscais decorrentes da restrição na circulação de bens e serviços e da paralisação de atividades econômicas durante a adoção do isolamento social para prevenção ao contágio populacional. Nesse sentido, e tendo em vista, ainda, a necessidade de evitar medidas sancionatórias impostas pela União, é correta a tramitação legislativa em regime remoto.

A atuação judicial da AGE também tem sido relevante para a defesa do Programa Minas Consciente, criado pelo Governo do Estado, sob a coordenação da Secretaria de Estado de Desenvolvimento Econômico (SEDE) e da Secretaria de Estado de Saúde (SES), com o intuito de promover, de forma responsável, a retomada gradual e progressiva das atividades econômicas, através da indicação de medidas de isolamento e distanciamento sociais recomendadas com base na capacidade do sistema de saúde e na possibilidade de reversão em casos de impacto negativo a este. As discussões acerca da temática, que envolvem o federalismo cooperativo, são objeto de maiores desenvolvimentos no trabalho de autoria de Ana Paula Muggler Rodarte, Liana Portilho Mattos e Nancy Vidal Meneghini, publicado nesta edição.

Passaremos, agora, a explicitar como a AGE/MG tem desempenhado suas funções de consultoria e assessoramento jurídicos aos órgãos e entidades do Poder Executivo para o enfrentamento à pandemia.

3.2 Atuação consultiva

Na seara consultiva, de março a outubro de 2020, a Advocacia-Geral do Estado respondeu a 1.183 consultas jurídicas.[22] Destacam-se como maiores consulentes a Secretaria de Estado de Saúde (SES), com 382 consultas; a Secretaria de Estado de Segurança Pública, com 196; e a Secretaria de Estado de Desenvolvimento Social (SEDESE), com 123. Diretamente relacionadas à área da saúde, foram também atendidas 92 consultas da Fundação Ezequiel Dias (FUNED), 28 da Fundação Hospitalar do Estado de Minas Gerais (FHEMIG), 13 da Fundação HEMOMINAS, 10 do Instituto de Previdência dos Servidores do Estado de Minas Gerais (IPSEMG) – e 2 (dois) da Escola de Saúde Pública do Estado de Minas Gerais (ESP).

Dentre as matérias consultadas, figuram: análise de atos normativos; licitações e contratos; elaboração e celebração de convênios; repasses de recursos e emendas parlamentares, descentralização de créditos e remanejamento de saldos orçamentários; teletrabalho; requisições administrativas; cessões de uso de bens imóveis e móveis; comodato; doações, inclusive de respiradores pulmonares; vedações eleitorais e

---

[22] MINAS GERAIS. Advocacia-Geral do Estado de Minas Gerais. *Advocacia-Geral do Estado no Enfrentamento ao COVID-19*: principais ações da advocacia-geral do estado no enfrentamento ao COVID-19 no período de 16 de março a 01 de outubro de 2020. Compilado de dados do Sistema Tribunus, elaborado pela Assessoria Estratégica da Advocacia-Geral do Estado. Governo de Minas Gerais, Belo Horizonte, 2020.

transferências voluntárias; pagamentos por indenização; terceirização de serviços; processos administrativos; termos de cooperação, colaboração e parceria; suspensão de atividades presenciais; telemedicina; trabalho e estágio voluntários; conselhos estaduais; análise de manifestação de interesse; recomendação do Ministério Público do Trabalho; dilação de prazo para pagamento de Documentos de Arrecadação do Simples Doméstico (DAE); concursos públicos; disponibilização de dados para o mapeamento dos casos diagnosticados de COVID-19; suspensão de prazo na fase interna de tomada de contas especial; Hospital de Campanha; transferência onerosa de equipamentos de proteção individual (EPIs); sistema de acompanhamento de custódia, visita social e visita íntima; consórcios intermunicipais de saúde; direitos dos servidores; cadastramento de proprietários de ventiladores pulmonares; fiscalização ambiental; certidões e documentos públicos; parcelamento de débitos federais; imposição de atividade sanitária a laboratórios privados; utilização de leitos de unidades de terapia intensiva (UTIs); e outras temáticas relacionadas à atuação administrativa decorrente da pandemia. Ressalte-se, ainda, a prestação de consultoria e assessoramentos jurídicos interna à AGE/MG, por meio da emissão de orientações do consultivo com interface no contencioso.

Assim, o atendimento às demandas dos órgãos e entidades governamentais pelas unidades do consultivo da AGE/MG, coordenadas pela Consultoria Jurídica (CJ), propiciou a criação de um arcabouço de diretrizes referenciais e orientações para o enfrentamento à pandemia da COVID-19. Tal atuação foi especialmente relevante no que toca à celebração de contratos e a realização de processos de compras de insumos para a prestação dos serviços públicos de saúde. Nesse sentido, a Advocacia-Geral do Estado, por intermédio da parceria entre o Gabinete, a CJ, o Núcleo de Uniformização de Teses (NUT), o Núcleo de Assessoramento Jurídico (NAJ) – e a Assessoria Jurídica do Centro de Serviços Compartilhados (CSC), produziu uma cartilha intitulada *Contratações Públicas e a COVID-19*, com as principais orientações jurídicas do consultivo da AGE/MG para a contratação emergencial, bem como ementário de pareceres referenciais e notas jurídicas relevantes produzidos pelos advogados públicos estaduais e compilado da legislação estadual e federal de referência.

A Resolução AGE nº 26, de 23 de junho de 2017, ao dispor sobre a organização, as competências e os procedimentos da Consultoria Jurídica da Advocacia-Geral do Estado autoriza, em seu art. 12, a adoção de pareceres referenciais que servirão de apoio às áreas técnicas em matérias idênticas. Isso, todavia, desde que seja atestado que a manifestação prévia pode ser aplicada ao caso concreto, não havendo, neste, especificidades que distorçam as conclusões daquela. Nesse diapasão,

a adoção de Pareceres Referenciais teve como fundamento – como não poderia deixar de ser – os princípios da Administração Pública, com ênfase na celeridade, eficiência, razoabilidade e proporcionalidade, uma vez que, após previamente examinados e aprovados pelos órgãos competentes quanto ao assessoramento jurídico, passam a ser utilizados como instrumentos facilitadores da atividade gerencial no âmbito da Administração Pública, encontrando guarida em normas federais, estaduais e precedentes dos órgãos de controle externo.

A aplicação de atuações padronizadas é recomendada, com as devidas cautelas, nos procedimentos rotineiros, sem variações, que não exijam tratamento diferenciado. Nessa acepção, a Corte de Contas Federal [v. Acórdão nº 1.504/2005 – TCU – Plenário] posicionou-se favoravelmente à viabilidade de manifestações padronizadas em caso de procedimentos licitatórios idênticos, cabendo ao gestor a verificação da conformidade entre o procedimento em curso e aquele já albergado por manifestação jurídica referencial.[23]

O estado de calamidade pública decorrente da pandemia da COVID-19, em razão de sua excepcionalidade, fez com que os legisladores pátrio e estadual enunciassem termos e condições específicas e temporárias capazes de atender às necessidades de contratações emergenciais. Sobre a temática, foram emitidos pela AGE/MG, a título exemplificativo, os Pareceres Referenciais nº 16.198, de 22 de março de 2020, que traz os requisitos necessários à legalidade da adoção de dispensa licitatória para aquisição de bens e insumos de saúde, nos termos do art. 4º da Lei Federal nº 13.979, de 6 de fevereiro de 2020; nº 16.214, de 14 de abril de 2020, que, em complementação às diretrizes traçadas no primeiro, orientou a Administração Pública sobre a possibilidade e a viabilidade de utilização da contratação direta para execução de serviços de engenharia emergenciais; nº 16.212, de 6 de abril de 2020, que abordou a possibilidade de antecipação de pagamento em contratos administrativos, com respaldo no interesse público e no desequilíbrio entre oferta e demanda de produtos e equipamentos indispensáveis ao adequado funcionamento de órgãos e entidades estaduais de saúde; e

---

[23] MINAS GERAIS. Advocacia-Geral do Estado de Minas Gerais. *Contratações Públicas e a COVID-19*. Belo Horizonte, 2020. p. 22-3. Disponível em: http://advocaciageral.mg.gov.br/publicacoes/cartilhas/. Acesso em 15 jul. 2020.

nº 16.213, de 7 de abril de 2020, que trouxe uma análise da gestão dos contratos firmados com empresas prestadoras de serviços terceirizados ante as previsões das Medidas Provisórias nº 927 e 936, ambas editadas para tratar da manutenção do emprego e da renda durante a pandemia; da Lei Estadual nº 23.631, de 2 de abril de 2020, que garante ao Estado adotar medidas para a manutenção dos contratos administrativos de prestação de serviços contínuos de mão de obra não eventual; e do Decreto Estadual nº 47.904, de 31 de março de 2020, que dispõe sobre o Plano de Contingenciamento de Gastos do Poder Executivo.

Importante destacar, ainda, a participação da Advocacia-Geral do Estado, enquanto órgão autônomo responsável por emitir análises jurídicas, no Comitê Gestor do Plano de Prevenção e Contingenciamento em Saúde do COVID-19 – Comitê Extraordinário COVID-19, instituído pelo Decreto Estadual nº 47.886, de 15 de março de 2020. De caráter deliberativo, o Comitê é competente para acompanhar a evolução do quadro epidemiológico no Estado e para adotar e fixar medidas de saúde pública necessárias à prevenção e controle do contágio e ao tratamento dos pacientes afetados pelo surto viral.

4 Considerações finais

O aprimoramento da estrutura orgânica da Advocacia-Geral do Estado de Minas Gerais foi fundamental para a consolidação de uma linha de atuação em que contencioso e consultivo caminham juntos. Nesse sentido, a face preventiva e proativa deste, somada à condução estratégica daquele, são fatores que influem fortemente na otimização e eficiência da defesa do interesse público, em consonância com o Estado Democrático de Direito, a ordem jurídico-constitucional e a especialização das atividades técnicas. O investimento na sistematização e uniformização da produção jurídica do órgão, na mitigação da litigiosidade, na racionalização da divisão interna de competências e dos fluxos de trabalho, no desenvolvimento de ferramentas de tecnologia da informação e na adoção de novos canais de comunicação são fatores que influem no tempo e na qualidade do desempenho das atividades institucionais, principalmente quando do fornecimento de soluções jurídicas para a viabilização de políticas públicas a serem implementadas pelos gestores, de forma a evitar os riscos ínsitos ao agir administrativo e perdas ao erário público.

A importância da renovação dos paradigmas e do *modus operandi* da Advocacia Pública fica clara quando se analisa sua contribuição no enfrentamento à pandemia da COVID-19. No âmbito de atuação do contencioso, faz-se notória a prevalência de métodos alternativos de composição das lides, que, aliada ao acompanhamento especial de demandas estratégicas, proporcionou a celebração de acordos fundamentais para o próprio financiamento às ações de combate à disseminação da doença e tratamento aos pacientes infectados.

Percebe-se, porém, um aumento exponencial das demandas às unidades de consultoria e assessoramento jurídicos, sendo o número de consultas feitas aos membros do órgão aproximadamente quatro vezes maior ao de ações judiciais por ele acompanhadas, o que demonstra um compromisso com a missão institucional de garantir a juridicidade dos atos administrativos praticados pelos gestores da coisa pública e orientá-los sobre a correta interpretação da lei. Assim, por meio da emissão de pareceres jurídicos, inclusive referenciais, e notas técnicas, a AGE/MG proporcionou segurança jurídica à atuação dos órgãos e entidades que promovem diretamente as políticas públicas de saúde responsáveis pela manutenção de baixos índices de contaminação e óbitos pelo novo coronavírus no Estado de Minas Gerais.

Referências

ALMEIDA, Lilian Barros de Oliveira. A atividade consultiva da Advocacia-Geral da União na promoção dos direitos fundamentais. *Revista da AGU – Advocacia-Geral da União*, Brasília, v. 11, n. 32, p. 7-50, abr./jun. 2012. Disponível em: https://seer.agu.gov.br/index.php/AGU/article/view/113. Acesso em 08 abr. 2020.

AUGUSTO, Leonardo. Coronavírus: Minas tem menor taxa de mortos por milhão do País. *Uol – Portal de Notícias*, Estadão Conteúdo, Belo Horizonte, 11 out. 2020. Cotidiano. Disponível em: https://noticias.uol.com.br/ultimas-noticias/agencia-estado/2020/10/11/coronavirus-minas-tem-menor-taxa-de-mortos-por-milhao-do-pais.htm. Acesso em 11 out. 2020.

CASTRO, Sérgio Pessoa de Paula. A atividade consultiva das Procuradorias Estaduais como meio de coibir a prática de atos ilícitos e sua eficácia para a Administração Pública. *Revista Jurídica da Advocacia-Geral do Estado de Minas Gerais – Direito Público*, Belo Horizonte, v. 1, n. 1, p. 123-129, jul./dez. 2004. Disponível em: http://www.age.mg.gov.br/images/stories/downloads/revista_juridica.pdf. Acesso em 11 out. 2020.

CASTRO, Sérgio Pessoa de Paula. Desjudicialização e atuação preventiva como pilares da advocacia pública: inovações, resultados e perspectivas no âmbito da Advocacia-Geral do Estado de Minas Gerais. *In*: MENDONÇA, André Luiz de Almeida *et al*. (Orgs.). *O novo papel da advocacia pública consultiva no século XXI*. 1. ed. Belo Horizonte, São Paulo: D'Plácido, 2020.

MEGNA, Bruno Lopes. A Administração Pública e os meios consensuais de solução de conflitos ou "enfrentando o Leviatã nos novos mares da consensualidade". *Revista da Procuradoria-Geral do Estado de São Paulo*, São Paulo, n. 82, p. 1-30, jul./dez. 2015. Disponível em: http://www.pge.sp.gov.br/TEMP/df94c644-0220-47b2-be50-bb6722b18022.pdf. Acesso em 08 abr. 2020.

MINAS GERAIS. Advocacia-Geral do Estado de Minas Gerais. *Advocacia-Geral do Estado no Enfrentamento ao COVID-19*: principais ações da advocacia-geral do estado no enfrentamento ao COVID-19 no período e 16 de março a 01 de outubro de 2020. Compilado de dados do Sistema Tribunus, elaborado pela Assessoria Estratégica da Advocacia-Geral do Estado. Governo de Minas Gerais, Belo Horizonte, 2020.

MINAS GERAIS. Advocacia-Geral do Estado de Minas Gerais. *Contratações Públicas e a COVID-19*. Belo Horizonte, 2020. Disponível em: http://advocaciageral.mg.gov.br/publicacoes/cartilhas/. Acesso em 15 jul. 2020.

MINAS GERAIS. Advocacia-Geral do Estado. Resolução AGE nº 25, de 14 de agosto de 2019. Dispõe sobre a autorização para não ajuizar, não contestar ou desistir da ação em curso, não interpor recurso ou desistir do que tenha sido interposto, nos termos da Lei nº 23.172, de 20 de dezembro de 2018, e dá outras providências. *Diário Oficial do Executivo de Minas Gerais*, Belo Horizonte, col. 1, p. 5, 15 ago. 2019.

MINAS GERAIS. Advocacia-Geral do Estado. Resolução AGE nº 60, de 6 de julho de 2020. Dispõe sobre o Núcleo de Uniformização de Teses – NUT, suas diretrizes, competências e instrumentos para a sistematização da produção jurídica, e suporte à desjudicialização, no âmbito da Advocacia Geral do Estado. *Diário Oficial do Executivo de Minas Gerais*, Belo Horizonte, col. 2-3, p. 3, 7 jul. 2020.

MINAS GERAIS. Advocacia-Geral do Estado. Resolução AGE nº 61, de 7 de julho de 2020. Regulamenta a composição, o funcionamento e o fluxo de procedimentos da Câmara de Prevenção e Resolução Administrativa de Conflitos – CPRAC, do Poder Executivo e dá outras providências. *Diário Oficial do Executivo de Minas Gerais*, Belo Horizonte, p. 3-4, 7 jul. 2020.

MINAS GERAIS. Advocacia-Geral do Estado. Resolução AGE nº 64, de 31 de julho de 2020. Fixa as competências das Procuradorias Especializadas da Advocacia-Geral do Estado, das Advocacias Regionais do Estado, da Consultoria Jurídica e da Assessoria de Representação no Distrito Federal. *Diário Oficial do Executivo de Minas Gerais*, Belo Horizonte, p. 5-6, 1. ago. 2020.

MINAS GERAIS. Secretaria de Estado de Saúde. Centro de Operações de Emergência em Saúde Pública – COES MINAS COVID-19. *Boletim Epidemiológico – COVID-19, doença causada pelo coronavírus – 19*. Belo Horizonte, 10 out. 2020. Disponível em: https://www.saude.mg.gov.br/images/Boletim_Epidemiologico_Finais_de_Semana_10.10.2020_COVID-19.pdf. Acesso em 11 out. 2020.

MOREIRA NETO, Diogo de Figueiredo. A Advocacia do Estado revisitada: essencialidade ao Estado Democrático de Direito. *In*: *Advocacia do Estado*: questões institucionais para a construção de um Estado de Justiça – Estudos em homenagem a Diogo de Figueiredo Moreira Neto e José Antônio Dias Toffoli. 1. ed. Belo Horizonte: Editora Fórum, 2009.

PIETRO, Maria Sylvia Zanella Di. *A Advocacia Pública como função essencial à Justiça*. 18 ago. 2016. Disponível em: https://www.conjur.com.br/2016-ago-18/interesse-publico-advocacia-publica-funcao-essencial-justica. Acesso em 12 mar. 2020.

RESK, Felipe. Em 7 meses, Brasil registra 150 mil mortes por COVID-19. *O Estado de S. Paulo*, São Paulo, 11 out. 2020. Primeira Página. Disponível em: https://digital.estadao.com.br/o-estado-de-s-paulo/20201011/textview. Acesso em 11 out. 2020.

RODARTE, Ana Paula Muggler; MATTOS, Liana Portilho. Advocacia pública na viabilização das políticas públicas emergenciais: a atuação da AGE/MG. *In*: MENDONÇA, André Luiz de Almeida *et al*. *O novo papel da advocacia pública consultiva no século XXI*. (Orgs.). 1. ed. Belo Horizonte, São Paulo: D'Plácido, 2020.

SILVA, José Afonso da. Advocacia Pública e Estado Democrático de Direito. *Revista de Direito Administrativo – RDA*, Fundação Getúlio Vargas – FGV, Rio de Janeiro, v. 230, p. 281-289, out./dez. 2002. Disponível em: http://bibliotecadigital.fgv.br/ojs/index.php/rda/article/view/46346. Acesso em 08 abr. 2020.

Referências Complementares

SOUZA, Luciane Moessa de. Consultoria jurídica no exercício da advocacia pública: a prevenção como melhor instrumento para a concretização dos objetivos do Estado brasileiro. In: GUEDES, Jefferson Carús; SOUZA, Luciane Moessa de (Coord.). *Advocacia de Estado*: questões institucionais para a construção de um Estado de Justiça – Estudos em homenagem a Diogo de Figueiredo Moreira Neto e José Antônio Dias Toffoli. Belo Horizonte: Fórum, 2009.

VIEIRA JUNIOR, Ronaldo Jorge Araújo. A Advocacia Pública Consultiva Federal e a Sustentabilidade Jurídico-Constitucional das Políticas Públicas: dimensões, obstáculos e oportunidades na atuação da Advocacia-Geral da União. *Revista da AGU – Advocacia-Geral da União*, Brasília, v. 8, n. 19, p. 9-40, jan./mar. 2009. Disponível em: https://seer.agu.gov.br/index.php/AGU/article/view/294. Acesso em 08 abr. 2020.

Informação bibliográfica deste texto, conforme a NBR 6023:2018 da Associação Brasileira de Normas Técnicas (ABNT):

CASTRO, Sérgio Pessoa de Paula; TEIXEIRA, Marina Araújo. O papel da nova advocacia pública preventiva no combate à pandemia da COVID-19: a experiência do Estado de Minas Gerais. In: PAULA, Rodrigo Francisco de (Coord.). *A experiência dos Estados no enfrentamento da pandemia da COVID-19*. Belo Horizonte: Fórum, 2021. p. 307-329. ISBN 978-65-5518-147-0.

SOBRE OS AUTORES

Amanda Carneiro Raymundo Bentes
Bacharel em Direito pelo Centro Universitário do Estado do Pará (CESUPA). Especialista em Direito Civil e Processual Civil pela Fundação Getulio Vargas (FGV). Procuradora do Estado do Pará.

Ana Paula Muggler Rodarte
Advogada-geral Adjunta para o Consultivo da Advocacia-Geral do Estado de Minas Gerais. Procuradora do Estado de Minas Gerais.

Camila Kûhl Pintarelli
Procuradora do Estado de São Paulo. Doutora e Mestre em Direito Econômico pela Pontifícia Universidade Católica de São Paulo (PUC-SP).

Carla Nazaré Jorge Melém Souza
Mestre em Direito pela Universidade Federal do Pará (UFPA). Procuradora do Estado do Pará.

Cristina Pires Teixeira de Miranda Rodrigues
Mestranda em Direito no Centro Universitário do Pará (CESUPA). Membro do Grupo de Pesquisa Inteligência Artificial, Democracia e Direitos Fundamentais. Advogada do Banco do Estado do Pará (BANPARÁ).

Elísio Augusto Velloso Bastos
Doutor em Direito do Estado pela Faculdade de Direito da Universidade de São Paulo (USP). Professor em Direitos Humanos e em Teoria Geral da Constituição (Graduação) e em Teoria da Constituição: mecanismos de tutela da norma constitucional. A realidade brasileira e amazônica (Mestrado) do Centro Universitário do Pará (CESUPA). Coordenador do Grupo de Pesquisa Inteligência Artificial, Democracia e Direitos Fundamentais. Procurador do Estado do Pará. Advogado.

Ernani Varjal Medicis Pinto
Procurador-geral do Estado de Pernambuco. Especialista em Direito Tributário pelo Instituto Brasileiro de Direito Tributário (IBET).

Ismael Alexandrino
Médico. Secretário de Estado da Saúde de Goiás.

João Paulo Setti Aguiar
Procurador-geral do Estado do Acre.

Juliana Diniz
Procuradora-geral do Estado de Goiás.

Juvêncio Vasconcelos Viana
Procurador-geral do Estado do Ceará. Professor Titular da Faculdade de Direito (UFC). Doutor em Direito Processual (USP).

Liana Portilho Mattos
Procuradora-Chefe de Gabinete da Advocacia-Geral do Estado de Minas Gerais. Procuradora do Estado de Minas Gerais. Doutora em Direito pela Universidade Federal de Minas Gerais (UFMG).

Luciano Fleming Leitão
Procurador do Estado do Acre. Procurador-chefe da Procuradoria Judicial.

Marcelo Casseb Continentino
Doutor em Direito pela Universidade de Brasília (UnB)/Università degli Studi di Firenze. Professor da Faculdade de Direito da Universidade de Pernambuco (FCAP/UPE) e do Programa de Pós-Graduação em Direito (Mestrado) da Universidade Federal Rural do Semi-Árido (UFERSA). Procurador do Estado de Pernambuco.

Maria Lia P. Porto Corona
Procuradora-geral do Estado de São Paulo.

Marina Araújo Teixeira
Assistente do Advogado-geral do Estado de Minas Gerais. Mestre em Direito pela Universidade de Brasília (UnB).

Nancy Vidal Meneghini
Assistente do Advogado-geral do Estado de Minas Gerais. Mestranda em Direito pela Universidade Federal de Minas Gerais (UFMG).

Ricardo Nasser Sefer
Procurador-geral do Estado do Pará. Doutor e Mestre em Direito pela Universidade Federal do Pará (UFPA). Professor Titular da Universidade da Amazônia (UNAMA).

Rodrigo Francisco de Paula
Procurador-geral do Estado do Espírito Santo. Doutor e Mestre em Direito pela Faculdade de Direito de Vitória (FDV).

Rodrigo Maia Rocha
Procurador-geral do Estado do Maranhão. Presidente do Colégio Nacional de Procuradores Gerais dos Estados e do Distrito Federal (CONPEG). Mestrando em Direito pela Pontifícia Universidade Católica do Rio Grande do Sul (PUCRS).

Rommel Barroso da Frota
Procurador do Estado do Ceará (UFC). Mestre em Direito Constitucional.

Sérgio Pessoa de Paula Castro
Advogado-geral do Estado de Minas Gerais. Mestre em Direito Administrativo pela Faculdade de Direito da Universidade Federal de Minas Gerais (UFMG).

Vitória Barros Esteves
Pós-Graduada em Direito Digital. Mestranda em Ciência Política no Programa de Pós-Graduação em Ciência Política da Universidade Federal do Pará (UFPA). Membro do Grupo de Pesquisa Inteligência Artificial, Democracia e Direitos Fundamentais. Advogada.

Esta obra foi composta em fonte Palatino Linotype, corpo 10
e impressa em papel Offset 75g (miolo) e Supremo 250g (capa)
pela Paulinelli Serviços Gráficos, em Belo Horizonte/MG.